O PADRE

A história de vida de JONAS ABIB

Um homem inspirado por Deus e feito tudo para todos

Dimas Künsch
Renata Carraro

O PADRE

A história de vida de JONAS ABIB

Um homem inspirado por Deus e feito tudo para todos

Canção Nova
EDITORA

Gerência geral: Filipe Garcez Jardim
Gerência editorial: João Márcio de Oliveira Rodrigues
Organização: Luzia Santiago
Projeto editorial: Iara Rosa da Silva
Dimas Künsch
Preparação e revisão: Thales Carraro
Capa, projeto gráfico e diagramação: Maria Inês Ruivo Andrade
Foto de capa: Fábio Capretz
Fotografias miolo: Dario Sampaio, Departamento de Fotografia Canção Nova,
Fábio Capretz

Dados Internacionais de Catalogação na Publicação (CIP)
(Câmara Brasileira do Livro, SP, Brasil)

Künsch, Dimas
O padre : história de vida de padre Jonas Abib / Dimas Künsch, Renata Carraro. -- Cachoeira Paulista, SP : Fundação João Paulo II, 2023.

ISBN 978-85-9463-160-2

1. Abib, Jonas, 1936-2022 2. Igreja Católica - Brasil - Clero - Biografia 3. Padres - Biografia I. Carraro, Renata. II. Título.

23-180201 CDD-922.2

Índices para catálogo sistemático:

1. Padres católicos : Biografia 922.2

Cibele Maria Dias - Bibliotecária - CRB-8/9427

Editora Canção Nova
Rua João Paulo II, s/n - Alto da Bela Vista
12.630-000 - Cachoeira Paulista – SP
Tel.: [55] (12) 3186-2600
E-mail: editora@cancaonova.com
loja.cancaonova.com
Twitter: @editoracn
Instagram: @editoracancaonova

ISBN: 978-85-9463-160-2

Sumário

PARTE 2

Padre Jonas, este livro é seu.
Com a sua bênção.

Apresentação

Um homem de fé

Cardeal Orani João Tempesta, O. Cist.

Arcebispo Metropolitano de São Sebastião do Rio de Janeiro

"Façamos o elogio dos homens ilustres, que são nossos antepassados, em sua linhagem. O Senhor deu-lhes uma glória abundante, desde o princípio do mundo, por um efeito de sua magnificência. Eles foram soberanos em seus estados, foram homens de grande virtude, dotados de prudência. As predições que anunciaram adquiriram-lhes a dignidade de profetas: eles governaram os povos do seu tempo e, com a firmeza de sua sabedoria, deram instruções muito santas ao povo. Com sua habilidade cultivaram a arte das melodias, publicaram os cânticos das escrituras. Homens ricos de virtude, que tinham gosto pela beleza, e viviam em paz em suas casas. Todos eles adquiriram fama junto de seus contemporâneos, e foram a glória de seu tempo. Aqueles que deles nasceram deixaram um nome que publica seus louvores. Outros há, dos quais não se tem lembrança; pereceram como se nunca tivessem existido. Nasceram, eles e seus filhos, como se não tivessem nascido. Os primeiros, porém, foram homens de misericórdia; nunca foram esquecidas as obras de sua caridade. Na sua posteridade permanecem os seus bens." (Eclo 44,1-9).

Recordando essa passagem do livro do Eclesiástico, onde o autor faz menção aos grandes exemplos de fé que fazem parte da história de Israel, gostaria de apresentar-lhes este livro, que nos mostra exemplos de um homem de fé, conhecido de maneira especial por nós aqui na Igreja do Brasil, cuja obra segue semeando o Evangelho do Senhor por meio do carisma por ele implantado: Monsenhor Jonas Abib, chamado neste livro de O Padre.

Monsenhor Jonas Abib deixa um grande legado para a Igreja e para a sociedade como cristão, como homem, como religioso; alguém que procurou viver e ensinar a vida de conversão, de santidade e de evangelização. Essa foi a sua vida: dedicada à missão evangelizadora, levando a Palavra de Deus a todos.

Durante meu tempo de estudante em São Paulo, pude conhecer sua família, que participava de nossa paróquia cisterciense na Região Norte da cidade. Padre Jonas, nascido em Elias Fausto, pequena cidade do interior de São Paulo, em 21 de dezembro de 1936, entrou, já na adolescência, para a Sociedade de Dom Bosco, os conhecidos Salesianos, e, em 8 de dezembro de 1964 foi ordenado sacerdote com o lema "Feito tudo para todos". Lema este que vi nortear toda a condução dessa obra e que foi amplamente testemunhado por todos aqueles que conheceram e conviveram com o Padre Jonas: o sacerdócio como entrega total a Deus, na Igreja, a serviço dos irmãos e irmãs.

"Feito tudo para todos." Como não ver essa passagem refletida na vida totalmente doada, desde a infância até a plena maturidade, do Padre Jonas? Um sacerdote que pregou pelo exemplo, pela escrita e pela palavra: falando ou cantando. Um padre que viveu os sacramentos e os ministrou a tantas e tantas pessoas. E, dando um passo além na sua paternidade espiritual, fundou, com muito esforço e não poucas cruzes, a

Comunidade Canção Nova, em 1978, sob a convocação e a inspiração do saudoso Dom Antônio Affonso de Miranda, SDN, na época bispo de Lorena-SP.

Em 2008, essa Comunidade, que já crescera muito, foi reconhecida pela Santa Sé como Associação Internacional Privada de Fiéis. Se pelo fruto se conhece a árvore (ver Mt 7,16; Lc 6,44), a obra toda do Monsenhor Jonas testemunha fartamente quem ele é e sua importância peculiar à Igreja no Brasil.

A obra aqui apresentada está dividida em duas grandes partes, além da Abertura e do Encerramento. A primeira vai falar do contexto do nascimento, dos seus pais, dos lugares onde viveu até sua ida para o seminário; e a segunda vai contar a vida do Padre Jonas a partir da sua ordenação e da missão assumida por ele. A Abertura trata do falecimento do Padre Jonas, usando a imagem da semente que foi lançada na terra, e o Encerramento, que tem como título "Feito tudo para todos", narra a história dos anos finais da vida do padre, descrevendo as lutas enfrentadas de maneira intensa nesse período.

O Encontro com Jesus, a figura de Dom Bosco, a vivência da Nova Evangelização, a importância da pregação querigmática, o uso dos meios de comunicação, assim como o olhar do Pai das Misericórdias são marcas que definem a vida e a missão do Padre Jonas e que acabam sendo marcas fundamentais da Comunidade Canção Nova.

Eu mesmo, no dia 14 de dezembro de 2022, segundo dia do velório do Monsenhor Jonas, fiz questão de me deslocar do Rio de Janeiro até Cachoeira Paulista, quando tive a graça de presidir uma das missas de exéquias pelo seu eterno descanso. Fiz questão de comparecer ao velório e de presidir a Eucaristia para manifestar a minha unidade com a sua obra e publicamente a minha gratidão ao bem que o Monsenhor Jonas fez em favor da evangelização no Brasil e em toda a América Latina.

Monsenhor Jonas, ao se colocar aberto ao plano de Deus, tornou-se, junto com outros, um dos que ajudaram a missão evangelizadora no Brasil a partir da segunda metade do século XX, tendo iniciado uma obra que leva adiante esse carisma. A sua voz se transformou em uma Canção Nova que nos leva à santidade de Cristo, que deve ser a santidade de todos os fiéis e da Igreja! Que, de junto de Deus, Monsenhor Jonas interceda por todos nós que, mesmo certos da vida eterna, como Cristo, Deus feito homem por amor de nós, choramos a sua partida (cf. Jo 11,35).

Ao passar para a eternidade, Monsenhor Jonas deixa um grande legado de exemplo de vida, de homem de fé, de quem acreditou e viu o futuro formando uma nova comunidade, e que, ao mesmo tempo, é um sinal para todos do caminho da santidade e da santificação. Temos certeza de que Deus o acolheu no Paraíso. A Comunidade Canção Nova, com seus diversos segmentos, leva adiante esse belo ideal.

Louvamos a Deus pela vida do Padre Jonas. Agradecemos a Deus pelo seu exemplo. E agora que terminou sua caminhada neste mundo, mas que a continua na eternidade, que reze por nós, para que, seguindo seus exemplos, procuremos evangelizar sempre, entoando este canto novo, esta Canção Nova que nos é inspirada pela Ação do Espírito!

Abertura

A semente

"Ai, meu Pai amado!", exclama um senhor ao sentar-se no banco de trás do ônibus interurbano que faz o trajeto entre as cidades de São Paulo e Cachoeira Paulista. Ele dá bom dia ao passageiro que ocupa a poltrona ao lado da janela e pergunta se o companheiro de viagem também está indo ao enterro de Padre Jonas.

– Bom dia! Vou sim. Com a graça de Nosso Senhor Jesus Cristo! – responde, para emendar em seguida, sem precisar explicar nada: – Padre Jonas mudou a minha vida, e eu sou muito agradecido.

É manhã de quinta-feira, 15 de dezembro de 2022, e ainda não se apagaram as luzes do Terminal Rodoviário Tietê, o maior da América Latina e segundo maior do mundo, depois do de Nova Iorque, nos Estados Unidos.

Nem bem um minuto e pouco havia transcorrido depois de o ônibus das 6 horas da manhã deixar a plataforma de embarque, e já o nome de Padre Jonas passou a ser pronunciado por distintas vozes, numa crescente, por entre os 46 ocupantes do veículo.

Nessa mesma hora, no alto da Chácara Santa Cruz, em Cachoeira Paulista, tocam pela primeira vez no dia os sinos da Canção Nova, e Padre Jonas, se estivesse vivo, faria a oração do Angelus:

"O anjo do Senhor anunciou a Maria."

"E ela concebeu do Espírito Santo."

"Ave Maria, cheia de graça..."

Um caminhão de bombeiros estaciona ao lado do Centro de Evangelização Dom Hipólito de Moraes. O corpo de Padre Jonas – esse sacerdote que tantas vezes encheu com a sua voz incansável de pregador esse imenso espaço sagrado – irá ser levado em procissão até o Santuário do Pai das Misericórdias, onde às 3 horas da tarde será celebrada a Santa Missa das Exéquias.

Desde as 4 horas e 15 minutos da madrugada da terça-feira dia 13 de dezembro, o corpo do Pai Fundador da Canção Nova foi velado no Centro de Evangelização. A informação sobre os três dias de cerimônias fúnebres foi dada nas primeiras horas depois do falecimento do padre – ocorrido na noite anterior – pelo senhor Wellington Jardim, o Eto, na sua página da internet, e replicada por todo o Sistema Canção Nova de Comunicação. A notícia rodou rapidamente o mundo, na era da comunicação em rede.

A mensagem do amigo do padre abre com o versículo 13 do capítulo 14 do livro do Apocalipse (Ap 14,13), que diz: "Felizes os que morrem no Senhor; doravante, diz o Espírito, descansem de suas fadigas, porque suas obras os acompanham".

Padre Jonas irá agora poder descansar das suas fadigas, que foram muitas!

As suas obras irão acompanhá-lo para a eternidade, e elas também foram numerosas!

Ele merece o "elogio dos homens ilustres", segundo as palavras do livro do Eclesiástico, capítulo 44, versículos 1 a 9 (Eclo 44,1-9), lembradas pelo cardeal Orani João Tempesta, arcebispo metropolitano do Rio de Janeiro, um grande amigo do padre, na Apresentação deste livro.

Desde o seu tempo de juventude, ainda como seminarista, Dom Orani conheceu Padre Jonas e a sua família, em São Paulo, no bairro da Vila Nova Cachoeirinha, longe, bem longe do centro da capital. Hoje, o filho de Sérgio e de Josepha recebe do cardeal os mais merecidos elogios, por ter sido "um homem de grande virtude, dotado de prudência". Ornado com a "dignidade de um profeta" pelas predições que anunciou, ele – Padre Jonas – governou os seus "com a firmeza de sua sabedoria", e as suas instruções foram "muito santas".

O Pai Fundador da Canção Nova "cultivou a arte das melodias" e "publicou o cântico das escrituras". "Tinha gosto pela beleza e viveu em paz em sua casa." Aqueles que dele nasceram – os seus filhos e filhas espirituais, da Canção Nova, e todo o povo de Deus a quem ele acolheu, abraçou, aconselhou, instruiu e formou – "publicam os seus louvores". As suas obras de caridade não serão esquecidas.

"Na sua posteridade permanecem os seus bens", prossegue a mensagem com as homenagens prestadas pelo cardeal ao sacerdote cujo corpo está nesse momento sendo levado para o Santuário do Pai das Misericórdias, em procissão de súplicas e louvores.

No seu comunicado, Eto, o amigo do padre – é assim que Padre Jonas o chamava: "o amigo", "o meu amigo" –, informa que, depois da Santa Missa das 15 horas, Padre Jonas "será sepultado no espaço sagrado do Santuário do Pai das Misericórdias, em Cachoeira Paulista-SP, onde o sacerdote viveu por mais de quarenta anos à frente da Comunidade que fundou".

"Um homem de fé, conhecido de maneira especial por nós aqui na Igreja do Brasil, cuja obra segue semeando o Evangelho do Senhor por meio do carisma por ele implantado", continua Dom Orani.

> *A sua voz se transformou em uma Canção Nova que nos leva à santidade de Cristo, que deve ser a santidade de todos os fiéis e da Igreja!*
>
> *Ao passar para a eternidade, Monsenhor Jonas deixa um grande legado de exemplo de vida, de homem de fé, de quem acreditou e viu o futuro formando uma nova comunidade, e que, ao mesmo tempo, é um sinal para todos do caminho da santidade e da santificação.*
>
> *Temos certeza de que Deus o acolheu no Paraíso. A Comunidade Canção Nova, com seus diversos segmentos, leva adiante esse ideal.*

Irmanados no amor ao padre

Os dois senhores do banco de trás do ônibus – já quase amigos por comungarem nesse momento das suas vidas de um mesmo objetivo –, explicam um para o outro as razões que os fizeram pegar o ônibus naquela manhã de quinta-feira para ir ao enterro de Padre Jonas. Um deles – o que deu bom dia ao se sentar – diz ser crente, enquanto o outro – o que chegou primeiro – responde que é católico.

O crente confidencia que não podia de jeito nenhum deixar de ir ao enterro. Foi o Senhor Jesus quem colocou essa palavra no seu coração: "Vá ao enterro de Padre Jonas!".

– Não tem problema, não é? – ele pergunta, imaginando que o companheiro de viagem não iria se opor à ida de quem quer que fosse à cerimônia religiosa do sepultamento de Padre

Jonas, um sacerdote a quem o católico, na conversa, tinha acabado de chamar de "um homem santo".

O senhor crente – vamos continuar chamando-o desse modo, com todo o respeito, porque foi assim que ele se apresentou – revela ao católico o motivo mais importante pelo qual o Senhor Jesus lhe ordenou ir ao enterro: porque Padre Jonas foi um homem de Deus!

O ponto de exclamação não é erro nem exagero na escrita. Foi colocado de propósito na fala do senhor crente. Porque são vários os pontos de exclamação usados ao final de cada frase pronunciada dentro daquele veículo naquela manhã de final de primavera, a estação das flores.

– Não tem problema de o senhor ir, não! – responde o católico. – É isso o que eu penso, não é? Católico é cristão, e crente é cristão.

A conversa se torna animada. Os dois estão se entendendo. Divididos por uma história de mais de cinco séculos, dentro daquele ônibus que já tinha alcançado a Via Dutra no sentido Rio de Janeiro, o crente e o católico se sentem irmanados na mesma fé e esperança ao redor da figura de Padre Jonas.

Com a sua fala de gente simples, os nossos amigos invadem o território às vezes não muito fácil da doutrina e da teologia. Mas, quando a intenção é boa, como se vê, as ideias sobre as coisas de Deus se arranjam sem grande esforço na cabeça e no coração das pessoas.

– Ele era um padre muito alegre, um grande pregador – observa o crente.

– E como ele cantava, não é?! – acrescenta o católico, que volta a insistir no que para ele é a coisa mais importante de todas: Padre Jonas o ajudou a colocar de novo a sua vida "no rumo de Deus".

Os dois passageiros seguem contando um ao outro a sua história. O primeiro, o crente, fala por que deixou a Igreja Católica já na juventude, e o segundo, o católico, por que, dentro da mesma Igreja Católica, encontrou aquilo que na vida do crente, pelo que se percebe, teria faltado: alguém como Padre Jonas, que lhe falasse de um Deus Misericordioso e de uma Igreja que é Mãe.

Primeiro santo brasileiro

Duas horas e pouco após o início da viagem, o ônibus deixa a Rodovia Presidente Dutra para atravessar a cidade de Aparecida e seguir em frente por uma rodovia paralela, até Cachoeira Paulista. Na entrada de Aparecida, os viajantes têm à sua esquerda o santuário da Padroeira do Brasil. Mais de uma pessoa faz o Sinal da Cruz.

– Valei-me, minha Mãe! – intercede a mulher do banco da frente, antes de juntar os dedos das mãos sobre os lábios para lançar um beijo pela janela na direção da casa da Mãe de Deus.

Em Guaratinguetá, um pouco à frente de Aparecida, o viajante que desde a rodoviária de São Paulo escuta com interesse a conversa entre os dois senhores do banco de trás levanta os olhos do livro que está relendo – *Jonas Abib: Eu acredito em milagres* – para observar por uns instantes as ruas e casas mais antigas daquela cidade.

Na primeira metade do século 18, um menino que andou por ali revelou um dia que queria ser padre. A alegria que sentiu deve ter sido a mesma de um outro menino, chamado Jonas, que encantou com a sua resposta *Mère* Rosa, das Irmãs da Divina Providência, na antiga escola primária Padre Moye, no bairro do Limão, em São Paulo-SP, nos anos 1940 – e esta é uma das muitas histórias que trazemos para você ao longo deste livro.

No dia 11 de maio de 2007, quase dois séculos depois da sua ordenação sacerdotal, Frei Galvão foi canonizado pelo Papa Bento XVI, em missa celebrada para mais de 1,5 milhão de pessoas no Campo de Marte, em São Paulo, capital. O Vale do Paraíba do Sul daria ao Brasil o seu primeiro santo nascido em solo nacional, em 1739.

Vinte e dois anos antes de vir ao mundo o primeiro santo nativo brasileiro, as águas do Paraíba tinham depositado milagrosamente na rede dos pescadores João, Felipe e Domingos uma imagem de Nossa Senhora da Conceição. Venerada como símbolo sagrado, ela lembraria para sempre aos brasileiros que somos filhas e filhos de uma Mãe divina que nos acolhe, abraça e nutre espiritualmente, apontando o tempo todo para o Filho Jesus.

Em fevereiro de 1978, às margens desse mesmo rio abençoado, em Lorena-SP, um grupo de doze pessoas – com Padre Jonas à frente – irá celebrar o compromisso de consagração a Deus para a vida em comunidade, a serviço do Evangelho. Nasce a Canção Nova!

Nasce pequena como um grão de mostarda. Mas cresce.

E, hoje, ajoelhada aos pés do caixão desse homem inspirado por Deus e feito tudo para todos, a Comunidade e todo o povo ali presente – ou que acompanha pelas mídias as celebrações da morte-passagem de Padre Jonas – irão ouvir durante a Santa Missa das 10 horas que "este é um dia de alegria e de louvor".

O pulo de Padre Jonas

O Papa Bento XVI – que canonizou o santo brasileiro do Vale do Paraíba, Frei Galvão – visitou o Brasil por ocasião da

Quinta Conferência Geral do Episcopado Latino-Americano e do Caribe, celebrada em Aparecida, de 13 a 31 de maio de 2007.

Na Santa Missa solene de canonização, dois dias antes do início da Conferência, a Canção Nova participou da grande celebração de um modo que deixou muito alegre o coração de Padre Jonas e de toda a Comunidade: o altar da celebração – de 6 metros de comprimento por 90 centímetros de largura – foi levado de Cachoeira Paulista para São Paulo, emprestado, junto com outros objetos litúrgicos, incluindo a cátedra usada como assento pelo papa. Quem visitar o Santuário do Pai das Misericórdias pode ver essa cadeira lá, com uma mensagem que expressa essa emoção.

Cerca de um ano e meio depois do dia dessa celebração – mais precisamente em 12 de outubro de 2008, festa de Nossa Senhora Aparecida –, o mesmo Bento XVI assinaria o Decreto de Reconhecimento Pontifício da Comunidade Canção Nova como Associação Internacional Privada de Fiéis. Tinham se passado trinta anos desde o nascimento da Comunidade. Trinta anos! Como Jesus, no início da vida pública. Para a Canção Nova, o reconhecimento representou um novo e mais vigoroso chamado a viver em plenitude a ousadia de se lançar para o mundo, *ad gentes*.

Em Roma, na sala Aula Magna do Pontifício Conselho para os Leigos – hoje Dicastério para os Leigos, a Família e a Vida –, no dia 3 de novembro de 2008, ao receber nas mãos o Decreto de Reconhecimento, Padre Jonas abriu um sorriso largo – o maior de todos os sorrisos! E, outra vez, o seu coração foi tomado por uma imensa alegria, tão grande que nenhuma palavra deste mundo consegue exprimir.

E, na Praça de São Pedro, dois dias depois, após ter cumprimentado e conversado por alguns minutos com o sumo pontífice – junto com Luzia Santiago, "a companheira de missão", e Eto, "o amigo" –, o padre pulou de alegria. Pulou com os braços erguidos cortando o ar. Pulou como nunca antes tão alto nos muitos pulos de alegria que deu na sua vida – uma história que pode ser conferida com detalhes no final deste livro, no capítulo "Os pulos de Jonas".

Estava enfermo o padre, mas se ergueu no ar como se jovem fosse, e não foi um pulo só. Eto e Luzia – o tempo todo, e com razão, extremamente preocupados com a saúde do Pai Fundador –, naquele momento, sorriram felizes, vendo mais uma vez a força do guerreiro, cuja satisfação parecia não caber naquela enorme praça que é uma das mais famosas do mundo.

Voltemos ao dia do sepultamento de Padre Jonas. São 9 horas e pouco da manhã. O ônibus procedente de São Paulo encosta no ponto da rodoviária velha de Cachoeira Paulista, localizado mais próximo da Chácara Santa Cruz, a sede da Canção Nova, do que o da rodoviária nova.

O crente e o católico, já íntimos a essa altura, decidem subir juntos o morro até o Santuário do Pai das Misericórdias. Irão participar da missa das 10 horas, presidida pelo arcebispo de Belém do Pará, Dom Alberto Taveira.

O sorriso de Padre Jonas

Nos menos de mil e quinhentos metros que separam a rodoviária velha do hotel, o assunto é novamente Padre Jonas. Vinte reais custa a corrida de táxi, e o senhorzinho aposentado, 90 anos de idade, explica que "cobra tudo isso" porque em geral volta vazio para o ponto. Ele perguntou se o passageiro achava caro, até pediu desculpas.

Depois, aproveitou para entregar o seu cartão de visitas. O viajante que acabou de chegar de São Paulo, se precisar, pode chamar a qualquer hora: "O senhor está vendo o número do meu celular?". Mas é bom avisar um pouco antes porque, com a morte de Padre Jonas, a cidade está bem movimentada. O taxista precisa trabalhar: o dinheiro que ganha com a aposentadoria é pouco, e a esposa depende de remédios de uso contínuo que custam caro. Ainda bem que ele tem saúde, graças a Deus!

Muitos milhares de peregrinos frequentam todos os anos os grandes eventos de evangelização da Canção Nova, lotando hotéis e pousadas. E, muitas vezes, mais do que dobrando a população da cidade – o município de Cachoeira Paulista tem 31.500 habitantes, de acordo com o Censo de 2022.

Sobre o balcão da recepção do hotel de três estrelas, o peregrino que chegou de ônibus de São Paulo observa uma foto emoldurada de Padre Jonas, colorida, no tamanho 30x20 centímetros: sorriso largo, os braços abertos, é como se o padre estivesse dizendo "Vem cá que eu quero te abraçar!". A mesma foto, em tamanho algumas vezes maior, podia ser vista ao lado do seu caixão, e agora enfeita a capela onde hoje se encontra um dos túmulos mais visitados do país.

Padre Jonas e o sorriso sempre se entenderam bem, e nem a morte irá conseguir arrancar do seu rosto o frescor e o entusiasmo dessa expressão de alegria. Definitivamente, o dia não é de luto e de tristeza, por maior que seja a saudade e por mais que a dor atravesse a alma das pessoas que choram a partida do padre. "Onde está, ó morte, a tua vitória?", pergunta o apóstolo Paulo, na Carta aos Coríntios, capítulo 15, versículo 55 (1Cor 15,55).

Durante os mais de cinquenta anos da vida de Padre Jonas depois que ele recebeu o batismo no Espírito Santo – em 1971, na cidade de Lorena-SP, num dos mais difíceis momentos da sua vida de sacerdote, como se pode ler no capítulo "Lágrimas benditas" –, esse sorriso e esses braços abertos ajudaram a curar as dores de muita gente. Anunciaram o perdão dos pecados. Inspiraram e continuam inspirando multidões de pessoas nos caminhos da Boa Notícia da Salvação.

"O sorriso é o hábito da Canção Nova" – hábito no sentido de vestimenta –, escreveu Padre Jonas, em outubro de 2017, no documento mais curto, simples e objetivo que redigiu para a Comunidade em toda a sua vida. Foi o último, e o tema escolhido por esse "homem das dores, experimentado no sofrimento" – como diz o profeta Isaías, capítulo 53, versículo 3 (Is 53,3), anunciando a cruz a ser suportada pelo Messias –, foi justamente o do sorriso. "Realmente esta é a forma mais linda de acolher, seja quem for a pessoa. E a pessoa se sente amada, reconhecida, valorizada."

De saúde sempre muito frágil, já aos 2 anos de idade Jonas quase perdia completamente a visão, e ao longo da sua vida a cama hospitalar umas tantas vezes precisou acolher o seu corpo combalido, mas jamais derrotado. São histórias e mais histórias que as páginas deste livro nos revelam, "para o bem das nossas almas". Este foi o desejo que expressou o padre aos autores no dia em que ergueu as mãos para abençoar o projeto de escrever a história da sua vida. "Para a honra e a glória de Jesus Cristo!"

Como não se comover com a verdadeira e bem-aventurada revolução que ele promoveu no sanatório em que esteve internado, durante três meses, acometido pela tuberculose, aos 33 anos de idade? Era Natal, e nunca se havia visto tantos tuberculosos cantarem "a plenos pulmões" como naquela Missa do Galo, à meia-noite, com o celebrante se desdobrando para cantar e tocar violão, correr ao harmônio, pregar para os enfermos a mensagem da alegria e seguir em frente com a celebração eucarística.

Dilacerado pela enfermidade e pela dor, Padre Jonas ousou provar do pão da angústia e da água da aflição, o que aconteceu de maneira particularmente dramática nos últimos quinze anos da sua existência. Sobretudo nesse período, foi duramente provado na carne e no espírito, e, embora deprimido por um tempo, atravessou com fé e coragem a noite escura da alma no caminho da busca da santidade, rumo ao abraço do Pai. Mesmo na fase mais difícil da sua enfermidade, em que a luz parecia de repente ter desaparecido por completo, o padre ensinava a sorrir. Sempre. Embora as lágrimas – como ele também ensinava – pudessem representar, elas também, um sinal vivo e maravilhoso do encontro pessoal de uma alma com o Senhor Jesus.

Padre Jonas ensinou a sorrir com a vida.

Porque a vida vem antes dos documentos, por mais lindos e edificantes que estes possam ser para o crescimento da Comunidade e para todos.

O sonho de Deus

Na recepção do hotel só foram precisos uns poucos minutos para vir à tona mais uma dessas histórias vivas do rosário das boas lembranças que habitam o coração das pessoas que conheceram Padre Jonas. Bastou, para isso, a jovem senhora que atendeu o novo hóspede perguntar se ele também tinha vindo para o enterro do padre.

– Quando eu era criança, aqui tudo era mato – ela contou. – Só tinha uma estrada bem estreita até lá em cima do morro. E, hoje, tem tudo aquilo, já imaginou?

Era a maior alegria subir o morro por aquela estradinha para encontrar Padre Jonas, junto com a criançada. Tinha brincadeiras, lanche, suco... Tinha aula de catecismo e também missa, celebrada num barracão coberto com palha de sapé.

– O padre também fazia um programa na rádio, e a gente ficava lá com ele, escutando. Ele brincava com a gente, as crianças corriam atrás dele, era muito divertido – lembra a recepcionista, que no meio da sua fala se comove e parece viajar no tempo. Aquelas eram as lembranças mais felizes de toda a sua vida!

Agora ela está triste, porque Padre Jonas morreu.

Mas há uma segunda e muito importante razão para essa mãe se emocionar mais uma vez nesse dia de luto e tristeza pela morte do padre. No começo do ano, o filho dela foi matriculado no Instituto Canção Nova. Para ela, é graças a Padre Jonas que isso aconteceu.

Ela faz silêncio, visivelmente emocionada. O novo hóspede pega então a mala, agradece pelo atendimento, dá um até logo e caminha em direção ao quarto do hotel. A recepcionista precisa trabalhar. É o seu ganha-pão, como ela havia explicado minutos antes. Nesse momento, mais um hóspede acaba de entrar. Ele avisa que fez reserva. O hotel está lotado.

Foram 1.058 os alunos matriculados no Instituto Canção Nova em 2022, e entre eles se encontra o filho da recepcionista do hotel. Um dos mais antigos sonhos do Pai Fundador começou a se materializar no início dos anos 2000 com o surgimento do centro educacional que atende hoje crianças da educação infantil ao ensino médio, mais os alunos do curso técnico de Rádio e TV, gratuitamente. Cursos de graduação em Administração, Jornalismo, Rádio e TV, Filosofia e Teologia complementam o quadro de atividades da Canção Nova na área educacional.

No aniversário de 40 anos da Fundação João Paulo II (1982-2022), os números exibidos pela Rede de Desenvolvimento Social Canção Nova em suas diferentes frentes de atividades contam uma história que nem todo mundo conhece.

Tudo te entreguei, nada me restou
Livre eu fiquei para te amar meu Deus.
Tudo me pediste, nada eu te neguei
Hoje eu sou feliz assim, tenho a ti meu Deus.
La, la, laiá. La, la, laiá.
La, la, laiá. La, la, laiá.

Uma história de dedicação e amor aos mais pobres, aos mais vulneráveis, aos desvalidos – aos preferidos de Deus!

A Fundação é a mantenedora do Sistema Canção Nova de Comunicação e da Rede de Desenvolvimento Social. Desse modo, o anúncio da Boa Notícia, que alcança o mundo por rádio, TV e internet, se faz também vivo e atuante no chão às vezes muito duro da realidade, onde a vida se vive com uma prece o tempo todo nos lábios: "O pão nosso de cada dia nos dai hoje".

"O bonito não é realizar o nosso próprio sonho, mas realizar o sonho de Deus", costumava dizer Padre Jonas. Para ele, um sonho nunca era apenas um sonho. Era o início de uma realidade.

No caminho que, subindo o morro, leva à Chácara Santa Cruz, é fácil observar o edifício do Centro Médico Padre Pio, que o padre manifestou o desejo de transformar em hospital. Cerca de 6 mil pessoas vivenciaram ali uma das expressões mais carinhosas do carisma Canção Nova em 2022, somando 31.874 atendimentos, com quase 34 mil exames laboratoriais realizados.

A Casa do Bom Samaritano, no mesmo caminho, foi a primeira unidade da Rede de Desenvolvimento Social. Criada para atender andarilhos em situação de risco social que passam pela via Dutra no eixo Rio de Janeiro e São Paulo, com o passar dos anos teve o seu trabalho ampliado e hoje também presta assistência a famílias necessitadas de Cachoeira Paulista e região. Foram 900 as pessoas ali abraçadas pelo carisma Canção Nova no ano em que essa pessoa simples – e tão nobre –, o filho do pedreiro Sérgio Abib, morreu.

O pedreiro Sérgio Abib, que ajudou a construir a capital do Brasil, tijolo a tijolo, e que, às vésperas de o filho ser ordenado sacerdote, o chamou para uma conversa no quarto da casa do bairro de periferia: "Compre o seu cálice, meu filho! Aqui está o dinheiro. E que Deus o abençoe!". As notas foram retiradas do fundo do guarda-roupa, embrulhadas em papel de saco de cimento. Estavam sujas daquele pó cinzento.

Jonas, ainda seminarista, quase padre, chorou naquele dia como uma criança. E chorou pela vida afora, sempre que contou esta e outras histórias de uma família pobre e aguerrida. De têmpera. Lutadora.

Os "homens de misericórdia" jamais terão esquecidas "as obras de sua caridade", como escreveu sobre Padre Jonas, na Apresentação deste livro, o cardeal arcebispo do Rio de Janeiro, Dom Orani João Tempesta, citando o livro do Eclesiástico. "Na sua posteridade permanecem os seus bens."

Dia de louvor

Ao se acomodar no salão do refeitório para o café da manhã – naquele dia, o horário tinha sido estendido até um pouco mais tarde –, o viajante observa que os hóspedes que ocupam aquele espaço, casais, uma ou outra família inteira, mantêm o olhar fixo no aparelho de televisão ao fundo. O volume está acima do que talvez fosse desejável para o ambiente. Mas há um motivo: começou a Santa Missa das 10 horas, transmitida pela TV Canção Nova.

"Vem louvar, vem louvar. Hoje é tempo de louvar a Deus", entoam os cantores, no início da celebração.

– Que santo orgulho nós temos de fazer não uma celebração de luto. Porque fazer luto no dia de hoje seria não ter entendido nada do que Padre Jonas pregou – proclama Dom Alberto Taveira, arcebispo de Belém-PA, que preside a Santa Missa.

Ele repete:

– Seria não entender nada do que ele pregou – reforça, antes de recordar aos presentes o importante papel ocupado por Padre Jonas no Movimento Carismático Católico brasileiro e internacional.

Esse homem ousou falar do Céu. Ele ousou falar do nosso ponto de chegada. Nós estamos diante do corpo de uma pessoa que ousou pensar no Céu. Esse homem possui a têmpera dos santos.

Saudade? Sim. Mas a saudade é uma coisa boa. A saudade é saudável. Agora, tristeza, não! Revolta e lamentação, não!

Padre Jonas é uma pessoa que entregamos nas mãos de Deus com muita alegria. Com o coração dolorido de saudades, essa emoção bonita, mas também com alegria.

No Santuário do Pai das Misericórdias, encerrada mais uma celebração eucarística de louvor e ação de graças pela vida do Pai Fundador, as canções que ele tão lindamente cantou continuam a despertar a saudade das pessoas que vieram lhe dar um adeus. Essas mesmas canções enchem de significado os intervalos entre uma fala e outra de gente que teve a vida transformada pelo testemunho e pela pregação de Padre Jonas.

Em cada novo depoimento, o estilo das falas é direto, como uma conversa com o padre cujo corpo descansa no caixão. A expressão "obrigado, Padre Jonas!" ressoa o tempo todo no templo. Ela rima do seu modo com os sentidos mais ternos que estão representados pelo grande mosaico na parede atrás do altar da celebração, mostrando o Pai que acolhe o filho que estava perdido e o abraça – o Filho Pródigo.

O padre deixou em cada um dos traços, cores e linhas dessa imagem a marca mais pura e bela da sua fé e do seu amor. A marca da sua profecia: a Canção Nova como um santuário da misericórdia divina! Em 5 de dezembro de 2014 foi realizada a cerimônia de Dedicação do Santuário do Pai das Misericórdias. Uma profecia de 2002 tinha se realizado. Uma inspiração divina.

– Obrigado, Padre Jonas! Obrigado por tudo! Obrigado por nos ensinar a dar a vida, a partir da sua morte. A partir da sua entrega. Nós te amamos, Padre Jonas!

Era cerca de 1 hora e 30 da madrugada do dia do sepultamento quando essas palavras foram pronunciadas no Centro de Evangelização, durante a Santa Missa de corpo presente, por um celebrante emocionado ao ponto de não conseguir, por mais de uma vez, prosseguir. Era preciso parar um pouco e respirar fundo para conter as lágrimas.

"Só se tem saudade do que é bom. Se chorei de saudade não foi por fraqueza, foi porque eu amei."

A canção "Saudade", do diácono Nelsinho Correia, serve de intróito para a homilia do jovem sacerdote Willian Guimarães, mineiro de Três Pontas, que tem uma razão particular, pessoal, para dizer obrigado com uma força imensa. A sua vida – como ele diz apontando para o caixão – brota quase que literalmente do coração generoso de Padre Jonas.

Padre Willian faz uma pausa antes de contar a história. Necessita de um tempo para recuperar a voz. Em 2016 – ele prossegue –, por causa de um grave acidente de carro, esteve entre a vida e a morte. Na época, Padre Jonas convocou a Comunidade inteira e todo o povo de Deus a fazerem preces, orações e súplicas pela vida do jovem seminarista. E, quando nada mais parecia haver que pudesse ser feito, ajoelhado na capela diante do sacrário, o Pai Fundador pediu que, se fosse necessário, Jesus o levasse no lugar de Willian, de modo que ele pudesse realizar a sua vocação sacerdotal.

– Há seis meses eu sou padre, pela graça de Deus e pela generosidade do coração desse homem – testemunha o jovem sacerdote. E aponta novamente para o lugar onde uma fila avança, silenciosa e respeitosamente: as pessoas querem tocar o caixão, olhar mais uma vez aquele rosto, fazer uma prece, dizer um obrigado.

Bem na frente do caixão vê-se a imagem de que falamos antes, de Padre Jonas alegre, vestindo como sempre fez o hábito da Canção Nova: o sorriso.

O mural ao fundo, cobrindo toda a extensão do presbitério, traz a célebre imagem de Padre Jonas beijando um crucifixo quebrado, que ele encontrou um dia, no início da sua atuação com os jovens em Lorena, no sótão do Colégio São Joaquim.

"Você não quer ser a minha boca, as minhas mãos, os meus pés, para anunciar o Evangelho?", perguntou-lhe Jesus naquele dia.

O crucifixo acompanharia o padre nos encontros com a juventude e para o resto da vida. E não foram poucas as pessoas capazes de testemunhar que, ao contemplá-lo, ouviram de Jesus a mesma pergunta. O mesmo convite. O mesmo apelo.

"Só se tem saudade do que é bom. Se chorei de tristeza não foi por fraqueza, foi porque eu amei."

– As lágrimas desta semana e destes dias revelam um grande amor: amamos e fomos profundamente amados por Padre Jonas – continua padre Willian. – Não só nós da Canção Nova, mas toda essa multidão de filhos e filhas de todos os lugares que amaram e que foram amados por ele.

> *Padre Jonas, durante toda a sua vida, não economizou nada para nos amar e nos gestar para Deus. No seu coração de pai, que se fez tudo para todos, não houve economias, não houve reservas, não houve mediocridade.*
>
> *Ele encarnou o "feito tudo para todos". Esse lema não é uma frase bonita que acompanhou a sua vida. O sentido mais pro-*

fundo dessa frase está na oferta de si, nas dores que ele experimentou, na renúncia a si mesmo que a Divina Providência, nos seus mistérios, pediu a Padre Jonas que fizesse, até o último instante da sua vida.

Todos nós – da Canção Nova, mas também essa multidão de filhos e filhas, incontável como as areias da praia e como as estrelas do céu – somos filhos do coração sacrificado de Padre Jonas, que não poupou nada para nos amar e nos conduzir a Deus. Ele deu tudo. Ele perdeu tudo, para nos ganhar para Deus! Enquanto a morte nele agia, e enquanto ele se gastava, a vida brotava em nós.

Este capítulo de Abertura – "A semente" – está ligado ao de Encerramento do livro – "Feito tudo para todos".

A semente precisa morrer, para brotar e dar frutos.

Na madrugada de quinta feira, data do sepultamento de Padre Jonas, o sacerdote que depois de um acidente de carro viu por milagre a vida brotar da morte traz a mensagem tantas vezes ouvida naqueles dias: o padre não foi sepultado, foi semeado!

– A semente, que é o corpo do nosso Pai Fundador, será depositada na terra na tarde deste dia de hoje – resume padre Willian o sentido elevado do que estava acontecendo em Cachoeira Paulista, na sede da Canção Nova. – Essa semente continuará brotando para gerar vida em todos nós!

Papa Francisco pediu

A Santa Missa das Exéquias, às 15 horas, foi transmitida por uma cadeia de emissoras de televisão e de rádios católicas e pela internet para o Brasil e o mundo. Não havia lugar sobrando no santuário, com a sua capacidade para 5 mil pessoas sentadas.

Ninguém sabe ao certo quantos milhares de peregrinos passaram pela Chácara Santa Cruz nos dias dos rituais fúnebres: o povo de Deus, as religiosas e religiosos, os sacerdotes, bispos, arcebispos e cardeais.

As homenagens chegaram do mundo inteiro, de Roma e de Jerusalém; da Família Salesiana e da Conferência Nacional dos Bispos do Brasil, a CNBB; de fundadores e representantes das Novas Comunidades – a Canção Nova é a primeira que nasceu no Brasil. São demonstrações de respeito, admiração e veneração por parte de tanta gente, e de tantos lugares.

Minutos antes de o celebrante principal – Dom Joaquim Wladimir Lopes Dias, bispo da diocese de Lorena – autorizar que o corpo de Padre Jonas fosse levado até o local do seu sepultamento, Luzia Santiago, a companheira de missão, pede a palavra. Ela e Eto – o amigo do padre –, os cofundadores da Canção Nova, passaram os longos minutos que durou a celebração junto ao caixão, para o adeus mais sofrido, o mais tomado pela emoção – e o mais pleno de esperança. Abatida pelo cansaço, Luzia mais de uma vez recostou a cabeça nos ombros de Eto, os dois de mãos dadas.

Uma palavra ainda faltava ser dita, naquele momento e naquele lugar.

Luzia pega o microfone.

Luzia fala.

O Santuário do Pai das Misericórdias faz silêncio para ouvir Luzia Santiago, cofundadora da Canção Nova.

Ela pede licença e recorda primeiro o que aconteceu no dia 20 de abril de 2022, quando Padre Jonas foi levado às pressas para o hospital em São Paulo, com mais uma pneumonia. Foi uma viagem difícil, porque ele respirava mal.

Já no hospital, tendo passado pelo pronto-socorro e sendo submetido a diferentes tipos de exames, sofreu um infarto. Logo viria a notícia, dada pela equipe médica. Era preciso aguentar firme: Padre Jonas estava com um mieloma múltiplo, um tipo de câncer na medula óssea.

Um mês e uma semana depois, em 28 de maio, os sinos da Canção Nova tocaram, e não era para a oração do Angelus: a Comunidade estava recebendo o seu padre de volta.

Padre Jonas voltou!

– Temos que comemorar o dia 20 de abril, Padre Jonas – disse-lhe Luzia. – O senhor estava morto e voltou a viver!

– Deus só não me levou porque eu ainda tenho uma missão – ele respondeu, para em seguida repetir: – Deus só não me levou porque eu ainda tenho uma missão. E eu disse ao Senhor: "Eis-me aqui".

Nos dias que se seguiram, Padre Jonas pegou nas mãos os Estatutos da Canção Nova, e a sua caneta de quatro cores foi sublinhando, anotando, fazendo círculos e puxando flechas. Um decreto tinha sido enviado de Roma pelo Papa Francisco aos novos movimentos – "Sobre o serviço da autoridade" –, e o padre, antes de morrer, tinha ainda mais essa tarefa a cumprir. Ele que, no tempo da sua enfermidade, foi redigindo ao longo dos anos uma série de documentos muito importantes para a vida da Comunidade – desejando deixar tudo pronto, arrumado, para a entrega da sua alma a Deus.

– Eu vou trabalhar nisso aqui! – ele disse. – O Papa Francisco quer mudanças, e Deus me deu ainda esse tempo de vida para trabalhar e fazer aquilo que o papa está pedindo à Igreja.

Nem o sério tratamento a que estava sendo submetido o impediu de estudar o documento pontifício, de se reunir e consultar o seu canonista, Cônego Carlos Antônio da Silva, de conversar com diferentes pessoas e de consultar as instâncias de autoridade da Canção Nova para cumprir essa última missão.

Quando conseguiu terminar o trabalho, como sempre fazia, pegou o documento e o colocou debaixo da toalha do altar da sua capelinha particular. Estava feliz. Mais feliz ainda ele ficou quando, de novo hospitalizado por causa do agravamento do seu estado de saúde, recebeu a notícia que a Assembléia Geral da Canção Nova tinha aprovado o texto que ele trabalhou. Unanimemente.

Nesse dia, Padre Jonas não deu o seu famoso pulo de alegria, mas pulou por dentro. A sua alma saltou no ar.

Missão cumprida, graças a Deus!

– Posso agora mandar para Roma, Monsenhor Jonas? – perguntou Maria Marta Teixeira, secretária geral da Comunidade, por telefone.

– Para Roma! – ele disse.

E repetiu, como sempre fazia quando as palavras que pronunciava ressoavam uma voz divina que lhe vinha do fundo da alma:

– Para Roma!

– Está feito, graças a Deus! – acrescenta Luzia, reproduzindo naquele momento solene o pensamento do Pai Fundador. – Deus lhe concedeu esse pouquinho mais de tempo para ele fazer aquilo que a Igreja pediu, na obediência, na docilidade e alegria.

O Santuário do Pai das Misericórdias é tomado por uma salva gigantesca de palmas!

Não foram as únicas palmas ouvidas nos dias dos funerais. Não foi a única vez naqueles dias que vozes se ergueram para gritar "Padre Jonas, nós te amamos!". Nem foi a primeira vez que, do meio da multidão, se ouviu o grito de "Padre Jonas santo!". "*Santo subito!*" "Santo já!"

– O Papa Francisco quer mudanças, e Deus me deu ainda esse tempo de vida para trabalhar e fazer aquilo que o papa está pedindo.

Um raio imenso de luz atravessou os vitrais coloridos e iluminou o corredor por onde o caixão passaria. Minutos depois, o cortejo fúnebre se dirigiu ao local onde o corpo foi depositado. Sobre a lápide:

Monsenhor Jonas Abib

"Feito tudo para todos"

★ 21.12.1936 † 12.12.2022

O carisma

As dezenas de livros publicados, os discos gravados, os inúmeros artigos que escreveu, as milhares de palestras e homilias, as viagens...

Os mais de 1.500 membros que integram hoje a Comunidade Canção Nova, reunidos no Núcleo (336) e no Segundo Elo (536): casados (872), celibatários (74), sacerdotes (67), seminaristas (21), solteiros (446) e viúvos (34).

A Fundação João Paulo II com o seu Sistema Canção Nova de Comunicação e a Rede de Desenvolvimento Social.

As atuais 20 Frentes de Missão no Brasil e 7 no Exterior, na cidade de Assunção (Paraguai), na Terra Santa (Jerusalém e Nazaré), em Toulon (França), Fátima (Portugal), Roma (Itália) e Zobue (Moçambique). As 2 Imersões Missionárias, futuras Frentes de Missão (Estados Unidos da América e Évora, Portugal).

Um imenso legado!

Mas qual é mesmo o maior de todos os legados deixado por Padre Jonas?

Para responder a essa pergunta, é interessante ouvir de novo o Pai Fundador ensinar que "o bonito não é realizar o nosso próprio sonho, mas o sonho de Deus".

Agora, a resposta se torna um pouco mais fácil. Porque o principal, o maior de todos os sonhos que ele recebeu como presente de Deus só pode ter um nome: o carisma.

O carisma Canção Nova.

O carisma, como ensina o Catecismo da Igreja Católica, é um dom concedido a uma pessoa para o bem do mundo e para a vida da Igreja.

– Eu recebi de Deus um carisma – disse um dia o padre, explicando justamente que um carisma se recebe, ninguém o faz ou cria.

E, então, Padre Jonas mesmo dá a resposta que estávamos procurando:

– O legado que eu deixo para a Canção Nova, quando eu morrer, é o carisma.

La, la, laiá!

A história de vida de Padre Jonas – desde o seu nascimento, quando a mãe o consagrou a Dom Bosco, até o dia iluminado da sua morte – é oferecida a vocês, cara leitora e caro leitor, nas páginas que seguem. É a história da realização desse carisma, dia após dia, ano após ano: na saúde e na doença, na alegria e na tristeza... No amor! É o padre mesmo quem conta essa história. Com entusiasmo.

A grandeza de um profeta e pregador como Padre Jonas não deve em nenhum momento ofuscar a simplicidade desse homem. O livro traz o seu gosto pelas histórias, tanto as da sua família de origem quanto as da sua família espiritual – a Comunidade Canção Nova. São muitas e diferentes histórias! Em todas elas, página após página, vão se revelando a força e a coragem do padre na vivência aguerrida do carisma que lhe foi entregue pelo Espírito Santo de Deus.

Histórias simples, escritas com a vida. Saborosas histórias. Edificantes. Como a do *tiramisù* – uma sobremesa tipicamente italiana – que Padre Jonas, tendo ouvido falar a respeito, ficou com uma vontade enorme de experimentar. Logo ele, que adorava um docinho, um refrigerante, um sorvete – "Sem exagerar! Sem exagerar!".

O padre estava participando de um retiro, com as refeições todas pagas, mas a sobremesa era à parte, e ele não tinha dinheiro. Ficou com vontade. Apenas olhou, mais de uma vez. Como uma criança quando vê um doce. No último dia, o senhor que servia no refeitório lhe deu um potinho, cheio... e de graça!

– Na Canção Nova, costumamos dizer que nada é coincidência, tudo é Providência – contou Padre Jonas. – Eu senti isso naquele dia: a Providência estava ali.

As coisas pequenas e simples são as que mais profunda e belamente expressam os sentidos de uma vida como a de Padre Jonas Abib, ele que se fez tudo para todos. Na alegria. Trabalhando. Rezando. Acolhendo e animando. Formando. E cantando:

Tudo te entreguei, nada me restou
Livre eu fiquei para te amar meu Deus.
Tudo me pediste, nada eu te neguei
Hoje eu sou feliz assim, tenho a ti meu Deus.
La, la, laiá.
La, la, laiá.
La, la, laiá.
La, la, laiá.

PARTE 1

1

O apito do trem

Começa de maneira singela e ao mesmo tempo abençoada a história de vida de Jonas Abib (1936-1922). O primogênito de Sérgio e Josepha veio ao mundo quatro dias antes do Natal do ano de 1936, na pequena cidade de Elias Fausto, interior do estado de São Paulo. Durante toda a vida, Padre Jonas soube enxergar no seu nascimento um milagre divino, sob os cuidados de Dom Bosco.

É a voz do padre que ressoa o tempo todo por detrás dos relatos deste e dos demais capítulos deste livro. O fundador da Canção Nova gostava muito de ouvir e de contar histórias. E, sobretudo, sabia perceber, mesmo nas coisas mais simples da vida, a mão amorosa de Deus.

Lá vem o trem! E o apito do trem daquele tempo – a famosa Maria Fumaça – nos conduz nesse momento muito especial da vida de Padre Jonas até Elias Fausto, para acompanhar o drama do seu nascimento.

Aconteceu no começo da tarde do dia 21 de dezembro de 1936, uma segunda-feira, início de verão, e não foi sem nenhuma preocupação. "Parecia que ia dar tudo errado, mas acabou dando tudo certo", brinca o padre. "Eu acredito em milagres", ele diz em seguida, desta vez falando bem sério, com as mãos postas, como que em oração.

Lá vem o trem! O trem vai e o trem vem. O trem chega e o trem sai, levando e trazendo gente para cá e para lá pelo interior de São Paulo, no Sudeste brasileiro. Entre um trem de passageiros e outro, nessa época circulam em maior número pela região os trens de carga, mais barulhentos ainda. Um tufo ligeiro com camadas de fumaça e fuligem se projeta em direção ao céu, dissolvendo-se aos poucos no ar.

Trem é alegria. Trem é símbolo de progresso. Trem é vida, no imaginário das pessoas mais antigas. Sem esses trilhos benditos de aço, a cidade nem existiria. A estação ferroviária, que concentra as atenções da cidade, é como o pulmão, o coração do lugar.

No princípio de tudo veio a estação de trem, quando o que havia por ali eram umas poucas casas, a sede de uma fazenda, um povoado tão pequeno que ainda não aparecia nos mapas geográficos, e nem igreja havia para rezar.

Foi só depois da estação que se formou o povoado, no lugar onde se juntaram as primeiras famílias, ao redor do barulho do trem. Vieram as primeiras casas de comércio, as lojas de secos e molhados, como se dizia antigamente. Mas, antes ainda das casas de comércio, as pessoas se uniram para erguer uma capela, colocar nela o santo de sua devoção e organizar as primeiras festas religiosas.

O povoado com o tempo virou uma vila. E só quase setenta anos depois, em 1944, essa vila ganharia o status de sede de um município, com o nome de Elias Fausto. Naquele ano, com 7 anos de idade, Jonas já estaria longe dali, morando com a família em São Paulo e frequentando a Escola Padre Moye, na qual aprenderia as primeiras letras com o auxílio materno de irmã Arlete, a professora que o alfabetizou.

Sim, de verdade, esses trilhos e essa estação têm muito o que contar. Sem eles, um jovem de nome Sérgio – o pai de

Padre Jonas –, com 20 e poucos anos de idade, e uma moça chamada Josepha – a mãe de Padre Jonas –, dois anos mais jovem, talvez nunca tivessem se conhecido. Sérgio, que era telegrafista, jamais teria visto Josepha, entre uma mensagem telegráfica e outra, pela janela da estação.

E, caso os olhares daqueles jovens nunca tivessem se cruzado naquela estação de trem, não teríamos como brindar os nossos leitores com a escrita da linda e edificante história de vida de Jonas Abib, o padre. Uma história que tem início na metade dos anos 1930, nessa parte do Hemisfério Sul onde está localizado o Brasil. Estamos na muito pequena e pacata Elias Fausto, na época, um distrito de Monte Mor. O dia da semana, como já sabemos, é segunda-feira. Começa o verão do ano de 1936 de Nosso Senhor Jesus Cristo.

Lá vem outro trem. Ele chega devagar, liberando o vapor da caldeira, freando e apitando. O apito serve para avisar aos moradores que é para não atravessar mais a linha quando a locomotiva se aproxima.

Automóveis ainda quase não havia por ali naquele tempo. Cavalos, sim. Com seu trote cadenciado, eles arrancavam faíscas do choque de suas ferraduras contra as pedras do calçamento das poucas ruas que delineavam a minúscula aglomeração urbana.

> No texto com o título "A cidade é filha do trem", apresentamos uma breve história sobre as origens de Elias Fausto. Você pode ler agora ou depois. Vai gostar de conhecer detalhes muito importantes da cidadezinha que cresceu ao redor da estação de trem, que era, como dissemos, o coração do lugar – e, de algum modo, o coração da história deste livro. A praça onde hoje ainda se encontra a estação desativada leva o nome de Monsenhor Jonas Abib.

A CIDADE É FILHA DO TREM

Distante 130 quilômetros da capital do estado brasileiro de São Paulo, o município de Elias Fausto conseguiu sua emancipação político-administrativa no dia 30 de novembro de 1944.

Jonas Abib, por essa época, descia todo dia do bairro paulistano do Limão até a Barra Funda para buscar leite e pão no quartel do Exército Brasileiro, onde o pai trabalhava como pedreiro de manutenção. Eram os anos difíceis da Segunda Guerra Mundial.

O nome Elias Fausto é uma homenagem ao engenheiro, político e superintendente da antiga Companhia Ituana de Estradas de Ferro. A concessão para a construção da linha entre a cidade de Itu e a São Paulo Railway, em Jundiaí, foi outorgada em 1870.

Inaugurada em fevereiro de 1867, a Santos-Jundiaí, passando pela capital, conectava os cafezais do interior de São Paulo ao litoral de Santos, onde fica até hoje um dos principais portos brasileiros.

Estação de Elias Fausto – A linha entre Itu e Jundiaí seria inaugurada em 1873, e quatro anos depois alcançaria a cidade de Piracicaba. Em 1875, Monte Mor receberia a sua primeira estação de trem, instalada no futuro distrito de Elias Fausto.

O pequeno ajuntamento dos arredores de Monte Mor viraria povoado, já nos anos 1890, quando se instalaria por ali o português José Rodrigues Cardeal. Ele comprou um pedaço de terra e abriu uma casa de comércio para atender aos moradores.

José Rodrigues Cardeal, que pode ser considerado o verdadeiro fundador da cidade, é quem deu o nome à rua na qual nasceu Jonas Abib, na casa de número 4.

No dia de Natal de 1896, 40 anos antes da data de nascimento de Jonas Abib, seria celebrada a primeira missa onde hoje está situada Elias Fausto. A capela foi erguida sob a invocação de São José, o padroeiro do município.

Praça Monsenhor Jonas Abib – Pelo Censo Brasileiro de 2022, o município de Elias Fausto conta com pouco menos de 18 mil habitantes. Uma parcela significativa dos imigrantes italianos que povoaram a região no século 19 veio da província italiana de Rovigo, na região do Vêneto.

De Rovigo vieram também Luigi e Diletta Capellari com os filhos, que chegaram ao porto de Santos no dia 21 de outubro de 1888, a bordo do vapor *Provinzia di San Paolo*. Ermínia Capellari, a avó paterna de Jonas Abib, tinha então 5 anos de idade.

Em 3 de março de 2008, passados 72 anos do nascimento de Padre Jonas, por meio da Lei número 2.448, a Câmara Municipal de Elias Fausto criou a Praça Monsenhor Jonas Abib.

A praça é formada pelo quadrilátero compreendido entre as ruas José Rodrigues Cardeal, 24 de Fevereiro, Antônio Leite e XV de Novembro. Uma homenagem a um dos filhos mais ilustres da cidade.

Jonas nasce

O relógio de parede, daqueles antigos de tipo carrilhão, anuncia que é 1 hora e 30 da tarde. Na casa de número 4 da Rua José Rodrigues Cardeal, quando ninguém mais parecia acreditar que fosse possível, ouve-se o choro do bebê.

Crianças nascem todos os dias, nos quatro cantos do mundo. Mas você, leitor, vai nos dar licença para prestarmos as nossas mais justas e calorosas homenagens ao recém-nascido desta nossa história.

O choro vigoroso desperta um sentimento de gratidão e de esperança, que só quem estava presente nesse dia poderia se aventurar a expressar: além dos pais, os avós maternos e os tios, mais alguns amigos da família. Se dependesse do tamanho da emoção que tomava conta daquelas pessoas, talvez elas tivessem com muito gosto pedido para tocar várias vezes o sino da igreja de São Benedito, que fica bem ao lado da casa. Ou melhor ainda seria soar o sino da igreja matriz de São José, mais imponente, localizada na parte alta da cidade.

Josepha Pacheco Abib, de 22 anos de idade, é a mãe, e Sérgio Abib, 24, o pai. Bem perto da casa onde o filho do jovem casal veio ao mundo fica a estação ferroviária, a cento e poucos metros de distância. A estação tem tudo a ver com o fato de os pais de Jonas um dia terem se conhecido. Casaram-se um tempo depois na igreja matriz, há pouco menos de um ano – e a festa de casamento foi linda, como Padre Jonas irá contar no capítulo seguinte.

Benedicta Miranda Fogaça, a mãe de Josepha, nem consegue acreditar no que vê. Com efeito, minutos antes, ela tinha escutado muito bem quando o doutor disse que o melhor era salvar pelo menos a mãe. Em relação à criança, nada mais havia que pudesse ser feito. Aquele "pelo menos" tocou fundo

– Minha mãe, minha amada mãe, me contou com muito carinho toda a história do meu nascimento. Melhor dizendo, minha mãe me contou a história dos milagres que marcaram meu nascimento.

no coração de Benedicta e de quantos mais conseguiram ouvir as palavras do médico.

Um bom homem, o doutor. Sério, esforçado, quem poderia negar? Havia sido buscado às pressas na cidade vizinha, e chegou com a sua maletinha, trazendo dentro dela tudo o que era necessário, na época, para fazer partos – até mesmo os mais difíceis. E se tinha sido preciso recorrer a um médico, era porque alguma coisa ruim poderia acontecer.

De fato, a parteira não estava dando conta sozinha de uma arte que ela sabia executar muito bem. Excelentes as parteiras, e muito requisitadas! Parto, na época, quem fazia eram as "doulas" – como hoje são chamadas –, não o doutor. Ninguém pensava que fosse necessário mais do que as mãos abençoadas de uma parteira para trazer à luz os filhos daquela gente. Além, é claro, das preces a Jesus e a Nossa Senhora, aos santos e aos anjos.

Mas, pelo que parece, não tinha mais jeito! Era melhor a mãe tentar se acalmar e descansar, avisou o doutor. Nem com fórceps ele conseguiu fazer o parto. Uma espécie de grande pinça, o fórceps possui duas garras dentro das quais é ajustada a cabecinha do bebê. A criancinha é puxada para fora, a pulso. Ai, meu Deus, era preciso tomar muito cuidado! E tinham sido várias as tentativas. Sem sucesso.

– Descansa, Josepha! Não precisa mais fazer força, não, minha filha! – recomenda o médico.

Nesse dia, porém, a vida não parecia nem um pouco disposta a se deixar conduzir pelas coisas como imaginadas pelas artes médicas daquele tempo. E foi assim que, entre o apito de um trem que vai e outro que vem, algo inesperado aconteceu na casa dos Pacheco. A criança veio à luz, às vésperas do Natal, a festa do nascimento de Jesus.

Que lindo é o bebê!

A avó do menino não cabe em si de contente. Está tão feliz, como poucas vezes ao longo da sua vida, bastante curta. "Benza Deus! Nasceu perfeitinho, o Jonas!", ela diz para si mesma.

Benedicta sabia até o nome do netinho, 76 dias antes de ele ser batizado pelo padre Cristovam Porfírio Machado na igreja matriz, em 7 de março de 1937, ali pelo início da novena do padroeiro, São José Operário. Benedicta e o marido, Antônio Roberto Pacheco, seriam os padrinhos, ou padrinhos-avós.

Quando o bebê que acaba de nascer, anos e anos mais tarde, já padre, perguntou à mãe como ela sabia que era um menino, foi até engraçado. A impressão é que nasceu um menino porque tinha sido escolhido um nome de menino para ele.

O avô era igualmente pura satisfação pelo nascimento do primeiro neto. E pensar que ele não queria, de jeito nenhum, que a filha se casasse com Sérgio. Onde já se viu a sua Josepha desposar um trabalhador braçal, pobre, que vivia do muito pouco que ganhava, com uma mão na frente e outra atrás?!

Uns poucos dias antes do nascimento do neto, porém, preocupado com que nada de ruim acontecesse à filha, Seu Pacheco pega o carro – um luxo enorme para a época – e sai apressado pelas ruas de Elias Fausto. Vai até a roça buscar Josepha, porque sabia que ela não estava bem de saúde e que poderia ter problema na hora do nascimento da criança. Trouxe a filha para a casa dele na cidade. Como Josepha ia poder dar à luz lá naquele fim de mundo?

Bem, Josepha e Sérgio não tinham ido morar na roça porque queriam, e Seu Pacheco sabia disso. Mas não vamos deixar que essas lembranças tristes ofusquem a luz que emana do quarto onde o recém-nascido, perfeitinho – benza a Deus! –, está quieto, respirando como se fosse um anjinho.

Enquanto dorme o nosso bebê, pedimos permissão para adiantar que Josepha e Sérgio irão ter outros filhos pela vida de casal afora: José Carlos, Lina, Márcia, Marta, Maria José... Seis ao todo, contando com o príncipe que dorme nesse momento.

Três décadas e pouco depois desse dia, já nos anos 1970, uma verdadeira multidão irá se juntar ao redor dos filhos biológicos do casal. Todos juntos irão compor uma grande família unida pela fé, pelo amor e pela caridade, dando origem a alguns dos capítulos mais fascinantes da história que estamos contando. Os novos filhos e filhas chamarão carinhosamente a mãe desse bebê de "Vovó Josepha", e o pai, de "Vovô Sérgio". O irmão e as irmãs dele serão "tio" e "tias", e Padre Jonas mesmo ganhará o título de "pai" dessa grande família espiritual. Pai Fundador!

Essa aventura divina tem um primeiro capítulo fundamental sendo escrito naquele 21 de dezembro de 1936, na pequenina Elias Fausto, quatro dias antes da data em que se celebra o Natal do Menino Jesus.

No ano em que Jonas Abib nasceu era presidente da República Federativa do Brasil, capital Rio de Janeiro, o gaúcho Getúlio Vargas. No âmbito internacional, assistia-se ao avanço do nazismo na Alemanha. A Segunda Guerra Mundial teria início três anos depois, no final de 1939.

> Em "Tempos conturbados", mais adiante, você poderá saber o que estava acontecendo no Brasil e no mundo no tempo histórico em que Padre Jonas nasceu. E, aí, começaremos a perceber como os acontecimentos, sobretudo a Segunda Guerra Mundial, repercutem na vida cotidiana da família Abib. Têm a ver com o ofício de pedreiro do pai, com o pão e o leite, com a máquina de costura e o trabalho da mãe para ajudar a sustentar a família.

TEMPOS CONTURBADOS

No dia em que Jonas Abib nasceu, ocupava o cargo de chefe de Estado o gaúcho Getúlio Dornelles Vargas, décimo quarto presidente da nação. Ele governou o Brasil por dezenove anos, em dois períodos: de 1930 ao final da Segunda Guerra Mundial (1945) e de 1951 a 1954.

Vargas assumiu em novembro de 1930, à frente de um movimento revolucionário que depôs o presidente em exercício, Washington Luís – o lado "café" da chamada "política do café com leite". O "café" era São Paulo e o "leite", Minas Gerais.

A briga teve início um ano antes, quando era a vez de o "leite" assumir o governo da nação, mas o "café", que se encontrava no poder, lançou candidato próprio – outra vez "café". E, aí, deu muita confusão.

Revolução de 1932 – O Governo Provisório de Getúlio Vargas enfrentaria, em 1932, a oposição paulista. A Revolução Constitucionalista trouxe a guerra para o estado de São Paulo e dividiu o país.

Tendo voltado ao poder pelo voto popular em 31 de janeiro de 1951, Vargas se suicidou em 24 de agosto de 1954, deixando uma carta em que dizia que "saía da vida para entrar na História". A notícia chegou pelas ondas do rádio até Pindamonhangaba, no Vale do Paraíba, onde Jonas Abib fazia o seu Noviciado com os Salesianos de Dom Bosco.

Segunda Guerra Mundial – Em nível internacional, a Europa, sofrida, entre a Primeira (1914-1918) e a Segunda Guerra Mundial (1940-1945), assistia ao avanço do nazismo na Alemanha.

Em agosto de 1936, quatro meses antes do nascimento de Jonas Abib, atletas do mundo inteiro batiam continência para o *Führer* – algo como "Condutor", ou "Líder", como também era chamado Hitler – durante a realização dos Jogos Olímpicos de Berlim, a capital alemã. Os atletas enviados pelo Brasil, 88 homens e 6 mulheres, voltariam sem medalha.

O ditador tentou fazer das Olimpíadas um espetáculo digno do que o nazismo queria vender ao mundo como sendo a superioridade da raça ariana.

A guerra e a família Abib – O leite e o pão que o menino Jonas Abib buscava todo dia no quartel do Exército, na Barra Funda, em São Paulo, onde o pai trabalhava, ajudavam no sustento da família.

Também ajudavam os uniformes de muitos dos milhares de soldados brasileiros enviados para o *front* de guerra, na Itália, costurados pela mãe de Padre Jonas por horas a fio, madrugadas adentro.

Josepha segurava a roda com a mão direita, parava a máquina. Passava nos lábios a ponta da linha, que tinha acabado de escapar, e a enfiava de novo na agulha – que entrando e saindo do tecido, iria gerar camisas, calças e vestidos.

Quantos milhões de vezes será que os pés de Josepha moveram o pedal de ferro de sua máquina Singer, para a frente e para trás, costurando para fora, costurando para os soldados e costurando também cada peça de roupa da família?

Um santo chamado Dom Bosco

João Bosco, mais conhecido como Dom Bosco, nasceu em 1815, na Itália, e faleceu em 1888, aos 72 anos de idade. Canonizado em 1934, dois anos antes de Jonas nascer, foi o fundador da congregação religiosa dos Salesianos.

O espírito que animou Dom Bosco – o termo "carisma" seria o mais indicado – encheria do mais pleno e amoroso significado a vida inteira de Padre Jonas, desde o seio da mãe Josepha até o dia da sua morte, em 12 de dezembro de 2022, aos 85, quase 86 anos de idade, em Cachoeira Paulista-SP.

"Eu acredito em milagres." Este é o título de um livro de memórias de Padre Jonas que foi lançado em 2006 pela Editora Canção Nova. E um dos muitos milagres da jornada de vida do elias-faustense Jonas Abib é, com toda a segurança, o do seu nascimento. Um grande milagre. O primeiro de muitos. Palavras de Padre Jonas!

Voltemos a Elias Fausto para continuar acompanhando a narrativa do nascimento do nosso bebê!

Entre uma xícara de café e outra, as conversas que se desenrolam na sala da casa dos Pacheco momentos antes do nascimento de Jonas ajudam a aliviar a tensão das horas de espera. Nesse mundo que ainda não conhece televisão – e que está bem longe de sequer poder imaginar algo assim como a internet e as redes sociais –, conversar faz bem. Nossa, como faz!

Conversa vai, conversa vem, e João Bosco, um dos amigos ali presentes, acaba descobrindo que ninguém entre aquelas pessoas sabia nada sobre o santo de quem ele havia herdado o nome. Disseram até que não existia nenhum santo que se chamava assim.

– Existe, sim. Como vocês não sabem? – pergunta o João Bosco de Elias Fausto.

Ele até se irrita um pouco diante do que considera uma certa ignorância. Sente uma pitada de deboche quando insinuam que estaria inventando essa história como que para se promover. Disposto a defender a honra do seu santo, levanta a voz para insistir que São João Bosco existia, sim, claro que existia! E resumiu, do modo como sabia, a história do "pai e mestre da juventude".

O João Bosco de Elias Fausto não usou essas palavras, assim, bem torneadas. Esse título na verdade quem atribuiu a Dom Bosco, muitos anos mais tarde, foi o Papa João Paulo II – hoje São João Paulo II –, sumo pontífice da Igreja Católica entre 1978 e 2005.

Fazia menos de três anos que o santo dos jovens havia sido "elevado à glória dos altares", isto é, canonizado, pelas mãos do Papa Pio XI, em 1º de abril de 1934. O papado de Pio XI aconteceu entre os anos 1922 e 1939. Ele era o sumo pontífice da Igreja Católica no dia em que Jonas nasceu.

Dom Bosco irá cuidar do menino

Quando Josepha entra em trabalho de parto acontece aquilo que na linguagem comum as pessoas chamam de "coroar": é quando o bebê se posiciona para nascer e já deixa até ver a parte superior da cabecinha. O bebê Jonas coroou, mas não nascia. Nem com fórceps, como já contamos.

Todos os médicos para quem eu contei esse caso me disseram: "Mas, então, ocorreu um milagre no seu nascimento". Não sei responder. O fato é que coroei e não nascia.

O parto, que era para acontecer em casa, estava sendo acompanhado por uma parteira. Como houve essa complicação e não havia médico ali, foi preciso ir atrás de um na cidade vizinha, coisa demorada. Era 1936.

O médico veio, tentou de tudo, usou fórceps, como se fazia na época. Como os médicos depois me disseram, fórceps é uma faca de dois gumes: se não retira a criança, aperta a cabeça.

Isso aumentava, naquele tempo, o risco de o bebê ficar com sequelas. Era o caso, provavelmente, de se fazer uma cesariana. Mas como, ali, naquela época?

O doutor chegou a desistir. Mandou que minha mãe relaxasse. Seu objetivo era salvar a mãe, pois acreditava que o menino já não tinha mais salvação.

Então, o médico saiu do quarto e deixou a minha mãe sozinha, ouvindo as conversas que aconteciam na sala ao lado.

– Minha mãe, minha amada mãe, me contou com muito carinho toda a história do meu nascimento – continua Padre Jonas, para logo em seguida fazer uma pequena correção: – Melhor dizendo, minha mãe me contou a história dos milagres que marcaram meu nascimento.

Nunca em sua vida Padre Jonas manifestou a mais leve dúvida de que a mão de Deus estava ali, naquele dia, se manifestando.

Mas falta ainda um detalhe dos mais importantes em todo esse episódio. Para entendê-lo, precisamos retornar à sala da casa, onde o João Bosco de Elias Fausto resume, do modo como sabe, a história do santo amigo e protetor dos jovens, o fundador dos Salesianos, aqueles do Liceu Coração de Jesus, lá de São Paulo. Como ninguém o conhecia?!

Enquanto a história do santo era contada na sala, Josepha – no momento mais difícil e desesperador, exausta –, escutava lá do quarto o que as pessoas estavam dizendo. "São João Bosco", ela ouviu. Que santo era esse, ela não sabia. Nunca tinha escutado falar nele. Mas decidiu consagrar ao santo desconhecido o filho que, até aquele momento, ainda não tinha conseguido ver a luz do mundo.

E mamãe tomou uma decisão: consagrar-me a Dom Bosco. Muitos anos depois, ao me contar tudo isso, ela disse que usou estas palavras: "Dom Bosco, não conheço o senhor. Mas, por aquilo que estou ouvindo, cuide deste menino para mim!".

Minutos depois, eu já estava nascendo. Não nasci com parteira. Não nasci com médico. Estava praticamente nascendo sozinho. Foi um corre-corre.

A parteira veio, me recolheu. Depois que o médico viu, ficou admirado. Apesar de todas as condições adversas do parto, eu não tinha qualquer defeito...

Josepha não conhecia, de fato, aquele santo. Nem sabia nada de Salesianos ou de Liceu Coração de Jesus. Mas iria descobri-lo, quatro ou cinco anos depois, quando a família, tendo deixado Elias Fausto para nunca mais voltar, já iria estar morando no bairro da Barra Funda, na capital de São Paulo.

– E o interessante é que minha mãe apenas ouviu falar outra vez em Dom Bosco muito tempo depois, no santuário do Liceu Coração de Jesus – revela Padre Jonas.

E nesse dia que ainda estava por vir, no santuário, Josepha iria se ajoelhar diante da imagem do santo dos jovens para pedir que ele continuasse a cuidar do seu pequeno Jonas.

Em "Amigo e protetor dos jovens", você encontra mais informações importantes sobre São João Bosco, o fundador dos Salesianos. E recebe também as primeiras informações sobre o lado italiano da família de Padre Jonas. Em 1888, o ano da morte de Dom Bosco, chega ao porto brasileiro de Santos a família de Luigi e Diletta Capellari, os pais de Ermínia, a avó paterna do padre.

AMIGO E PROTETOR DOS JOVENS

Dom Bosco nasceu em 16 de agosto de 1815 nas proximidades da cidade italiana de Turim. A família era pobre, e os tempos, muito difíceis. Tanto que, quando o pequeno João Bosco manifestou o desejo de estudar para padre, a mãe Margarida nem parece ter gostado muito da ideia.

"Olhe aqui, meu filho!", ela avisou. "Seu pai e sua mãe são pobres, entendeu? E se você pensa que vai virar padre para fugir dessa pobreza, pode desistir! Não vou nunca nem visitar você no seminário!"

O pequeno Bosco entendeu bem o recado, mas mesmo assim levou seus planos adiante. Jamais decepcionou a mãe, muito menos traiu o chamado que sentia arder desde menino no seu coração.

Fundador dos Salesianos – Muita gente, na época, achava que João Bosco era meio louco. Até amigos mais próximos chegaram a duvidar bastante de sua sanidade mental. Em algum momento desta história que estamos contando, você irá perceber – se já não sabe – como toda semelhança entre Dom Bosco e Padre Jonas não é mera coincidência.

Na língua escrita e falada, o nome de Dom Bosco não rima com o de Jonas Abib, nem forçando a barra. Mas na vida, onde as regras da boa poesia são diferentes, Dom Bosco rimou direitinho, e o tempo todo, com Jonas Abib. Rima rica, como se diz.

Em 1859, nosso santo – sobre o qual estavam conversando em Elias Fausto no início da tarde do dia em que Padre Jonas nasceu – fundou a congregação dos Salesianos de Dom Bosco. O nome vem de São Francisco de Sales, de quem Dom Bosco era devoto. Uma inspiração.

Família da avó paterna – Em 31 de janeiro de 1888, o dia em que Dom Bosco faleceu, muitas famílias da região italiana do Vêneto faziam planos para vir para "a América", ou "Mérica" – é assim que falavam. Eram personagens de uma onda migratória que trouxe centenas de milhares de italianos para o Brasil, a imensa maioria deles, pobres e desvalidos. Chegavam sem quase nada, uma saudade muito grande e a esperança de encontrar trabalho e comida.

Em algum dia de agosto ou setembro de 1888, uma menina de 5 anos de idade agarra-se à sua boneca surrada de pano, ao embarcar com a família no navio *Provinzia di San Paolo*, que lançaria âncoras, semanas depois, no porto de Santos.

Dali de Santos, Serra do Mar acima e interior de São Paulo adentro, a família foi parar na região de Piracicaba, nessa parte do estado onde está situada, hoje, com mais de vinte outros municípios, a cidade de Elias Fausto.

Ermínia era o nome da criança. Muito bonitinha, dizem. Em 1897, ela se casaria com Jorge, um libanês. E Jorge e Ermínia geraram Sérgio, que gerou Jonas – cuja mãe, atormentada pelas dores do parto e pela dor ainda maior do risco de perder a criança, ouve, vindo da sala, uma conversa sobre Dom Bosco. Josepha, então, suplica: "Dom Bosco, eu não te conheço. Mas cuida deste menino para mim!".

O trem da vida

"O trem era um símbolo." Ditas por Padre Jonas quando estava beirando os 80 anos de vida, essas palavras, como você irá perceber, interligam o primeiro e o último capítulo desta primeira parte do livro.

– Uma coisa marcante era o trem – recorda o padre, lembrando o tempo que passou no seminário salesiano de Lavrinhas, no Vale do Paraíba, onde ingressou aos 12 anos de idade. – Sabíamos os horários: quando o trem ia, quando o trem voltava, quando apitava...

O trem, como ele explica, era um símbolo do que havia sido deixado para trás e do que vinha pela frente. Do que ele queria. Daquilo com que ele sonhava.

O trem, como símbolo, era o trem da própria vida!

Como iremos ver mais à frente, tudo começou no dia 3 de setembro de 1949, um sábado, quando teve início a jornada do menino de 12 anos rumo ao sacerdócio. Jonas tinha frequentado o primeiro semestre letivo daquele ano no Liceu Coração de Jesus, em São Paulo. Agora, estava "numa casa de Dom Bosco!", como ele conta, todo encantado.

Naquela tarde vindoura, ele começará a realizar o sonho de se tornar sacerdote, um filho de São João Bosco. E nada aconteceu por acaso. Tinha a mão de Deus em tudo aquilo, como atesta Padre Jonas.

Em Lavrinhas, depois de desfazer a mala e arrumar as roupas, os lençóis e o material de higiene pessoal no armário do dormitório, o menino voltará para ficar mais uns instantes junto do pai.

No horizonte, avistará ao longe as montanhas da Serra da Mantiqueira.

Toca o sino. Hora da janta no seminário.

Passa o trem das 18 horas.

2

Festa de casamento

Quando se casou com Sérgio Abib, em 1935, Josepha Pacheco tinha 21 anos e o marido, 23. O casamento foi em Elias Fausto, no último dia do ano. Um pouco antes, quando Sérgio desistiu de ser telegrafista para se dedicar à profissão de pedreiro, Seu Pacheco, o pai de Josepha, não achou uma boa ideia. Mais que isso. "Foi uma guerra", nas palavras de Padre Jonas.

Aliás, até a última hora, Seu Pacheco tentou de todos os modos fazer com que a filha desistisse do casamento. Como não obteve sucesso, ameaçou deserdá-la, o que na prática acabou depois ocorrendo. Já na própria noite do casamento, nem bem a festa havia acabado, Sérgio e Josepha se mudaram para uma casa na roça, onde passaram a morar de favor.

Falando em festa, dizem que foi grande e muito linda, como nunca se tinha visto outra igual na cidade que era dividida em duas, a parte de cima e a parte de baixo. E, naquele dia, como conta Padre Jonas, pelo menos por algumas boas horas, as duas partes se uniram em uma só nos vivas aos noivos e na alegria da festança.

A parte principal da comemoraçao foi ao lado da estação ferroviária, a alguns metros da linha do trem. Seu Pacheco não ia perder a oportunidade de mostrar que era um dos homens mais ricos e influentes de Elias Fausto.

Corria o ano 1935 de Nosso Senhor Jesus Cristo, lá pelo mês de novembro ou início de dezembro, quando Seu Pacheco, ali pelo meio da tarde, estaciona de repente o veículo à beira da estrada e pergunta à filha se ela está vendo uma casa, caindo aos pedaços, no alto do morro. Josepha responde que sim.

Pai e filha estão voltando de Campinas, uma distância de mais ou menos 45 quilômetros de estrada de chão. Foram à mais importante cidade da região comprar o enxoval de casamento de Josepha. Nos últimos meses, Seu Pacheco – ainda que contrariado – repetiu muitas vezes que a filha não precisava se preocupar com o enxoval. Na hora certa, ele compraria o que fosse necessário, só coisa boa, ela ia ver!

Com 21 anos de idade, a filha mais velha de uma família de sete irmãos – duas mulheres e cinco homens – nem teria mesmo tempo de se preocupar com outra coisa que não fosse o trabalho que fazia. Começou desde novinha. Não estudou mais do que os quatro anos do antigo primário.

Já como mocinha, fez um cursinho básico de contabilidade, e um outro, de datilografia. Saber usar uma máquina de escrever representava uma coisa muito chique. Dava um destaque para a pessoa, num mundo e numa época em que muita gente nem ler sabia.

Inteligente e esperta como era, ninguém chegava aos pés de Josepha na hora de somar e subtrair, dividir e multiplicar, pagar e receber. Os mil-réis que a família Pacheco ganhava passavam pelas suas mãos. Ela tocava também a agência de correio da cidade, além de dar uma ajuda no empório, um dos negócios de Seu Pacheco, quando às vezes era preciso.

As pessoas, na época, se comunicavam à distância por meio de cartas. Um aparelho de telefone era algo difícil de se ver. A população mais simples, porém, era quase toda analfabeta, e

Josepha socorria como podia. Escreveu cartas e mais cartas de amor para corações apaixonados! Emocionou-se também com notícias tristes, em cartas que precisou escrever ou que teve que ler para alguém. Histórias de todo tipo.

Uma última tentativa

Seu Pacheco sentia um orgulho imenso da filha. Mas o que tudo isso que estamos falando tem a ver com a tapera que o avô materno de Padre Jonas, depois de parar o veículo à beira da estrada, mostra para Josepha? Para saber, é só você acompanhar a continuação da conversa entre os dois, nessa que foi a última tentativa de Seu Pacheco de dissuadir a filha do casamento com Sérgio.

– Olha, Josepha, comprei tudo o que você queria, só coisa boa, cara...

– Sim, pai. Obrigada!

– Mas, se precisar, eu dou tudo para os outros.

– Por quê, pai?!

– Eu gostaria muito de fazer de você uma verdadeira princesa, está entendendo? – explica Seu Pacheco, para logo acrescentar: – Só que, para isso, você não pode se casar com esse sujeito!

Josepha sentiu uma dose bem grande de desprezo por trás da expressão "esse sujeito". Porque o sujeito de quem o pai falava era Sérgio Abib, o noivo dela.

– Eu lhe dou uma casa boa, um verdadeiro palácio – insiste o pai. – Continue aprendendo a tocar piano e a se cuidar. Mas largue o Sérgio! Se você se casar com ele, vai acabar morando numa casa miserável que nem aquela lá no alto, está vendo?

– Não largo, não, meu pai! Não largo, não!

– Não, mesmo?! – engole em seco Seu Pacheco. – Então, para mim, você está deserdada!

– Sério, pai?

Seu Pacheco liga novamente o carro e acelera em direção a Elias Fausto, como se nada tivesse acontecido. Não se falaria mais naquilo! Aliás, Josepha sabia que nem precisava ter perguntado se o pai estava falando sério. Claro que estava. Porque Seu Pacheco se gabava de ser homem de uma palavra só.

Ser deserdado, mesmo que às vezes só com palavras, sem documento nenhum, representava algo muito maior e mais forte do que simplesmente perder o direito à herança. Doeu demais para a filha ouvir isso da boca do pai. Mas, na prática, foi o que aconteceu com Josepha dali para a frente.

Não mais do que meia hora depois, Seu Pacheco estava de volta a Elias Fausto. Ele parou o veículo de capota de lona na frente da casa de número 4 da Rua José Rodrigues Cardeal, ao lado da linha do trem. Benedicta e os filhos ajudaram a descarregar as compras. Cada coisa linda!

– Está certo, pai! Aceito ser deserdada. Mas eu vou me casar com o Sérgio!

As palavras de Josepha ao final da conversa ainda ressoavam nos ouvidos de Seu Pacheco enquanto ele entrava em casa, pisando firme, muito sério. Então – ele pensou –, se é assim, está decidido: vai ter festa de casamento! Uma festa de causar inveja.

Telegrafista

Quando foi chamado pela irmã mais velha, Maria, para morar em Elias Fausto, Sérgio, com os seus 20 e poucos anos de idade, reunia um conjunto de qualidades que podiam muito bem atrair os olhares interessados das moças do lugar.

Primeiro, ele vinha de fora, e isso era bom. Porque na cidade dividida entre “os de cima” e “os de baixo”, principalmente por razões de ordem política, ninguém precisava perguntar se aquele rapaz alto, magro e bonito estava do lado do partido “a” ou “b”, se frequentava o clube da parte de baixo ou o da parte de cima, se apreciava mais os festejos da igreja de São Benedito ou os da igreja matriz.

Em segundo lugar, havia uma coisa ainda mais importante: Sérgio, que era cunhado do chefe da estação, o senhor José Teixeira de Barros, morava com ele e a esposa Maria Abib na parte baixa da cidade, onde a vida pulsava em tom maior. E trabalhava na própria estação, como operador de telégrafo! “Um bom partido”, é como se dizia na época. E como ele era distinto! Parece que, além de seresteiro, o rapaz que tinha vindo de fora sabia dançar como poucos.

Sérgio era originário da cidade de São Pedro, que fica localizada a cerca de 90 quilômetros de distância de Elias Fausto. O cunhado, Seu Zeca, quando conseguiu uma promoção no emprego, foi transferido para lá. O sonho de todo funcionário da companhia de trem era avançar, estação após estação, em direção à capital. Chegar um dia a São Paulo – ai que bom! – seria a glória.

O chefe de estação era uma figura de prestígio, ainda mais em uma cidade tão pequena. Ele dispunha de uma casa bastante decente para morar, ao lado do local de trabalho. E ocupava um lugar de honra nos festejos, nas apresentações das bandas de música – a banda de cima e a banda de baixo –, no clube, na escola e nas festas religiosas.

– Vamos arrumar um jeito de Sérgio aprender a usar o telégrafo – sugeriu Maria ao marido. – Eu ensino – ela acrescentou.

Seu Zeca concorda, e Sérgio logo assume o posto de aprendiz de telegrafista. Um ponto, um traço, dois pontos... De repente, o jovem se vê sentado na frente daquele instrumento que ele sequer havia imaginado existir: o telégrafo.[1]

Nos anos 1930 – e já bem antes disso –, no interior do estado que desde aquela época sempre foi o mais avançado do Brasil, São Paulo, não teria trem circulando de um lado para outro se não fosse o telégrafo. Trens que levavam e traziam gente. Trens que transportavam café, gado e tudo mais que na região se produzia, em direção à capital e, muita coisa, dali até o porto de Santos e o mundo. Viva o telégrafo!

Um ponto, dois traços... Maria ensina a profissão ao irmão, com paciência, sinal por sinal do código Morse: três pontos (...) – ela mostra – formam o S de Sérgio. O jovem aprende. "Logo, logo, ele arranja até uma namorada!", sonha a irmã.

Lá vem o trem! A mensagem já foi trocada entre as estações pelos fios do telégrafo que correm pelos postes ao longo da linha férrea. Em Elias Fausto, vai haver descarga de tal e tal produto, e carga disso e daquilo. Tudo de acordo. Tudo como devia ser. Com a ajuda do telégrafo. Viva a comunicação!

Não deixe de ler, já agora ou depois, como preferir, o texto "Duas cidades em uma só". Irá se divertir com o relato de Padre Jonas. E há uma coisa muito importante e saborosa sendo revelada ali, um dom, uma arte cultivada com carinho pelo padre, tanto no cotidiano da vida quanto no seu sagrado ministério de sacerdote e grande pregador: ele gostava muito de contar histórias, e sabia fazer isso como poucos. Delicie-se!

1 Patenteado por Samuel Morse, nos Estados Unidos, em 1837, o telégrafo elétrico iria revolucionar completamente o sistema de comunicação instantânea à distância no mundo. A palavra é formada pelo radical grego "tele" (distante, ou à distância) e "grapho" (escrita, letra ou mensagem), isto é, escrita ou sinais à distância. Mais ou menos um século e meio antes da internet, o telégrafo foi responsável pela formação da primeira rede mundial de comunicação. O homem que ficou com a fama de ter inventado o telégrafo criou também o sistema de sinais que permitia a comunicação por meio do aparelho, o código Morse.

DUAS CIDADES EM UMA SÓ

Política foi sempre uma palavra pronunciada com ênfase na Elias Fausto do tempo em que Jonas Abib nasceu. Não só lá, mas no estado de São Paulo e no Brasil inteiro.

Como adiantamos no capítulo anterior, eram os tempos do governo de Getúlio Vargas, que assumiu o poder em 1930, depois de um movimento militar que derrubou o presidente Washington Luís.

Dois anos depois, em 1932, o estado de São Paulo se levantaria, exigindo eleições e uma nova Constituição. E, aí, teve início uma guerra. Foram 85 dias de conflito armado, em que morreram mais combatentes do lado de São Paulo – cerca de 830 – do que pracinhas brasileiros na Segunda Guerra Mundial: quase o dobro.

Os de cima e os de baixo – Não se sabe muito bem o que falava mais forte na vida política de Elias Fausto, se os acontecimentos do país ou as disputas locais. O fato é que a política dividia a cidade, e, como relata Padre Jonas, "era tudo muito divertido".

"Era uma rivalidade, uma briga, a cidade dividida no meio por causa da política. Uma situação interessantíssima!"

Na parte baixa da cidade ficava o pessoal do Partido Republicano Paulista. Já o pessoal do Partido Republicano Progressista, depois Partido Social Progressista, morava mais do lado de cima.

"Daí aquela rivalidade", acrescenta o padre, de quem não vamos tirar o prazer de continuar se divertindo com essas coisas.

"Os de baixo tinham o privilégio da estação. Havia a sala de cinema de baixo – era cinema antigo, ainda começando – e a sala de cima. O salão de baile de baixo e o salão de cima. A banda de baixo e a banda de cima."

"Como a sede da paróquia era em cima, talvez para compensar o privilégio da estação, os de baixo, com grande dor de cotovelo, assumiram a capela de São Benedito como igreja deles. Iam buscar padre em Campinas para a missa aos domingos, as festas, a Semana Santa. E faziam questão de que tudo fosse melhor do que o que era promovido pelos de cima. Era uma rivalidade, uma briga..."

"Meu pai foi exceção a toda essa rivalidade, porque veio de fora..."

Esta parte, a gente já conhece.

Bom contador de histórias – Padre Jonas amava, de paixão, e sabia muito bem contar histórias, tendo cultivado com esmero essa arte ao longo de toda a sua vida. Dava muito gosto escutar.

"Eu sempre tive alegria em relembrar o que vivi e o que me contaram. Acho que hoje sou um bom contador de histórias porque convivi com pessoas que lutaram e fizeram de suas vidas uma vitória."

Que histórias o padre estará hoje contando no Céu? Deve estar contando muitas. A gente não sabe, só imagina. Mas deve estar sendo muito, muito divertido.

Padre Jonas amava, de paixão, e sabia muito bem contar histórias. Dava gosto escutar. Que histórias estará hoje contando no Céu? A gente não sabe, só imagina. Mas deve estar sendo muito, muito divertido.

Com pedreiro, não!

Da sala onde trabalhava, Sérgio via todo dia uma moça que subia à agência de correio, na rua de cima. Era linda! A irmã já tinha falado sobre ela. "Muito esforçada", Maria observou.

Josepha – como já sabemos – era filha de um dos homens mais influentes de Elias Fausto, Antônio Roberto Pacheco. Senhor de muitos negócios, Seu Pacheco possuía até carro e era envolvido na política. Na casa dele havia móveis, aparelhos e utensílios que em outras não costumava ter. Uma empregada doméstica cuidava dos serviços gerais e da cozinha, de segunda a sábado.

Quando Sérgio foi pedir autorização a Seu Pacheco para namorar a filha dele – como se fazia na época –, o pai de Josepha até ficou contente. Conhecia o chefe da estação e sabia que Sérgio trabalhava com ele como telegrafista. Ou será que foi Seu Zeca quem primeiro conversou sobre o assunto com Seu Pacheco? Acontecia muito, também. O futuro sogro deve ter feito umas tantas recomendações ao rapaz, mas estava tudo acertado.

E foi assim que Sérgio adquiriu o direito muito especial de aparecer todo sábado para namorar a filha de Seu Pacheco. O namoro havia de ser na sala, à vista de todos. Os dois ficariam sentados a uma distância recomendável um do outro. Portas abertas – por favor! –, pelo menos a parte de cima da porta da sala, que era daquelas cortadas no meio. A parte de baixo ficava fechada para cachorro e galinha não entrarem. Fora dali, Sérgio e Josepha só podiam se aproximar na igreja, e olhe lá!

Tudo parecia correr bem com o namoro e a profissão, até que um dia Sérgio chega para o cunhado Zeca "com uma bomba", na expressão de Padre Jonas: ele diz que está cansado do ofício de telegrafista. Não tinha jeito para aquela coisa. Queria viver do trabalho de pedreiro, como explicou. Era isso que ele sabia fazer, e, o mais importante, era isso que gostava de fazer.

Forjado no trabalho duro desde a infância, já aos 9 anos de idade Sérgio teve que se acostumar a morar em um rancho no meio da mata, junto com o pai Jorge, os irmãos mais velhos e a irmã caçula, Lurdes, de apenas 7 anos. O avô trabalhava com o corte de madeira.

Na conversa que teve com o cunhado, Zeca tenta fazê-lo mudar de ideia, mas sem sucesso. Pior foi quando chegou aos ouvidos de Seu Pacheco a informação de que o futuro genro tinha desistido de ser telegrafista. Ele torceu o nariz. Caía por terra o sonho de ter um genro fazendo carreira na companhia ferroviária, de estação a estação, até a capital. Com pedreiro, não! Com um pedreiro sua Josepha não se casaria! Onde já se viu?

E, então, "foi a guerra", conta Padre Jonas.

Meu avô, quando soube que meu pai tinha deixado de ser telegrafista para viver só da profissão de pedreiro, ficou decepcionado.

Imagine, a filha dele namorando um pedreiro! Se fosse telegrafista, tudo bem. Cunhado do chefe da estação, tudo bem. Mas um pedreiro... Foi a guerra!

Meu avô ficou desgostoso com o namoro, com a minha mãe.

Os meus pais se amavam, e minha mãe queria muito se casar com meu pai. Meu avô fez todas as chantagens para que ela não se casasse...

Mas, depois do dia em que parou o carro do lado da estrada para aquela famosa conversa com a filha, Seu Pacheco – como adiantamos – desistiu de tentar convencê-la a procurar outro namorado. Havia bons pretendentes, como os filhos da família Maluf e os da família Rachid, mas ela insistia que amava de verdade o pedreiro! Cessaram, então, as chantagens. A intenção agora era outra. Ia ter festa de casamento. No capricho. A maior festa da cidade!

Muitos vivas para os noivos

E Seu Pacheco caprichou, de verdade. Ele não ia perder a chance de mostrar sua força política e econômica numa hora dessas. Era assim que via as coisas.

Dona Benedicta, a mãe de Josepha, trabalhou muito para providenciar as comidas e todo o resto – até lembrancinhas de casamento teve que ter. Com a ajuda de Josepha, sempre. E duraram dias os preparativos. Foi complicado arrumar tanta panela e vasilha para preparar e servir os quilos e mais e mais quilos de macarronada. A banda de música tocou nesse dia, a banda da cidade de baixo! As ruas foram enfeitadas. Soltaram-se muitos rojões.

Padre Jonas sempre descreveu com muito gosto e alegria a história desse casamento, a partir do que ele ouviu dos próprios pais, dos avós e de outras pessoas que lá estiveram.

– Como era a primeira filha que se casava, meu avô fez aquela festa! O pessoal, digamos, mais nobre, participou da festa próximo à estação de trem. E o povo mais simples, lá em cima, atrás da igreja matriz.

No dia do casamento, deu-se uma espécie de "união da cidade, entre os de cima e os de baixo", nas palavras de Padre Jonas, o que não era algo muito fácil de acontecer.

– E que alegria! Comida e bebida à vontade. Lembranças para os convidados. Tudo do bom e do melhor.

Viva! Viva o noivo! Viva a noiva! Muitos vivas e muitos rojões! Só precisava prestar atenção quando o trem se aproximava, mais devagar ainda nesse dia, por causa da aglomeração.

O arroz vira uma papa

A festa avançaria pelo dia seguinte adentro, porque comida e bebida havia bastante, de sobra. Era 31 de dezembro, uma terça-feira, véspera de Ano Novo. Naquela mesma noite, porém, os recém-casados foram para a casa que tinham arranjado na roça. O avô de Padre Jonas, literalmente, não deu mais nada para o casal. Lembra da história da casinha bem pobre no alto do morro?

> *Bem que meu avô tinha dito: "Zefa, eu vou dar para você a melhor festa. Mas, depois, você junta as coisas e vai para a sua casa, com o seu marido pedreiro".*
>
> *Meu pai e minha mãe não tiveram lua de mel. Alguém arranjou aquela casa para eles morarem, numa chácara. E não era perto, não, viu? Tinha que andar bastante de lá até a cidade.*
>
> *Meu pai teve que trabalhar duro para sustentar a família. Meu pai fazia todo dia aquele caminho a pé. Saía cedo e voltava de tarde. A gente podia dizer que ele era um bóia-fria, não é mesmo?*[2]

A marmita do pedreiro Sérgio, pelo menos no começo, constituía um capítulo à parte. Nos últimos tempos antes de se casar, por causa de todo o trabalho que tinha, não foi só para preparar o enxoval que Josepha não encontrou tempo. Isso o pai acabou resolvendo, com as compras que fez em Campinas, "tudo do bom e do melhor", como ele gostava de repetir.

Mas o pai também vivia dizendo que ela, uns dias antes do casamento, iria ter tempo de aprender a "fazer comida para

---

2 "Bóia-fria", o termo usado por Padre Jonas, refere-se a trabalhadores, geralmente da lavoura. "Bóia" é comida, no dicionário brasileiro da gente comum. O bóia-fria a leva na marmita, de madrugada, para comer na hora do almoço. Como não dá para aquecer, a comida é consumida fria mesmo.

o marido", como era costume na época. A mãe lhe ensinaria a cozinhar, e também a lavar e passar – a cuidar de uma casa, enfim.

É o que Seu Pacheco dizia. Mas, na prática, não foi isso o que aconteceu. Nos papéis de casamento, Sérgio aparece como pedreiro e Josepha, como "de prendas domésticas". De prendas domésticas, porém, ela não tinha praticamente nada. E isso, para o modo de ver as coisas naquele tempo, era quase uma tragédia.

Uma pequena ajuda Josepha recebeu da empregada, que, inclusive, chegou a ir à casa na roça para dar uma mãozinha para a filha do patrão – sem que Seu Pacheco soubesse, claro!

Mas era muita coisa para aprender em tão pouco tempo. Ainda bem que o marido, todo dia, antes de sair para o trabalho, acendia o fogão e deixava um bom feixe de lenha seca ao lado. Porque Josepha, definitivamente, não sabia cozinhar. A primeira vez que tentou fazer feijão, foi um desastre. Chorou, quando viu aquela água branca da fervura dos grãos.

Sérgio precisou consolar a esposa. Mas não se aguentou. Teve que rir. O arroz – ai, meu Deus do Céu! – parecia uma papa.

Josepha se sentia uma fracassada! Tão bom era o seu marido, compreensivo, trabalhador, um amor de pessoa. E ela, nem cozinhar sabia! Os primeiros tempos juntos, nas palavras do próprio Padre Jonas, "foram demonstrações diárias de amor e de generosidade".

> *Quando papai e mamãe foram morar na roça, ele chegava à tarde do trabalho de pedreiro, todo sujo, cansado. E encontrava mamãe chorando, porque nada tinha dado certo. O arroz tinha virado uma papa, e o feijão, com muito sal.*
>
> *E meu pai, com grande paciência, começava a preparar tudo outra vez, junto com ela. Rindo, brincando, cantando.*

Então papai, entre rir e brincar, fazia tudo. Mamãe, depois, tornou-se excelente cozinheira. Mas quem a ensinou a cozinhar foi o meu pai.

Pai seresteiro

Enquanto conta sobre a época do início do casamento dos pais, Padre Jonas faz uma revelação: Sérgio era seresteiro – gostava de fazer serenatas. Um cantor dos bons. Uma daquelas pessoas que, apesar do trabalho rude, "não deixava embotar a sensibilidade para a arte", diz o padre. Em Elias Fausto, o pai dele fazia parte de um grupo de seresteiros.

– Meu pai era um cantador, e um cantador sedutor. Praticamente, papai conquistou mamãe na seresta. E cultivou mamãe na seresta.

Isso não tinha ficado tão claro assim antes, quando falamos sobre como as moças da cidade sonhavam em namorar aquele jovem bonito e distinto, que trabalhava como telegrafista na estação.

Nem imaginávamos que Sérgio tivesse conquistado e cultivado Josepha na base da cantoria!

Quantas qualidades ele tinha! Um bom partido! E Josepha, que foi "seduzida e cultivada pelo seresteiro cantador", amou Sérgio que amou Josepha que amou Sérgio! A vida toda, numa parceria que começou de verdade na roça, tendo que aprender a cozinhar feijão e arroz, cuidando das coisas da casa, um ajudando o outro naquilo que era possível.

Um porquinho na ceva, umas galinhas, uma horta. A lenha para o fogão, cortada no machado. A vassoura para limpar a casa e o terreiro, feita de uma planta chamada muxinga... Vida de pobre!

Poucos dias antes da sua morte-passagem, ocorrida no dia 12 de dezembro de 2022, Padre Jonas nos presenteia com uma imagem muito singela da sua infância na roça:

Vou contar uma coisa muito interessante: existia, perto da casa, um córrego. Uma vez, veio uma enchente grande, e a água atingiu a casa. E pegou o meu urinol. E eu, menino, tinha apego àquele urinol.

Para mim, foi uma grande perda. Claro que não era uma grande perda. Mas, para mim, foi sim uma grande perda. E eu tentei fazer de tudo para reaver o meu urinol, mas não consegui. Não consegui.

Quando eu era pequeno, as coisas se passavam assim, desse jeito.

O padre, sempre é bom lembrar, era filho de uma família muito pobre, assim como a família de São João Bosco. Parece até que a gente escuta a voz de Mamãe Margarida:

– Filho, nós somos pobres. Você vai para o seminário, mas não deve esquecer isso, nunca.

Dom Bosco nunca esqueceu. Padre Jonas, também não.

Compras no empório

Enquanto o pai de Padre Jonas trabalhava de pedreiro, indo e voltando todo dia a pé da cidade, a mãe cuidava dos serviços da casa.

– Ela, que antes de se casar só cuidava de assuntos burocráticos, de repente, se viu tendo que fazer os trabalhos domésticos – lembra o padre. – Ela sofreu muito.

Sérgio ganhava pouco. Quando teve oportunidade, Josepha chegou a vestir uma roupa mais surrada e a colocar um chapéu de palha na cabeça para trabalhar de diarista na colheita de batatas. Se a situação se tornava especialmente difícil, ela pegava uma peça do enxoval, um presente de casamento ou o que mais tivesse para vender. Não foi uma nem duas vezes que isso aconteceu nos primeiros anos de casamento. Depois, com a chegada de Jonas, passou a ocorrer com maior frequência.

Quando precisava fazer a feira da semana, Josepha tinha um endereço certo: o empório do Seu Pacheco. Vamos acompanhá-la organizando a pequena lista de compras, depois de contar os mil-réis suados trazidos por Sérgio.

Na compra de hoje, a lista inclui açúcar, sal, arroz, banha de porco, feijão, um pacote de macarrão para fazer a minestra, um pouco de cada coisa. Ah! Precisa também de sabão em pedra para lavar as roupas sempre muito encardidas do marido pedreiro. Chegava a ganhar calos nas mãos, de tanto esfregar.

Josepha junta os réis e põe na bolsa. Depois, pega uma sombrinha para se proteger do sol. Caminha mais de uma hora a pé pela estrada de terra até a cidade. Quando voltar, terá que fazer a janta e preparar a marmita de Sérgio para o dia seguinte.

Os irmãos de Josepha que trabalham no empório são generosos. Quando ela passa a lista de compras, onde está escrito 1 quilo de feijão, eles colocam um pouco mais, às vezes quase 1 quilo e meio. Os 300 gramas de banha de porco podem virar meio quilo, e uma barra de sabão em pedra pode, de repente, até se transformar em duas.

Ninguém viu, ninguém falou nada... Até o dia em que Seu Pacheco desconfiou. Ele então chamou a esposa Benedicta e ordenou que ela fosse ao armazém para ver o que "os filhos dela" estavam aprontando. Era para tomar providência!

Benedicta entendeu o recado. A palavra do marido era uma ordem. Ela tinha aprendido há muito tempo que, quando falava alguma coisa sobre os "filhos dela", Seu Pacheco não estava para brincadeira. Então, tudo teve que ser pesado de novo nesse dia. Nem um grama a mais! Nem um doce ou uma bala de mimo! Nunca mais!

Assim, daquele dia em diante, meio quilo de feijão passaria a ser meio quilo de feijão, nem um grão a mais. Se fosse preciso, poderia até vender fiado, que é como na época se costumava fazer. Anotava-se na caderneta. Mas tudo tinha que ser pago, réis por réis, na ponta do lápis.

Benedicta, a mãe, chorou ao ter que fazer o que o marido exigiu dela. E Josepha, a filha, chorou mais ainda ao saber da ordem do pai. Como foi duro enfrentar o caminho de volta para a casa da roça depois do que aconteceu!

– Chora, não, Zefa! – o marido a consola.

E lhe dá um abraço.

> Em "A vida ganhada em réis", além das curiosidades envolvendo a moeda brasileira da época da primeira infância de Padre Jonas e também o nome oficial do Brasil no ano em que ele nasceu, trazemos novos detalhes sobre a vida difícil que os seus pais tiveram que enfrentar desde o dia do casamento. Além de um rápido aceno sobre um tempo, lá na frente, em que Sérgio precisou se afastar da família durante anos, para ganhar a vida na construção da nova capital federal, Brasília.

Um presente para Jonas

Na pequena Elias Fausto dos anos 1930, três eram as famílias mais abastadas da cidade, e a de Seu Pacheco era uma delas. As outras duas eram a dos Rachid e a dos Maluf. Elas mandavam no comércio local, davam as cartas na política e disputavam mais ou menos o tempo todo entre si, para ver quem se saía melhor nas festas civis e religiosas, nos bailes de

A VIDA GANHADA EM RÉIS

Réis, mil-réis, um conto de réis. A moeda no Brasil desse tempo era o real antigo, ou os famosos réis, desde o tempo da colonização, passando pelo Império e avançando República adentro, até 1942.

Em 5 de outubro de 1942, durante a Segunda Guerra Mundial (1940-1945), o antigo real foi substituído pelo cruzeiro como nova moeda. E apenas com a Constituição de 1967 o país perderia o nome de Estados Unidos do Brasil, passando a ser chamado República Federativa do Brasil.

Infância de poucos réis – No dia em que o real virou cruzeiro, Jonas ia completar dali a pouco 6 anos de idade e morava em São Paulo com os pais. José Carlos, o segundo menino da família, que nasceu no dia 8/2/1941, completaria 1 ano e 8 meses três dias depois do decreto presidencial.

O plural de real era réis. Ninguém falava real, e, sim, réis. Os réis não tinham centavos. As contas eram feitas em mil réis. Daí por que o nome da moeda virou praticamente mil-réis. Ou "mirréis", na linguagem do povo.

A primeira infância de Jonas foi portanto tecida em réis. O famoso "eu lhe empresto" dito por Seu Pacheco na hora dramática em que o menino de 2 anos precisou de uma cirurgia que evitou que ficasse cego, foi pensado e executado em réis, ou mil-réis, ou mirréis. Ou será que foi um conto de réis? Mas essa história você vai ficar sabendo daqui mais um pouco. Um conto de réis equivalia a 1 milhão de réis e representava uma boa soma de dinheiro. Em Elias Fausto, só os Pacheco, os Rachid e os Maluf sabiam o que isso significava.

Sérgio e Josepha aprenderam a fazer as contas da família em réis. Com suor e sacrifício. O dinheiro era curto. A vida dura os obrigaria um dia a se mudar para a capital do estado, São Paulo. Em Elias Fausto, o dinheiro que Sérgio ganhava não dava para pagar as contas, sobretudo depois do "eu lhe empresto". Aguarde.

Brasília, capital do Brasil – Mais ou menos duas décadas depois, já na segunda metade dos anos 1950, a mesma batalha pela sobrevivência levaria Sérgio Abib à nova capital dos Estados Unidos do Brasil, uma cidade que até aquele momento só existia no papel. O restante da família continuaria em São Paulo, enquanto Jonas já estava há mais de oito anos no seminário.

O pedreiro Sérgio trabalhou em Brasília durante todo o período da sua construção, deixando registradas na cidade – no Palácio do Alvorada, residência oficial da Presidência, inclusive – as marcas do seu empenho sempre muito sério com a vida.

Em seus anais, Brasília registra um fato curioso, ligado a um santo muito importante para a nossa história: Dom Bosco. Foi ele quem sonhou com a capital do Brasil, o país onde Jonas nasceu, e foi ele também quem cuidou do padre a vida inteira, desde o seu primeiro dia de vida. Como você vê, por dentro dos acontecimentos da História do Brasil e do mundo há a história de uma vida sendo escrita: a de Jonas Abib, o padre.

formatura, na compra das roupas mais caras e elegantes... e nas festas de casamento!

Seu Pacheco ocupava o terceiro lugar na lista tríplice dos homens de mais posses de Elias Fausto. Mas levou uma enorme vantagem, em termos de prestígio, quando um dia comprou um Ford, aqueles de capota e rodas de raios, no início dos anos 1930. Foi o primeiro automóvel do lugar. Um luxo.

Quando o avô de Padre Jonas rodava pela cidade, buzinava para as pessoas. E as cumprimentava, fazendo acenos, com a mão esquerda do lado de fora da janela do veículo e sem tirar a outra mão do volante. A velocidade não era grande, mas, para os padrões daquele tempo, era como se o automóvel voasse.

Seu Pacheco, além de dono do empório, era ferreiro. Fabricava as ferramentas que as pessoas precisavam no trabalho da lavoura, de enxada a facão e machado... Fazia o bico do arado. Consertava as coisas. E também mexia com madeira. Os filhos homens tiveram que trabalhar desde pequenos com ele.

Padre Jonas se lembra com alegria que, um dia, o avô chegou com um presente: um carrinho de brinquedo. Tinha rodinha, volante, pedalzinho. Parecia um carro de verdade. O menino passava horas imitando o automóvel do avô.

Das coisas boas e divertidas de que o padre sempre se lembrou com muito bom humor sobre a sua infância, tinha a história da máquina de sorvete que o avô comprou em São Paulo. A ordem de Seu Pacheco era clara, e que ninguém desobedecesse: “Não neguem sorvete para o menino!”.

Uma felicidade! Padre Jonas gostou de sorvete a vida inteira. Até quando estava doente e hospitalizado, um sorvetinho não faz mal a ninguém, não é? Pergunta, pergunta ao médico! – ele pedia. Ah, e também pergunta se pode só um refrigerante...

Certa vez, quando a família apareceu em Elias Fausto para uma visita aos avós, foi muito engraçado. Vovô Pacheco levou o neto ao porão da casa, onde ele tinha uma pequena fábrica de vinho de laranja para consumo próprio. Foi só deixar Jonas sozinho por uns minutos para subir a escada e buscar uma coisa dentro de casa, que aconteceu... Aquele suquinho gostoso, bem docinho! Hummmm!

Quando retornou, Seu Pacheco viu o neto encostado na parede, as mãos para trás, os olhinhos brilhando. Teve que subir a escada de novo, dessa vez com o menino no colo, o corpo mole, a cabecinha girando, girando... Levou uma bronca de todo tamanho da sua filha e mãe do menino, enquanto a avó e os tios se rachavam de rir. Para Padre Jonas, aquele foi "o primeiro porre" da sua vida. O primeiro e o último. Porque nunca houve outro, nem poderia ter havido. O padre não bebia.

Quando se lembra de tudo o que está contando, neste e nos demais capítulos deste livro, tanto as histórias alegres como também as tristes, Padre Jonas reflete sobre como é interessante a vida. "É um milagre", ele dizia. A jornada inteira da vida às vezes é bem penosa, e, como ele ensinava, "os caminhos a serem percorridos muitas e muitas vezes não são asfaltados, há pedregulhos, há subidas e há descidas".

Mas o padre sempre acreditou em milagres. E também em missão. Os sinais da presença de Deus em nossa vida, como ensinou, podem ser sutis. Mas existem.

Só é preciso saber enxergar.

3

Retrato de família

Um retrato pendurado estrategicamente na parede do quarto muito simples de Padre Jonas, bem em frente a sua cama, nos serve de inspiração para diferentes viagens no tempo. A primeira delas situa o padre no bairro da Vila Nova Cachoeirinha, em São Paulo, no primeiro dia do ano de 1961, um domingo, quando a foto foi tirada. Na véspera, Sérgio e Josepha tinham completado 25 anos de casados.

Essa primeira viagem ocorre no contexto de uma outra, que leva Padre Jonas até o Líbano, mais de cinquenta anos depois do dia em que o retrato de família foi feito. Do Líbano, no final do século 19, veio o seu avô paterno, Jorge Abib, um jovem cristão da Igreja Maronita que deixaria as mais lindas lembranças na memória e na vida do padre.

Os tempos se cruzam neste capítulo, como se cruzam os navios a vapor que atravessam o Atlântico e as linhas do trem que um dia levariam Jorge Abib a se encontrar no interior de São Paulo com Ermínia Capellari, com quem iria se casar. A saga das famílias dos avós paternos de Padre Jonas nos introduz nesse mundo de acontecimentos alegres e de acontecimentos tristes em que Deus, a seu modo, vai maravilhosamente tecendo a história de vida de cada um. Basta querer enxergar, ensinava o padre.

Em Cachoeira Paulista, cidade do estado de São Paulo onde fica a sede da Canção Nova, o dia amanhece bonito em 26 de setembro de 2017, uma terça-feira. A primavera começou não faz nem bem uma semana.

Padre Jonas pula da cama cedo, como fez a vida inteira. O despertador fica sobre o criado-mudo, do seu lado esquerdo. São velhos amigos, o padre e o despertador, que é observado da parede pelo olhar amoroso de Nossa Senhora, a Mãe Rainha, padroeira do Movimento Apostólico Internacional de Schönstatt, originário da Alemanha.

Padre Jonas está particularmente eufórico nesse dia. Aos 80 anos de idade, já virando para os 81, o filho de Sérgio e Josepha encontra-se em vias de realizar um desejo bem antigo, com a graça de Deus e a ajuda de amigos. Não queria morrer antes que o sonho de conhecer o país do seu avô paterno se tornasse realidade!

Seguindo a rotina de todo dia, Padre Jonas liga a TV na Canção Nova – a *sua* TV Canção Nova, poderíamos quase dizer –, assim que se levanta. A relação com a emissora católica é de pai para filha, e não há imagem melhor para expressar esse vínculo de eterno amor. Quando o padre pensa como tudo começou... Quem poderia imaginar? Mas Deus é Pai. Deus é Providência!

Depois, Padre Jonas toma banho e se veste, para em seguida rezar a missa diária na capelinha da casa onde reside com o casal Luzia e Eto. Luzia é Luzia Santiago – "a companheira de missão", na voz do padre –, e Eto é Wellington Silva Jardim – "o amigo", também segundo ele.

As histórias de Luzia e de Eto, você as encontrará na segunda parte deste livro. Os dois formam com Padre Jonas o tripé fundador da Canção Nova, na expressão do próprio padre. "Mas quem fundou a Canção Nova foi Deus", sussurram muitas vozes aos nossos ouvidos, vozes sempre atentas aos significados espirituais profundos, divinos das coisas. "A Canção Nova é obra de Deus!", insistem.

Antes da missa da manhã, se alguém ali da casa passa diante da porta do quarto de Padre Jonas, ouve-o cantarolar e fazer as primeiras orações da manhã. Ora em línguas. Louva. Agradece. Coloca o seu dia nos braços de Nossa Senhora, a Mãe Auxiliadora. Coloca a si mesmo no colo da Mãe.

Começa a missa. Participa também Iara Rosa, uma goiana consagrada ao serviço de Deus na Comunidade Canção Nova. Iara, junto com Eto e Luzia, vai acompanhar Padre Jonas durante a viagem para o Líbano, atenta especialmente aos cuidados que o estado de saúde do padre exige.

Quadro na parede

Depois da missa, Padre Jonas toma o café da manhã com os amigos, e a conversa à mesa é sobre a viagem. Nem poderia ser diferente. Daqui a pouco, partem em direção ao aeroporto. Nesse dia, o padre não irá brincar com a cozinheira, Dona Helena, como costuma fazer. "Será que eu vou gostar da sua comida hoje?", ele sempre pergunta, como se algum dia não tivesse gostado.

Não irá tampouco levantar a tampa das panelas, para adivinhar o que de gostoso está sendo preparado dentro delas. "Huuuummm! Mas acho que eu não vou gostar, não, viu?", brinca novamente, com seu jeito meio de menino, para concluir, na maior alegria, ao final da refeição: "Dona Helena, eu não gostei da comida da senhora! Nem um pouquinho!". Ah, Padre Jonas!

No quarto pequeno e simples onde dorme, a mala arrumada aguarda o momento de ser colocada no bagageiro do carro, como aconteceu tantas vezes na vida peregrina do padre. Mas esta não é uma viagem como outras, não é uma simples viagem a mais. Na parede, bem em frente à cama, um quadro emoldurado conversa alegremente com esse momento solene. A foto foi tirada no primeiro dia de janeiro de 1961, um domingo. Na véspera, 31 de dezembro, o pai e a mãe de Padre Jonas, Sérgio e Josepha, comemoraram 25 anos de casamento.

Voltemos no tempo...

Manhã de domingo e primeiro dia de janeiro de 1961. Bairro da Vila Nova Cachoeirinha, Zona Norte de São Paulo. A família inteira – os pais e os seis filhos –, mais a avó Ermínia, irá daqui mais umas poucas horas participar da missa das 10 horas. Não é longe. É na igreja de Nossa Senhora das Graças, que o pedreiro Sérgio muito ajudou a construir. A missa será na intenção do casal.

Bem cedo, o galo não fazia ainda muito tempo que havia cantado, Sérgio faz o café no estilo árabe, lembrando as origens do pai dele e avô de Padre Jonas: ferve primeiro a água e derrama nela o pó. Depois, mexe bastante antes de coar. Nunca ninguém da família conseguiu esquecer o barulho da colher batendo no caldeirãozinho de alumínio: Blem-blem, blem-blem, blem-blem! Parece até que o pai fazia de propósito, para acordar todo mundo. Mas como era bom ouvir aquele blem-blem! Padre Jonas o levaria na memória para o seminário e se lembraria dele nas manhãs de domingo, antes da missa das 7 horas. Sentiria o cheiro do café – e saudades do pai, da mãe, dos irmãos, da casa...

Bem do lado de onde o café está sendo coado – em coador de pano –, o frango do domingo só aguarda o momento de ir para a panela. Já na véspera foi pego no galinheiro que fica no fundo do quintal, perto da moita de bananas. Sérgio matou, depenou, picou a carne e a temperou. Era bom nisso. Na hora de matar, cortou o pescoço do frango e deixou o sangue escorrer dentro de uma vasilha, porque tudo se aproveita!

Nesse dia, Sérgio irá comprar um litro de vinho na mercearia do português. A bebida feita de uvas vai ser misturada com água e açúcar, para em seguida ser servida para todo mundo! Em ocasiões festivas como a de hoje, o pai de Padre Jonas até arrisca a tomar um copo de vinho puro para acompanhar o almoço. Se Josepha deixasse, quem sabe tomaria até dois copos?!

– Agora nós vamos fazer uma foto! – anuncia Sérgio, de repente, terminada a missa.

O pai desce com o seu passo apressado de sempre a rua que, da igreja do bairro, vai dar no Largo do Japonês. Havia nas imediações um fotógrafo, e já devia estar tudo combinado entre ele e Seu Sérgio.

Sérgio, 48 anos, e Josepha, 46, se deixam posicionar, rodeados pelos filhos. O fotógrafo faz as mágicas dele para ajeitar todo mundo e garantir um resultado perfeito, cuidando de agradar também a avó Ermínia, que está passando um tempo com eles. Olhem o passarinho!

A velhinha, de 78 anos, acaba sendo colocada de pé – bem ereta, nobre como sempre foi, uma verdadeira *lady* – entre José Carlos, 19 anos e de terno e gravata como o pai, e Jonas, 24 anos, de batina preta.

As meninas – como são lindas! – estão sérias, mas muito felizes, em seus vestidos coloridinhos de domingo, todos novos, porque é dia de festa e alegria. Foram costurados pelas mãos hábeis de Josepha em sua máquina Singer de tantas histórias. Lina, a maiorzinha, está com 13 anos. Márcia, a segunda, tem 10. Marta, 6, e Maria José, 3. A caçulinha se assusta com o estouro do *flash*, daqueles bem antigos.

É linda a nossa família!

Padre Jonas sempre amou muito essa foto, e não à toa pôde vê-la todo dia ao acordar. "Como é linda a nossa família", cantou tantas vezes o padre. E a família linda, cantada em verso e prosa, não era só aquela dos filhos e filhas de Deus e da Canção Nova: era também essa, que volta para casa naquele domingo, depois da missa das 10 horas e também do tempo que durou para tirar a foto – ai que fome! O almoço logo sai, vai ter frango de panela, macarrão, salada com verduras da própria horta. E vai ter vinho com água e açúcar, que bom!

Padre Jonas – que deixou pai, mãe e irmãos para seguir a Jesus e que, como o apóstolo Paulo, "fez-se tudo para todos" – sempre amou, do mais profundo da alma, a sua família de origem: a mãe, o pai, o irmão e as irmãs, os avôs e as avós, os tios e as tias. Esteve próximo de todos eles toda vez que pôde, com alegria e carinho, nas longas conversas, nos almoços e nos jantares, na hora do café com pão, nas festas, na diversão! E, sempre que era possível, um sorvete e um refrigerante arrematavam esses ternos encontros. Ah, como o padre gostava de um sorvetinho!

Padre Jonas também esteve junto da família nos momentos de sofrimento e dor, com seus abraços de conforto, suas preces, suas bênçãos, seu cuidado. E com lágrimas, que foram derramadas tantas vezes ao longo da vida por esse homem provado na dor. "O padre soube conviver com a dor e ser amor", como expressou um amigo. A dor de si mesmo, a sua cruz. A dor dos outros. A dor do mundo.

Voltemos agora à manhã do dia 26 de setembro de 2017.

Em pleno outono de sua vida, é em busca de uma parte muito importante das raízes espirituais e materiais dessa família ali do quadro que Padre Jonas irá deixar a primavera do

Hemisfério Sul para respirar os ares distantes – também do outono – de um pequeno país do Oriente Médio. Na mala, junto com as outras peças, dobradinhas, estão as camisas novas, de tecido italiano. Um amigo de Cuiabá foi quem as costurou. O terno também é novo. Azul. O padre gostava muito dessa cor! Sapato engraxado, lustrado. Cabelo cortado. Barba feita. Está bonito, o padre. Muito elegante, em sua simplicidade. Um velhinho simpático! Quem não aprecia ver? Doce. Voz suave. Quem não tem vontade de abraçar?

O Pai Fundador da Canção Nova sempre gostou de se cuidar, e para isso não há idade. Também se deixou cuidar muito bem pelas pessoas queridas que o cercavam. Aliás, nessa idade e nas condições de saúde em que se encontra na ocasião da viagem, precisa mais do que nunca de cuidados, não só médicos. De fato, não está bem de saúde. Se Padre Jonas não fosse Padre Jonas, destemido e perseverante, talvez nem viajar iria.

– Vamos, vamos! – ele apressa a turma. – Não podemos chegar atrasados ao aeroporto!

O padre toma assento no banco traseiro do veículo, atrás do motorista. Luzia e Iara se acomodam ao lado dele. Eto vai na frente. Que alegria ver Padre Jonas feliz! "Ele merece!", pensam Luzia e Iara. No fundo, Eto está sentindo a mesma coisa. Mais sério e reservado, é um homem de poucas palavras. "Um trator" na história da Comunidade, como dizem os amigos. Mas não se engane. "O amigo" de Padre Jonas se emociona fácil.

– Zezinho, você aqui de novo? – brinca o padre. – Não aguento mais ver você.

Risos. Zezinho é o motorista de Padre Jonas, há dezoito anos. Hoje com 66 anos de idade, José Barbosa da Silva é casado com Nair Fernandes da Silva, 65. O casal tem três filhos e quatro netos e integra aquilo que na Canção Nova se chama Segundo Elo. O Primeiro Elo é o Núcleo da Comunidade.

Zezinho e Nair entraram para a Comunidade em 2004. Mas o motorista gosta de lembrar que a então futura esposa estava na Casa de Maria, em Queluz, na festa de Cristo Rei de 1977. Nesse dia, o padre fez aos jovens um convite que ninguém nunca iria poder imaginar: dar um ano inteiro de vida a Jesus, para fazer aquilo que ele, Padre Jonas, fazia, ou seja, viver em comunidade e anunciar o Evangelho de Jesus.

O casal já tinha planos de contrair matrimônio, na época, e os amigos hoje brincam: "Já pensou? A Nair achava que ia perder o noivo!". Zezinho disfarça. Deus tem os planos d'Ele, explica, orgulhoso de pertencer à Comunidade.

– Padre Jonas é uma pessoa muito simples – revela. – É um pai para todo mundo. O padre sempre gostou muito de brincar.

"Zezinho, não vai errar o caminho, viu? Eu não confio em você!", brinca outra vez Padre Jonas. Mas confia, sim. Confia muito. Como um pai confia no filho. No dia do falecimento do padre, cinco anos depois dessa manhã feliz, Zezinho parece que só sabe pronunciar uma frase. Na sua cabeça, "as coisas não se encaixavam". Estava chorando.

Entusiasmado e entusiasmante

Tem sido grande o sofrimento de Padre Jonas nos últimos onze, doze anos, com altos e baixos no seu estado de saúde. Luzia e Eto conhecem como ninguém no mundo a trajetória de vida desse sacerdote entusiasmado, mesmo na dor – tanto a dor física quanto também as dores do espírito. O padre "nunca deixou a peteca cair", como expressa Luzia.

– Padre Jonas sempre foi um entusiasmado e entusiasmante. Será que existe essa palavra? – se pergunta a companheira de missão.

Se não existe, acabou de ser inventada. Porque, no seu entender, não há um termo melhor para expressar essa luz que emanava do padre. Entusiasmo, não custa lembrar, vem da língua grega, "enthousiasmos". Tem a palavra "theós" ali dentro! "Theós" é Deus.

– Entusiasmado e entusiasmante – reforça Luzia.

Padre Jonas, no momento da viagem até o país de onde veio seu avô paterno, pode até não estar bem de saúde. Além disso, o corpo, fragilizado, carrega o peso da idade. Carrega também as marcas visíveis e invisíveis de uma via-sacra inteira de enfermidades que o acompanharam pela vida afora, desde a mais tenra infância – quando por pouco não perdia a visão. O corpo se sente abatido. Mas a alma, não. A alma está bem e animada. Sobretudo nesse dia.

O padre parece um menino, toda vez que viaja. Parece um menino tantas vezes, em todo lugar. Gosta de conhecer lugares novos, gente diferente, uma coisa, um doce, uma comida que nunca experimentou, uma novidade. Ama viajar de avião! Sempre gostou. Uma criança de 80 anos! Quase 81. Uma criança eufórica.

No caminho de carro até o aeroporto, Padre Jonas retira da bolsa o breviário para começar a rezar a Liturgia das Horas. São sete os momentos de oração durante o dia na vida de um sacerdote. Começa com as Laudes, ou Laudes matutinas. "Laudare", em latim, é louvar. A oração dos louvores da manhã! O padre reza. Reza sempre. Rezou muito durante a vida inteira. E ensinou a rezar.

Ainda no caminho, os viajantes avistam um ipê amarelo, todo florido, do lado direito da rodovia. Um encanto! É como se um dos símbolos do Brasil mandasse um abraço para outra árvore, o cedro – a "árvore de Deus" –, de lá do outro lado do mundo, para onde os quatro amigos viajam.

Na tarde de 27 de setembro de 2017, o padre alcança o Líbano. E é nesse exato momento que os fios de uma história de vida se unem com outros fios. Cerca de 130 anos antes, em alguma casa de alguma rua de Beirute, um jovem pega a mala e se dirige ao porto da capital para tomar o navio a vapor rumo ao Brasil. Jorge Atala Merege era o nome dele.

Já em terras brasileiras, alguns anos depois, mais precisamente em 1897, o libanês Jorge se casaria com a italiana Ermínia, a mesma da foto de que falamos antes.

Jorge e Ermínia geram Sérgio, que se casa com Josepha, em 1935, para gerar Jonas, e depois José Carlos, Lina, Márcia, Marta e Maria José. A família linda de Padre Jonas, que, no primeiro dia de janeiro de 1961, depois da missa das 10 horas, faz a foto que está pendurada na parede do quarto do padre.

– Vamos, gente!

Sérgio apressa a turma, naquela data tão especial, porque o frango espera na panela. "Eu não consigo andar tão rápido!", reclama a avó. "Pai, o senhor esqueceu de comprar o vinho do português!", avisa uma das meninas, preocupada.

Muitos anos depois do dia em que a foto foi tirada, exatamente na manhã ensolarada de 26 de setembro de 2017, antes de ir para o aeroporto, Padre Jonas observa mais uma vez o retrato. Depois, olha pela janela de onde pende uma jardineira repleta de gerânios. O sol da manhã atrai os primeiros canarinhos da terra, sabiás, pardais, juritis. "Será que no Líbano tem chá de capim-cidreira?", pergunta-se o padre, olhando aquela maravilha, todas aquelas moitas de capim-cidreira, ou capim-santo – seu chá predileto – que há no jardim da sua casa. E muitas flores! Como é linda a primavera!

Padre Jonas deixa a janela aberta para arejar o quarto, e é até capaz que um ou outro passarinho entre por ela. Encosta depois a porta, devagarinho, antes de atravessar o escritório. A mala já foi levada para o carro. Em cima do criado-mudo, o reloginho, de marca Kienzle, mostra o horário. O padre não gosta de se atrasar. Faltam 5 minutos para as 10 horas da manhã.

Do Líbano para o Brasil

Em alguma hora de algum momento não definido do final do século 19, ali pelo início dos anos 1890, muito distante de Cachoeira Paulista, um senhor libanês de nome Habib Atala Merege – parece que se chamava assim, certeza a gente não tem, precisamos dizer a verdade – convoca o filho Jorge para, literalmente, lhe dar uma ordem: é para ele tirar logo o passaporte turco – o Líbano de então era parte do Império Otomano – e embarcar para o Brasil.

O simples fato de vir para o Brasil já não era novidade para uma quantidade muito grande de libaneses. As viagens tinham começado em 1880, quatro anos apenas depois de Dom Pedro II visitar o Líbano e prometer apoio, riqueza e abundância para quem desejasse vir para cá.

Não deixe de ler o texto "Dom Pedro II visita o Líbano", que apresenta algumas das razões que estavam por trás do movimento migratório que trouxe centenas de milhares de libaneses para o Brasil – além de italianos e povos de muitas outras nacionalidades, para lembrarmos também da saga da família da avó paterna de Padre Jonas. Nas viagens da esperança, às vezes para fugir do desespero, as histórias se cruzam. Nos navios a vapor. E também nos trens.

DOM PEDRO II VISITA O LÍBANO

A partir do ano 1880, uma quantidade elevada de libaneses passou a deixar esse pequeno país do Oriente Médio, de língua árabe, para tentar a sorte no Brasil. O porto de Beirute nunca antes tinha visto tanto movimento.

Vários foram os motivos para a emigração. Um deles, o principal, é que as terras se tornavam cada vez mais escassas nessa minúscula parte do Império Otomano onde a densidade populacional era bastante elevada em relação às demais regiões.

Havia também conflitos religiosos e um ressentimento nada velado de muita gente contra os turcos. Eles eram senhores de um império muito antigo, que existiu por cerca de seis séculos e só conheceria o próprio ocaso com o final da Primeira Guerra Mundial, em 1918.

Havia, ainda, o sonho de muita gente de ter terra para plantar e colher, comida no prato, tranquilidade e paz. E, por fim, também havia o sonho de se fazer bons negócios, ganhar dinheiro e subir na vida.

Dom Pedro II no Líbano – Não muitos anos antes de o primeiro vapor zarpar do porto de Beirute em direção ao porto brasileiro de Santos, uma notícia passou a correr pelo Líbano, incitando a imaginação. Dizia que o Brasil, além de todas as outras vantagens, oferecia a oportunidade de enriquecer e voltar com o bolso cheio de dinheiro para o Líbano depois de um tempo curto de trabalho.

De 10 a 16 de dezembro de 1876, o próprio imperador do Brasil esteve no país, anunciando maravilhas. Eram 200 os acompanhantes.

Dom Pedro II – junto com a esposa Tereza Cristina de Bourbon –, quando desembarcou em Beirute do navio Áquila Imperial, estava disposto a repetir ali a promessa que, antes, em mais de um país da Europa, tinha feito à população local: a de que o Brasil iria acolher muito bem quem quisesse vir para cá, que havia terra em abundância e condições favoráveis para plantar e colher, havia fartura, além de um povo acolhedor e feliz.

Fim da escravidão africana – Sob o ponto de vista do governo, a propaganda mais ou menos enganosa tinha boas razões para ser feita. Com o fim oficial do tráfico de escravizados africanos para o Brasil, a partir de 1850, e a luta pelo fim da escravidão, o país percebeu de repente que precisava de mão de obra para a lavoura. Principalmente as fazendas de café do estado de São Paulo – o maior produto de exportação brasileiro da época – não podiam esperar. A lei que abolia a escravidão no país foi assinada em 13 de maio de 1888 pela princesa Isabel.

São Paulo foi um dos estados brasileiros que mais recebeu imigrantes libaneses. Como chegavam com o passaporte otomano, foram muitas vezes confundidos com turcos.

Os números variam bastante, mas estima-se que a comunidade libanesa hoje no Brasil alcance algo em torno do dobro dos cerca de 8 milhões de habitantes desse país do Oriente Médio.

Quando o filho, com o devido respeito – sempre! –, pergunta "para fazer o quê?", o pai responde que diria o motivo só depois do desembarque em terras brasileiras. O filho obedece. "Sim, senhor!"

– É interessante esse contraste – observa Padre Jonas. – Entre nós, na cultura libanesa, a obediência ao pai é como se fosse natural. Não se discute muito.

Vários podem ter sido os motivos que trouxeram dezenas de milhares de libaneses para o país no período, em uma onda migratória que faria o Brasil ter nos dias de hoje uma comunidade libanesa quase duas vezes maior que a população do próprio Líbano. Mas Jorge Atala Merege não veio por nenhum desses motivos. Veio porque o pai mandou. "Sim, senhor!", ele disse.

O jovem cristão libanês era membro da Igreja Maronita do Líbano. Estava no seminário quando recebeu a ordem do pai. Era diácono, só faltava um ano para ser ordenado sacerdote. Mais precisamente, Jorge se encontrava naquele ano em que – segundo as regras da sua Igreja – o candidato a padre deixava o seminário para ficar em casa, junto com a família. Durante esse tempo, iria decidir se desejava ser padre casado ou não casado, isto é, celibatário. A escolha é permitida pela Igreja Maronita, uma Igreja cristã de rito próprio, ligada a Roma.

Chegando o navio ao país do seu destino, Jorge desembarca no porto de Santos e sobe de trem a Serra do Mar, em direção à cidade de São Paulo. Pelos mesmos trilhos – quem diria?! – tinham passado uns anos antes a família italiana dos Capellari, os pais de uma menina muito bonitinha chamada Ermínia, olhos lilases, aquela velhinha da foto em frente à cama do padre, lembra? A avó paterna de Padre Jonas.

Na colônia libanesa do bairro do Bom Retiro, em São Paulo, o rapaz é acolhido pela sua gente. Jorge, para eles, passa a ser chamado de "o Jorge do Habib", isto é, "o filho do Habib". Mas a letra "h" nem se pronuncia no Brasil, e com o tempo o Jorge do Habib se torna Jorge do Abib. E, mais tarde, Jorge será Jorge Abib, sem "do" – e logo você irá descobrir o motivo.

> Em 2007, Padre Jonas recebeu uma homenagem muito carinhosa da Igreja Maronita, como escrevemos em "Corepíscopo da Igreja Maronita". Saiba mais sobre a visita do padre ao Líbano, em 2017, e amplie os conhecimentos sobre essa Igreja cristã que, ligada a Roma, possui rito litúrgico próprio, além de outras diferenças. Como, por exemplo, admitir que os seus sacerdotes possam se casar, desde que a decisão seja tomada antes da ordenação.

Jorge diz não

Cartas que vão e cartas que vêm, no ritmo lento do navio. Sem muitas explicações, o Senhor Habib chega logo ao ponto, já na primeira carta. Mandou o filho para o Brasil porque queria organizar melhor um negócio – meio estranho, vamos convir – de ouro e pedras preciosas. "Mas como é que faria isso?", Jorge perguntou. O pai, desta vez, entra em detalhes. Era só procurar um fulano de nome tal, em tal lugar, fazer isso e aquilo, tomar cuidado com isso mais aquilo.

Contrabando. Era esse o negócio do velho Habib.

Jorge se sente usado, como enfatiza Padre Jonas. Ele não concorda. O que o pai está exigindo dele não bate com os princípios de sua vida cristã. Não combina com o seu sentimento ético. E foi assim que Jorge – que no Líbano, por obediência, tinha respondido "Sim, senhor" –, nesse momento, no Brasil, expressa um belo e sonoro "Não, senhor!".

– Isso eu não faço! –, afirmou bem decidido o filho, na próxima carta que enviou para o Líbano.

COREPÍSCOPO DA IGREJA MARONITA

No ano de 2007, um bispo da Igreja Maronita que chegara há pouco do Líbano visita Padre Jonas em Cachoeira Paulista. Dom Edgar Madi tinha sido ordenado bispo um ano antes. Ele chega com uma missão que lhe foi confiada pelo patriarca maronita: encontrar-se com Padre Jonas.

"Ele não se encontra", avisaram-lhe, quando tentou telefonar. Padre Jonas estava fazendo um retiro espiritual. Dias depois, o bispo maronita está na casa de Padre Jonas. Conversam bastante. Trocam ideias. Almoçam e jantam. Celebram a missa juntos.

Dom Edgar, quando volta para São Paulo, deixa para trás um amigo, um irmão, o Padre Jonas, que um dia revelou que se considerava herdeiro espiritual de Jorge Abib, o avô paterno que veio para o Brasil e que era diácono da Igreja Maronita.

A amizade cresceu e frutificou. A TV Canção Nova e a TV Lumière, uma emissora católica do Líbano, passaram a colaborar uma com a outra. Junto à sede da Catedral Maronita na cidade de São Paulo, a Canção Nova dispõe de um espaço para uma pequena comunidade, uma loja e um ponto de transmissão.

A sede da Eparquia Maronita do Brasil – ou Eparquia Maronita Nossa Senhora do Líbano – fica em São Paulo, no bairro da Liberdade. Espécie de diocese, a Eparquia foi criada pelo Papa Paulo VI, em 1971.

Convite para visitar o Líbano – Um dos resultados dos laços de fé e amizade entre a Canção Nova e a Igreja Maronita foi também o convite a Padre Jonas para visitar o Líbano, em 2017. E foi assim que um sonho muito antigo do Padre Jonas pôde se tornar realidade.

Por ocasião da viagem, na catedral maronita aos pés da gigantesca imagem de Nossa Senhora do Líbano, em Harissa, uma missa muito solene foi celebrada. Um convite da mesma Igreja Maronita levou também o bispo brasileiro Dom Raymundo Damasceno ao Líbano, carregando na bagagem uma cópia da imagem de Nossa Senhora Aparecida que foi dada de presente para os maronitas libaneses.

Na missa solene, entre as autoridades presentes encontravam-se representantes da Marinha Brasileira em missão de paz em águas libanesas. Padre Jonas foi homenageado durante a missa.

Corepíscopo – Em 21 de dezembro de 2007, fazendo eco ao título de monsenhor – que tinha recebido do Papa Bento XVI em 17 de outubro do ano anterior a pedido de Dom Benedito Beni dos Santos, na época, bispo da diocese de Lorena, na qual nasceu a Canção Nova –, Padre Jonas foi homenageado pela Igreja Maronita com o título de corepíscopo. Trata-se do mais elevado entre os três títulos de monsenhor concedidos pelos maronitas, abaixo de bispo.

A Igreja Maronita tem rito próprio, diferente do rito latino da Igreja Católica Romana. Usa como língua litúrgica, além da língua vernácula, o aramaico, a língua falada por Jesus. O nome e as origens da Igreja Maronita remontam a São Maron, um eremita do século quinto de nossa era.

– Como não? Mandei você para isso. Trate de me obedecer!

– Não, pai, isso eu não faço!

– Se não me obedecer, vai ser deserdado! – ameaça o pai, sempre através de cartas.

Deserdar! A palavra já apareceu em outro momento desta história, lembra? Foi antes do casamento dos pais de Padre Jonas, em 1935, na beira da estrada. Voltando de Campinas, onde foi comprar o enxoval de casamento da filha Josepha, Seu Pacheco, o avô materno de Padre Jonas, para o veículo e, do seu modo, também ameaça: se ela não desistisse de se casar com Sérgio, o pedreiro, podia se considerar deserdada! Josepha também precisou dizer "não" ao pai.

O senhor Habib não era um homem pobre. Tinha bastante dinheiro. Possuía bens. Não à toa, estava metido em um negócio de ouro e pedras preciosas que, como vamos ver daqui mais um pouco, ligava o Líbano e a Itália ao Brasil. Ao tomar conhecimento dos verdadeiros planos do pai, Jorge não pensa duas vezes. Mais uma carta: se era para ser desse jeito, tudo bem! Aceitava ser deserdado. E nunca mais escreveram um para o outro. Nunca mais se falaram.

Foi esse o verdadeiro motivo por que Jorge Atala Merege, o Jorge do Habib – que é como os compatriotas do bairro do Bom Retiro o chamavam –, virou Jorge Abib, sem "h" porque não precisava, e sem o "do" porque fez questão de não ter em seu nome algo que o ligasse ao pai.

Jorge Abib foi o pai de Sérgio Abib, que foi o pai de Jonas Abib, o Padre Jonas ou o "Jonas da Bíblia", para tanta gente. Jonas, sacerdote católico que, em outubro de 2007, recebeu do Papa Bento XVI o título honorífico de monsenhor e, do patriarca maronita do Líbano, em dezembro do mesmo ano, o de corepíscopo da Igreja Maronita.

Pai espiritual

– Meu avô fez questão de romper a ligação com o pai – explica Padre Jonas. – Por isso mudou o nome. Tinha certeza de que a retidão era o melhor caminho a ser seguido.

Na certidão do seu casamento, realizado na Paróquia São Pedro, na cidade de São Pedro, interior de São Paulo, o avô de Padre Jonas aparece como Jorge Árabe Attala, filho de Attala e Roza, grafado assim mesmo, natural "da Arábia". Já no cartório da mesma cidade e no mesmo dia (9 de outubro de 1897), Jorge é Jorge Abibe Atala, mantida a grafia original do último sobrenome. Os pais são Atala e Roza. Nascido em "data ignorada", Jorge é natural de "Chieri, Turquia". Chieri? Na Turquia? Muito estranho, já que esse é o nome de uma cidade italiana. A nacionalidade "não consta". Na certidão de óbito – ele faleceu no dia 31 de dezembro de 1944 –, Jorge é Jorge Abib, somente.

Há mais do que questões de natureza geográfica e política por trás dessa história – o Líbano pertenceu ao império turco dos Otomanos, foi parte da grande Síria e só se tornaria independente durante a Segunda Guerra Mundial (1940-1945).

Há também mais do que a dificuldade de secretarias paroquiais e cartórios entenderem a pronúncia dos nomes estrangeiros – porque isso também havia, além da confusão que os próprios imigrantes faziam, muitas vezes, até por falta de instrução. Mas Jorge era instruído. Sabia muito bem de onde vinha e qual era a sua nacionalidade. Jorge Atala Merege não quis mais ser filho de Habib.

– Jorge é um nome bom, lembra São Jorge. E, aí, você acrescenta Abib de sobrenome – sugeriu alguém na hora de fazer algum documento. – Fica bom: Jorge Abib.

– Ele quis cortar toda ligação com as suas raízes – explica Padre Jonas, para deixar o assunto bem claro. – Em nome da honestidade.

O padre vê em tudo isso um grande paradoxo:

– Ele aprendeu a honestidade e tudo mais com a família, mas o próprio pai queria dele algo que contrariava esses princípios.

Jorge Abib era "um homem espiritual", nas palavras de Padre Jonas, ele que sempre se considerou, nesse sentido, herdeiro do avô libanês. Essa rica herança foi justamente aquela que Jorge Abib não quis negociar com o pai no dia em que disse "Não, senhor"!

Uma cena do cotidiano pode servir para ilustrar o modo como Jorge levava a sério seus compromissos com a religião. Ermínia, a esposa, o chama para almoçar:

– Il pranzo è pronto, Giorgetto! Mangiare, presto!

– Mangiare, mangiare! Espere um pouco, Ermínia! Por que essa pressa toda?

Sentado na cadeira de balanço, Jorge faz as suas orações, na varanda da casa, todo dia no mesmo horário. Não gosta de ser interrompido nem para "*mangiare*". Será que Ermínia não percebe?

São as histórias que Padre Jonas e os familiares contam de um avô que cultivava os seus livros, cânticos e orações. Às vezes se sentava debaixo de uma árvore no quintal. Outras vezes, na varanda. Especialmente na Semana Santa. E, de modo ainda mais especial, no Sábado de Aleluia. Jorge reza. Jorge medita. Jorge canta. Jorge celebra a ressurreição de Nosso Senhor. Aleluia!

Morando na região de Piracicaba depois do casamento com Ermínia, Jorge tornou-se com o tempo uma espécie de mediador entre as famílias libanesas daqui e de lá, sobretudo na hora dos casamentos. Virou "uma espécie de patriarca", como esclarece Padre Jonas. Acolhia quem chegava. Cuidava especialmente dos jovens, na hora de contraírem matrimônio. Cartas que iam e cartas que vinham, sempre assim. Como fazer os pais de uma moça libanesa acreditarem que podiam mandar a filha para se casar no Brasil, entregando a sua princesa nas mãos do filho de uma família de imigrantes que eles muitas vezes nem conheciam, ou não conheciam direito?

– Quem fazia contato com os pais lá do Líbano era meu avô – conta Padre Jonas. – Meu avô escrevia testemunhando a respeito do rapaz.

Algumas vezes, a moça já vinha casada do Líbano, por procuração. Outras, o casamento era no Brasil. Tanto em um caso como no outro, Jorge Abib estava ali para ajudar.

– Meu avô era uma espécie de pai espiritual para todo mundo. Muitos jovens se casavam por sua intervenção.

Os jovens! Anote isso. Você está percebendo – não é? – como Padre Jonas vai lendo em sua história de vida os sinais de um chamado divino. Por isso fala de uma "herança espiritual".

É em busca das conexões profundas com essa herança que o padre, em 26 de setembro de 2017 – a convite da Igreja Maronita e com o apoio da embaixada brasileira no Líbano – deixa a sua Cachoeira Paulista e embarca em viagem ao Líbano, com escala em Roma.

Da Itália para o Brasil

De novo, vamos dar um salto na história, para as nossas boas-vindas a uma certa família italiana que chega ao Brasil! De acordo com registros mantidos no Arquivo Público do Estado de São Paulo, em 21 de outubro de 1888, a família Capellari desembarcava em Santos. Chegam a bordo do vapor *Provinzia di San Paolo*, procedentes da pequena comuna de Fiesso Umbertiano, na província italiana de Rovigo, a cerca de 100 quilômetros de distância da cidade de Veneza e a menos de 70 de Pádua.

Os pais, Luigi e Dilitta – ou Diletta –, ambos com 35 anos de idade, tinham seis filhos, e a menorzinha, Dina, estava com menos de 1 ano de vida. Os Capellari precisaram amargar um mês e tanto de viagem no porão do navio que os levaria do porto italiano de Gênova até Santos. Maria, a mais velha, tinha 15 anos, e Ermínia – a da foto da parede do quarto de Padre Jonas –, nascida em 1882, ainda nem completara 6 anos.

A família percorre de trem os cerca de 60 quilômetros que separam as cidades de Santos e São Paulo, Serra do Mar acima pelos trilhos da companhia inglesa São Paulo Railway – os mesmos trilhos que, como apontamos, seriam uns anos mais tarde percorridos por um jovem libanês de nome Jorge Atala Merege, depois Jorge Abib.

Os Capellari, como faziam os milhares de estrangeiros que chegavam ao país pelo porto de Santos, buscam em São Paulo abrigo na Hospedaria dos Imigrantes, no bairro do Brás – hoje Museu da Imigração. Os nomes ficariam registrados no Livro 014, página 99, sob o número 671.

Não se conhecem muito bem os motivos particulares que trouxeram a família Capellari para terras brasileiras. E nem por que ela teve que se alojar no porão do navio a vapor, um lugar reservado em geral aos mais pobres entre os pobres. Vez ou outra, o próprio governo brasileiro arcava com os custos da viagem dessa gente. O Brasil dessa época, como se sabe pela História, precisava de mão de obra, principalmente para as lavouras de café. A Lei Eusébio de Queirós, de 1850, tinha proibido o tráfico de escravizados africanos. Em 1888 seria decretado o fim da escravidão no país.

Quaisquer que tenham sido os motivos, os Capellari acabaram por engrossar a fila imensa de italianos que deixaram o seu país de origem nas últimas décadas do século 19. Com ou sem dinheiro, às vezes doentes, muitos deles desnutridos, uma parte entulhada nos porões dos navios a vapor, sendo obrigados a abandonar os seus mortos pelo caminho – os corpos lançados ao mar. Desembarcavam em Santos e, depois de uns dias, se embrenhavam pelos campos e fazendas do interior do estado de São Paulo, particularmente as fazendas de café.

Dalla Italia noi siamo partiti
Siamo partiti col nostro onore
Trentasei giorni di macchina e vapore
e nella Merica noi siamo arrivà
Merica, Merica, Merica
Merica, Merica, Merica

O tempo passa. E em algum dia do ano de 1895, Jorge – o libanês – se desloca de trem da cidade de São Paulo, onde reside, para a pequena São Pedro, a mais ou menos 190 quilômetros da capital do estado. O jovem, nesse instante – olhe só! –, acaba de passar pela estação da cidade de Monte Mor, em um lugarejo chamado Elias Fausto, um povoado com uma capela dedicada a São José, ainda em construção. Nem missa pôde ainda ser rezada na igreja. A primeira seria no Natal do ano seguinte, 1896.

Nem bem as caldeiras do trem tinham sido acionadas a pleno vapor uns metros adiante da estação de Elias Fausto, a Maria Fumaça que leva o avô e pai espiritual de Padre Jonas passa em frente ao exato local onde, 41 anos depois, exatamente às 13h30 do dia 21 de dezembro de 1936, nasceria um menino de nome Jonas – ele mesmo –, filho de Josepha e Sérgio! Sérgio que era filho do Jorge que acabou de passar pela estação de Elias Fausto.

Jorge e Ermínia se casam

Da estação ferroviária de São Pedro, a cidade do seu destino aonde chegaria uma hora e tanto depois de passar pela estação de Elias Fausto, Jorge caminha até à casa dos Capellari. Muito bem vestido, de terno e gravata, chapéu de feltro na cabeça, irá conhecer a menina que lhe havia sido prometida em casamento.

– *Erminia, Erminia, viene qui!* – grita o pai Luigi.

Ermínia, então com 12 anos de idade, brincava no quintal. A menina aparece. Permanece na sala não mais que uns poucos minutos, só o tempo necessário. Quer voltar a brincar. Não entende o que aquele homem estranho tem a ver com ela. Ele parece diferente. Fala meio enrolado. Jorge é ainda jovem – com 20 e poucos anos –, mas, para a pequena Ermínia, é como se ele fosse um senhor de idade, quase um idoso.

– Dá a *mano* para *lui, dai*! Você vai se casar com ele, *bella!* – ordena Luigi.

Ermínia faz o que o pai manda, depois vira as costas e sai correndo.

– *Grazie, padre!* – ela grita, já longe.

Um ano depois, o homem retorna, e Ermínia é convocada de novo. E desta vez escuta que *Giorgio* – era difícil para um italiano pronunciar a palavra Jorge – era o noivo dela. Nesse dia, a família Capellari caprichou na macarronada. *Primo piato*. *Secondo piato*.

Na manhã do dia seguinte, Dona Diletta chama a filha, que parece que amava muito o quintal da casa. Chega de brincar! Agora, ela iria se casar. Precisava preparar o enxoval!

A terceira vez que Ermínia viu Jorge foi em 1897, já para o casamento, celebrado na manhã do dia 9 de outubro daquele ano, na igreja matriz de São Pedro. O celebrante foi o padre Faustino Gottardini. Houve festa. Ermínia ia completar 15 anos de idade. E foi bonito, conta Padre Jonas, entusiasmado, ainda que a noiva fosse tão jovenzinha. É preciso levar em conta que casar cedo era um costume bastante comum da época.

A cerimônia de casamento de Jorge e Ermínia foi de manhã, como lembra Padre Jonas. O avô "fez questão de um lindo casamento religioso, lá em São Pedro", ele acrescenta. A festa durou o restante do dia.

Liderança espiritual

Depois da festa, Jorge e Ermínia vão para a casa deles, ali mesmo em São Pedro. Anoitece. Um tempinho depois, a pequena Ermínia, agora senhora Ermínia Capellari, volta correndo. Grita por socorro. Tia Miquelina precisou intervir. A sobrinha tinha fugido de casa, assustada.

> *"Tia, não vou dormir com aquele homem, de jeito nenhum! Não vou ficar sozinha com ele lá!", ela disse.*
>
> *Então, tia Miquelina, com enorme paciência, precisou explicar tudo a ela. Depois a acompanhou de volta. Conversou com ela e com o Jorge. A tia dava risada. Meu avô, também. "A senhora pode ficar sossegada", disse meu avô à tia Miquelina.*

Padre Jonas fica imaginando a paciência do avô, a delicadeza dele. Era um jovem bem educado, instruído. Um diácono da

Igreja Maronita! Já a avó Ermínia, ao se casar, "não sabia nada de nada nesse campo", completa.

Miquelina, a tia de Ermínia, irmã de Luigi Capellari – convém anotar –, ela mesma nunca se casou. Por desilusão, dizem. Quando jovenzinha, uns anos antes do irmão, tinha vindo da Itália, prometida em casamento para o filho de uma família de imigrantes. Mas deu tudo errado, e sofreu muito, a Miquelina! Sobraria "para titia", como se tia de todo mundo fosse.

Não teve a sorte de muitas meninas, lá do Líbano, e nem de rapazes libaneses do Brasil, os quais puderam, mais tarde, contar com o auxílio de Jorge Abib, que foi uma espécie de "patriarca", um "líder espiritual", nas palavras de Padre Jonas. O padre mesmo, como você já sabe, sempre se considerou um herdeiro espiritual de seu avô maronita libanês.

Jorge e Ermínia tiveram onze filhos. Uma menina faleceu ainda na infância. A primeira a nascer foi Maria, em 1898. Você que leu o capítulo sobre a "Festa de casamento" já a conhece. Casada com José Teixeira de Barros, o Zeca, foi ela quem, na primeira metade dos anos 1930, ajudou Sérgio – irmão dela e futuro pai de Padre Jonas – a arrumar um emprego como telegrafista.

E veja você como é interessante! Esse fato aconteceu, mais uma vez, bem ali, por onde quase quarenta anos antes tinha passado Jorge Abib, o pai de Maria e também de Sérgio, na direção de São Pedro, 90 quilômetros adiante. Estava indo, como a gente já sabe, conhecer Ermínia, a mãe dos dois, para depois noivar e, por fim, se casar com ela.

Maria, como estamos repetindo, ensinou a Sérgio a arte da telegrafia, na estação ferroviária de Elias Fausto. Deu também ao irmão uma ajudinha na hora de conquistar o coração de Josepha, aquela menina bonita e esforçada que Sérgio, da janela da estação, todo dia via subir até a agência de correio, na rua de cima, onde ela trabalhava.

Dúvida por solucionar

Uma pergunta deve estar circulando pela mente de nossos leitores: como é que o libanês Jorge aparece, de repente, assim do nada, na casa da família italiana dos Capellari, em São Pedro, para conhecer a menina de 12 anos de idade com quem ele, menos de três anos depois, iria se casar? Parece estranho, e a resposta é que não se sabe exatamente.

Não há registros dos acontecimentos, e tudo o que temos às vezes são trechos de memórias de familiares que um dia ouviram contar alguma coisa, muito tempo atrás. Portanto, na interpretação dos detalhes que ligam as linhas e entrelinhas dessa história, corremos às vezes o risco de cometer algum equívoco. Você, leitor, nos perdoe, por favor, se isso eventualmente acontecer!

Pelo jeito, não foi por acaso que Jorge apareceu tão de repente assim na casa dos pais de Ermínia, a menina linda de olhos lilases que adorava brincar no quintal da casa com os irmãozinhos. Pelo menos no que diz respeito ao namoro, parece que estava tudo conversado e combinado. Ninguém se esqueceu do nosso relato sobre o contrabando de ouro e pedras preciosas, não é? As famílias Capellari e Atala Merege já se conheciam, e fazia um bom tempo.

Muito provavelmente, os Capellari não vieram por outro motivo para o Brasil, que não fosse a parceria com o velho Habib. Podem, eventualmente, ter sofrido algum contratempo na Itália, sendo obrigados a fugir, com criança de colo, enfrentando por mais de um mês o ar insalubre dos porões imundos de um navio a vapor. Podem ter perdido algum bem por lá, eles que não eram pobres, não se sabe se por causa de alguma guerra ou não.

Algumas peças desse mosaico que é a vida dos avós paternos de Padre Jonas podem ficar faltando na história. Vez ou outra sobra espaço para a imaginação.

Como já lembramos em outro contexto, diz a sabedoria popular que Deus escreve certo por linhas tortas. Vai ver que falta completar a frase com a seguinte pergunta: quantos de nós temos inteligência e fé para perceber, mesmo em linhas que às vezes julgamos tortas, a escrita maravilhosa de Deus? Padre Jonas teve, sim, essa sabedoria, inteligência e fé. A vida toda. "Tem a mão de Deus aí", parece que ouvimos toda hora o padre sussurrar. Com voz doce e meiga, nos seus 80 anos, já logo completa 81, no dia em que viaja para o Líbano, um século e tanto depois dos acontecimentos.

As quedas de Jorge

"Um grande trabalhador!" Essa lembrança ficou fortemente gravada nas memórias que Padre Jonas sempre guardou a respeito de Jorge Abib, o seu avô paterno. E trabalho foi uma coisa que o padre sempre valorizou muito. Há páginas lindas sobre o sentido do trabalho nos documentos da Canção Nova.

Para Padre Jonas, trabalho era mais do que simples trabalho. Era um chamado de Deus para agir no mundo, uma vocação. Ainda que, como no caso do seu avô Jorge, derrubando árvores para abastecer de carvão as caldeiras gulosas do trem – de novo o trem –, porque sem o trem a vida não vai e nem vem, nessa época, em todo o estado de São Paulo.

O avô trabalhou no negócio de madeiras num tempo em que derrubar árvores não assustava as pessoas – não se tratava de desmatamento ilegal, como hoje acontece, na Amazônia, por exemplo. Como também não incomodava muito a ninguém a história dos casamentos arranjados, sobretudo nos primeiros anos da grande imigração. E nem mesmo o fato, como dissemos, de uma menina se casar tão novinha, sem nunca ter antes ficado sabendo por que ou para que as pessoas se casavam. Na cabecinha da pequena Ermínia, talvez ela se perguntasse o seguinte: não podia a vida ser uma eterna brincadeira debaixo das árvores do quintal?

Jorge, sempre de acordo com o relato de Padre Jonas, arrendava um pedaço de mata e derrubava a madeira para vender. Podia ser madeira de lei ou de corte. Recebido o pagamento, acertava as contas com o dono da mata e os empregados. Dava um bom dinheiro. Ou também não. Podia também dar tudo errado. Como aquela vez em que amontoou a madeira à beira do rio e uma enchente levou tudo embora. Nem o valor do arrendamento conseguiu pagar.

– Depois acertou tudo, mas ficou sem dinheiro – lembra Padre Jonas. – Meu avô soube então a dificuldade que é cair e ter que se levantar. Mas se levantou.

Passado um tempo, com os filhos mais velhos já crescidinhos, Jorge se arrisca de novo. E Sérgio, o pai de Padre Jonas, com apenas 9 anos de idade, é acionado pelo pai para ajudar, junto com Lurdes, a irmãzinha de 7 anos. Sérgio era o carroceiro. Montava nas toras de madeira e levava para o lugar indicado pelo pai, chicote na mão, "vai, mula, vai!". A pequena Lurdes ajudava na cozinha e na limpeza do acampamento, no meio da mata. Sem energia elétrica. Muito mosquito. Com medo de animais selvagens. Mas assim era a vida, na época.

– Quando anoitecia e eles podiam parar, sentavam um ao lado do outro e choravam – conta o padre. – Choravam de solidão, de saudade, embora estivessem junto com o pai e os irmãos mais velhos.

Jorge teve um segundo baque forte na vida, e desse nunca mais conseguiu se reerguer. Foi quando comprou uma mata com lenha de corte, para queimar. Ia vender para a Estrada de Ferro Sorocabana. Ao final de meses de trabalho, uma quantidade enorme de madeira foi empilhada à beira da estrada, só faltava fechar o negócio no dia seguinte. Negócio bom, com retorno mais rápido do que quando vendia madeira para as serrarias. O lucro era garantido. Mas eis que tudo pega fogo durante a noite. Não sobra nada. Incêndio provocado? Não se sabe.

Morte dos avós paternos

Aos poucos, mil-réis a mil-réis, o avô teve que pagar tudo. Passou, então, a viver uma vida modesta. Trabalhou como mascate durante um tempo, e andava para lá e para cá, com aquela mala cheia de coisas que, na época, encantavam os olhos do pessoal do interior. Tudo vindo da capital! Meu Deus, como podia caber tanta coisa linda dentro de uma simples mala?! De tecidos finos a pentes e espelhos, de linha de costura ao melhor xarope contra a tosse, pomada Minancora, Sulfato Ferroso, Vick Vaporub e Emulsão Scott, para abrir o apetite.

Jorge Abib morreria em São Pedro, no dia 31 de dezembro de 1944, quando Padre Jonas morava com a família no bairro do Limão, em São Paulo, e frequentava a Escola Padre Moye. Josepha pressentiu. Sonhou à noite. Acordou o marido, dizendo que ele precisava ir ligeiro a São Pedro para ver o pai. Sérgio nem podia, de verdade, viajar por causa do trabalho. Mas foi. Deixou em casa a esposa e os filhos Jonas, com 8 anos, e José Carlos, com 4, para chegar a São Pedro a tempo de dar um banho no pai, trocar a roupa dele e voltar a deitá-lo na cama.

Sérgio abraça o pai. E despede-se dele para sempre, no exato dia em que ele e Josepha completavam nove anos de casados. Jorge, de acordo com a certidão de óbito, tinha 68 anos de idade ao morrer. Faleceu às 17 horas daquele dia. Um domingo.

Sérgio, na época, trabalhava como pedreiro no quartel do Exército da Rua Conselheiro Brotero, no bairro da Barra Funda, em São Paulo. Josepha costurava madrugadas adentro para alguns dos mais de 30 mil soldados do Exército Brasileiro que tinham sido enviados para a guerra, na Itália, em julho daquele ano.

A família tinha pão e tinha leite, que há dois anos Jonas descia do bairro do Limão até o quartel todo dia para buscar. E tinha o que comer, em anos tão difíceis, porque o pai podia comprar alimentos no armazém dos militares. José Carlos, ainda muito pequeno, já aprendia a subir nas árvores do quintal, coisa que o irmão mais velho nunca aprendeu a fazer. "Você é um molenga", costumava gritar José Carlos, lá de cima da árvore. Jonas ficava bravo. Coisa de crianças!

Ermínia, a avó paterna, teria vida mais longa do que Jorge, vindo a falecer em 1971, quando ia completar 90 anos de idade. Nos seus últimos anos de vida, praticamente morava na casa dos pais de Padre Jonas, no bairro da Vila Nova Cachoeirinha. Dez anos antes do dia da sua morte, ela esteve presente naquele momento mágico de fazer a foto da família, em comemoração aos 25 anos de casamento dos pais de Padre Jonas, num domingo, depois da missa das 10 horas. É o retrato pendurado na parede do quarto muito simples do padre, sobre o qual já falamos mais de uma vez, tirado na manhã daquele domingo, primeiro dia de janeiro de 1961.

Ermínia nunca perdeu o ar nobre de filha da família Capellari. Vestia-se bem, andava aprumada. Uma *lady*, como dissemos, de cabelos branquinhos. Uma catarata não cuidada a tempo acabou lhe roubando completamente a visão. A avó de padre Jonas era exigente e de gosto requintado. Geniosa, como ele conta, não era todo filho que apreciava ou que conseguisse ficar com ela.

– Minha mãe, muito paciente, era exceção. Então, vovó, por causa disso, ficava muito em nossa casa. Estava praticamente vivendo lá.

Jesus e a sua mãe andaram por ali

Menor que o menor dos estados brasileiros, com 10.452 quilômetros quadrados de área (Sergipe tem 21.910), o Líbano é gigantesco quando o assunto é História. Nesse pequeno país do Oriente Médio banhado pelas águas azuis do Mar Mediterrâneo, o viajante encontra marcas que parecem eternas, por exemplo, de algumas das cidades mais antigas do mundo, como Tiro e Sidom, com pelo menos 7 mil anos de existência.

Quase vinte civilizações frequentaram o solo libanês até os dias de hoje. Os fenícios, grandes navegantes – com suas embarcações construídas de cedro, as melhores do mundo de então –, nos presentearam com uma das invenções mais extraordinárias do mundo: o alfabeto. E Jesus, Nosso Senhor, andou por essas paragens mais de uma vez, na companhia de seus discípulos. A mãe, Maria, o acompanhou em algum momento dessas viagens.

Encontra-se lá, para ser visitada, a casa onde Nossa Senhora teria se hospedado, assim como o lugar do encontro entre os apóstolos Pedro e Paulo, quando este tinha sido preso e estava sendo levado pelos soldados para Roma. "No dia seguinte", como se pode ler nos Atos dos Apóstolos, capítulo 27, versículo 2 (At 27,2), "ancoramos em Sidom; e Júlio, num gesto de bondade para com Paulo, permitiu-lhe que fosse ao encontro dos seus amigos, para que estes suprissem as suas necessidades."

Os libaneses podem ainda levar você a muitos outros lugares sagrados, como o Vale de Qadisha – ou Vale Santo. As grutas desse vale serviram de esconderijo e refúgio a cristãos nos primeiros séculos, em tempos difíceis de perseguição e martírio. Suas montanhas foram lugar de morada para eremitas que fizeram do deserto e do isolamento uma experiência muito fértil e profunda de fé e oração. Seus mosteiros e suas igrejas atraem gente do mundo inteiro.

A Terra de Canaã abraçou uma parte do Líbano nos tempos antigos. A Galileia chegava até lá. Dizem que Caná da Galileia – o lugar do primeiro milagre – ficava no Líbano. O local pode ser visitado. Há quem discorde: tem uma outra Caná, do outro lado da fronteira – em Israel. Pode ser. Mas Jesus costumava andar por ali, pregar, curar os enfermos. Sobre isso não há como ter dúvida.

Como nessa passagem da Bíblia, por exemplo, que conta que, um dia, Jesus tenta se refugiar numa casa da região. A multidão não lhe sai de perto. Ele não consegue ficar oculto por um minuto que seja. De repente, uma mãe se aproxima, no meio da multidão. Desesperada, ela grita:

– Jesus, Jesus! Cure a minha filhinha!

Ajoelhada aos seus pés, a mãe siro-fenícia roga que Jesus expulse da filha um espírito impuro que tomou conta dela.

– Mulher, deixe primeiro que os filhos estejam saciados – Jesus lhe diz. – Não é bom tomar o pão dos filhos e jogá-lo aos cachorrinhos.

Os filhos, no caso, eram os judeus, o povo de Jesus.

Cachorrinhos?

– Senhor, também os cachorrinhos, debaixo da mesa, comem das migalhas dos filhos – a mulher estrangeira responde.

Padre Jonas vai ao Líbano em busca das suas raízes. As raízes dos cedros do Líbano. As raízes da sua família. As raízes de sua herança espiritual...

Ai, as mães! Nem Jesus consegue deixar de atender a um pedido desses. A filha é curada. Está no Evangelho de Marcos, capítulo 7, versículos 24 a 30 (Mc 7,24-30).

As coisas do Infinito

Nos cinco dias em que Padre Jonas permaneceu no Líbano, os anfitriões queriam lhe mostrar tanta coisa que não seria possível dar conta de ver nem a metade do que tinha sido planejado. Teria sido preciso muito mais tempo. E a saúde do padre, como sabemos, não andava boa. Mas ele, mesmo assim, esforça-se e faz o que pode para não decepcionar ninguém. Visita lugares santos, celebra, dá entrevistas para um canal de televisão.

Algo extraordinário acontece no dia em que Padre Jonas é levado para visitar a emissora católica de TV do Líbano, a Lumière. Uma emissora pobre, muito simples, dava até dó de ver o edifício, a frota de veículos, os estúdios de produção. O padre, porém, sente-se em casa. Ele vê além das coisas materiais. Os olhos brilham. Está feliz.

Um eremita de verdade, Irmão Nour é quem dirige a emissora. Parece até paradoxal: um homem do deserto e do silêncio à frente de um canal de TV que ele, aliás, ajudou a fundar. Estão os dois ali agora, frente a frente, Padre Jonas e Irmão Nour. Olhos nos olhos, separados por um idioma, mas unidos profundamente pelas coisas de Deus e pelo ideal da comunicação cristã.

É difícil, para quem presenciou esse momento de graça divina, expressar o que aconteceu naquele instante, que parecia eterno. É como se o eremita libanês e o sacerdote brasileiro tivessem mergulhado um no coração do outro. Um momento de transcendência. De transfiguração.

O Padre Jonas de 80, quase 81 anos de idade, em sua viagem ao Líbano – como lembra Luzia –, já não é mais o grande pregador que sempre foi. Olha mais para dentro, medita sobre o sentido das coisas, contempla. O seu olhar parece ainda mais enamorado pela linha do horizonte e pelas coisas do Infinito, como que avistando as montanhas de sua Serra da Mantiqueira, em Cachoeira Paulista.

Na igreja de São Charbel, no Líbano, Padre Jonas se deixa transportar para o Alto. Transfigura-se, de novo. É pura paz, nesse momento em que se encontra na companhia sagrada de um dos santos do seu coração, o monge eremita Charbel Makhlouf (1828-1898), que foi canonizado pelo Papa Paulo VI em 1977. Sentadinho, depois, em um banco do lado de fora, é como se custasse ao padre abandonar um instante de luz como aquele.

Os cedros do Líbano!

De repente, Padre Jonas pede para tirarem uma foto. De terno azul, acaba de sair de sua visita ao patriarca maronita. Ele se ajeita, como no retrato de 1961. Está elegante. "Pronto, padre! Sorria!". Não teve "olha o passarinho", desta vez. Nem barulho de *flash*. Só um sorriso alegre.

"O justo florescerá como a palmeira. Crescerá como o cedro do Líbano", diz o Salmo 92, versículo 12 (Sl 92,12). "Os que estão plantados na Casa do Senhor florescerão nos átrios do nosso Deus. Na velhice ainda darão frutos; serão viçosos e florescentes, para anunciarem que o Senhor é reto; ele é a minha rocha, e nele não há injustiça."

O cedro do Líbano cresce bem devagarzinho. E cresce bastante, chegando a atingir mais de 40 metros de altura. É interessante: a planta nem alcançou ainda 2 metros de altura, e suas raízes já podem ter afundado mais de três vezes esse tamanho, terra adentro.

A fama dos cedros do Líbano não vem só dos navios que com eles foram construídos, os palácios, os templos – como o antigo Templo de Salomão, em Jerusalém. A fama dos cedros do Líbano, no sentido do salmo, não vem em primeiro lugar da altíssima qualidade da sua madeira. Vem da sua estatura, da sua firmeza... e das suas raízes.

Padre Jonas vai ao Líbano em busca das suas raízes. As raízes dos cedros do Líbano. As raízes da sua família. As raízes de sua herança espiritual...

4

O porão

Jonas ia completar 6 anos de idade quando a mãe, com tuberculose, depois de passar por uma consulta médica, entra na igreja de Santo Antônio da Praça do Patriarca, no centro de São Paulo. Ela se ajoelha diante da imagem de Jesus Morto e suplica: "Jesus, eu não posso morrer agora, porque preciso primeiro criar os meus filhos!".

O episódio nos faz em seguida voltar à cidade onde Padre Jonas nasceu, para acompanhar a despedida da família em mudança para a capital, São Paulo, quando o filho estava para fazer 3 anos de idade. O pequeno Jonas recuperou a visão, mas a cirurgia custou caro, e agora é preciso pagar o empréstimo. Morando em Elias Fausto, os pais não iam conseguir.

No bairro paulistano da Barra Funda, o casal mora primeiro em um porão – é o que a família podia se permitir. Sérgio, o pedreiro, procura trabalho. Josepha, também. O texto traça um paralelo entre o porão e a tuberculose da mãe, mas há outros significados importantes nessa história, como você irá perceber.

Em algum momento do período de três anos que a família morou na Barra Funda, a mãe de Padre Jonas conhece Dom Bosco, no santuário do Liceu Coração de Jesus. "Cuide deste menino!", ela pediu novamente ao santo, como no dia em que o filho tinha nascido.

"Jesus, Nosso Senhor, não me deixe morrer!" Ajoelhada diante da imagem do Senhor Morto, Josepha clama a Deus por socorro. Ela não pode morrer agora. O coração da mãe de Padre Jonas se sente transpassado por uma dor intensa, já faz algum tempo. Seu estado de saúde piorou muito nos últimos meses. Aos 28 anos de idade, com dois filhos pequenos, ela tem consciência de que a morte pode chegar a qualquer momento. Por isso, implora a Jesus que conceda a ela uma graça especial. Talvez um milagre. "Não posso morrer, Jesus! Preciso primeiro criar os meus filhos!"

Estamos no final do ano de 1942, e, nesse momento, Josepha acabou de sair do médico. Nem respirar direito consegue. Os pulmões lhe doem demais, quase não aguenta de tanto sofrimento. Um cansaço insuportável toma conta do corpo inteiro. Como é difícil para ela cuidar dos seus pequenos nessas condições! O marido ajuda, claro, mas ele trabalha fora o dia inteiro. Está com 30 anos, ainda é muito jovem e forte, quer proporcionar à esposa e aos filhos uma vida melhor. Jonas está para fazer 6 anos de idade, e José Carlos irá completar 2 em fevereiro do ano seguinte.

Nas condições em que se encontra, custa um sacrifício enorme a Josepha dar conta dos trabalhos da casa. Tem que lavar, passar, fazer a comida. Tem que levar os meninos ao médico. Tem que costurar para fora e ajudar o marido a pagar as contas do mês. Tem que fazer um montão de coisas. E pensar que ela sempre gostou muito de deixar tudo bem arrumado e limpinho na casa de aluguel onde a família mora, na Rua Camaragibe, Barra Funda, São Paulo.

A casa já não é mais um porão como antes, graças a Deus! Possui um quarto, um banheiro e uma salinha. O fogãozinho a carvão fica encostado debaixo da escada que dá acesso à parte alugada, no piso superior. Quase não há espaço para a máquina de costura que Josepha ganhou de presente de Sérgio. Aprendeu rapidinho a fazer nela as roupas do marido, das crianças e dela mesma. E ainda costura para fora.

O quartel do Exército fica a poucos passos de distância. Desde que o Brasil, em agosto de 1942, declarou guerra à Alemanha e enviou os seus soldados para o *front*, o serviço de Josepha mais que dobrou. A máquina de costura, no entanto, tem andado mais quieta do que de costume ultimamente. Alguns uniformes de soldados terão que esperar. Porque a mãe de Padre Jonas trava no próprio corpo uma guerra particular, diferente da guerra para a qual foram convocados os pracinhas brasileiros. Inclusive, um dos irmãos dela, o Suzano, foi chamado, mas depois, graças a São Jorge – considerado padroeiro dos soldados –, acabou não precisando ir.

Os vários meses que a família teve que passar num porão ao se mudar para São Paulo deixaram marcas muito fortes nos pulmões de Josepha. A casa no porão, sobre a qual ainda iremos falar, fica pertinho da Rua Camaragibe: basta virar a esquina à direita e descer uns tantos metros a Rua Lopes Chaves, na direção da linha do trem. Com o tempo, a família conseguiu deixar essa primeira casa para trás, mas por uns bons anos o porão continuará instalado, como um morador indesejável, no corpo da jovem mãe.

Josepha, porém, não reclama da vida, nem do porão, nem de nada. Ela agradece a Deus por tudo. E trabalha. E reza. E se joga nos braços da Providência.

Imagem do Senhor Morto

Terminada fazia menos de meia hora a consulta daquele dia, Josepha, sempre muito atenta e esperta – são palavras de Padre Jonas –, intui o que se passa. Ela vê quando o doutor chama o marido de lado. Não ouve a conversa, mas lê os sinais. O olhar assustado de Sérgio não a deixa se enganar. Josepha, de fato, está muito mal. Tem tuberculose, já faz mais de ano. Mas a doença piorou de uns meses para cá.

Naqueles tempos, a tuberculose costumava levar quem tinha mais condições financeiras para o sanatório nas montanhas, em Campos do Jordão, na Serra da Mantiqueira, a 180 quilômetros de São Paulo. Já os pobres, muito mais numerosos na desventura, eram conduzidos com frequência para o túmulo. E a mãe de Padre Jonas era uma mulher pobre.

– O pulmão da sua esposa, senhor Sérgio, está em petição de miséria – confidencia o médico. – Está completamente infeccionado. Se ela não colocar tudo para fora...

O marido entende o recado. Percebe quando o doutor para no meio da frase, cerra os lábios e balança a cabeça de um lado para outro. Era um sinal ruim. O pensamento de Sérgio viaja na velocidade da luz. Ele pergunta se não há mesmo nada que se possa fazer.

– Não, infelizmente – responde o médico. – Nem pensar em cirurgia! A esposa do senhor não aguentaria.

– Mas, então...?

– É muito complicado, senhor Sérgio. Só se ela conseguisse dar um jeito de colocar tudo para fora. Mas como?

Senão, explicou o doutor, Sérgio iria perder a esposa.

Desorientado, o marido volta para o canto onde Josepha aguarda sentada. As ideias se confundem na cabeça dele. Estão casados há sete anos e têm dois filhos. Nesse momento, o pai dos pequenos Jonas e José Carlos, em geral sempre alegre e brincalhão, está sério como nunca. Ele aponta, então, na direção da porta. É hora de sair dali e pegar o bonde para a Barra Funda. Para fazer o quê, ele não sabe direito. Nem a esposa.

– Espere um pouquinho! – interrompe Josepha o andar do marido, já na rua, antes de tomarem a condução.

Ela atravessa a Praça do Patriarca e entra na igreja de Santo Antônio. Faz o sinal da cruz e a genuflexão, e enquanto dobra o joelho com o olhar voltado para o sacrário, escora a mão direita no encosto de um dos bancos de madeira. No fundo da igreja fica a imagem do Senhor Morto. Josepha se ajoelha com dificuldade. Pensa nos seus meninos e emociona-se. Abaixa a cabeça e reza em voz baixa. Instantes depois, fixa atentamente a imagem, observa o lado aberto pela lança e pede vida ao Senhor. Pelo menos por mais um tempo.

Minutos depois, ela deixa o templo sagrado e volta com o marido para a casa na Barra Funda. Assim que saltam do bonde, caminham um trecho curto até a Rua Camaragibe. Josepha sobe com esforço os degraus da escada de madeira que dá para o andar de cima do sobrado. Então, cansada a ponto de não se aguentar, se deita para descansar um pouco. Já na cama, lança um olhar de tristeza na direção dos seus pequenos. Eles lhe parecem dois bichinhos desprotegidos, ali, brincando bem pertinho dela.

Tão lindos, os dois! Aqueles olhinhos, meu Deus!

A mãe se livra da morte

E eis então que, logo depois de Sérgio e Josepha chegarem em casa, acontece justamente o que precisava acontecer. Um milagre? Sim, um milagre, não é, Padre Jonas? Basta querer enxergar, nós sabemos que o padre iria responder.

– Minha mãe teve uma hemoptise – ele conta. – Foi tão forte, que ela pôs tudo para fora. Saiu sangue vivo pela boca.

Quem cuidava de Josepha por esse tempo era um acadêmico de Medicina, já residente na especialidade escolhida, lembra Padre Jonas. O jovem aplicava as injeções e acompanhava todo o tratamento. Era ele quem mantinha contato com o médico responsável a respeito do caso. Sérgio manda chamá-lo, e ao chegar ele se espanta com o que vê. Procura rapidinho um telefone e entra em contato com o superior para relatar a cena. O doutor tenta tranquilizá-lo. Graças a Deus, tinha sido a salvação! Ele já estava a caminho.

E foi assim, em suma, que o que não se imaginava possível aconteceu. "Eu acredito em milagres!", murmura dentro de si Padre Jonas, sempre de novo, com um sorriso nos lábios, quando narra histórias como esta. É como se, em momentos assim, ouvíssemos a voz de Jesus dizendo a Josepha, quando ela sai pela porta da frente da igreja para voltar para casa: "Vai em paz, minha filha! A tua fé te salvou!".

E não foi uma história mais ou menos como essa que você ouviu ser contada no capítulo anterior? Aconteceu onde hoje é o Líbano, a terra do avô paterno de Padre Jonas, o Jorge. Uma mulher estrangeira pediu ao Mestre que curasse a filha dela. Jesus, primeiro, ficou meio assim, mas atendeu com amor. Foi tocado pela fé daquela mãe. Interessante isso, não acha? Jesus, o Filho de Deus, se sente tocado pelo gesto desesperado de uma mãe. Ele se deixa emocionar pelo olhar dela, admira-lhe a fé! E realiza a cura.

O médico, depois, explica a Sérgio o que é hemoptise. Josepha, de fato, teve um acesso de tosse tão grande, mas tão grande, que deixou alarmados os filhos, enquanto o marido imaginava ter chegado a hora derradeira da sua Zefa. Ela conseguiu, Deus sabe como, pôr tudo para fora, o sangue pisado, o pus. "Graças a Deus!", exclama o doutor, sem provavelmente atentar para o real significado desse "graças a Deus" que pronunciou durante a conversa com Sérgio. Josepha estava salva!

O médico ainda aproveitou para dar um conselho ao marido. O melhor a fazer era se mudar rapidinho com a família dali. Na Barra Funda era tudo mais úmido, também por causa da baixada do rio Tietê. Quando chovia forte e o rio enchia bastante, então, nossa, era um problemão! As várzeas ficavam tomadas pela água, às vezes durante dias e mais dias. Quanto mosquito! Sem falar das noites geladas de inverno e daquela chuvinha fina – a tal da garoa –, quase todo dia, quase toda hora. Com certeza, esse canto da cidade não era o lugar ideal para a esposa morar. E o tratamento iria ainda durar uns bons anos – avisou o doutor.

– Mas para onde o senhor acha que a gente poderia ir? – pergunta Sérgio, mais aliviado, depois de passado o estresse do momento anterior.

– Por que o senhor não se muda com a família para o Limão, do outro lado do rio? – sugere o médico. – Lá fica no alto, e a sua esposa vai poder respirar um ar mais saudável.

– Naquele tempo – lembra Padre Jonas –, o Limão era periferia mesmo.

E foi isso que acabou depois acontecendo: da Barra Funda, a família atravessaria a ponte do rio para alugar uma casa no morro, do lado de lá.

Durou sete anos, ao todo, o tratamento de Josepha. Aliás, adiantando um pouco a história, ao final desse período – depois de morar por uns bons anos no Limão –, a família irá se mudar para bem mais longe ainda, a periferia da periferia: a distante Vila Nova Cachoeirinha, que nem bairro ainda era naquele tempo. Para lá já irão cinco, e não quatro pessoas. Porque em 1947 nasce Lina, a primeira das quatro meninas do casal.

É da Vila Nova Cachoeirinha que um dia, em setembro de 1949, nosso personagem sairá para o seminário dos Salesianos. Irá de trem com o pai. Mas isso contaremos mais para a frente, como anunciamos.

Conversa com o leitor

Nessa altura dos acontecimentos, o leitor poderá perguntar, talvez aflito ou até mesmo um pouco irritado, se a história está sendo contada do modo mais correto. Porque, pelo que todo mundo até agora sabe, a família do padre morava no interior de São Paulo, numa cidadezinha de nome Elias Fausto. Como é que, de repente, ela cai de paraquedas em São Paulo? E, ainda por cima, agora Padre Jonas já tem um irmãozinho, o José Carlos! E até apareceu também uma menina, a Lina!

Os leitores, como sabemos, desejam justamente participar. Eles querem dar palpite e contar, eles também, alguma parte importante, um detalhe, um ensinamento, um caso, um episódio da história de vida de Padre Jonas. É como se a vida do padre – "feito tudo para todos", como diz o lema sacerdotal que ele escolheu, inspirado no apóstolo Paulo – pertencesse de fato a todo mundo.

Lá no Céu, Padre Jonas deve estar mais uma vez se divertindo, talvez até rindo carinhosamente de tudo isso. E é neste momento de pequena indecisão de nossa parte que ouvimos novamente, com prazer, as palavras sábias do padre quando ele abençoou o projeto deste livro.

Estávamos reunidos com a equipe numa das salas do DAVI, o Departamento Audiovisual da Canção Nova, em julho de 2022. A bênção nos chegou por áudio, via Whatsapp, porque o estado de saúde de Padre Jonas não nos permitia visitá-lo naquele dia. Havia um grande evento na sede da Canção Nova, com mais de 30 mil jovens circulando por aquele terreno sagrado durante o primeiro PHN – Por Hoje Não – depois da pandemia de Covid-19, e o padre, bastante debilitado, para ser preservado precisou ser levado a um lugar de repouso, fora dali, por uns dias.

– Meus filhos! – ele nos disse na gravação, depois de uma prece – Até a metade do livro, vai parecer que irá dar tudo errado, mas vai dar certo, viu? Com a bênção de Nosso Senhor!

Padre Jonas, nesse dia, pede a Jesus que o livro com a sua história possa inspirar muita gente nos caminhos da fé, da paz e da alegria. E já contou logo mais um de seus "causos".

As histórias do padre, simples, quase ingênuas às vezes, eram verdadeiras parábolas. Na verdade, ele nunca deixou morrer dentro de si, mesmo nos momentos mais dolorosos da vida, a criança que todos trazemos dentro de nós!

Nesse dia, Padre Jonas falou de uma partida de futebol que aconteceu muito tempo atrás, no último domingo do mês de agosto do ano de 1949, uma semana antes de ele entrar para o seminário. Foi o jogo São Paulo vs. Corinthians, no estádio do Pacaembu, em São Paulo, e Jonas estava lá com o pai.

Até o intervalo do primeiro tempo, a coisa parecia bem complicada. Mas deu São Paulo, 3 a 2, no final! Claro que o São Paulo ganhou, porque senão Padre Jonas – são-paulino como o pai – não teria nem trazido esse jogo como exemplo! Aliás, nós um dia vimos uma bandeirinha do São Paulo em cima da escrivaninha do padre, e, em uma gaveta da cômoda, dobradinha – Luzia nos mostrou –, entre tantas camisetas que ele amava, uma mais bonita que a outra, também uma do time do seu coração, que ganhou de presente de amigos.

– Três gols de Leônidas, não é pai? – comemora, empolgado, o menino.

Três gols do Diamante Negro! Pai e filho, quando voltam de ônibus para casa nesse dia, estão radiantes. Não cabem em si de alegria. São dois meninos encantados pelas ruas da cidade. Um, grandão e magro, mais de 1 metro e 80 de altura, de 37 anos, e o outro, magro também nos seus 12 anos de idade, tagarela que só! Pulava e falava mais que Sérgio.

No início da tarde de sábado daquela mesma semana, pai e filho saltariam do trem na cidade de Lavrinhas, a pouco mais de 200 quilômetros de São Paulo, tendo partido da Estação da Luz, na capital. Ali, naquele dia, começaria um novo jogo. Um jogo bem difícil às vezes, que contaria também com momentos de sofrimento, de tristeza e, durante um tempo da vida de Padre Jonas, também da mais pura escuridão da alma. Mas um jogo que o padre haveria de vencer, com muitos gols de vantagem – e na alegria, sempre com o olhar firme na Providência.

– Estão vendo? Parecia que ia dar tudo errado – brinca Padre Jonas.

E abençoa os autores. Eram 15 horas e 22 minutos do dia 13 de julho de 2022, cinco meses antes da data da morte do padre.

Como o apóstolo Paulo, na Segunda Carta a Timóteo, capítulo 4, versículo 7 (2 Tim 4,7), Padre Jonas antes de morrer poderia ter dito, com pleno direito, que combateu o bom combate, que completou a sua carreira, que guardou a fé. Na missa do seu sepultamento, cento e cinquenta e poucos dias depois dessa bênção, as milhares de pessoas presentes choravam, rezavam, cantavam. E também batiam palmas.

Os olhos de Jonas

Final dos anos 30 do século passado. Estamos no interior da pequena Elias Fausto, em algum dia do ano de 1939, na casa muito simples da roça onde a família mora. Jonas irá completar 3 anos de idade. No início da noite, depois de Sérgio voltar do trabalho, Josepha ouve um "Zefa, venha cá! Precisamos ter uma conversa". Não parecia tranquilo o marido naquele dia. O menino Jonas ainda brincava por ali, parecia querer aproveitar cada minuto que restava do dia para se divertir. Ainda mais agora, depois de uma cirurgia nos olhos que lhe tinha devolvido a visão.

Sérgio vai direto ao assunto. O que tem a dizer não é segredo para a esposa. Porque Josepha, melhor do que ele, já tinha percebido muito bem como funcionava a difícil arte de tentar fazer o possível e o impossível com o dinheiro que entrava, pingado, todo mês. Ela, primeiro ainda que o marido, tinha mais de uma vez chamado a atenção para o fato de que as contas não fechavam.

Estavam casados há menos de quatro anos, e Sérgio trabalhava na cidade. Ia e voltava a pé todo dia, quando encontrava serviço de pedreiro. O jovem casal – ela com 25 e ele com 27 anos – tinha um filho para criar e uma dívida a ser saldada com o pai de Josepha. Ultimamente, as despesas venciam de muito a batalha com as receitas. Os ganhos mal davam para a família se manter. E, de novo, havia a dívida.

– Meu avô tinha sido muito claro: "Eu lhe empresto o dinheiro!", ele disse – como recorda Padre Jonas. – Com esse "lhe", meu avô estava se dirigindo diretamente ao meu pai. O dinheiro estava sendo em-pres-ta-do. E o genro tinha que pagar!

Foram as palavras pronunciadas por Seu Pacheco no dia em que ele praticamente exigiu que o genro levasse o filho, correndo, para consultar um especialista. A doença nos olhos do menino – uma conjuntivite que acabou evoluindo para um tracoma – começou a ser tratada pelos pais na base do remédio caseiro. Depois foi a vez do remédio de farmácia. Até chegaram a levar o filho a um médico. Mas nada adiantou.

– Pegue ligeiro esse menino e leve ao especialista! Lá em Campinas tem um bom, o doutor Burnier. Não está vendo que o meu neto vai acabar ficando cego?

– Mas eu não tenho dinheiro, Seu Pacheco! – argumenta Sérgio, desesperado e até um pouco envergonhado.

– Eu lhe empresto…

Esse "eu lhe empresto" aí, como depois ficaria muito claro, era para ser entendido como empréstimo mesmo. Literalmente. E, no final das contas, Seu Pacheco acabou tendo que tirar um bom dinheiro de debaixo do colchão, porque o neto precisou ser submetido a uma cirurgia de urgência. E nisso o avô tinha toda razão: Jonas se encontrava de verdade à beira de perder a visão.

Olhando a questão a partir de hoje, é fácil observar como nada mudaria tanto a vida da família e do próprio Jonas como as palavras "eu lhe empresto", ditas pelo avô. Será mesmo verdade que Deus escreve certo por linhas tortas? No caso da trajetória de vida de Jonas Abib, parece que sim. E Seu Pacheco, do jeito dele, colaborou bastante para isso acontecer. O seu netinho do coração corria o risco muito sério de ficar cego para o resto da vida. A cirurgia salvou a visão do menino.

Assim, de repente, Sérgio e Josepha sentem que o seu tempo de vida lá onde eles moravam tinha chegado ao fim. Em Elias Fausto, eles não ganhavam dinheiro suficiente para saldar a dívida, ainda que em muitas prestações.

Despedida

Sérgio e Josepha planejam a mudança. Avaliam o que dá e o que não dá para ser levado. Algumas coisas ainda podiam ser vendidas, para juntar uns trocados. As roupas do corpo e mais algumas mudas, as de cama e banho, as panelas, mais uma ou outra peça de estimação, eles levariam. A colher de pedreiro, o prumo e a régua também fariam parte da bagagem. Sérgio irá precisar deles – se Deus ajudar – assim que conseguir um trabalho na capital do estado.

Em alguma manhã do final do ano de 1939, Sérgio e Josepha colocam a melhor roupa e vestem também da melhor maneira que podem o seu príncipe, Jonas, 3 anos de idade por completar. A despedida é na plataforma da estação ferroviária, a poucos metros de onde o menino nasceu em 21 de dezembro de 1936.

Trata-se – como os leitores já sabem – da mesma estação por onde, cinquenta e um anos antes, passou a família italiana dos Capellari, da menina Ermínia, então com 5 anos de idade – que depois seria a avó paterna de Padre Jonas.

A mesma estação por onde também passou, poucos anos depois, um jovem libanês de nome Jorge, avô paterno de Padre Jonas, em viagem a São Pedro para conhecer Ermínia, sua futura esposa, na época com 12 anos de idade.

E, por fim, a mesma estação onde Sérgio, uns cinco ou seis anos antes do dia da partida, trabalhou por um tempo como telegrafista e de onde, pela janela, ele via a moça que todo dia subia a rua em frente, em direção à agência de correio, onde ela trabalhava – Josepha. É o trem, com as suas histórias.

– Vão com Deus! – despede-se vovó Benedicta.

– Mandem notícias! – lembra vovô Pacheco.

Partir, e mais ainda nessas condições, não é nunca agradável. Dói. Às vezes é como se a partida arrancasse pedaços do coração da gente. Mas partir é preciso. Vai-se na esperança. Vai-se na confiança. Vai-se na fé.

"Não dá mais para voltar!", cantaria um dia aquele menino que, nesse momento, da janela do trem, vê os avós acenando com as mãos, quando a locomotiva esboça os primeiros movimentos. Jonas pode ver, graças a Deus! E é porque Jonas vê que a família segue viagem, sem volta, rumo à capital. Está completamente elétrico o pequeno nesse dia.

Que bonito era aquilo tudo! Jonas nunca tinha entrado em um trem. Se vovô Pacheco quisesse – deve ter passado pela cabeça da criança –, construía um trenzinho de brinquedo para ele, claro que construía! Vovô Pacheco não tinha feito um carrinho de verdade, com volante, pedal e tudo, e lhe dado de presente?

Mais de 10 mil quilômetros e tantos de distância da estação de Elias Fausto, numa Europa possuída pelas forças do mal, as tropas da Alemanha nazista circulavam de trem para lá e para cá, depois da invasão da Polônia, em 1º de setembro de 1939. Logo iria iniciar a Segunda Guerra Mundial. Agitado, o mundo se preparava para a mais terrível de suas guerras até hoje, destinada a mudar os rumos da História contemporânea.

Em Elias Fausto, no dia em que Sérgio e Josepha ajeitam no trem os seus poucos pertences – uma mala, uma bolsa e umas sacolas –, uma história muito particular também começa a mudar. História humilde. Pequena. Ou grande, muito grande. Depende de como você olha.

O trem avança em direção à capital do estado. Sérgio, de terno e gravata – o mesmo do dia do casamento –, chapéu na cabeça, olha sério para a frente, como se contemplasse o infinito. Josepha, no seu vestido colorido de mangas compridas, dá colo ao menino, que agora dorme. Ouve-se o apito do trem.

A cidade grande

A Rua Lopes Chaves começa próximo à linha do trem, na parte mais baixa, e termina 550 metros adiante, um pouco mais no alto. Por todo esse período, também no bairro paulistano da Barra Funda, ainda que em proporção muito diferente de Elias Fausto, os trens que vão e que vêm constituem um dos personagens mais importantes da vida do lugar.

Foi na parte baixa da rua que a nossa família elias-faustense pôde encontrar um canto para se esconder. Era mais barato. Era o que conseguia pagar. Quando Sérgio começasse a trabalhar e ganhar algum dinheiro, poderia procurar uma coisa melhor, além de pagar a dívida, se Deus ajudasse! Agora, naquele momento, os Abib só tinham mesmo condições de alugar aquele quarto minúsculo no porão de uma casa.

Com o porão da Rua Lopes Chaves parecia se cumprir, pela segunda vez, a "profecia" de Seu Pacheco. A primeira vez foi quando os pais de Jonas tiveram que ir morar na roça, logo depois da festa de casamento.

Seu Pacheco que, como sabemos, um dia, pouco antes do casamento da filha, parou o carro à beira da estrada, na viagem entre Campinas e Elias Fausto, para mostrar a Josepha, 21 anos, uma casa muito pobre no alto do morro. Se ela não desistisse do pedreiro Sérgio, iria acabar tendo que morar numa tapera igual àquela que se via lá em cima.

Na vida de Padre Jonas, esse porão apertado e muito úmido, onde quase não entrava a luz do dia, assumiu um significado enorme. A sua trajetória como ser humano, como sacerdote, grande pregador, profeta e fundador da Canção Nova, em momento algum deixou de carregar consigo, lá no fundo da alma do padre e como um valor espiritual dos mais elevados, a história do porão.

Muitas vezes ao longo da vida, Padre Jonas faria referência a um trecho da Segunda Carta de São Paulo aos Coríntios, capítulo 12, versículo 10 (2 Cor 12,10): "Por isso, por amor de Cristo, regozijo-me nas fraquezas, nos insultos, nas necessidades, nas perseguições, nas angústias. Pois quando sou fraco é que sou forte".

Você não acredita que isso tem a ver também com o porão? Porque quando somos fracos é que somos fortes! Depende de nos jogarmos nos braços de Deus, o Pai das Misericórdias – ensina Padre Jonas.

> Em "A rua onde a família mora", trazemos informações sobre a Barra Funda, o bairro onde a família Abib passou a morar quando se mudou para São Paulo. Um personagem famoso do mundo da arte e da literatura nacional, Mário de Andrade – um dos ícones da Semana de Arte Moderna de 1922 –, morava também na Rua Lopes Chaves, na ponta mais afastada da linha de trem, perto da qual ficava a primeira residência da família Abib na capital.

A família cresce

Uns bons meses depois, como já mencionamos, a família se muda para uma casa melhor. Sai da Lopes Chaves e vai para a Rua Camaragibe, uma travessa, algo em torno de 400 metros de distância do lugar onde estava situada a casa anterior. As condições financeiras tinham melhorado.

Graças a Deus, não costumava faltar trabalho para Sérgio! Primeiro porque ele era muito bom no ofício de pedreiro. Gostava da profissão, tinha orgulho de deixar pronta uma obra. Até dava a impressão, uma vez ou outra, de que se sentisse bem com aquela roupa suja de cimento e cal – pobre Josepha, que tinha que lavar!

Existia um segundo motivo pelo qual não faltava trabalho para um bom pedreiro em São Paulo naquele tempo. Desde o início do século, a cidade havia descoberto que tinha condi-

A RUA ONDE A FAMÍLIA MORA

No ano em que os pais de Padre Jonas chegaram de mudança a São Paulo, com exceção de algumas casas ou mansões de famílias abastadas aqui e acolá, a imensa maioria dos moradores da Barra Funda era formada por pessoas sem qualquer título de nobreza. Eram imigrantes, gente que veio do campo, operários, carregadores... Eram pobres ou meio pobres, quase todos eles.

No movimento de rápida expansão da cidade desde o início do século 20, antigas chácaras ao redor da parte central de São Paulo abrem aos poucos espaço para a especulação imobiliária. Em palacetes e mansões de todo tipo, construídas já desde o final do século 19, residem famílias paulistanas tradicionais, movidas pelo dinheiro grosso dos tempos áureos dos grandes cafezais e também da industrialização crescente.

Um nome famoso – Bem na esquina do final da Lopes Chaves – a rua da primeira casa alugada pelos pais de Padre Jonas, mais propriamente um porão –, na parte um pouco mais alta e protegida, residia um dos ícones paulistanos das artes e da literatura, Mário de Andrade, o autor de *Paulicéia Desvairada*, um marco na origem da poesia brasileira moderna. A Casa Mário de Andrade, como hoje se chama, abriga atualmente o Museu da Palavra.

Mário Raul de Morais Andrade (1893-1945) era um homem de muitas qualidades. Foi poeta, contista, cronista, romancista, musicólogo, historiador de arte, crítico e fotógrafo. O seu nome aparece entre os mais importantes na lista dos promotores da Semana de Arte Moderna, um evento cultural que movimentou o mundo da arte na capital paulista em 1922.

A casa era frequentada por artistas nacionais e estrangeiros. Ali se cultuavam a música erudita e o melhor da arte e da literatura. Um dos assuntos preferidos pelos frequentadores dos saraus regados a vinhos da melhor espécie era como transformar a cidade provinciana em um berço da chamada modernidade.

O novo na vida do padre – No porão onde moram os Abib, nos meses vindouros, não haverá piano tocando, sarau ou vinho. Nem gente importante em altas e eruditas discussões filosóficas sobre os tempos modernos.

Parodiando os artistas defensores da arte moderna, a nova estética que na casa da família se busca é a velha e sofrida estética das pessoas pobres. É gente que vive do trabalho, que quer cuidar bem dos filhos e honrar os seus compromissos. Incluído, no caso de Sérgio e Josepha, o compromisso de pagar uma dívida que – Deus seja louvado! –, devolveu ao filho Jonas a estética encantadora do olhar.

Mas, pensando bem, de algum modo o espírito de mudança e novidade que pairava no ar encontraria abrigo na trajetória de vida futura do nosso mais novo barra-fundense. Na música. Na arte. Na pregação. No modo vivo e vibrante de Padre Jonas viver a sua fé e a sua vocação, de acolher o novo e de cantar para o mundo uma canção nova – na força do Espírito! Tudo isso será assunto para as páginas vindouras deste livro!

ções de se transformar, em poucas décadas, na mais importante metrópole brasileira, hoje uma das maiores do mundo.[3]

Uma boa razão para a família procurar um lugar melhorzinho para morar é que, como se dizia antigamente, estava chegando novidade. Josepha, grávida de alguns meses, naturalmente não sabia se vinha menino ou menina: não havia ultrassom na época. Quando nasceu um menino, o nome já tinha sido escolhido: José Luís.

Mas, então, por que a criança ganhou o nome de José Carlos? Bem, isso teríamos que perguntar a Seu Sérgio. Na hora de registrar, deu um branco, segundo ele explicou depois à esposa. Josepha às vezes achava o marido meio distraído. Onde já se viu, esquecer o nome do filho?! Mas, então, quem era para ser Luís acabou sendo Carlos, e estava tudo certo. Vai ver que tinha que ser assim mesmo, pensou a mãe.

– A casa da Rua Camaragibe foi a melhor que tivemos – relata Padre Jonas. – Era de um português, chamado Seu Duarte, pai de um grande radialista, o afamado locutor Raul Duarte.

Olha o rádio aí! Não custa imaginar que Padre Jonas tenha começado nesse período a experimentar em família a magia e a força do rádio, e a ouvir as primeiras histórias sobre o aparelho que dominaria em absoluto o cenário da comunicação de massa no país durante a maior parte do século 20.

Seu Duarte alugou a sala da frente, na parte de cima do sobrado. Ali acabou sendo o quarto dos pais, de Jonas e, agora, também de José Carlos, que veio ao mundo no dia 8 de fevereiro de 1941. Além do quarto, havia um banheiro e uma sala

3 São Paulo se apresentava como uma cidade relativamente pacata e bem provinciana na virada do século 19 para o 20, com cerca de 240 mil habitantes. A capital do estado, no entanto, explodiria, rapidamente, por várias razões. Quando a família Abib desembarcou na estação ferroviária da Barra Funda, no final de 1939, a população de São Paulo já havia quintuplicado, alcançando mais de 1,3 milhão de habitantes.

No dia em que Sérgio e Josepha ajeitam no trem os seus poucos pertences – uma mala, uma bolsa e umas sacolas –, uma história muito particular também começa a mudar. História humilde. Pequena. Ou grande, muito grande. Depende de como você olha.

pequena. A cozinha, se é que se pode chamar assim, ficava na parte de baixo.

– Debaixo da escada que levava ao térreo, havia espaço para um fogãozinho. Nosso combustível era o carvão.

Naquele cantinho, a mãe cozinhava. Depois, subia com as travessas. Comia-se na salinha. E a mesa tinha que estar sempre muito arrumadinha, com toalha, toda vez. Ninguém ainda se esqueceu que Josepha era filha de uma das famílias mais importantes na cidade de onde veio! Gostava, até onde possível, de manter o estilo. E, além disso, tinha a tradição libanesa do marido, com toda a sua importância.

Josepha fazia milagres no fogãozinho a carvão! Logo ela, que quando se casou quase não sabia nem fritar um ovo! Lembram da história do primeiro feijão? E o arroz de papa, então?

Divertido, o Sérgio. Padre Jonas se lembra de um dia, quando ele e o pai estavam sozinhos na casa da Rua Camaragibe. Foi no ano do nascimento de José Carlos. A mãe tinha saído com o bebê, parece que para levá-lo ao médico, ou coisa assim.

O pai, então, chama o filho para ver o carnaval. A festa mais popular do país não foi das mais animadas nos anos da Segunda Guerra Mundial. O conflito deixou reflexos profundos também no Brasil, principalmente no bolso e na mesa dos brasileiros mais pobres. Mas, quando alguém fala de samba, até hoje, quem é da Barra Funda gosta de exigir um certo crédito histórico. Dizem que, em São Paulo, o carnaval nasceu no bairro.

O pequeno Jonas, com 4 anos de idade, se encanta com os foliões, os carros alegóricos, a banda... Sérgio, então, nem se fala. Bom de dança, seresteiro e cantador, nossa, como ele gostava! Padre Jonas nunca se esqueceu do dia em que ficou sabendo o que era um carnaval.

Muito perto da Camaragibe, na Rua Conselheiro Brotero, 350, a menos de 100 metros de onde a família morava – era só virar a esquina – estava localizado o quartel do Exército. Como também já sabemos, durante a guerra, Sérgio arrumou emprego ali, como pedreiro de manutenção, e isso garantiria por um bom tempo o pão e o leite diários na mesa da família, num período de carestia muito grande. Sérgio também tinha onde comprar todo mês os alimentos que costumavam faltar nas mercearias.

> Em "A cidade que Padre Jonas amou", tratamos da relação afetuosa do padre com a cidade que o acolheu na infância. Nela, ele passou uns bons quinze anos da sua vida, antes de ir para o seminário, durante o curso de Teologia e, por fim, nos primeiros anos do seu ministério sacerdotal. Na primeira metade do século 20, São Paulo cresceu como nenhuma outra cidade brasileira. A família Abib encontra trabalho na metrópole em expansão.

Josepha conhece Dom Bosco

É da casa alugada pela família na Rua Camaragibe que Josepha e Sérgio, em algum dia do final do ano de 1942, saem para ir ao médico no Centro da cidade. Com tuberculose, como você ficou sabendo no início deste capítulo, a mãe de Padre Jonas estava muito mal de saúde. Sabia que poderia morrer de repente e, desesperada, pede a Deus que lhe conceda mais um tempo de vida para criar os seus pequenos.

Toda essa história nós já contamos, até o ponto em que o médico aconselha Sérgio a se mudar com a família da Barra Funda para o bairro do Limão. É o que irá acontecer no próximo capítulo. Mas, antes de acompanhar o quarteto dos Abib

A CIDADE QUE PADRE JONAS AMOU

Parte do Centro Histórico de São Paulo, a Praça do Patriarca é uma das mais antigas da cidade. O nome é uma homenagem ao Patriarca da Independência, José Bonifácio de Andrada e Silva (1763-1838). A igreja de Santo Antônio, situada ali até hoje, foi construída no final do século 16.

A propósito, em 1823, um ano depois da Independência, José Bonifácio endossou a proposta de se levar para o interior do território a capital do país. E sugeriu um nome: "Brasília". Construída na segunda metade dos anos 1950, a nova capital arrastou para o Planalto Central o pedreiro Sérgio Abib, em busca de trabalho.

Amor e carinho – Padre Jonas sempre nutriu pela cidade que o acolheu na infância a mais viva relação de amor. Entre infância, estudos teológicos e primeiros anos como sacerdote, ele passou ao todo quinze anos da sua vida na cidade.

Os olhos de Padre Jonas brilhavam toda vez que alguém conversava com ele sobre São Paulo, ou quando podia aparecer na maior metrópole brasileira.

O padre nunca esqueceu as ruas Lopes Chaves e Camaragibe, o porão, os bairros da Barra Funda e do Limão, a Escola Padre Moye e o Liceu Coração de Jesus, a Vila Nova Cachoeirinha e tudo mais que um dia fez parte viva da sua história.

A cidade explode – No ano de 1900, a cidade fundada pelos padres jesuítas em 25 de janeiro de 1554 tinha cerca de 240.000 habitantes, menos de um terço da população do Rio de Janeiro, a capital federal, que era a maior cidade brasileira.

A partir das primeiras décadas do século 20, porém, São Paulo explodiu, situando-se hoje entre as dez maiores metrópoles do mundo, ali pela quinta posição. Em 1960, já era a maior do país, com mais de 3,8 milhões de habitantes.

Quando a família Abib se mudou para São Paulo, no final dos anos 1930, a cidade já era há tempo o centro principal de atração de imigrantes de diferentes origens, estrangeiros e também brasileiros, à procura de trabalho e de oportunidades na indústria, no comércio e na construção civil – e este último foi o caso do pai de Padre Jonas, que era pedreiro.

"Ouro verde" – O ciclo do café, que perdurou por mais de 100 anos, começou no Vale do Paraíba no século 19 para terminar ao redor dos anos 1930, tendo se espalhado antes do seu declínio pelo interior de São Paulo. Foi a principal atividade econômica brasileira do período.

O "ouro verde" transformou a cidade ainda antes de as fábricas fazerem dela o maior pólo industrial da América Latina. O café e a indústria trariam o progresso para a futura metrópole.

Trouxe, por exemplo, o Teatro Municipal, em 1903, aonde Padre Jonas, já como sacerdote – no tempo em que trabalhou no Liceu – iria levar as irmãs dele a concertos matinais, depois a um lanche ou até um almoço, para "cuidar bem delas", como a mãe Josepha havia aconselhado.

em sua mudança para o outro lado do rio Tietê, vamos lembrar o episódio muito bonito do dia em que Josepha conheceu Dom Bosco.

Foi no Santuário do Liceu Coração de Jesus, no bairro vizinho e muito mais chique dos Campos Elíseos. Para chegar até o Liceu, a pé, Josepha devia gastar mais ou menos uns 30 a 40 minutos. Caminhava devagar, com um bebê no colo, recém-nascido, e segurando um menino de 4 anos pela mão, o Jonas.

Josepha passou muitas vezes por ali, porque a clínica onde fez o pré-natal ficava na Alameda Dino Bueno, bem atrás do Liceu. Depois do nascimento de José Carlos, continuou frequentando essa clínica para levar os filhos ao pediatra.

Nossa, como ela achava lindo aquele santuário! E o prédio do Liceu, então?! Imenso, ocupando um quarteirão inteiro. Como não dar uma entradinha na igreja, toda vez que passava por ali, para uma prece? E aproveitava também para contemplar aquelas belezas todas, os altares laterais, as imagens dos santos, o altar principal... Um dos marcos da cidade de São Paulo desde o final do século 19, o Liceu salesiano foi fundado em 1885, com a aprovação do próprio Dom Bosco.

Para chegar até a Alameda Dino Bueno, depois de passar pela frente do santuário, Josepha fazia como que uma viagem no tempo. Ia de um bairro popular como a Barra Funda para o dos Campos Elíseos, o primeiro projetado da cidade de São Paulo. O mais nobre de então. O nome não lembrava a avenida parisiense dos *Champs Élysées* à toa.

Nos Campos Elíseos estava situado o Palácio do Governo, rodeado por mansões dos famosos barões do café, alguns dos homens mais ricos do país naquele período. Caminhando por aquelas calçadas com os seus meninos, um deles ainda de colo, Josepha não tinha nem noção de quanto luxo se escondia por trás das grossas paredes daqueles casarões.

Um dia, quando entra no Santuário, Josepha vê o sacristão. Seu Gioia, ele se chamava, como informa Padre Jonas. Ela cria coragem e pergunta que santo era aquele, vestido de batina como um padre. Parecia diferente. Já o tinha visto outras vezes. Simpático, ele. Como era mesmo o nome?

– Dom Bosco – responde Seu Gioia.

Gioia, em italiano, quer dizer alegria.

Vendo o interesse daquela jovem senhora, o sacristão aproveita para contar um pouco a história de Dom Bosco, o fundador dos padres do Liceu, os Salesianos, como lembra Seu Gioia.

Dom Bosco?! Ali, naquele dia, no interior do templo sagrado, uma história de quatro anos atrás se faz novamente presente no coração da mãe de Padre Jonas. Tinha sido em Elias Fausto, no dia 21 de dezembro de 1936, pouco antes da 1 e meia da tarde daquela segunda-feira.

– Dom Bosco, eu não conheço o senhor – tinha dito Josepha, na hora do desespero, quando o médico já havia desistido de tentar fazer o parto do seu primeiro filho. – Mas, por aquilo que estou ouvindo, cuide deste menino para mim!

No dia dessa visita ao Santuário Coração de Jesus, um fio da história se junta com outro fio, e outros fios irão se ligar a esses. Alguns anos depois, já em 1949, com 12 anos de idade, o menino seria acolhido entre os coroinhas daquela igreja tão linda. Então, de segunda a sexta-feira, Jonas precisaria acordar bem cedo pela manhã, lá longe onde a família morava na época, no bairro da Vila Nova Cachoeirinha. Iria pegar um ônibus, lá pelas 5 horas, ou subiria na carroceria de um caminhão, se não tivesse outro jeito.

No Santuário, o coroinha Jonas iria acompanhar, em algum daqueles altares, a missa de algum padre salesiano, talvez um bispo. Ainda estaria em jejum, porque só podia tomar café da manhã depois da celebração. Em seguida, iria para a aula e, à tarde, para as Escolas Profissionais. Foi assim que as coisas foram acontecendo na vida desse menino consagrado a Dom Bosco no dia de seu nascimento. Mas essa história de coroinha no Liceu ainda vamos contar em detalhes mais para frente.

Depois de ouvir as explicações do sacristão, Josepha se ajoelha mais uma vez diante da imagem de Dom Bosco. Ela pede ao santo pelos seus meninos.

E consagra novamente Jonas a Dom Bosco, como tinha feito no dia do seu nascimento.

– Cuide dele, Dom Bosco!

Pequena nota sobre o verbo cuidar

Você já observou como o termo *cuidar* aparece bastante na história de vida de Padre Jonas? Verbo bonito. Verbo importante. Uma verdadeira vocação! Na tarde do dia 21 de dezembro de 1936, por exemplo, como acabamos de relembrar, quando Josepha, desesperada, ouve a conversa sobre um santo para ela até então desconhecido, consagra a ele o seu filho Jonas, que dali a pouco nasce. Em outras palavras, pede que Dom Bosco *cuide* do menino e o acompanhe pela vida afora.

Alguns anos mais tarde – como vimos aqui, neste mesmo capítulo –, quando Jonas iria completar 5 anos de idade, Josepha conhece Dom Bosco por meio da sua imagem, no santuário do Liceu Coração de Jesus, em São Paulo. Então, a mãe de Padre Jonas se ajoelha agradecida diante da imagem do santo e volta a consagrar o menino a ele. Ela pede a Dom Bosco que *cuide* bem de Jonas – que continue cuidando, na verdade!

Na igreja de Santo Antônio da Praça do Patriarca, em São Paulo – é mais um exemplo –, Josepha, que corria o risco de perder a vida por causa da tuberculose, implora a Jesus que *cuide* da sua saúde para ela poder criar os seus pequenos, Jonas e José Carlos.

A palavra *cuidar* aparece novamente no próximo capítulo, com destaque: as irmãs da Escola Padre Moye, no bairro do Limão, recebem da superiora provincial, *Mère* Rosa, a incumbência de *cuidar* bem daquele menino. E cuidaram.

A mesma palavra comparece ainda em muitas outras histórias sobre momentos importantes e decisivos da vida de Padre Jonas. Dizem que cuidar é coisa de mãe. Padre Jonas, humilde, um homem muito simples, *cuidou* a vida toda de tanta gente e se deixou também *cuidar* pelas pessoas. Sobretudo, jogou-se, inteiro, confiante, amorosamente, também a vida toda, nos braços e no colo de Nossa Senhora. A Mãe!

Era o dia 4 de novembro de 2022, um mês e pouco antes da sua morte. De volta ao hospital, pela última vez, Padre Jonas está internado devido a mais uma das pneumonias que o afligiram nos últimos anos. Ele vai precisar ser submetido a um procedimento cirúrgico para a fixação de uma sonda alimentar, a gastrostomia. O padre reza. Está sereno. Não passa mais do que uns minutos, e ele revela:

– Conversei com Nossa Senhora Auxiliadora. Eu disse a ela que me coloco nas suas mãos, como um menino. Eu sou o filho, e ela é a minha Mãe.

Padre Jonas pediu a Nossa Senhora que o pegasse no colo, nos braços.

> *Assim como a senhora cuidou de Jesus Menino, cuida de mim também, especialmente de minha saúde.*
>
> *Muitas pessoas oram por mim. Eu lhe ofereço cada oração, como se fosse uma rosa, formando um lindo ramalhete para a senhora oferecer a Jesus! Amém.*

5

O que o menino disse

Bem cedo pela manhã de algum dia do início de 1944, com 7 anos de idade, sacola a tiracolo, Jonas sobe a rua de terra que separa a casa onde morava e a Escola Padre Moye, no bairro do Limão, em São Paulo. Nela, ele cursou o antigo primário para, ao final do período, no começo de 1949, ingressar no Liceu Coração de Jesus, dos Salesianos de Dom Bosco.

"Cuidem bem desse menino, porque ele irá ser padre!", foi o recado de *Mère* Rosa às religiosas que dirigiam a instituição de ensino. A superiora provincial das Irmãs da Providência de Gap, em visita à escola, gostou demais da resposta que Jonas deu quando ela perguntou por que ele queria ser padre. O que será que o menino disse? Padre Jonas nunca se lembrou, nem as irmãs contaram. Mas bem que ele teria apreciado muito saber.

Que lindas eram as manhãs com padre Martinelli, um salesiano que toda quinta-feira transformava a Escola Padre Moye na maior alegria! Além de catequese e missa, tinha "cineminha", brincadeiras – e até mágica ele gostava de fazer. Depois, conseguiu convencer as irmãs a construir um campinho de futebol para os garotos. Esse filho de Dom Bosco deixaria gravadas boas lembranças no coração e na memória do menino, de quem as irmãs da escola, aliás, souberam cuidar muito bem.

Aconteceu em algum dia entre 1944 e 1948. Jonas, desde os 7 anos de idade, frequentava a escola primária, que é como na época se chamavam os quatro anos de ensino obrigatório no Brasil, antes do ginásio. Na hora do almoço, a superiora provincial das Irmãs da Providência de Gap, Madre Maria Rosa de Lima – ou *Mère* Rosa, como a chamavam – bate no copo com o talher. Ela pede um minutinho de atenção às religiosas que se encontravam reunidas ao redor da mesa do refeitório, depois das aulas do período da manhã. Tinha um recado a ser dado.

Primeiro, *Mère* Rosa quis se certificar de que todas ali sabiam a qual dos alunos ela estava se referindo. Era sobre Jonas a conversa, logo as irmãs iriam descobrir. "Sim, claro! O Jonas Abib", concluíram. "O filho de Seu Sérgio, o pedreiro."

– Cuidem bem desse menino! – recomenda a superiora provincial. – Ele um dia irá ser padre.

Madre Rosa tinha vindo da cidade mineira de Itajubá, onde fica até hoje a sede da congregação no Brasil, para uma visita. Que prazer tão grande ela sentia ao ver a escola funcionando, com o jardim de infância e as diversas salas do ensino primário, as dos meninos e as das meninas! Em 1941, a irmã Solange e ela tinham circulado muito animadas pelo bairro do Limão, à procura de um terreno para a construção dessa escola. Acharam um, bom e bastante barato. E o dono ainda deu um lote de graça, de brinde!

O convite às Irmãs da Providência de Gap para atuarem em São Paulo veio da parte do arcebispo de São Paulo, Dom José Gaspar, no ano anterior. Na época, ele tinha acabado de criar a paróquia de Santo Antônio, no bairro do Limão, e precisava de gente para trabalhar. E uma instituição de ensino católica só podia fazer bem por ali, como previa o arcebispo. Uma quantidade bem grande de crianças perambulava pelas ruas do bairro, grande parte delas sem estudar e sem muito o que fazer. Filhos de gente pobre, com poucos recursos. A construção da escola teve início no segundo semestre de 1941.

Março de 1942, 8 e meia da manhã. Os alunos chegam, uniformizados, os meninos pela manhã e as meninas à tarde – as classes eram separadas –, com as mães acompanhando. Que bonita tinha ficado a escola, vibravam as irmãs, traduzindo uma sensação geral de alegria! Simples, ainda sem terminar, mas já pronta para funcionar. Padre Vitorino Gandara Mendes, o pároco, deu a bênção.

A primeira missa seria celebrada no dia 4 de maio daquele ano, no aniversário de morte de João Martinho Moye (1730-1793) – hoje beato –, o fundador das Irmãs da Providência de Gap. Gap é o nome da cidade francesa em que se localiza a Casa Geral. A congregação foi fundada no século 18 para cuidar das crianças pobres das aldeias da região, principalmente as meninas.

– Podemos dizer que sair de Minas Gerais, onde estavam estabelecidas, para iniciar um novo trabalho num bairro pobre da cidade de São Paulo, foi um ato de heroísmo das irmãs – afirma Padre Jonas.

Hoje, lá do Céu, o padre deve ficar sorridente toda vez que o nome da antiga escola, hoje Colégio Padre Moye, aparece em nossa conversa. Ele nunca economizou palavras de carinho e reconhecimento pelo que essa instituição de ensino representou em sua vida. Lembra a palavra "cuidar", que foi sempre tão importante na vida do nosso personagem, como anotamos no capítulo anterior? Padre Jonas nos ensinou a vida inteira a prestarmos atenção nos sinais que o Criador vai distribuindo pela vida da gente – porque Deus é um Deus que cuida, e é misericordioso.

Quando diz que o Limão era um bairro pobre da periferia, Padre Jonas entende bem do que está falando. As Irmãs da Providência de Gap viram nessa parte distante do centro da metrópole uma oportunidade excelente de traduzir na prática o seu carisma. Abandono à Providência, simplicidade, caridade e pobreza: esse foi o legado espiritual deixado pelo beato João Martinho Moye para o mundo.

É um pouco difícil imaginar como a fé na Providência Divina, que inspirou o nome da congregação religiosa, invadiria de modo tão intenso o coração do aluno Jonas pela vida afora. O mesmo se pode dizer a respeito do amor cultivado pela congregação a Nossa Senhora Auxiliadora, a "Virgem de Dom Bosco", como às vezes também é conhecida a Mãe de Jesus em ambientes salesianos.

No Livro de Matrícula número 4, dia 20 de janeiro de 1944, sob o número 67, encontra-se o nome de Jonas Abib, escrito à mão, tinta azul de caneta tinteiro, caligrafia perfeita. O novo aluno, como foi anotado, nasceu em 21 de dezembro de 1936 em Elias Fausto-SP, e é filho de Sérgio Abib, pedreiro, brasileiro, morador da Travessa Capuá, número 6. É a matrícula de Padre Jonas no primeiro ano primário. Fazia dois anos que a escola tinha sido inaugurada, a uns 300 metros de distância da casa de aluguel onde a família Abib há um ano e pouco morava.

"No ventre da mãe"

Na manhã do dia sobre o qual estamos falando, *Mère* Rosa passa de sala em sala, toda feliz com o trabalho que via ser desenvolvido pelas irmãs. "Quanta dedicação!", ela pensa. E, numa das salas, a religiosa decide fazer a pergunta que os adultos tanto gostam de fazer aos mais jovens: o que você quer ser quando crescer? Jonas, quando chegou a sua vez, não hesitou por um segundo sequer. Queria ser padre!

Madre Rosa quis saber por quê. E o menino deu aquela resposta que tanto agradou à superiora provincial. O que foi que respondeu naquele dia, Padre Jonas nunca se lembrou. Que pena! Teria gostado tanto de saber, como revelou mais de uma vez às pessoas para as quais contou, sempre muito empolgado, esse episódio de sua vida. Hoje já sabe, lá no Céu, junto de Deus!

Nunca quis ser outra coisa que não padre. Conhecendo um pouco a vida de Padre Jonas, não tem como a gente não se lembrar do profeta Jeremias, capítulo 1, versículos 5 a 10 (Jr 1,5-10). Pedimos permissão para adaptar a parte inicial do texto, mais ou menos com as nossas palavras, ao personagem central da nossa história, que é o padre: "Jonas, antes que você fosse formado no ventre da sua mãe Josepha, eu – diz o Senhor – já o havia consagrado e o havia designado profeta das nações!".

A gente até imagina o que pode ter dito Padre Jonas em mais de um momento da sua vida ao ouvir, bem lá no fundo da alma, esse chamado de Deus. "Por que eu, Senhor?! Por que eu? Nem falar direito eu sei." Sim, nem falar direito ele sabia. Até de disfemia ele sofreu durante um período da vida, quando frequentava o seminário menor, em Lavrinhas. Disfêmico é o que as pessoas, na linguagem do dia a dia, chamam de gago. Teve que se esforçar bastante e fazer muitos exercícios para recuperar a fluência verbal. Um sacerdote com desordem da fala – ele pensava – não iria dar certo!

"Não fique com medo, não, Jonas! Preste atenção: eu vou estar sempre do seu lado!", responde-lhe o Senhor. "E o Senhor, estendendo em seguida a sua mão, tocou-lhe na boca. E assim lhe falou: 'Eis que coloco minhas palavras nos seus lábios. Veja: dou-lhe hoje poder sobre as nações e sobre os reinos para você arrancar e demolir, para arruinar e destruir, para edificar e plantar'."

Padre Jonas, como a gente sabe, teve mais de um momento de insegurança ao longo da sua jornada, porque na vida é assim mesmo que acontece com todo mundo que se dispõe a caminhar. Uma ou outra vez, o padre imaginou que talvez não fosse conseguir realizar o chamado. Durante um bom período da vida, chegou a atravessar aquilo que no mundo religioso se costuma chamar "noite escura da alma". Mas não desistiu. E não se arrependeu da escolha que fez. Nunca.

Voltando ao episódio da escola, *Mère* Rosa, na manhã daquele dia, guardou a resposta de Jonas no coração. E agora, na hora do almoço, ela pede que as irmãs cuidem muito bem do menino que um dia irá ser padre! Jonas não foi o único aluno a dizer, quando interrogado, que queria ser sacerdote. Mas a resposta que deu à madre, assim que ela perguntou o motivo, a deixou impressionada. Ele era novo demais para dizer uma coisa assim, desse jeito, tão clara e profundamente, explicou *Mère* Rosa às religiosas.

Às vésperas da sua ordenação sacerdotal, quase vinte anos depois – em dezembro de 1964 –, Padre Jonas fica sabendo o que aconteceu naquele dia, lá atrás, na escola. Só então as irmãs contam para ele. Por que elas não tinham dito antes? – ele perguntou. Porque não era para contar – elas responderam. Era melhor deixar Deus mesmo conduzir a vida daquele menino!

– E as irmãs cuidaram de mim, sem eu saber – Padre Jonas revela, sempre muito emocionado. – Fui muito bem-sucedido na escola, mas não consigo de jeito nenhum me lembrar o que eu disse quando falei que queria ser padre. Talvez só saiba no Céu.

Padre Jonas agora sabe, não é? Sabe, sim! E é desse modo que mais uma vez neste livro a palavra "cuidar" dá o ar da

– As irmãs cuidaram de mim, sem eu saber.
Fui muito bem-sucedido na escola, mas não
consigo de jeito nenhum me lembrar o que eu
disse quando falei que queria ser padre.
Talvez só saiba no Céu.

sua divina graça na vida do padre. Essa graça maravilhosa, segundo ele mesmo contou, se manifestaria em dois momentos muito especiais da sua vida, no período entre os seus 5 e 7 anos de idade.

O primeiro momento de graça divina é o da tuberculose da mãe e do milagre de ela não ter morrido. Ir para o bairro do Limão, "a periferia da periferia" foi também uma bênção, porque a família acabou conhecendo a Escola Padre Moye. E essa foi a segunda graça, nas palavras do padre.

A guerra acabou

Na Escola Padre Moye – e por mais de uma razão, como você está percebendo –, Jonas esteve ligado de modo fecundo à história de vida e ao carisma de Dom Bosco. Como esquecer, por exemplo, a figura alegre de padre Martinelli, um salesiano que ele conheceu durante o curso primário?

Uma coisa – preste atenção! – se liga sempre com a outra pelos caminhos de uma vida. Ao final do primário, em 1948, padre Martinelli forneceria às irmãs da Escola Padre Moye a senha para que o menino que queria ser padre conseguisse entrar no Liceu Coração de Jesus para o início dos seus estudos ginasiais.

Para dizer a verdade, o espírito de Dom Bosco, a sua fé e alegria podiam ser vistos e experimentados pelos corredores da escola primária já fazia tempo, bem antes de padre Martinelli ali chegar. O próprio João Martinho Moye, em momentos de dificuldades de todo tipo na vida da comunidade religiosa que fundou, aprendeu a colocar todo o trabalho nos braços acolhedores de Nossa Senhora Auxiliadora – como faria, a seu tempo, o fundador dos Salesianos. A Mãe, você percebe?

Nos tempos do seu curso primário, o Jonas que queria ser padre era um menino bem vivo e esperto. Foram cinco anos ao todo, em um período muito difícil da vida, boa parte em função da Segunda Guerra Mundial, além das agruras provenientes da pobreza em que vivia a família Abib. Apesar das adversidades, Jonas era alegre, meio espoleta, falava bastante – era meio tagarela! Gostava de cantar, declamar, fazer discursos.

Aliás, numa das visitas da madre superiora à escola – ela aparecia praticamente todos os anos –, o discurso ficaria por conta dele. Ensaiou bastante. Tinha nas mãos o papel com o texto escrito, mas, como a memória era boa, Jonas quis fazer parecer que falava de improviso.

E improvisou de verdade, no início da sua fala, quando, deixando no bolso da calça o texto meticulosamente ensaiado – "Ai, meu Deus!", assustaram-se as irmãs, já no primeiro respiro do menino –, inclinou-se e, num gesto teatral, disparou um "Senhora madre!". Foi um riso geral. *Mère* Rosa também caiu na risada.

Das muitas histórias de que Padre Jonas se lembra desse tempo, uma que lhe vem com força à mente, em primeiro lugar, é a do dia em que irmã Germana, diretora da escola, convoca os alunos e a comunidade religiosa para uma cerimônia no pátio, ao lado da estátua de São José. "A guerra acabou!", ela anuncia. Era o dia 8 de maio de 1945, uma terça-feira. A notícia chegara pelas ondas do rádio, porque televisão nem existia na época. A Alemanha havia se rendido.

Na Europa, a Segunda Guerra Mundial tinha, de fato, chegado ao fim, pelo que dizia o noticiário. Mas para os lados do Oceano Pacífico, demoraria ainda mais uns meses para terminar, tendo durado até o dia 2 de setembro daquele ano. O Japão – um dos países do chamado Eixo, junto com a Alemanha e a Itália – só se renderia nesse dia, depois do lançamento da bomba atômica, pelos Estados Unidos, sobre as cidades de Hiroshima e Nagasaki, em 6 e 9 de agosto de 1945, respectivamente. O mundo se assusta com os horrores causados pela arma poderosa. Meu Deus!

"A guerra acabou!", repetiu a irmã diretora naquele 8 de maio, três meses antes do lançamento da bomba atômica. Emocionada, e com a voz embargada, ela convoca para uma oração. "Pai nosso, que estais no Céu, santificado seja o vosso nome!" Todos rezam e agradecem a Deus. Depois, cantam o Hino Nacional Brasileiro. "E o sol da liberdade, em raios fúlgidos, brilhou no céu da pátria nesse instante!"

Não eram filhos de famílias ricas os alunos que nesse dia ouviram, como que pronunciada por um anjo de Deus, a mensagem tão feliz do fim da guerra. Ainda que distantes geograficamente do palco principal onde se desenrolava o drama de tantas e tão grandes atrocidades, aquelas crianças compreendiam o que uma guerra tão falada queria dizer. Podiam até não conseguir imaginar direito onde ficava a Alemanha, os Estados Unidos, o Japão... Mas sabiam na alma e sentiam na pele o que a guerra significava, todo o medo, a insegurança, e, mais, as mesas vazias das suas casas, como a de muitas das famílias brasileiras mais pobres. Padre Jonas lembra:

> *No período da Segunda Guerra Mundial, principalmente depois que o Brasil entrou em conflito com os países do Eixo, em 1942, e até 1945, quando terminaram as hostilidades, o povo – coitado! – não tinha nem pão. Só aquele pão preto, de centeio. Leite não havia. Açúcar, nem pensar. Nós, pelo menos, tivemos tudo isso.*

Por um momento, deve ter passado pela cabeça do padre a imagem do pai com uma colher de pedreiro na mão, chegando todo dia em casa com a roupa suja de cal e cimento. O pai, que trazia o dinheiro suado e a feira, no final do mês, comprada no quartel do Exército da Rua Conselheiro Brotero, na Barra Funda, onde trabalhava.

Deve ter passado também por sua mente – talvez ainda antes de pensar na imagem do pai como pedreiro – a figura da mãe, ainda tuberculosa, com sua máquina de costura, noite adentro, cuidando das roupas dos soldados.

> *Nesse tempo, mamãe costurava para o quartel porque, com a guerra, havia necessidade de mais roupas. Além das fardas dos soldados daqui, muita roupa ia para a frente de guerra. Ela passava o dia e entrava pela noite costurando, para ajudar papai, apesar da saúde fraca.*

Sérgio, pedreiro no quartel, e Josepha, costurando as roupas dos soldados! Foi assim que os pais de Padre Jonas conseguiram salvar a família no tempo da guerra, como ele contaria muitas vezes durante a vida. E com que amor e orgulho o padre se lembrava dessas coisas, você nem imagina! Lágrimas lhe rolavam pela face.

Onde o menino iria estudar

Aconteceu assim a ida de Jonas para a escola. A família já morava no bairro do Limão e o menino iria completar 7 anos de idade no final de 1943. Josepha, um dia, chama o marido para uma conversa. Era para ser no quarto – como acontecia em momentos de decisão importantes como esse –, longe dos olhos e ouvidos dos filhos. "Como a gente vai fazer, Sérgio?", foi a pergunta que se ouviu.

O marido conhecia bem a sua Zefa. Quando ela o chamava de Sérgio, é porque o assunto era sério. Porque quando tudo estava tranquilo, ela o tratava pelo apelido carinhoso de Vesso.

Jonas iria precisar entrar para a escola no ano seguinte, e Josepha não queria – "nem morta", como ela disse – que o filho estudasse "nesse grupo escolar aí", ela completou, com um gesto indicando na direção da janela.

De dentro da casa da Travessa Capuá, os ouvidos atentos de Josepha vinham acompanhando o que se passava no interior das paredes da escola pública situada em frente. Uma gritaria! A mãe de Padre Jonas se sentia incomodada com o ruído das palmatórias, as ameaças de castigo, os berros dos professores. "Não coloco o Jonas nessa escola, de jeito nenhum!", pensava consigo. E foi sobre isso que ela quis conversar com Sérgio.

– Mamãe faria qualquer sacrifício para que eu tivesse uma boa educação – comenta Padre Jonas. – Ela começou, então, a procurar e a sonhar com algum local em que eu pudesse, de fato, ter um ensino de melhor qualidade.

Mulher que veio de uma cidade pequena e pacata do interior, com os seus valores tradicionais, Josepha, que era corajosa, nutria no entanto um certo medo da vida na capital. Ela temia pelos filhos. As ruas de terra onde as crianças do bairro brincavam escondiam um grande número de riscos, que ela nem sabia dizer exatamente quais eram. Mas pressentia.

A Escola Padre Moye ficava perto, era só subir o morro. Podia ser uma solução. Mas tinha, sim, um grande obstáculo: era preciso pagar. A mensalidade não representava um valor absurdo, porque a escola era voltada para os filhos das famílias de baixa renda. Mas, quando uma família é pobre de verdade, ter que pagar pelo ensino dos filhos, seja o quanto for, pode significar o fim de muitos sonhos.

– Vesso, temos que dar um jeito! – sugere a esposa, quase exige.

Dessa vez, Josepha chama o marido de Vesso, e Sérgio, embora tão preocupado quanto a esposa, sorri por dentro. E suspira, um tanto aliviado. Sua Zefa confia que, juntos, irão encontrar uma solução.

– A gente *vai* dar um jeito – emenda Josepha, fixando sério o marido e pondo todo o acento na palavra "vai".

A mãe de Padre Jonas tinha feito os cálculos, somado, diminuído, pensado em maneiras de reduzir gastos. Ela era experiente nesse tipo de operação. O aluguel, não havia o que fazer, precisava ser pago todo mês. E talvez ainda houvesse um resto da dívida com a cirurgia nos olhos de Jonas, porque custou bem cara, e Seu Pacheco, o pai de Josepha, como a gente sabe, nunca perdoou um centavo do famoso empréstimo.

Por fim, para fechar a prova dos 9 – você sabe fazer? –, uma parte das contas ficava mesmo para ser colocada nas mãos da Divina Providência. As irmãs da Escola Padre Moye não eram chamadas "da Providência"?

– A gente *vai* dar um jeito – repetiu a esposa, colocando de novo e ainda mais fortemente o acento na palavra "vai".

Sérgio e Josepha decidiram naquele dia que dariam tudo de si, que fariam o possível e o impossível para oferecer uma boa educação para os filhos, a melhor que pudessem. "Seja o que Deus quiser!", Sérgio ouviu a esposa dizer. "Vai dar tudo certo, Josepha!", ele reforçou, para logo corrigir: "Vai dar tudo certo, Zefa!".

– E fui para a Escola Padre Moye assim que completei 7 anos – lembra Padre Jonas.

Ele se recorda também da emoção de pegar a sua sacola todo dia pela manhã, bem cedinho – não tinha mochila, essas coisas – e de pedir a bênção à mãe. O pai já tinha saído para o trabalho. Devia ouvir dela que, na hora que acabasse a aula, não era para ficar zanzando pela rua. "Já para casa almoçar!"

José Carlos, 3 anos de idade, ainda dormia quando Jonas saía para a escola. Ao acordar, na manhã do primeiro dia de aula do irmão mais velho, deve ter se alegrado ao pensar que talvez Jonas não fosse mais querer brincar toda hora de rezar missa – o irmão, de padre, e ele, de coroinha como sempre. Às vezes, achava muito chato o entretenimento. Será que a partir de agora iria poder brincar mais de carrinho e continuar tentando subir nas árvores do quintal, principalmente no pé de goiaba? Estava doido para alcançar as "bem grandonas", no alto!

No dia da sua primeira aula, Jonas usa o uniforme costurado pela mãe: calça curta e camisa branca, de manga também curta. Sobe a rua apressado, "carregado de esperança", na expressão que o próprio Padre Jonas usa. Queria ser alguém na vida, e para isso – como diziam sempre a mãe e o pai – precisava estudar. Instruído na escola da vida nada fácil que a família levava, o menino, embora tão pequeno ainda, tinha consciência do sacrifício que os pais faziam para colocá-lo numa escola particular.

Por razões que a gente desconhece, só imagina, foram ao todo cinco os anos de escola primária, de 1944 a 1948. Com certeza não foi porque Jonas, esperto, inteligente e interessado em aprender como era, tivesse repetido de ano. Também José Carlos, que em 1948 foi matriculado na mesma escola, precisou de cinco anos para tirar o seu diploma de primário. Tudo leva a crer que as dificuldades às quais já nos referimos tenham sido piores do que conseguimos imaginar. Uma coisa é certa: a família Abib não tinha mesmo uma vida fácil. Nem um pouco.

– Eu não queria causar nenhuma decepção aos meus pais – sublinha Padre Jonas, e por isso, ele completa, preocupava-se em estudar bastante e tirar boas notas. Queria deixar orgulhosos o pai e a mãe.

O padre que fazia mágica

Desde que a família se transferiu para o Limão, a mãe passou a frequentar a igreja do bairro, levando a tiracolo os dois pequenos. Jonas logo entraria para o grupo dos coroinhas de padre Vitorino. Sérgio, por essa época, não era muito de frequentar igreja. Nem fez questão de estar presente no dia da Primeira Comunhão do filho.

A religião para Sérgio, nessa época, parecia se resumir ao zelo e cuidado pela família, ao trabalho e a um sentido bem grande de honra no cumprimento do próprio dever. Mas aguarde! Não falta muito para isso mudar completamente, o que, na visão de Padre Jonas, foi mais um milagre. Aconteceu, como você ainda irá ver, a partir do dia em que o pai o levou para o seminário de Lavrinhas.

Nos primeiros anos de funcionamento da Escola Padre Moye, padre Vitorino atendia às demandas religiosas da comunidade religiosa e dos alunos: estava lá, toda semana, para a missa e a catequese. Foi ele, como dissemos, quem, em maio de 1942, celebrou a missa de inauguração da instituição de ensino. Mas, com o tempo, passou a não dar conta, porque o trabalho na paróquia o sobrecarregava bastante.

Padre Vitorino um dia conversou a respeito do assunto com as irmãs, sugerindo que elas perguntassem no Liceu Coração de Jesus se não havia um sacerdote que pudesse atendê-las. Padre Geraldo Martinelli se dispôs a assumir a tarefa. Ele era o que os Salesianos chamavam de padre catequista.

– Eu posso ir toda quinta-feira – ele disse às irmãs. – É o meu dia de folga. Vou lá e rezo a missa para vocês.

Como bom salesiano, padre Martinelli sabia que não iria se contentar em rezar a missa. E foi assim que a quinta-feira logo se transformou no dia mais querido e movimentado da escola. Uma alegria! Nem aula havia de verdade.

Nosso padre catequista era habilidoso, contava histórias, ensinava por meio de jogos e brincadeiras. De muitas e às vezes bem divertidas maneiras, ia semeando naquelas almas infantis o que de melhor Dom Bosco tinha deixado como ensinamento. "Bons cristãos e honestos cidadãos!", como dizia o pai fundador dos Salesianos.

E a palavra italiana "*amorevolezza*", então, quantas vezes não foi repetida por padre Martinelli?! Era até difícil traduzir. Podia significar amorosidade, carinho, amor, cuidado, ou tudo isso misturado. "*Amorevolezza*" – dizia o salesiano – "quer dizer.... *amorevolezza*. É isso!" O aluno Jonas foi aprendendo a lição, ensinada de forma tão terna.

Padre Martinelli até sabia fazer mágicas, que alegria! Coisas que todo mundo tinha visto com os próprios olhos desapareciam de repente, e apareciam – vai saber como! – no bolso de algum menino. De repente, o grande mágico mostrava uma bolinha de gude na mão aberta. "Estão vendo bem?", perguntava. Todos estavam vendo, os olhos bem abertos, sem piscar. Depois, fechava a mão e puff!!! Sumiu.

Coisas assim, de fazer os meninos vibrarem, pela manhã, e depois também as meninas, à tarde. O salesiano era, para aquelas crianças pobres, filhas de famílias muito simples, o maior mágico da Terra! E o espetáculo, o maior do mundo! E padre Martinelli estava sempre trazendo novidades. Contava as histórias de Dom Bosco projetando fotos em diapositivos. A coisa mais linda do mundo era quando mostrava algum filme no seu projetor de 16 milímetros.

"Hoje tem cineminha?", perguntava a meninada, logo bem cedo pela manhã, quando o padre salesiano aparecia. Tinha que ter! Padre Jonas – que sempre apreciou muito todo tipo de novidade – parecia vibrar mais que as outras crianças com tudo aquilo, enquanto ficava imaginando mundos encantados.

"Esse padre está doido!"

Um dia, muitos e muitos anos depois, com uma câmera bem simplezinha na mão – "Que ousadia!", comentavam os mais incrédulos e críticos –, ele iria iniciar uma das maiores redes de televisão católica do Brasil. "Com uma ideia na cabeça e uma câmera na mão!", é como se dizia no interior do movimento do Cinema Novo, no Brasil dos anos 1960. Com uma inspiração que lhe vinha da alma, uma câmera na mão e uma porção bem grande de fé e confiança na Divina Providência! – talvez gostaria de corrigir Padre Jonas.

Alguns fios misteriosos, divinos, parecem sempre de novo ligar uma coisa com a outra. É como se uma ponte gigantesca traçasse um arco iluminado entre a experiência mágica vivida pelo menino-menino da escola primária e a vida profética do menino-adulto, o padre, e depois também monsenhor!

Padre Martinelli, um dia, chega para as irmãs e diz que acha que elas deveriam mandar fazer um campo de futebol para os meninos. Porque menino gosta de bola, de correr, de gastar energia. Mas onde iriam conseguir lugar para um campo?, as irmãs perguntaram. Muito simples. Era só usar o espaço do pomar e da horta. Ficaria muito bom!

Acabar com o pomar? Nem pensar! E, de fato, não foi nada fácil convencer a direção da escola. Porém, com o tempo, carinho e amor – e uma boa dose de desprendimento –, as irmãs aprenderiam a plantar as suas verduras em outro canto. Também decidiriam que os pés de laranja, limão, manga, goiaba e outras frutas, se necessário, iriam ter que sair dali.

Qualquer semelhança entre o padre Martinelli que o menino conheceu na Escola Padre Moye e o Padre Jonas de trinta, quarenta anos depois, não parece ser mera coincidência.

– Está vendo aquele brejo, lá embaixo? – Padre Jonas costumava perguntar a quem andasse com ele pelo terreno, bastante acidentado, da Chácara Santa Cruz, onde está instalada hoje a sede da Canção Nova em Cachoeira Paulista. – Ali, nós vamos ter um dia um estádio para milhares e milhares de pessoas.

E o "estádio", não é que hoje está lá? Enorme, chama-se Centro de Evangelização. Mais de 50 mil pessoas conseguem facilmente se acomodar ali para diferentes eventos organizados pela Canção Nova ao longo do ano. Aliás, há também a história do tesoureiro que, logo no início da construção da casa de retiros "Casa de Maria", na cidade de Queluz, em 1977, desistiu de vez. Estava fora! Porque o padre "parecia doido", como ele chegou a se expressar, no auge do desespero com a falta de recursos para tocar em frente a obra.

Padre Jonas, nesse dia, encontrava-se no hospital, recuperando-se de uma cirurgia da vesícula. Nem ficar de pé ou falar direito conseguia. Tossia e soluçava muito. Mas se exaltou, e quase gritou, quando os diretores encarregados pela obra chegaram dizendo que não tinha mais como continuar, de jeito nenhum, porque faltava dinheiro! Escutaram o que não queriam. Porque o amor é assim: às vezes, é meio rude. Enérgico. Parece que faz parte.

Interessante é que Dom Bosco foi também chamado muitas vezes de louco, e não foi somente ele. Muitas outras pessoas consideradas doidas em alguma situação da vida foram depois proclamadas santos e santas pela Igreja por terem operado milagres. A verdade é que as inspirações de Padre Jonas iam com o tempo se materializando em projetos de deixar todo mundo encantado. Como ele conseguia realizá-los? Com ousadia, oração a todo dia e a toda hora e acreditando muito, piamente, na cooperação de todos, incluindo os leigos, as pessoas comuns na vida da Igreja.

Irmã Arlete sente saudades

"Um menino muito bonito, o Jonas!" Irmã Arlete Martins nos recebe na casa provincial das Irmãs da Providência de Gap, no bairro de Cruzeiro, cidade de Itajubá, Sul do estado de Minas Gerais. Está acompanhada pela irmã Angelina, que cuida dela.

– Ele sentava sempre na primeira carteira, me lembro bem – ela continua. – Tinha uma voz forte, gostava de cantar e de recitar. Na aula de canto, se saía muito bem.

Irmã Arlete completou 100 anos em março de 2023. Ela se lembra como se fosse hoje do dia em que, aos 21 anos de idade, chegou a São Paulo para dar aulas na Escola Padre Moye. Foi em 1944, o mesmo ano em que um menino chamado Jonas Abib, filho de Seu Sérgio e de Dona Josepha, foi matriculado. Dos nove anos que passaria no bairro do Limão, sete deles foram dedicados exclusivamente à alfabetização dos seus pequenos, no primeiro ano do curso primário.

– O bairro do Limão era tudo mato, rua de terra, não tinha asfalto – ela conta. – Os moradores eram quase todos operários, gente bastante pobre.

Naquele tempo, sempre de acordo com o relato de irmã Arlete, tudo era resolvido na cidade, para onde se ia de ônibus – havia um coletivo só –, e depois se pegava também o trem, na Barra Funda. A mensalidade da escola era quase simbólica, mas às vezes as famílias não conseguiam pagar, por causa de desemprego ou doença.

Irmã Arlete – o nome religioso dela era Antonina – se anima ao contar detalhes sobre o cotidiano da escola: os meninos, pela manhã, e as meninas, à tarde, como tinha que ser na época. O uniforme dos meninos era camisa branca, geralmente de manga curta, e calça curta, azul-marinho. Para entrar na sala de aula, tocava-se o sino, e todos faziam fila. Em silêncio. O que às vezes não era fácil:

– Sabe, crianças! "Fica quieto, fica quieta!", era preciso dizer o tempo todo. Mas era assim mesmo.

– E o Jonas, fazia bagunça?

– Era uma criança como todas as outras. Mas era esperto. Falava bastante. Comandava, com a voz que ele tinha.

– Puxou a orelha dele alguma vez?

Irmã Arlete ri. Ela comenta que, hoje, Deus me livre! É proibido.

– Então, puxou a orelha do Jonas?!

– Mais de uma vez!

Ela ri mais um tanto. E se lembra do dia em que Jonas desceu escorregando pelo corrimão da escada e, chegando embaixo, deu de cara com irmã Germana, a diretora. Essas crianças!

Foi na sala de aula de irmã Arlete que *Mère* Rosa ficou sabendo que Jonas queria ser padre. E que recebeu do menino uma resposta que a deixou encantada, no momento que ela quis saber por quê.

– Um menino do seu tempo, mas muito bom, respeitoso, alegre, brincalhão – acrescenta a velhinha. – Jonas era muito inteligente. Ele resolvia com rapidez as questões.

Durante seis anos da sua vida religiosa, irmã Arlete morou na França, onde fez parte do governo geral das Irmãs da Providência de Gap. Depois foi como missionária para o Benin, na

África Ocidental. Trabalhou treze anos no país. Quanta saudade ela sente! Os olhos brilham ao lembrar desse tempo.

A conversa termina ao redor de uma mesa, com café e bolachas. Irmã Arlete não quer deixar as visitas irem embora sem conhecerem a casa, a capela, o jardim.

– Quando vocês forem embora, não saiam direto pelo portão! – ela aconselha. – Desçam com o carro por ali, estão vendo? Vão ver como é bonito o jardim, lá embaixo.

Primeira filha da família Abib

– A senhora não podia ficar grávida! Eu avisei! – irrita-se o médico do Instituto Clemente Ferreira, até hoje uma referência no tratamento da tuberculose e de outras doenças pulmonares em São Paulo.

O doutor estava de fato furioso, pelo que se sabe. Tinha avisado: durante o tratamento da tuberculose, Josepha não podia ficar grávida. Estava pro-i-bi-do! Mas já que aconteceu, a mãe de Padre Jonas devia, segundo ele, voltar no dia seguinte para "tirar a criança". Não tinha conversa!

Mas Josepha não estava disposta a fazer isso, de modo algum! Bem de saúde, ela realmente não estava, e também por isso podia até ser um pouco difícil pensar em como criar mais um filho. Devia, de fato, ter prestado mais atenção. Mas aconteceu. Provocar o aborto? Não! Jamais! Onde já se viu?

– A senhora não tem juízo! Eu quero conversar com o seu marido.

– Nem adianta, doutor! A mãe sou eu! E meu marido também não vai concordar!

Então, está bem! – irrita-se ainda mais o médico. – Eu desisto! Não cuido mais da senhora!

E não é que desistiu de verdade? Josepha então agradece por tudo o que o médico tinha feito por ela durante anos, não sem antes repetir que não ia tirar a criança que carregava no ventre. Em seguida, se despede e vai embora.

Dias depois, a mãe de Padre Jonas volta à antiga clínica da Alameda Dino Bueno, que ficava atrás do Liceu Coração de Jesus. Ela tinha frequentado essa clínica no período da gravidez de José Carlos, e também depois, para o acompanhamento pediátrico dos filhos. Ao retornar ao local, ela encontra – graças a Deus! – um médico de meia idade, também chamado José Carlos. Josepha expõe o seu caso e pede ajuda.

– Não, minha senhora! Nós vamos ter essa criança, sim – ele disse.

Josepha fica feliz. Ela gostou especialmente de ter ouvido "*vamos* ter essa criança", no plural. "Muito bom esse doutor", ela pensou de imediato. "Um homem de Deus."

– Vou cuidar da senhora! – acrescentou o médico. – E a senhora vai ver: essa criança vai lhe devolver a saúde.

– E o doutor José Carlos cuidou dela – lembra Padre Jonas. – Mamãe teve a Maria, a primeira das minhas irmãs.

Olhem o "cuidar" aparecendo de novo na história de vida do padre. Impressionante como ele gostava dessa palavra! Talvez porque "cuidar" lhe lembrasse um traço muito importante do próprio Deus: um Deus que cuida. E também porque o padre sabia muito bem o que receber e dar cuidado significava. Jorgelina Maria Abib – a Lina – nasceu no dia 10 de novembro de 1947.

– Foi uma festa quando vi a primeira menina – continua Padre Jonas. – Zé Carlos e eu já éramos grandinhos, eu iria fazer 11 anos em dezembro.

O mais bonito disso tudo, ainda nas palavras do padre, é que, já no período da gestação, a mãe melhorou de fato. E depois do nascimento de Maria – como ele a chamava –, não teve mais problema no pulmão!

Padre Jonas nunca perde a ocasião de fazer uma brincadeira. Ele diz que, então, o casal "descontou o tempo perdido", tendo mais três filhas, "uma próxima da outra".

Dá até vontade de rir. Mas as contas certas mostram que os pais não tiveram essa pressa toda. Jocelina Márcia – a Márcia – nasceria em dezembro de 1950, três anos depois de Lina, quando Jonas já tinha ido para o seminário há mais de ano. Joana Marta – a Marta – veio ao mundo em janeiro de 1955, e Maria José, a caçula, em novembro de 1957.

Goiabas de enfeite de Natal

Que bom era brincar no quintal da casa no bairro do Limão! Tinha pé de manga e de goiaba, de pêssego e de limão, até uma touceira de banana havia. A preferida parece que era mesmo a goiabeira. Dessa árvore tão linda e amada, durante um tempo, quando chegava dezembro, Jonas retirava as frutinhas ainda verdes para enfeitar a sua árvore de Natal.

Isso aconteceu até o dia em que ganhou uma árvore de Natal de verdade, um presente do seu tio Santos. Até então, todo final de ano, o menino pegava o seu pinheirinho e pendurava nele as goiabinhas ainda verdes, embrulhadas em papel brilhante e colorido de chocolate. Às vezes complementava com umas bolinhas de papel. Depois, precisava ainda desenhar e recortar o presépio. Era tudo bem simples, mas o Natal não era nem um pouco menos lindo e importante por causa disso.

Um presépio de verdade, de gesso, colorido, com todos os seus componentes – o Menino Jesus, Maria e José; os anjos e os animais; os três reis magos! – Jonas também ganharia de presente, no ano seguinte, do mesmo tio Santos. O presépio existe até hoje, e é guardado como uma relíquia. Quando, nas festas de Natal, o menino-grande via o presépio que o menino-pequeno ganhou um dia do tio, se emocionava! "Noite feliz! Noite feliz!"

> Tão linda é a história da árvore de Natal e do presépio da infância de Padre Jonas, que decidimos colocá-la para você em um texto separado, especial. O presépio que o padre ganhou do seu tio Santos existe até hoje, como dissemos. Muito simples e bem bonitinho, o padre se emocionava até às lágrimas quando via o carinho com que as pessoas da Comunidade o montavam, sempre de novo, para ele e para todos quantos passassem por ali.

Como gostava de lembrar José Carlos, sempre rindo à vontade, depois que aprendeu a subir no pé de goiaba, ele aproveitava para fazer umas traquinagens com Jonas, que tinha medo de subir. Ficava debaixo do pé, apontando as goiabas maiores: pega aquela! Mais para lá! Lá no alto! O irmão mais novo ia e pegava. Mas as maiores, as "bem grandonas", quem comia era ele.

Um dia, aconteceu mais uma malvadeza. Com a ajuda de José Carlos, que depois saiu correndo de perto, Jonas conseguiu subir no pé de manga. E na hora de descer? Mããee!!!

– Ai, meu Deus, esses meninos! – reclamou Josepha, mas teve que ir socorrer.

Tem até uma foto bonita de Jonas no alto de um pé de manga, no ano de 1946, aos 10 anos de idade. Como foi que ele subiu, não sabemos. Mas, se tinha fotógrafo por perto, o que você acha? Há coisas que nunca vamos ficar sabendo direito. Muitas perguntas, a gente não teve tempo de fazer a Padre Jonas! Em casos como esses, perdemos talvez com isso a oportunidade de dar umas belas risadas.

ÁRVORE DE NATAL

Caminhando pelo bairro da Barra Funda pelo meio da tarde de algum dia ensolarado do ano de 1943, aos 6 anos de idade, Jonas observa o brilho de um papel de chocolate na calçada da rua. "Que lindo!", ele pensa.

O menino se agacha, pega o pequeno tesouro com cuidado e o coloca no bolso da calça curta. A festa do nascimento do Menino Jesus se aproxima, e era preciso de novo juntar mais papéis coloridos para enfeitar a árvore de Natal.

Jonas veio de ônibus do bairro do Limão. Percorre agora um trecho a pé até o quartel do Exército para buscar pão e leite, como faz toda tarde. Que bom o pai trabalhar de pedreiro no quartel durante a guerra! Que providência também a mãe costurar para os soldados, um serviço que aumentou bastante desde que tropas brasileiras foram mandadas para a guerra, em 1942!

"Alegria da infância" – Já de novo em casa, o papel colorido e brilhante se junta a outros papéis de chocolate, os que Jonas recolheu pelas ruas, um ou outro que alguém guardou para ele e também alguns – bem poucos, na verdade – dos bombons que ganhou em algum momento muito especial.

Dias antes do Natal, o menino busca de um canto do quintal a arvorezinha que ele mesmo plantou numa lata. As goiabas mais redondinhas e ainda verdes, que Jonas também busca no quintal, servem como bolas, basta recobri-las com os papéis de chocolate. Bolinhas de papel também servem.

Pronta a árvore – que linda! –, falta o presépio. Jonas então desenha cuidadosamente as figuras natalinas no papel, pinta, depois recorta, melhor não precisa. A árvore de Natal e o presépio enchem a casa inteira e o coração da criança da mais pura alegria.

"Eu vivia naquele tempo a alegria da infância", conta Padre Jonas. "Tudo tinha gosto de novidade."

Um presépio de verdade – Um dia, o coração de Jonas quase explode. Ele tinha ido dormir cedo, mas à meia-noite o tio Santos o acorda. Era para ir ligeiro ver uma coisa na sala. Surpresa! Uma árvore de Natal de verdade, com luzes apagando e acendendo.

"Meu Deus, quanta emoção! Eu não cabia em mim de tanta alegria. Pulava, ria, vibrava como toda criança que se entusiasma com pequenas coisas."

Pequenas coisas, não, corrige Padre Jonas: "Para mim era uma grande coisa. Meu pinheirinho tinha virado uma árvore de Natal!".

No ano seguinte, Jonas faz de novo o presépio, como estava acostumado. Arruma a árvore, monta as luzinhas, pendura as bolas e os demais enfeites, ajeita o seu presepinho modesto. À meia-noite, é acordado outra vez. Surpresa! Um presépio de verdade. Mais um presente do tio Santos.

"Até hoje tenho esse presépio", revela o padre. "Minha mãe o guardou durante muito tempo para mim. Depois me deu."

A árvore de Natal que Jonas ganhou de presente do seu tio Santos lembra – ainda que indiretamente – um capítulo triste, por um lado, e bonito, por outro, da história da família. Benedicta Fogaça Pacheco, a avó materna do padre, morreria com menos de 50 anos, em outubro de 1941, exatamente oito meses depois do nascimento de José Carlos. Jonas completaria 5 anos de idade.

Benedicta teria morrido de pura tristeza, segundo contam, depois de perder o filho mais novo, Antônio, de tuberculose, em março daquele mesmo ano. Dizem que ela chorava sem parar, não havendo nada nem ninguém que a pudesse consolar. Até que um dia dormiu para nunca mais acordar – e este é o lado triste da história. O lado bonito é contado pelo próprio Padre Jonas:

– Minha avó materna faleceu muito cedo. Por isso, meus tios foram todos criados pela minha mãe. O primeiro a vir foi o meu tio Suzano, que foi empregado da Votorantim.

Depois vieram os tios Santos – o da árvore de Natal e do presépio – e Justus. Só Olga, a irmã deles, permaneceria em Elias Fausto. Suzano, Santos e Justus foram criados por Josepha, como conta o padre. Ela foi uma verdadeira mãe para todos eles. Coração materno costuma ser de um tamanho que ninguém consegue nunca imaginar!

A infância de Padre Jonas foi cercada por todos os lados pelos tios maternos. Eram amigos. Companheiros. Quase irmãos.

> Suzano, como dissemos, foi o primeiro dos três tios de Padre Jonas a se mudar para São Paulo depois da morte da mãe, em 1941. E todos foram muito bem cuidados por Dona Josepha. "O tio do fusca" – como o padre o chama no texto "Suzano escapa da guerra" – foi morar na Barra Funda quando se casou. E Jonas batia ponto na casa dele quando descia do Limão para pegar leite e pão no quartel do Exército. E sempre costumava ter um lanche esperando. Como era bom!

SUZANO ESCAPA DA GUERRA

Suzano Pacheco foi o primeiro dos irmãos de Josepha que se mudou de Elias Fausto para São Paulo depois da morte da mãe, a avó materna de Padre Jonas, em 1941. Um pouco mais tarde vieram Santos e Justus.

Os três tios foram figuras muito importantes durante a infância e parte da adolescência do menino. Suzano foi padrinho de Crisma de Jonas. As histórias mais lindas do seu tio Santos foram a da árvore de Natal e a do presépio, como todos já sabemos.

Convocado para a guerra – Suzano arranjou emprego de carregador na estação de trem da Barra Funda. Ele empurrava o dia inteiro um carrinho de mão com um ou dois sacos de cimento até os vagões. No começo, quem ajudava a colocar a carga no carrinho e depois tirar eram os homens mais fortes.

Quando estava noivo, Suzano foi um dia convocado de repente para a guerra. Josepha, então, chama o irmão no canto para uma conversa. Precisava rezar e pedir a proteção de São Jorge. O tempo passa, e Suzano não é chamado. Assim, ele pode se casar. E Josepha cuida de cada detalhe. Tudo muito simples, mas a irmã não deixa faltar nada.

Um lanche para Jonas – Suzano e a esposa Norma foram morar na Rua Vitorino Carmilo, no bairro da Barra Funda, perto da estação ferroviária. A casa simples de aluguel ficava a menos de 300 metros de distância da casa do porão – lembra? – em que a família Abib morou quando chegou de Elias Fausto, poucos anos antes.

"E era bonito porque eu era bem pequeno, mas muitas vezes tinha que ir à Barra Funda, e meu ponto de chegada era a casa da tia Norma, a esposa do tio Suzano. Fazia o meu ponto ali", conta Padre Jonas, lembrando que durante a guerra, com 6 anos de idade, ele já descia do bairro do Limão para a Barra Funda. Ia buscar pão e leite no quartel do Exército, onde o pai trabalhava.

"Em geral, a tia Norma me preparava um lanche. Era coisa de menino, mas, para mim, tinha uma valia muito grande. Depois eu rumava para o bairro do Limão. Porque foi bastante tempo que nós vivemos ali, naquela situação."

O tio do fusca – Com o passar dos anos, Suzano foi crescendo na empresa da família Ermírio de Moraes, chegando a ocupar um cargo de gerência nessa que é hoje uma multinacional brasileira da área da produção de cimento. O tio de Padre Jonas construiu mais tarde uma casa bonita em um bairro elegante de São Paulo. Mas continuou vivendo como um homem muito simples, nem parecia ser gerente de uma grande companhia.

Suzano nunca abandonou o seu fusca, conta Padre Jonas. Era com o mesmo veículo de sempre que andava de lá para cá, embora pudesse, com o tempo, comprar um carro de luxo.

"Veja, isso a gente vai captando como menino. A gente vai percebendo. Vai vendo a diferença. Foi um ótimo tio que eu tive."

"Ponham o menino no Liceu!"

Quando chegou o dia da formatura da turma do primário da Escola Padre Moye, em dezembro de 1948, padre Martinelli nem morava mais em São Paulo, tendo sido um tempo antes transferido para o estado do Rio Grande do Sul. Os alunos, porém, se mobilizaram – e Jonas à frente! –, porque o paraninfo tinha que ser ele. As freiras acabaram atendendo ao pedido.

Mais uma bênção. Mais um milagre estava para acontecer, na visão de Padre Jonas. As irmãs da Providência de Gap tiveram nesse dia uma conversinha ao pé do ouvido com padre Martinelli sobre o futuro de Jonas, o menino de quem elas prometeram cuidar, a pedido de *Mère* Rosa, porque ele seria padre!

– Ponham o menino nas Escolas Profissionais Salesianas, no Liceu Coração de Jesus! – sugeriu padre Martinelli. – Se ele conseguir entrar pelas Escolas Profissionais, poderá fazer o ginásio gratuitamente. Porque as Escolas Profissionais são para os alunos mais pobres.

As religiosas guardariam segredo também sobre essa parte da história. Na época, elas chamaram o pedreiro Sérgio para uma conversa importante. Era para ele ir ligeiro ao Liceu Coração de Jesus!

– Mas, irmãs! – tentou argumentar o pai.

– Não tem mais nem menos! Vá lá e converse, Seu Sérgio!

Foi o que acabou acontecendo.

E Jonas, feliz da vida, foi cursar o ginásio no Liceu. Mais um milagre!

6

O filho do pedreiro

"Está vendo aquela casa, caindo aos pedaços, lá no alto do morro?", tinha perguntado um dia o pai de Josepha, tentando dissuadir a filha de se casar com Sérgio, o pedreiro. Se ela não desistisse "daquele sujeito" – Seu Pacheco ameaçou –, iria deserdá-la, e ela acabaria morando numa tapera como aquela. Isso aconteceu no ano de 1935, um pouco antes de os pais de Padre Jonas se casarem.

No começo de 1949, a família do padre se muda para a casa que o pai construiu, bastante simples, ainda pequena e longe da cidade, mas era a casa deles, graças a Deus! Iria ser ampliada com o tempo e ficaria linda, com flores por todo canto, crianças brincando, uma horta e um quintal. E um canteiro de rosas, obra-prima de Josepha.

Aproveitamos para trazer duas histórias famosas do pedreiro Sérgio, as que Padre Jonas mais gostava de contar: ele trabalhou em Brasília, ajudando a erguer do início ao fim a nova capital do país. Depois, voltando de lá, construiu a primeira sala para cirurgias de coração do Brasil.

Acompanhamos ainda a entrada de Jonas no Liceu Coração de Jesus, dos Salesianos, em 1949. Como já era coroinha antes na paróquia do bairro do Limão, foi logo convidado a fazer o mesmo no santuário do Liceu – "e, aí, muito rapidamente, a vocação foi sendo despertada", conta Padre Jonas. Seis meses depois, o menino irá entrar para o seminário. Mas isso já é assunto para o capítulo seguinte.

O almoço chegou carregado pelas mãos de Jonas, que aparece no pequeno canteiro de obras junto com o irmão José Carlos. A comida, ainda quentinha, tinha sido cuidadosamente acondicionada por Josepha na marmita de alumínio. Primeiro o feijão preto, depois o arroz e, por fim, o que no estado de São Paulo as pessoas chamam de "mistura", que pode ser carne de muitos jeitos diferentes, um ovo frito ou até mesmo cozido, um frango ensopado...

Aliás, falando em mistura, quando tinha bife – coisa meio rara numa família de poucos recursos –, acontecia o seguinte: Jonas deixava para degustar o seu por último. "Mããããeee! O Zé Carlos roubou o meu bife!!!", era o que então muitas vezes se ouvia, e o grito vinha acompanhado de um "De novo, Jonas? Preste mais atenção, meu filho!" A mãe, depois, chamava a atenção de José Carlos. Mas caçula, sabe como é!

E não tinha outro bife, porque era um só para cada um. Demorava às vezes para ter de novo, e o filho mais velho por certo se esquecia da recomendação. E como Jonas até o fim da vida nunca perdeu o hábito de comer devagarinho, apreciando cada parte do alimento, cada cantinho do prato, delicadamente, a traquinagem do irmãozinho voltava muitas vezes a se manifestar.

A mãe às vezes ficava brava. Também porque Jonas insistia em deixar a mistura para o final. "Mããããeee! O Zé Carlos roubou o meu bife!!!". De novo. "Minha Nossa Senhora Aparecida!", implorava Josepha. "Dai-me paciência com esses dois!"

Pegando no duro

Vamos deixar os dois meninos, ali, com as artes de cada um – eles se amam, de verdade! –, e voltar à Cachoeirinha do final dos anos 1940, onde, em um terreno que ficava no alto, Sérgio acaba de assentar mais um tijolo na parede, antes de olhar para o céu e imaginar que, pela altura do sol, logo chegaria o almoço.

De fato, o almoço, como sabemos, estava a caminho. Josepha, na hora certa, enrolou a marmita em um pano de prato bem bonito, com uma barra de bordado e uma pintura de flores. Bom gosto e um certo sentido de beleza não ficavam ausentes nas coisas muito simples do dia a dia, como era do mesmo modo simples, no geral, a vida da família Abib. "Cuidado para não deixar cair!", deve ter recomendado a mãe ao filho na hora da saída.

Josepha caprichou especialmente no feijão. Não tinha coisa mais apetitosa do que jogar na panela um pedaço de toucinho para cozinhar junto! – naquele tempo, toucinho ainda não se chamava *bacon*. Sérgio adorava o "feijão gordo da Zefa", como ele dizia.

"Como a Zefa evoluiu na cozinha!", é o que sempre passava pela cabeça dele nessas horas. "E pensar que, quando casamos, nem arroz e feijão ela sabia preparar. Mas hoje, benza Deus!" Sérgio fazia as contas: quinze anos tinham se passado desde o famoso arroz que virou papa e o feijão que acabou sendo jogado fora, porque Josepha acreditou que estivesse estragado.

Jonas e José Carlos chegam e cumprimentam o pai. Pedem a benção, como foram ensinados a fazer. "Bença, pai!", é como diziam. "Deus te abençoe!" Sérgio assenta ainda mais dois ou três tijolos para não desperdiçar a massa que resta na lata, antes de descer do andaime. Está alegre. Porque tem feijão gordo e, também, porque está na companhia dos seus meninos. "Nossa, como eles estão grandes!", pensa. "O Jonas, então! Logo vira um homem!"

Os meninos levaram mais de hora e tanto a pé, morro acima e morro abaixo. Vieram pela estrada de terra que então ligava o bairro do Limão, onde a família morava – a periferia da periferia –, e o que um dia seria o bairro da Vila Nova Cachoeirinha – mais periferia ainda –, a mais ou menos 4 quilômetros de distância.

– Nossa, pai, o serviço está andando rápido! – festeja Jonas, observando a altura das paredes.

Como ele gostava de admirar e elogiar o pai! Faria isso a vida inteira, por pura gratidão e respeito. De fato, Sérgio tinha pressa de levantar a casa. Quando o pedreiro põe um tijolo em cima do outro, é um sonho que ele em geral está levantando. Se esse sonho se identifica com a construção da casa própria, é ainda muito melhor de ser sonhado. Iria ser lindo, dali mais uns tantos meses, colocar as coisas em cima de um caminhão e se mudar para o novo lar.

Não vamos imaginar uma casa grande, com muitos quartos e janelas, essas de encher os olhos de encanto de quem passa na rua – aliás, nem rua era ainda. Estamos falando de uma moradia simples. Para começar, um quarto e uma cozinha, ainda sem água encanada e energia. Com o tempo e a graça de Deus, Sérgio iria poder fazer uns puxadinhos. Diziam que a rede elétrica não demorava muito para chegar. Logo, logo, teriam também uma linha de ônibus!

Como já se sabe, Sérgio e Josepha viveram de favor nos primeiros anos de casamento, numa casa na roça, no interior de Elias Fausto, a cidade muito pequena em que Jonas nasceu. Já em São Paulo, três anos depois, o casal teve que enfrentar o aluguel das duas casas onde morou na Barra Funda, e em seguida, também no bairro do Limão, onde a família ainda reside até o momento, nesse ano de 1948. Jonas tem entre 11 e 12 anos de idade, e José Carlos completou 7 em fevereiro. Lina, a bebê da família, mal começou a engatinhar.

Terminado o almoço, Sérgio retorna ao trabalho. Precisa aproveitar bem o tempo, porque não é todo dia que tem condições de se dedicar à construção. Geralmente faz isso nos finais de semana e feriados. Nos demais dias, trabalha fora porque precisa trazer dinheiro para dentro de casa. E, inclusive, também para pagar as parcelas do terreno que comprou, além de tijolo, cimento, areia, cal... É tudo muito caro para alguém com muito pouco dinheiro no bolso.

É nessa hora, depois do almoço do pai, que Jonas entra em ação. Quer ajudar no que for possível. Esperto e animado, faz massa, sobe no andaime e leva para Sérgio, carrega tijolos, ajeita as coisas. Ele observa atentamente o trabalho: a massa lançada com perfeição pelas mãos ágeis do pai, o tijolo assentado no prumo, o arremate... Uma lição!

– Eu pegava no duro, viu? – revela Padre Jonas.

E repete, como que para convencer de verdade os interlocutores:

– Pegava no duro!

José Carlos, mais novinho, não ajudava muito. Sassaricava por ali, brincando e fazendo as artes dele. Se o pai, porém, deixasse, chegaria rápido lá em cima no andaime. Ele não sabia subir nas árvores do quintal?! O Jonas, não! – o irmãozinho comemorava. Essas coisas de meninos.

Banho de cachoeira

A melhor parte da história ainda estava por vir. Lá pelas tantas, era hora de recolher e guardar as ferramentas, ajeitar o que fosse preciso e tomar o rumo de casa. Logo mais, a noite cairia sobre os campos. O bairro em que moravam ficava longe, e a iluminação pública iria precisar de mais um bom tempo para alcançar aquele fim de mundo que era a Cachoeirinha, na época.

Era divertido voltar para o bairro do Limão na companhia do pai, estrada afora. A conversa nunca acabava. Quando davam sorte, pulavam sobre a carroceria de um caminhão que circulava por ali, levando gente de volta para a cidade, ou em cima de um carro de leite, frango ou verdura.

– Mas divertido, mesmo, era quando papai, depois de a gente descer o morro, gritava: "Todo mundo na água!". Era muito bom!

E, de repente, como ele conta, você via o trio, na maior alegria, para cima e para baixo na cachoeira. Pega! Pega! Pega! Três crianças. Alegres. "Nossa, como era bom!", você escuta o padre dizer novamente. É como se ele viajasse no tempo para saborear cada instante de uma experiência muito iluminada de vida que ficou para trás.

Grande, a cachoeira na verdade não era, nem a água era muita. Mas, para os três, merecia o título de maior cachoeira do mundo. A mais bela, não havia outra igual. Naquele pequeno recanto de alegrias, gente bem simples do povo se reunia para se divertir, descansar e até para fazer um belo de um piquenique.

– Meu pai nadava muito bem – conta Padre Jonas. – Nós íamos na frente, e meu pai, atrás, indo e voltando na cachoeirinha. Era o prêmio que nós recebíamos no final da tarde.

Jonas não sabia nadar – ele revela –, mal se virava na água. Mas aprendeu mesmo assim, e muito bem, os segredos da cachoeirinha. Às vezes, quando passava sozinho por ali, pulava na água. Até que um dia – ai, meu Deus, se Josepha soubesse! –, choveu bastante, e a correnteza era forte. O menino por pouco não morria afogado.

Providencialmente, outros garotos também se encontravam no local. Quando viram a cena, em meio àquela algazarra toda, pensaram que o colega estivesse brincando. Não estava nem um pouco. Graças a Deus, Jonas conseguiu depois se apoiar numa pedra e gritar por socorro! Deu trabalho. Mas, com uma mãozinha dos companheiros de aventura, conseguiu evitar ser arrastado correnteza abaixo.

– Eu não seria o Padre Jonas, se não fosse aquela pedra! – ele brinca.

Bendita pedra! "Ai, moleque!", teria dito a mãe. O pai, como será que teria reagido, se tivesse ficado sabendo? Pelo jeito, meio meninão como às vezes se mostrava, talvez tivesse rachado de rir. Não sabemos se Jonas algum dia falou sobre isso com os pais. Mas contou para nós, achando sempre muita graça em tudo.

– O bendito do Jonas! – diz o padre, um tanto cheio de si, parece até que orgulhoso das traquinagens que muitas vezes aprontava na infância.

Jonas era um menino *normal*, ele gostava de dizer, falando de si mesmo na terceira pessoa.

Até nos lembramos neste momento do lugar onde "o menino que quase morreu afogado na cachoeirinha da Cachoeirinha" – a expressão é do padre – aprenderia a nadar. Em "Uma piscina para Padre Jonas", você observa a hora do banho da meninada no seminário de Lavrinhas. Em mais um salto no tempo, vamos conhecer uma piscina não muito grande, mas bonitinha, em que o padre amava dar as suas braçadas. Parecia um peixe!

UMA PISCINA PARA PADRE JONAS

Foi no tempo de seminário em Lavrinhas, entre 1949 e 1953, que Jonas aprendeu a nadar. "Aprendi a nadar bem, viu?", ele observa.

Atrás do seminário, na encosta do morro, havia um tanque enorme, de uns 30 metros de comprimento por uns 15 de largura. Era a "piscina", no dizer da meninada. Servia, inclusive, para movimentar uma pequena usina elétrica que garantia a iluminação da parte externa do seminário.

Hora do banho – Era nessa piscina que os meninos tomavam banho, pelo menos quem não estava muito mal de alguma gripe mais forte, uma coisa nada rara de acontecer. Chuveiro quente era exceção. Hora do banho de piscina, todo dia no final da tarde. "Nós éramos divididos em quatro ou cinco turmas, porque nem caberia todo mundo", explica Padre Jonas. Uma turma por vez, de trinta a quarenta meninos, dez minutos por turma, mais ou menos.

O tempo passava voando, no meio daquela alegria toda. Os mais espertos aproveitavam para nadar um pouco. E Jonas era esperto.

"Alegria nos dias quentes, um sacrifício nos dias mais frios, nos meses de junho, julho e agosto." Ave Maria! "A festa não era a mesma. A água fria era desafiadora."

Mas os meninos tinham que aguentar, não havia outro jeito. E os padres gostavam de dizer que tomar banho frio é bom para educar a vontade, que aumenta a imunidade contra as gripes, que... Mas que foi bom, foi. "Com isso aprendi a nadar", repete Padre Jonas. "E a nadar muito bem, viu?", enfatiza.

Ganha uma piscina – Os amigos confirmam. Ele não só nadava muito bem, como também ficava feliz toda vez que podia pular na água, onde quer que fosse. Teria ido muito mais vezes à praia, se não tivesse estado sempre tão ocupado. Mas ninguém pense que não tenha dado nunca as suas escapulidas!

Em algum momento da sua vida, já em idade mais avançada, Padre Jonas ganhou um presente da Comunidade: uma piscina de verdade. Aquecida. Não era uma piscina grande, tinha 15 metros de comprimento por 8 de largura, mas estava bom. Estava perfeita para ele. A piscina não era só dele, outros também a usavam, mas o padre era de longe o personagem principal.

Como era lindo vê-lo descer de bermuda, tênis e boné na cabeça até a piscina, sempre que podia. Descia ligeiro, no começo. Depois, mais devagar, com a piora do seu estado de saúde, e, por fim, apenas quando amparado por algum dos seus filhos espirituais. Mas nadava e fazia hidroginástica. E também pilates na pequena academia montada ao lado da piscina.

Até que um dia... "Padre, o senhor vai precisar renunciar à piscina", disse o médico, e explicou bem por quê. Ele ficou triste. Mas fazer o quê, não é mesmo? "Obedecer aos médicos é obedecer a Deus", costumava dizer. O menino Jonas, aos 80 anos de idade, ainda acreditava que, se Deus quisesse, iria voltar a dar umas braçadas...

Padre Jonas não só nadava muito bem, como também ficava feliz toda vez que podia pular na água. Teria ido muito mais vezes à praia, se não tivesse estado sempre tão ocupado.

Um lar para a família Abib

Mas como foi mesmo que a família acabou indo parar na Vila Nova Cachoeirinha, um lugar tão distante que na época nem bairro era, e tão difícil para se chegar até lá?

Um dia, ali pelos idos de 1947, o pai de Padre Jonas chega em casa depois do trabalho, alegre e sorridente, trazendo uma novidade: tinha comprado um terreno! Estava de fato eufórico. Agora iria poder construir uma casa para a família e fugir do aluguel. Graças a Deus!

– Onde? – pergunta Josepha.

– Na Cachoeirinha!

– Onde fica isso? Nunca nem ouvi falar.

No final do dia seguinte, quando voltaram a tocar no assunto, Sérgio disparou de novo a falar. O terreno ficava um pouquinho longe, ele argumentou, mas seria bom: em pouco tempo ele levantaria quatro paredes, um quarto, uma cozinha, e logo eles não precisariam mais se preocupar com o aluguel. Havia uns japoneses lá, que vendiam frango e verdura, ovos, legumes...

Josepha foi ficando angustiada, segundo o dito popular de que, quando a esmola é muita, o santo desconfia. Acostumada desde que se casou com Sérgio com o lado mais concreto da vida, e fazendo contas o tempo todo, ela tinha aprendido a sonhar aos pouquinhos, devagarinho. Não fazia nem tanto tempo assim que a família tinha conseguido pagar, centavo a centavo, a dívida contraída com o pai dela, Seu Pacheco, por causa da cirurgia nos olhos do filho.

Naquele momento, quando o terreno foi comprado, Jonas frequentava a Escola Padre Moye. Não era muito o que pagavam de mensalidade, mas dependia, sim, de um certo sacrifício. José Carlos também estava para ser matriculado na mesma escola... E agora vinha o marido com essa história de terreno, e só Deus sabia onde!

Muito pior ainda foi quando Josepha pediu para conhecer o lugar. Foram a pé, mais de uma hora e meia, morro acima e morro abaixo. Nem a vista da cachoeirinha, lá embaixo, a alegrou. Chorou, até. Mas a mãe de Padre Jonas logo se recompôs, para fazer aquilo que ela e o marido, como bons companheiros que eram, sempre buscaram fazer: ficar juntos! Na alegria e na tristeza. Na saúde e na doença. Amando-se e respeitando-se... Pouco tempo depois, também Josepha já estava sonhando com a nova moradia.

Em algum dia do início do ano de 1949 – Jonas já tinha entrado para o Liceu Coração de Jesus –, a família ajeita a mudança em cima de um caminhão e vai para o novo bairro. Pouca mobília, uma mala, alguns sacos de roupas, cobertas e panelas. Não era uma casa grande, ainda, nem lá muito confortável, como dissemos. Mas era um lar.

E, como você sabe, lar é diferente de casa. Na residência dos Abib, esse sentido sagrado, especial e muito gostoso de *lar* nunca faltou, nem deixou jamais de existir mesmo em momentos de tristeza e dor. Com o tempo, paciência e trabalho, a casa foi se transformando e ampliando, ganhando novas paredes e novos quartos... Por enquanto, a família tinha como morar no que era seu, e esse era o lado melhor da história, nas palavras de Padre Jonas.

E foi assim que, com as bênçãos de Nosso Senhor, a antiga profecia de Seu Pacheco acabou com certeza dando errado. Ele tinha dito à filha que, se ela se casasse com Sérgio, ia acabar morando numa tapera, como a que estavam vendo naquele dia, lá atrás, em 1935, em cima do morro. E não foi bem o que aconteceu. Lá no alto, vemos uma casa simples, mas que orgulho! A energia logo chegaria. Uma linha de ônibus já tinha sido instalada, bem ruinzinha, é verdade, mas iria melhorar! Com paciência e fé em Deus!

E, de fato, a casa foi aos poucos virando "um brinco", como se poderia dizer, considerando as condições da família. Tinha um quintal grande, poço com água abundante, horta, galinheiro, árvores frutíferas. O pedreiro Sérgio não economizava esforços para fazer o melhor que podia – no capricho. Mais tarde, até conseguiu construir um quarto para alugar e ajudar no orçamento.

E não vamos esquecer as muitas flores que Josepha plantou por todo canto. Ela fez um jardim, pendurou latas com gerânios nas janelas, plantou um canteiro de rosas, a coisa mais linda! Muito menos vamos deixar de mencionar as crianças que sempre encheram de alegria os quartos, a sala, a cozinha e o quintal. A melhor parte, sem dúvida!

– Minha mãe enfrentou doenças, adversidades – recorda Padre Jonas. – Não quis ser princesa. Não ouviu o pai, que queria um casamento mais afortunado para ela. Mamãe ouviu o coração e construiu uma linda história de amor e de respeito.

Quase se esborracha no chão

Um homem simples e muito honrado. Um grande trabalhador. Um exemplo de luta e de dedicação. Era com palavras como essas e com outras, ainda mais bonitas, que Padre Jonas sempre gostava de se referir ao seu pai ao longo de toda a vida. Quando, em suas pregações, tocava no tema da vocação que Deus dá a cada pessoa, o padre trazia muitas vezes, com enorme prazer, o exemplo do pai.

Ele, Jonas, o padre. O pai, Sérgio, o pedreiro. Jonas, o filho do pedreiro! Tinha um pedreiro dentro dele, em tudo o que projetava, arquitetava, fazia. As pregações de Padre Jonas eram algo assim como uma construção, tijolo a tijolo, no capricho. Com a caneta de quatro cores na mão – azul, preta, vermelha e verde –, a *sua* caneta, qual amiga de tantas horas de estudo, oração e meditação, o "Jonas da Bíblia", como o povo simples gostava de chamá-lo, sublinhava, circulava, ligava uma palavra com a outra, anotava um comentário, trocava o tempo todo de cor. Um construtor! Um arquiteto! Um carpinteiro da Palavra!

Foi sempre assim com a Bíblia, foi também sempre assim com os documentos mais importantes da Comunidade Canção Nova: cada palavra, cada frase, cada parágrafo era um mundo – um mundo que se revelava! As palavras iam se articulando, tecendo cenários, mobilizando exemplos – com todo cuidado para com os detalhes, um puxadinho aqui, outro ali, na construção das histórias.

"Você me entende", ele dizia em suas pregações, olhando nos olhos das pessoas. Podiam ser mil, 2 mil, 50 ou 100 mil: era como se ele tivesse em seu coração um olhar único para cada uma delas. Zelava por tudo o que fazia. O filho do pedreiro cuidava bem do acabamento – tanto na palavra falada, quanto nos cânticos e nas músicas em todas as celebrações. Mais que só um grande pregador, um artista!

Já fizemos mais de uma vez menção ao seminário de Lavrinhas, e Jonas ainda sequer chegou lá – isso vai ser contado no próximo capítulo ("O trem leva o menino"). Mas esses saltos no tempo, essas idas e vindas são como de fato funciona a memória de cada um. Na história que estamos escrevendo, como acontece na vida de todo mundo, os tempos se misturam – e o tempo ao qual damos o nome de hoje conversa sem cerimônia, e às vezes de modo muito animado, com o ontem e o amanhã. São amigos, nos planos de Deus.

Vamos, então, a Lavrinhas! Ali, vemos o filho do pedreiro Sérgio ajudar um outro pedreiro a levantar a igreja nova do seminário. A capela que estava sendo construída não era pequena, pois tinha lugar para acomodar pelo menos umas duzentas pessoas. Está lá, até hoje. Muito bonita.

– Foi construída pelos seminaristas – informa Padre Jonas. – A antiga estava em condições precárias, mas o colégio era muito pobre, tinha poucas condições de construir uma nova. Só havia um pedreiro, e o resto era trabalho nosso, ajudando.

Nas férias escolares, naquele tempo, os meninos ficavam no seminário. Nenhum deles podia viajar para visitar a família durante os primeiros seis ou sete anos de formação, a não ser em casos excepcionais. Os pais e os irmãos é que apareciam por lá, quando podiam, para matar as saudades. E também trazer um agrado, um doce feito em casa, um bolo, uma camisa nova...

Nos intervalos do ano letivo, entre as diversas atividades educativas, passeios e competições esportivas, havia também aulas de reforço escolar. Só participava delas quem não alcançasse uma média final, mínima, de 9 em alguma das matérias. Isso mesmo: mínima de 9! Jonas se dedicava bastante, para não depender de reforço. Nos primeiros tempos de seminário, foi um pouco mais difícil: o grau de exigência era bem alto. Mas logo ele descobriu do que era capaz.

– Eu queria trabalhar nas férias. E passava praticamente todas as tardes na construção da capela – relata o filho do pedreiro, cheio de satisfação.

Aconteceu que um dia levou um tombo de todo tamanho, um perigo – ai se Josepha soubesse! E quase que o futuro Padre Jonas encerrava por ali a história da sua vida, mais uma vez. Escapou por pouco, como no dia em que quase morreu afogado "na cachoeirinha da Cachoeirinha".

No dia do tombo, celebrava-se uma festa interna no seminário. Como não era feriado, o pedreiro estava trabalhando.

Ao lado dele, bem lá no alto da construção, atento, observando, ajudando, encontrava-se Jonas, aos 14, 15 anos. Que por muito pouco não despenca lá de cima:

> *Enquanto carregava massa para o pedreiro, pisei num pau roliço e caí, graças a Deus, sentado no andaime. Já estava no alto da capela. Eu senti uma dor imensa, mas podia ter sido pior. A lata que eu carregava nas costas estourou lá embaixo.*
>
> *"O que foi que aconteceu?", perguntou o pedreiro. "Não foi nada, não", respondi. Desci, peguei outra lata de massa e trouxe. Mas via, lá embaixo, a lata de massa que estourou no chão e agradecia a Deus por ter sido a lata, e não eu.*

Se alguém duvida da importância de momentos como esse na vida de Padre Jonas, precisa ler o comentário que ele fez a respeito do que aconteceu naquele dia, quase um poema sobre a vida:

> *Milagres. Pequenos ou grandes milagres. Milagres. A consciência de estar vivo todos os dias. A consciência de conseguir driblar as adversidades. Os pequenos acidentes, que podem ser fatais. Os grandes acidentes dos quais saímos intactos. Sobreviver. Viver!*

Entre as muitas histórias que o padre contava com orgulho sobre a profissão do pai, duas se destacavam especialmente por sua importância, não só para a família Abib, mas para o Brasil e – por que não?, como você irá ver – para o mundo! A primeira teve a ver com a construção da nova capital, e a segunda, da primeira sala para cirurgias de coração do país.

Porque vocação é assim, como Padre Jonas sempre dizia: é serviço. É chamado. Não importa qual vocação você tem, o que você faz, o dom que recebeu, o trabalho que executa: é importante fazer com amor!

Brasília, a nova capital do Brasil

"Quem construiu Tebas, a das sete portas?", interroga Bertolt Brecht (1898-1956), em seu poema "Perguntas de um operário letrado". "Nos livros vem o nome dos reis, mas foram os reis que transportaram as pedras? [...] No dia em que ficou pronta a Muralha da China, para onde foram os seus pedreiros? A grande Roma está cheia de arcos do triunfo. Quem os ergueu?" E o poeta alemão finaliza: "Tantas histórias, quantas perguntas".

Quem construiu Brasília, a nova capital do Brasil, inaugurada em abril de 1960? Foi o presidente Juscelino Kubitschek, que governou o país entre 1956 e 1961, dizem os livros escolares. Sem exceção, aparecem também os nomes dos brilhantes arquitetos Oscar Niemeyer e Lúcio Costa.

Num certo sentido, não está errado pensar assim. Mas também não está muito correto. Na casa da família Abib, sempre existiu um jeito um pouco diferente de contar essa história, com orgulho, mas também com a lembrança de uma boa porção de sofrimento e dor. Porque, para Sérgio, Josepha e cada um dos filhos do casal, a saga de Brasília nunca teve a ver em primeiro lugar com nomes de pessoas importantes, livros e documentos oficiais – e, sim, com a vida, principalmente com a vida do pai:

– Papai ajudou a construir a capital do Brasil! – contou muitas vezes Padre Jonas, e você não imagina com que satisfação e orgulho ele dizia isso. – Ele ganhou a vida em Brasília, mas perdeu a saúde. Morreu jovem, com 64 anos de idade.

De fato, Sérgio derramou umas boas gotas de suor na construção da cidade que brotou do nada, em pleno Planalto Central brasileiro, a mil quilômetros de distância de São Paulo. Foram cinco anos de trabalho, como pedreiro e também como mestre de obras.

Quando começaram as obras, em 1957, o ramo da construção civil sofreria um grande baque no restante do país, porque todo cimento e ferro acabavam sendo desviados para lá. Diante dessa situação, Sérgio e Josepha precisaram um dia ter uma daquelas conversas muito sérias, no quarto, à noite, antes de dormir.

Jonas estava no seminário desde 1949, e em casa eram cinco os filhos para alimentar. A caçula da família, Maria José, pequenina ainda – nasceu em novembro de 1957 –, mal aprendera a andar. Foi Josepha quem mais incentivou o marido a tomar a difícil decisão de ir trabalhar em Brasília quando o ouviu desabafar:

– Meu Deus, Zefa, como você vai fazer, sozinha aqui distante? E, ainda por cima, com uma criança praticamente de colo!

O "aqui distante" não se referia apenas à distância entre São Paulo e Brasília, que de fato era grande para os padrões da época. Mas tinha também o fato de a família morar na Cachoeirinha, que por essa época ficava longe da cidade, a periferia da periferia da periferia...

"Se *Deus* quiser, vai dar tudo certo", foi a resposta da mãe de Padre Jonas, tentando consolar o marido – e dessa vez ela colocou o acento na palavra "Deus", como se renunciasse ao condicional "se", para afirmar com toda a força de expressão: "Deus irá ajudar!". Não tinha sido sempre assim na vida deles? Além do mais, José Carlos, um jovem de 17 anos de idade, iria ajudar em tudo que precisasse.

Sérgio Abib, aos 45 anos de idade, pega então a mala, e, muito cedo pela manhã – tinha acabado de cantar o galo quando acordou, de madrugada – toma o coletivo até o bairro da

Barra Funda, para dali ir de trem até a estação ferroviária da Luz, de onde embarcaria para o Centro do Brasil.

Nunca sofreu tanto na vida como nesse dia!

Depois de quanto tempo iria poder voltar para ver a família, ele não sabia. Só Deus!

> *Papai era um pedreiro primoroso, experiente, de primeira. Era até empreiteiro, sempre por conta própria. Mas, com o trabalho fracassando, não teve outra escapatória, a não ser também ir para Brasília. Ele passou, em Brasília, os anos de construção da nova capital.*

Muito bom pedreiro – como já adiantou Padre Jonas –, o pai logo acabou sendo procurado para assumir também a função de mestre de obras. Faltava trabalho qualificado nos gigantescos canteiros de obras da cidade em construção. E Sérgio precisava de dinheiro.

> *A primeira viagem para casa, durante a construção, foi de trem, e o percurso levou uma semana. Depois, demorou seis meses para voltar. Para mandar dinheiro para a família, manter-se lá e poder viajar para São Paulo, precisava de mais salário. Então, aceitou a proposta.*

Sérgio passou então a fazer jornada dupla, como pedreiro e também como mestre de obras. Saía muito cedo do alojamento, com o dia ainda escuro, antes das 5 da manhã. Eram 11 horas da noite, ou mais, quando chegava de volta do trabalho todo dia.

– Graças a Deus, depois de um tempo, ele passou a vir de mês em mês naqueles aviõezinhos de Brasília.

O sonho de Dom Bosco

Muitas foram as histórias que o pai de Padre Jonas sempre contou sobre as aventuras do tempo que passou em Brasília. Ele sabia de detalhes, por exemplo, sobre a construção do Palácio da Alvorada, inclusive a espessura exata das paredes do local de trabalho do presidente. Não é por acaso. Sérgio foi um dos mestres de obras na construção da residência oficial do Presidente da República dos Estados Unidos do Brasil, como o país ainda se chamava na época.

Interessante foi o dia em que houve uma batida policial no acampamento. Um militar, com a metralhadora na mão, perguntou se ele estava armado. A resposta de Sérgio foi que sim. E retirou do bolso o terço que carregava consigo. O policial sorriu. O terço seria guardado durante anos pela filha Márcia, depois da morte do pai, ocorrida em 1976. E Márcia o entregaria mais tarde a Padre Jonas de presente. Uma relíquia.

No dia da inauguração de Brasília – 21 de abril de 1960 –, Sérgio acompanhou a cerimônia pelo rádio. Preferiu estar em São Paulo com a família. Jonas, na época, morava de novo em Lavrinhas, onde cumpria desde o ano anterior o seu "tirocínio", um período de três anos dedicado ao ensino, antes de iniciar o curso de Teologia. Tinha completado os cursos de Filosofia e Pedagogia com os Salesianos, em Lorena.

De Brasília, muitas vezes, as cartas que Sérgio escrevia chegavam à casa da Vila Nova Cachoeirinha, em São Paulo, trazidas por operários que vinham visitar as suas famílias. Papel não costumava haver no alojamento. O pai de Padre Jonas usou, então, mais de uma vez, pedaços de sacos de cimento.

Conta a História que a nova capital do Brasil – antes era o Rio de Janeiro – foi um dia sonhada por Dom Bosco, ainda no final do século 19. O fundador dos Salesianos teria antevisto algo assim como uma nova civilização surgindo entre os paralelos 15 e 20, no Centro do Brasil. Exatamente onde foi construída a cidade de Brasília.

É o que se sabe. Uma capela às margens do Lago Paranoá – um projeto de ninguém menos que o arquiteto Oscar Niemeyer – celebra esse sonho. Inaugurada em 1957, foi a primeira construção em alvenaria do lugar, tendo sido usados aço e cimento da primeira remessa enviada à futura capital.

A gente fica pensando o seguinte: o pedreiro Sérgio, nesse caso, acabou contribuindo para realizar o sonho de Dom Bosco! E, sendo assim, bem lá no fundo, talvez haja mais coisas ligando as histórias do pai Sérgio e do filho Jonas do que a gente consegue imaginar. Porque Padre Jonas – não há dúvida alguma sobre isso, de mais de uma maneira, e principalmente por meio do seu trabalho com os jovens – viveu para fazer do carisma de Dom Bosco uma realidade.

> A segunda história famosa sobre o pedreiro Sérgio nos situa de novo em São Paulo, logo após o seu regresso de Brasília. Depois da inauguração da nova capital do Brasil, Sérgio trabalhou ainda algum tempo por lá para entregar as obras que estava tocando. Agora, como pedreiro de manutenção no Hospital Beneficência Portuguesa, em São Paulo, ele constrói a primeira sala equipada para cirurgias de coração no país.

Jonas entra para o Liceu

Aconteceu um pouco antes de a família se mudar para a Vila Nova Cachoeirinha. O Anuário do Liceu Coração de Jesus de 1949, no número 120 da lista, traz o nome de Jonas Abib. Os alunos eram mais de 2 mil naquele ano, todos meninos. A matrícula inicial ocorreu no dia 4 de março, e Jonas entrou no Liceu pelas Escolas Profissionais Salesianas.

SALA DE CIRURGIA DE CORAÇÃO NO BRASIL

Um dia – conta Padre Jonas –, o pai foi chamado para uma reunião importante com a direção do hospital Beneficência Portuguesa, em São Paulo. Além dos diretores e engenheiros, encontrava-se ali um personagem que Sérgio conhecia apenas de ouvir dizer. Era o doutor Euryclides de Jesus Zerbini –, na época, um dos nomes mais importantes do mundo na área de cirurgia e transplante cardíaco.

Abrem as plantas diante dele. "Sr. Sérgio, nós vamos construir aqui no hospital a primeira sala de cirurgia de coração do Brasil", disseram. "Pois não!", aventurou-se a balbuciar o pai de Padre Jonas.

"Eu enfrento!" – "Vamos reformar uma sala para isso. Dê uma olhada nessas plantas junto com os engenheiros. Será que o senhor dá conta da tarefa?" E, depois de alguns minutos, perguntam: "E aí, o que nos diz? Acha que consegue?"

"Para quem construiu um palácio!", deve ter passado naquele momento pela cabeça de Sérgio. Ele olha mais uma vez o projeto, pensa nos detalhes, nas tubulações... "Reforma é às vezes até mais difícil do que construir do zero", reflete. Mas, logo levanta a cabeça e responde: "Capaz eu não sou não, senhor doutor! Mas, se Deus me ajudar, enfrento!".

"Se eu soubesse, teria aconselhado a não reformar", ele comentaria um tempo depois. "Deu mais trabalho reformar do que fazer tudo de novo", como ele havia previsto.

"Deus sabe" – "Esta é uma história que me toca fundo", emociona-se Padre Jonas. "Meu pai, um homem humilde a vida inteira, quis ser pedreiro porque sentia que a vocação dele era essa. E Deus o levou a fazer essa façanha."

"Ninguém sabe que ele construiu a primeira sala de cirurgia de coração no Brasil. Ninguém sabe que ele construiu o palácio da Presidência da República. Mas Deus sabe."

"E não importa quem fez a obra, o que, sim, importa é a utilidade que a obra tem para todos. Um simples pedreiro construiu um espaço em que milhares de pessoas foram salvas, tiveram uma nova oportunidade de vida, com um novo coração!"

Brio e honestidade – Um dia, ainda no tempo do Papa João Paulo II, Padre Jonas comentou que o pai e a mãe dele poderiam talvez ser considerados santos, se fosse levado em conta o modo como a Igreja pensa hoje o tema da santidade. João Paulo II, canonizado em 2014, governou a Igreja Católica durante 26 anos, entre 1978 e 2005.

"A capacidade de trabalho do meu pai era impressionante. Seu brio. Sua honestidade", continua. E conclui, lembrando inicialmente o empréstimo feito pelo avô materno, Seu Pacheco, para pagar a cirurgia dos seus olhos quando tinha 2 anos de idade:

"Papai nunca reclamou de ter que pagar pela cirurgia nos meus olhos ao meu avô. Nunca reclamou do trabalho árduo para sustentar a família. E estava presente na nossa vida em todas as ocasioes".

– Vá lá e converse, ligeiro! – tinham dito as irmãs da Escola Padre Moye ao pai de Padre Jonas, no final de 1948.

A sugestão tinha sido dada por padre Martinelli, como escrevemos no capítulo anterior. A conversa entre ele e as irmãs da Providência de Gap se deu durante a cerimônia de formatura dos alunos do quarto ano primário, no mês de dezembro. Se conseguissem fazer Jonas entrar pelas Escolas Profissionais – explicou o padre salesiano –, seria muito bom, porque assim ele poderia fazer o ginásio sem pagar. Os cursos profissionalizantes eram pensados, justamente, para os filhos das famílias mais pobres.

Sérgio foi, conversou, deu certo, e Josepha ergueu as mãos para o céu, agradecendo à Providência. Porque ela e o esposo estavam de novo muito preocupados, sem saber como iriam fazer para o filho mais velho continuar os estudos quando terminasse a escola primária. É claro que, quando Sérgio foi conversar com Salesianos, as irmãs já tinham mandado um recadinho para eles. Como a gente sabe, elas tinham recebido da superiora provincial, Madre Rosa – ou *Mère* Rosa –, a incumbência de cuidar daquele menino, porque ele seria padre. Lembra?

Ter um filho no ginásio, naquela época, era um sonho quase impossível para a população de baixa renda. A maioria das famílias tinha que se contentar com o ensino obrigatório, ou seja, o curso primário. Mas os pais de Padre Jonas nunca gostaram dessa ideia. Não se contentaram. Iam se esforçar e fazer o que podiam para que o desejo de colocar o filho mais velho no ginásio pudesse se tornar realidade.

E agora Jonas poderia fazer o curso ginasial! E não era em qualquer escola: ele seria matriculado no Liceu Coração de Jesus! Quem sabe, um dia, talvez até alcançasse a graça de fazer uma faculdade!

Construído por decisão do próprio fundador dos Salesianos, Dom Bosco só não pôde estar presente na inauguração do Liceu, em 1885, por causa do seu estado de saúde. Ele morreria em 31 de janeiro de 1888, aos 73 anos, deixando para os seus filhos – como se lê numa página do Liceu na internet – "a missão de ajudar os jovens, especialmente os mais pobres, a trilharem o caminho ensinado por Jesus Cristo, do jeito de Dom Bosco, por meio do sistema preventivo: razão, religião e *amorevolezza*, formando assim bons cristãos e honestos cidadãos".

– E é assim que eu fui para o colégio salesiano – conta Padre Jonas, chamando sempre de novo a atenção para o modo como, em sua vida, "os milagres vão se ligando".

Falando nisso, ele nos lembra nesse contexto que a mãe o tinha consagrado a Dom Bosco por ocasião do seu nascimento: "Cuide deste menino!". Depois veio o dia em que ela voltou a consagrá-lo a Dom Bosco, no santuário do Liceu Coração de Jesus, quando soube que santo era aquele, vestido de padre: "Dom Bosco, cuide deste menino!".

– E fui parar no Liceu Coração de Jesus, onde fiz artes gráficas com especialidade em tipografia e comecei os estudos ginasiais – continua Padre Jonas. – Como já era coroinha na paróquia, fui ser coroinha também no santuário, e, aí, muito rapidamente, a vocação estava despertada.

No período da manhã, Jonas tinha as aulas do ginásio. Mais propriamente, entrou para fazer o que, na época, se chamava quinto ano de Admissão. À tarde, ele frequentava o curso profissionalizante. Quando a família, dali a pouco, foi morar no bairro da Vila Nova Cachoeirinha, era "uma epopéia" para chegar ao Liceu:

Precisava sair de casa às 5 e 15 da manhã para pegar o ônibus até a Barra Funda, depois o trem, para chegar às 7 horas ao Liceu. Se o ônibus atrasava, eu, menino, me aventurava no meio dos operários e pegava o transporte deles, carroceria de caminhão.

De um jeito ou de outro, ia para a Barra Funda, pegava o trem chamado Subúrbio até a Estação Sorocabana, no Centro, onde hoje funciona a Sala São Paulo. Dali para o Liceu era um pulinho, e eu ia a pé. Para voltar, era a mesma coisa. Chegava às 7 horas da noite em casa.

De manhã, como ele era coroinha – gosta muito de lembrar Padre Jonas –, chegava antes das 7 para ajudar nas missas do Liceu. Depois ganhava um café com pão, antes de ir para a aula. O jejum de pelo menos uma hora antes de receber a comunhão tinha que ser observado à risca.

"Pequeno clero, e não coroinha!"

"Quando é que você vai resolver ir para o seminário?" A pergunta foi feita à queima roupa, e Jonas chegou a levar um certo susto, porque não imaginava que alguém no Liceu soubesse, digamos assim, do seu plano secreto. Padre Jonas gravou muito bem na memória o lugar exato do pátio onde Seu José Pinto o abordou naquele dia do ano de 1949 com essa indagação, feita assim, parecia que do nada. Ledo engano!

Um dia, ele me encontrou no campo de basquete, bem no garrafão. É coisa que não dá para esquecer! Quem chega ao Liceu Coração de Jesus pela portaria da entrada dos carros avista duas quadras. Não é a primeira, é a quadra seguinte, onde ficavam os aprendizes.

"Como é que o senhor sabe disso?", eu perguntei. "As irmãs me contaram tudo", ele respondeu.

Não é que eu pensasse em esconder, ou não quisesse mais ir. Mas estava certo de que ninguém no Liceu sabia do meu plano de ser padre. De repente, vem aquele senhor me falar aquilo. Deixei de lado o rompante e disse: "É verdade. Eu quero ser padre!" Conversamos sobre isso e, a partir daí, ele começou a cuidar de mim.

Cuidar! Eis que aparece mais uma vez na história de vida de Padre Jonas essa palavra abençoada. E vem acompanhada da manifestação desse dom, que o padre sempre cultivou tão bem, de ver nas pessoas o que de melhor elas tinham para oferecer. Pessoas, às vezes muito simples, com as suas próprias histórias:

O senhor José Pinto era quem cuidava dos coroinhas. Ele quis muito ser salesiano, mas o irmão dele, chamado Pedro, tomou a dianteira, apresentou-se e foi. Por causa da família, para cuidar da mãe que já era viúva, José não foi. Mas ficou totalmente dedicado aos Salesianos, como se fosse um deles. Trabalhava nas Escolas Profissionais, e era, além disso, como eu disse, o encarregado dos coroinhas no santuário. O grupo era um primor. Nunca vi coroinhas tão bem cuidados!

Quinze anos depois desse encontro no pátio do Liceu, mais exatamente no dia 8 de dezembro de 1964, ao final da celebração na Igreja de Nossa Senhora Auxiliadora, no bairro do Bom Retiro, em São Paulo, Seu José Pinto abraça emocionado o seu menino, que acabava de ser ordenado padre! "Feito tudo para todos!", como iremos ver no primeiro capítulo da segunda parte deste livro.

Seu José Pinto, que "sabia de tudo" – porque as irmãs da Escola Padre Moye tinham contado –, e que por isso fez a pergunta que de início assustou Jonas, cuidou em primeiro lugar de colocar o menino na Companhia de São José, o grupo dos coroinhas do santuário. "Um primor", como expressou Padre Jonas.

É interessante como o padre, ligando sempre de novo os pontos da sua história de vida uns com os outros, isto é, colocando milagre para conversar com milagre, vê, na sua atuação como coroinha, um momento especial do despertar – ou da confirmação, podemos dizer – da sua vocação. É ele mesmo quem diz isso.

Em 24 de outubro de 2022, um mês e meio antes da sua morte, Padre Jonas nos manda um áudio pelo Whatsapp para fazer uma correção: "Lá no Santuário Coração de Jesus, não se chamava coroinha, e, sim, pequeno clero", ele avisa. E repete que era tudo "muito bem alinhado, uma beleza!".

> *As nossas batinas eram muito bem feitas, bem arrumadas. E o sapato era especial, só para a missa. Eu chegava com o sapato do dia a dia, tirava e punha o sapato muito lustroso, muito bonito, e tal. Na época, estavam começando a aparecer os tênis.*

Esquecemos de perguntar a Padre Jonas se ele tinha que trocar também a meia, porque sabemos – ele contou – que mais de uma vez andou de sapato furado para lá e pra cá. Pobre, queria economizar. Até que Josepha um dia descobriu de onde vinham as meias encardidas do filho! "Onde já se viu, meu filho?!", a mãe ralhou com ele.

Continuando, e, como aconteceu já outras vezes neste livro, não vamos retirar de Padre Jonas o prazer e o encanto de contar as suas histórias. Com detalhes. No capricho:

> *São muitos os altares, ali, no Santuário Coração de Jesus. Então, o coroinha – o "coroinha"! Eu errei! –, o menino do pequeno clero é quem conduzia o padre, que não tinha a obrigação de saber em qual dos altares ia celebrar. Quem fazia isso era a gente. Recebia do sacristão, por exemplo, "o altar de Santo Antônio". A gente ia à frente. Quando chegava, o padre tirava o barrete – sabem o que é o barrete? Aquele chapeuzinho que o padre usava, com três pontas – e o entregava para nós. A gente*

beijava o barrete, por causa do sacramento sagrado que a gente estava iniciando, punha na credência, e, aí, o padre começava a missa.

Credência era o nome dado à pequena mesa ao pé do altar, sobre a qual se colocavam as galhetas com a água e o vinho, o cálice, a patena. A missa era respondida em latim:

– *Dominus vobiscum* (O Senhor esteja convosco).

– *Et cum spiritu tuo* (E com o teu espírito).

"Nós éramos do pré-Concílio", comenta Padre Jonas. A missa passaria a ser rezada em língua vernácula – no caso do Brasil, o português – apenas após o Concílio Vaticano II (1961-1965).

Interessante que o primeiro altar era o de Maria Auxiliadora. Muito bonito! Então, os bispos celebravam lá. E eram muitos os bispos que vinham ao Liceu e que celebravam no altar de Nossa Senhora Auxiliadora.

Era uma rivalidade, entre nós, para participar da celebração no altar de Nossa Senhora Auxiliadora, porque era com o bispo! E era diferente: o bispo vinha de batina, e a gente é que ia pondo nele paramento por paramento. Tinha que saber como fazer: a alva, depois a estola, coisa por coisa.

Por fim, começava a missa. E a gente saía alegre, porque tinha ajudado a missa de um bispo, no altar de Nossa Senhora Auxiliadora!

"E eu, pulando de alegria, e rivalizando com os colegas", prossegue Padre Jonas. "Menino é menino", ele explica. A "rivalidade", por certo, recebia uma ajudazinha de Seu José Pinto, porque essas coisas acontecem. O responsável pelo pequeno clero da Companhia de São José precisava cuidar bem do pequeno Jonas!

– Isso também cultiva a vocação! – conclui o padre.

O trem leva o menino

Não foi só como coroinha – ou “pequeno clero” – que Seu José Pinto cuidou de atrair o menino para colocar em prática, digamos assim, a sua vocação especial ao sacerdócio. “Eu era também dos Marianinhos, que faziam adoração ao Santíssimo Sacramento todos os meses, na Igreja Santa Ifigênia”, conta Padre Jonas.

> *Minha mãe me deixava sair da Cachoeirinha, à noite, pegar condução e ir até a igreja de Santa Ifigênia, no Centro da cidade. A gente tinha que chegar antes das 10 horas, para confessar. Às 10, as portas da igreja eram fechadas, e começava a Adoração. A gente podia dormir, mas de hora em hora alguém ia nos chamar. Vínhamos, e fazíamos uma hora de adoração. E assim nos revezávamos a noite inteira.*
>
> *Na manhã seguinte, às 6 horas, assistíamos à missa. As portas da igreja eram então abertas. Eu saía de lá que nem um passarinho, e ia para casa tomar café e descansar um pouco. Naquele dia, a gente não era obrigado a frequentar as aulas, porque tinha ido à Adoração.*

Por seis meses Jonas permaneceria no Liceu, entre março e agosto de 1949. “Retirou-se a 20 de agosto”, ficou registrado no Histórico Escolar do primeiro semestre. Ele permaneceria ainda nas Escolas Profissionais até 2 de setembro. Nesse dia, uma sexta-feira, o encarregado anunciou aos demais alunos: Jonas estava se despedindo, porque entraria para o seminário.

Os meninos bateram palmas.

E no dia seguinte, logo cedinho pela manhã, o trem levaria o menino de São Paulo para Lavrinhas.

7

O trem leva o menino

Na tarde do dia 3 de setembro de 1949, um sábado, Jonas entra para o seminário, com 12 anos de idade. O pai o acompanha na viagem de trem que o leva até Lavrinhas, uma pequena cidade do Vale do Paraíba, a 220 quilômetros de São Paulo. "E eu estava então numa casa de Dom Bosco", lembra Padre Jonas. "E mais: eu seria um sacerdote com o carisma de Dom Bosco!"

Neste capítulo, o último desta primeira parte do livro, apresentamos os momentos que antecederam a viagem, que parecia ameaçada de não acontecer por causa de uma curiosa história de "dois sacos de roupa usada". A arrumação da mala. As tentativas da mãe de não deixar o filho ir embora. A despedida, a viagem e a chegada ao seminário. A primeira noite de Jonas longe de casa. E, no dia seguinte, a alegria de ver o pai se dirigir à mesa da Comunhão, o que representaria o início de uma relação muito intensa com a Igreja, para sempre.

Desde os primeiros dias de seminário, uma coisa encanta de modo muito particular o coração de Jonas. E, na festa de Santa Cecília – a padroeira dos músicos e cantores –, em novembro, o menino pede a Jesus que o ajudasse a aprender música, se isso fosse útil para o seu sacerdócio. Foi atendido. A partir daquele dia, Padre Jonas e a música – "esse poderoso instrumento de evangelização" – jamais se separariam. Um caso de amor eterno. Uma das marcas da Canção Nova, que o padre fundou.

Nem o galo tinha ainda cantado na madrugada daquele sábado, dia 3 de setembro de 1949, quando um automóvel encosta na frente da casa da família Abib, no bairro da Vila Nova Cachoeirinha, e o dono do veículo aciona a buzina. Era bom se apressar, porque o trem saía às 5 da manhã e havia um bom trecho de estrada a percorrer, ainda no escuro, até o bairro da Luz, em São Paulo. Nesse horário, nem ônibus havia que circulasse no lugar onde a família morava, fazia bem pouco tempo. Por isso, Sérgio precisou recorrer à bondade de um amigo para levar o seu menino até a estação ferroviária da Central do Brasil.

O pai abre a porta da sala e desce a escada de degraus de cimento carregando a mala do filho. Nada de muito especial havia dentro, a não ser os lençóis, as fronhas e as toalhas, algumas calças e camisas, "pouca coisa", como lembra Padre Jonas. Os parentes e os vizinhos ajudaram. Uma amiga da família deu um sabonete e outra trouxe um par de meias, enquanto outras pessoas chegaram com um lenço, uma toalha de rosto ou um agrado qualquer para o menino que iria para tão longe – "Meu Deus, como Josepha e Sérgio tiveram a coragem de deixar?", muitos se perguntavam.

Quando vem a hora da despedida, Jonas se dirige primeiro ao quarto dos pais – onde dorme a irmãzinha Lina, de 1 ano e 10 meses de idade – para dar um beijo na caçulinha. Não consegue conter as lágrimas. Ele volta em seguida para a sala, e Josepha, quando percebe que o filho está chorando, aproveita para tentar fazê-lo pensar melhor se era de fato uma boa ideia deixar a família tão novo e ir embora para o seminário:

– Está vendo, meu filho? Você quer ficar! – ela diz. – Se você quiser, eu peço ao seu pai para buscar a mala no carro. Você fica, e continua tudo do mesmo jeito.

Essa não foi a única vez que Josepha quis evitar que Jonas se separasse dela. Aliás, toda mãe passa por essa dificuldade quando os filhos vão embora para seguir as suas vidas – no caso, a sua vocação. Prova da relutância da mãe é que, umas semanas antes, tarde da noite, quando entrou no quarto dos meninos para ver se estavam bem cobertos, tomou um susto. José Carlos dormia, mas Jonas, não. Ajoelhado ao pé da cama, ele rezava.

– Meu filho! É muito tarde, e amanhã você acorda cedinho para ir ao Liceu! O que você está fazendo aí, a essa hora, que não vai dormir?!

– Estou pedindo a Nossa Senhora que amoleça o seu coração, mamãe, para a senhora me deixar ir para o seminário – respondeu o menino.

Josepha então prometeu que deixaria, mas muito convencida ela não estava. Tanto que, ainda na véspera da viagem, sexta-feira à noite, quando Jonas chega do Liceu e vê a mãe colocando as últimas peças de roupa na mala, ela sente que o momento pode ser oportuno para tocar de novo no assunto.

– Jonas, eu queria muito que você ficasse, se casasse, tivesse filhos e me desse muitos netos – ela diz, quase implorando. – Porque você é um *bom filho* – completa, colocando uma ênfase especial na expressão "bom filho", como observa Padre Jonas, ao relembrar esse dia.

– Mãe, eu não posso ser um bom filho e ser padre? – pergunta Jonas, e a mãe se cala, sem ter o que responder.

Padre Jonas conta o que precisou fazer pela manhã quando a mãe, ao vê-lo chorar depois de se despedir da irmãzinha, perguntou uma última vez se ele não queria ficar em casa. Depois de abraçá-la, ele se afasta dela:

> *Tinha uma escadinha, que descia da sala para a rua, e eu fui saindo, pisando bem firme, sem olhar para trás. Foi até um ato*

de heroísmo de minha parte, e reconheço que não foi fácil. Eu sabia que, se não desse aqueles passos firmes, ou se me virasse para trás e visse a minha mãe, eu poderia acabar cedendo, para fazer o que ela queria.

E, desse modo, eu fui para o carro. Foi a primeira vez que andei de automóvel em São Paulo. Só tinha feito isso quando eu era menino, com o meu avô materno, em Elias Fausto, já fazia bastante tempo... Mas, ali em São Paulo, era a primeira vez.

O Expressinho, como se chamava o trem, partia às 5 horas da manhã. Então, precisava sair bem cedo. Tínhamos que embarcar nesse horário para tentar chegar a Lavrinhas lá pelas 2 horas da tarde.

O dono do carro dá partida. Dentro de casa, Josepha chora, desconsolada. Quando, meu Deus!, irá ver o filho de novo? Será que ele vai saber se cuidar direito? E de madrugada, se estiver frio, alguém irá passar para cobri-lo? José Carlos, por sua vez, com 8 anos de idade, assim que acorda, também chora pelos cantos. O mundo parecia muito injusto. Estava perdendo um irmão, um companheiro e amigo. E também o seu herói, como ele revelaria mais tarde, já adulto. Iria se sentir sozinho. E por que o Jonas abandonava desse jeito o pai e a mãe, que tanto precisavam dele?

O mais impressionante, nas palavras de Padre Jonas, é que ele estava com tanta vontade de ir para o seminário que em sua última noite em casa não ficou agitado, como às vezes a gente fica quando vai viajar. Sabendo que teria que levantar muito cedo no dia seguinte, apenas deitou e dormiu, serenamente. Era como se não fosse acontecer nada no dia seguinte, a não ser o normal, do cotidiano: sair muito cedo de casa para ajudar na missa das 7 horas da manhã no Santuário Coração de Jesus, tomar café, ir depois para a sala de aulas e, à tarde, para a oficina. Sabia, é claro, que iria para o seminário. "Mas não mudou nada, nem no sono nem em coisa alguma."

Algo que precisa ser dito é que, na mala, tinham sido também colocados pela mãe os dois famosos "sacos de roupa usada", que, em virtude de um mal entendido, por pouco não impediam o menino de ir para o seminário. Essa história, que depois deu tanto o que rir e falar, você a confere logo mais à frente. "Foi nessa alegre simplicidade que tantos acontecimentos nos fizeram mais unidos e amorosos", afirma o padre, falando da sua família.

"Meu Deus, quanta expectativa!"

De novo, é o trem. Pela Estrada de Ferro Central do Brasil, lá vai o menino, com o pai do lado, "muito sério", como conta Padre Jonas, "cumprindo o papel de acompanhar o filho pequeno". Vez ou outra, Jonas cochila por um momento, agitado pelo chacoalhar da locomotiva e pelo barulho ininterrupto. Depois desperta e, pela janela, observa a paisagem, com o pensamento distante. Padre Jonas lembra que não sofria tanto naquele momento, mas sabia que uma vida nova estava para começar. "E também sabia que iria sentir muitas saudades da família."

Quase dez horas depois de deixarem São Paulo, chegam à estação de Lavrinhas. Descem do trem. Sérgio agarra a mala, pergunta a alguém por ali como chegar até o seminário, e os dois avançam a pé na direção apontada. Uns vinte e tantos minutos depois, eis que se descortina para o menino uma imagem que ele, até a morte, jamais esqueceria.

"Em meio a um denso arvoredo, quase um bosque, quase um parque, lá estava o seminário salesiano", narra Padre Jonas. "Meu Deus, quanta expectativa! Quanta vontade de se-

DOIS SACOS DE ROUPA USADA

Por causa de uma pequena confusão em torno de dois sacos de roupa usada, quase que Jonas nem ia para o seminário.

Estamos em agosto de 1949, quando o menino de 12 anos recebe das mãos de Seu José Pinto a lista das coisas que precisava levar: três lençóis, três fronhas, camisas, calças... "Não era grande coisa, mas, para nós, era muito." E o enxoval incluía mais uma coisa: dois sacos de roupa usada.

"Não dá, meu filho!" – Na noite daquele dia, depois do jantar, Jonas e José Carlos tiveram que ir para o quarto. A conversa entre os pais foi longa. Quando Jonas foi chamado, o pai, de tristeza, nem conseguiu dar a notícia. Sobrou para a mãe.

"Meu filho, não vai ser possível! Até que a gente consegue comprar as coisas que precisa levar, mas onde vamos arranjar dois sacos de roupa usada? Nem se eu juntasse toda a sua roupa mais a do José Carlos conseguiria encher dois sacos! Diga lá para o homem que não vai dar!"

Foi um choque. De início, o menino ficou paralisado. "Bênção, pai! Bênção mãe!" Fez que ia dormir, mas não conseguiu. Chorou a noite inteira. "Dor de criança é uma dor doída demais", comenta Padre Jonas. "Pega no fundo da alma e faz um buraco que parece que nunca voltará a ser preenchido."

Vida que segue. Muito cedo pela manhã Jonas se levantou para ir ao Liceu, como fazia todo dia. Difícil foi tentar evitar de se encontrar com Seu José Pinto.

"Somos muito pobres" – Mas aconteceu, e foi exatamente no mesmo lugar onde dias antes tinha ocorrido a conversa sobre ir para o seminário.

"Meus pais aprovaram a ideia, mas, o senhor sabe, somos muito pobres", disse Jonas. Falou sobre o trabalho do pai e sobre o esforço da mãe para ajudar no sustento da família. Não ia dar. E mencionou os dois sacos de roupa usada. "Desculpe!"

"Eu disse isso tudo chorando. Chorando de tristeza, de vergonha. Nunca reclamei de ser pobre, mas agora era um problema!"

Muitas gargalhadas – Quando ouve o drama do menino, o chefe dos coroinhas não consegue conter a gargalhada. Quase se rola pelo chão, de tanto rir. Jonas, de início, não entende nada. Parecia que Seu José Pinto tinha endoidado.

Mas logo veio a explicação: tratava-se de dois sacos para colocar a roupa suja! Era esse o esquema no seminário: punha-se a roupa usada no saco que ficava ao pé da cama e depois mandava para lavar, uma vez por semana. Enquanto isso, usava-se o outro saco.

"E ele ria mais ainda. Até eu comecei a rir", completa Padre Jonas. "O que era nebuloso se tornou claro. A dor deu lugar a uma alegria que eu não conseguia conter. Devolveram o pirulito da criança, o sonho não tinha morrido".

Depois, foi só contar para o pai e a mãe, à noite. Mais risos. "Foi nessa alegre simplicidade que tantos acontecimentos nos fizeram mais unidos, mais amorosos", conclui.

guir aquela vocação!", ele diz. E repete mais uma vez, nesse contexto, não se lembrar de momento algum da sua vida em que tivesse perdido ou abandonado o desejo de ser padre.

"Os salesianos me receberam com um acolhimento digno de Dom Bosco", continua Padre Jonas, e ao dizer isso está se referindo ao fato de que, para o fundador dos Salesianos, a acolhida, a recepção situava-se entre os gestos mais importantes numa casa salesiana. O porteiro, na visão do santo fundador, ocupava um lugar de honra, entre os mais dignos. Em Lavrinhas, naquele dia, o próprio diretor da casa, padre Hugo Neves, fez as vezes de porteiro e apareceu para abraçar o menino e fazer festa:

> *A gente estava andando e avistando o colégio, bem na frente. Foi muito bonito, quando eu cheguei. Alguém avisou ao diretor, e ele veio ao meu encontro, numa escadaria grande, que hoje ainda existe – é uma outra, mas no mesmo lugar. Ali nos encontramos. E o diretor me abraçou, deu boas-vindas e fez festa. E eu já me senti em casa. Valeu a pena ter vindo, pensei.*

"E eu estava numa casa de Dom Bosco! E mais: seria um sacerdote com o carisma de Dom Bosco. Não pode ter sido apenas um acaso. Havia ali o dedo da Providência", como expressa o padre.

> *Lá estava eu, agora, no seminário salesiano. Lavrinhas. Pequena cidade incrustada na Serra da Mantiqueira, no Vale do Paraíba. Local de muitos dias ensolarados, cheios de paz e de cores. Lá estava eu, com as minhas lembranças de menino e com os meus sonhos. E com tudo aquilo que, dentro de mim, se anunciava como futuro.*

Pai e filho são conduzidos em seguida à casa para os hóspedes, ao lado da escadaria, mas logo alguém chega para levar

– E eu estava numa casa de Dom Bosco!
E mais: seria um sacerdote com o carisma de Dom Bosco. Não pode ter sido apenas um acaso. Havia ali o dedo da Providência.

o menino até um dos dois dormitórios, aquele que era destinado aos seminaristas dos primeiros anos do ginásio. A mala segue junto. "Esta é a sua cama", foi indicado a Jonas. "E este é o seu armário."

Então, o novo seminarista é deixado ali para tirar as coisas da mala e colocar tudo direitinho no pequeno móvel entre o leito do vizinho e o dele: as camisas, as calças, os chinelos, as meias, os calções... A pasta de dentes, a escova e o sabonete era para serem colocados na parte superior, menor. Um dos sacos para a roupa usada ficaria pendurado aos pés da cama.

> *Eu estava radiante. Queria muito ficar. O lugar era agradável, belo na sua austeridade. Tudo parecia encantador. Para chegar até ali, quanto sacrifício!*
>
> *Depois, voltei à portaria, para ficar com o meu pai. Vi no olhar dele o alegre consentimento para que eu vivesse a minha vocação e, ao mesmo tempo, a sombra triste e saudosa da despedida que se aproximava.*

Essa sombra triste e saudosa vai inundar logo mais, de forma ainda mais densa, o coração do menino. Ele sabe que, no dia seguinte, o pai irá tomar o trem de volta a São Paulo. E à noite, que logo chegaria, a mãe não estaria ali para o beijo, já na cama, nem para aquela visitinha estratégica no meio da madrugada para ver se os seus pequenos não tinham deixado a coberta escorregar para o chão, em noites muitas vezes geladas de inverno.

"O melhor amigo"

Toca o sino, pontualmente, às 18 horas, e alguém vem buscar Jonas para a janta, enquanto a de Sérgio é servida ali mesmo, na casa dos hóspedes. "Abençoai, Senhor, o alimento que vamos tomar..." Os mais de 120 seminaristas rezam antes da refeição. A mesa em que o recém-chegado toma assento – eram de seis a oito lugares –, como as demais do imenso refeitório, tem o seu encarregado, o chamado "decurião", "uma espécie de chefe, que cuidava de tudo, inclusive das conversas, para evitar qualquer atropelo", explica Padre Jonas.

– E quem era o chefe da nossa mesa? Era o Guedes. Vicente Moretti Guedes, que acabou sendo o meu melhor amigo – conta o padre, e repete, como faz sempre, para o interlocutor tomar consciência de que ele está querendo expressar algo muito importante, especial: – O meu melhor amigo! Por ser o mais novo, eu fiquei ao lado dele no refeitório. Ele estava quatro anos à minha frente no seminário.

> *Tanto assim que, quando chegou o momento de entrar para a banda, eu quis aprender a tocar o instrumento que ele tocava. Quando foi para participar do coral, eu quis ficar no coral onde ele estava. E eu o apreciava muito, já desde o começo, claro que não já no primeiro dia. Mas, naqueles inícios todos, eu o apreciava muito, pelo seu jeito, pela sua maneira de ser e pela bela voz que ele tinha. Ele cantava admiravelmente.*
>
> *Nós, no seminário, tínhamos as chamadas operetas, que é um teatro com música. Em geral, o papel principal era do Guedes. Era ele também quem escolhia aqueles que iam ajudar na missa e na Bênção do Santíssimo. E várias vezes eu era escalado, por termos sido sempre tão ligados, eu e ele, de maneira maravilhosa.*

"Até hoje dura essa amizade", nos contava Padre Jonas dias antes de falecer. "Ele é mais velho do que eu, está adoentado, mas está bem ainda, e nós, de quando em quando, nos comunicamos. Foi o meu melhor amigo."

Mais de quinze anos depois, os dois amigos viriam a trabalhar juntos, já como padres. As conversas eram sempre muitas e animadas entre eles, sobre o trabalho pastoral, sobre as aulas, sobre a vida, ou simplesmente para desabafar.

E foi numa dessas conversas que, um dia, descobriram que estavam ligados por laços muito antigos, mais fortes do que imaginavam.

Aqui, precisamos chamar a sua atenção, muito estimado leitor, para uma história que você leu no segundo capítulo desta parte do livro, que traz o título "Festa de casamento" e trata do enlace matrimonial dos pais de Padre Jonas, Sérgio e Josepha. Lembra?

Você deve se lembrar também que a tia mais velha do padre por parte de pai, a Maria Abib, não só pediu para o marido contratar o jovem Sérgio como telegrafista da estação ferroviária de Elias Fausto. Ela também se empenhou bastante para aproximar o irmão daquela moça bonita em quem ele estava de olho, e que todo dia subia a rua em frente à estação até a agência de correio, onde trabalhava. José Teixeira de Barros, o Zeca, chefe da estação, era o nome do marido de Maria, e Josepha, o da moça.

Parece que Maria era boa no ofício de formar casais. Jonas e Guedes acabaram depois confirmando que, numa outra estação de trem, ela tinha usado táticas muito semelhantes com os pais de padre Guedes. Anthero, o pai, quando ainda jovem, foi chamado por Zeca para aprender telegrafia na estação...

– Então, faça o seguinte: venha me ajudar – disse Maria à futura mãe de padre Guedes. – Você fica por aqui, pertinho da estação, e me ajuda um pouquinho, arruma a casa, lava a louça. Daqui você vê o Anthero e vocês se encontram. Aí, eu peço que leve um recado para o Zeca na estação...

E por aí vai, como num filme que a gente já tivesse visto. Padre Jonas, como sempre acontecia, puxava mil histórias do baú encantado das suas memórias. Porque, depois, ele também conversou e confirmou tudo com o pai e a mãe de padre Guedes, ouviu casos e mais casos, se divertiu...

Estação ferroviária de Cruzeiro

Se a gente se estendeu um pouco sobre essa história do melhor amigo, não é apenas para voltar a destacar o gosto que Padre Jonas sempre nutriu pelas histórias, às vezes muito simples, quase ingênuas, que tecem o cotidiano da vida das pessoas. Foi também para convidar você a observar o valor e a importância de uma palavra que costuma andar meio esquecida, ou desgastada, nestes tempos das chamadas redes sociais: amizade!

Amizade não é sinônimo de conexão digital. Amizade é vínculo, atenção, cuidado – é algo espiritual, profundo, divino. "Amigo é coisa pra se guardar debaixo de sete chaves, dentro do coração, assim falava a canção", entoa Milton Nascimento, em "Canção da América".

E canção lembra Canção Nova. Em outro capítulo deste livro, na segunda parte, sob o título de "O amigo", você irá conhecer a história de Wellington Silva Jardim, o Eto, e da sua relação muito íntima com a Canção Nova. Mas como chegamos agora à história desse outro grande amigo, para o qual o padre reservou sempre os mais elevados elogios?

"Coisa muito interessante", nos revelou Padre Jonas. E contou que, quando o trem que o levava a Lavrinhas parou por uma hora em Cruzeiro para esperar a chegada de outro trem que vinha de Minas Gerais, ele desceu e ficou andando por um tempo de lá para cá na plataforma. Chamou-lhe a atenção um senhor bem alto, parecido um pouco com o pai dele. Era o encarregado da plataforma. Muitos anos mais tarde, o padre descobriria: aquele senhor se chamava Jonas como ele, e era o pai de quem? De Wellington Silva Jardim!

Passou um tempo, e eu fiquei sabendo que o Eto, que eu chamo de meu amigo, que é meu companheiro desde o começo da Canção Nova, era filho daquele encarregado da plataforma. A Providência de Deus estava preparando o nosso encontro. Quando eu ia para o seminário, eu já encontrei o pai do Eto, para sermos um em toda a obra que nós deveríamos construir.

Para Padre Jonas, que – sem nunca ter achado que é um mérito seu – carrega o nobre título de Pai Fundador da Canção Nova, Wellington Silva Jardim, "o amigo", encontra-se com ele entre os fundadores da Comunidade, ao lado de Luzia Santiago, a esposa de Eto. A ela dedicamos igualmente um capítulo especial, também na segunda parte deste livro, intitulado "A companheira de missão".

Ninhada de gatos

A cena do pequeno Jonas sentado à mesa para a janta, às 18 horas do seu primeiro dia de seminário, junto com outros meninos e sob os cuidados de Guedes, traz à memória a imagem de outra mesa, a da casa da família. "Em relação à mesa de refeições, meu pai era impecável", lembra Padre Jonas. "Nisso, era libanês mesmo!" Vale a pena recordar:

Primeiro, sempre a toalha branca. O pão, a gente não podia virar do lado contrário, porque papai dizia que o pão é sagrado, é dom de Deus. E, uma coisa maravilhosa: não tínhamos conversas desagradáveis à mesa. Era regra do meu pai: durante as refeições, sempre assuntos bons. E, outra coisa, meu pai dizia: "É almoço ou janta, é do começo até o fim. Ninguém sai da mesa".

Só depois que as minhas irmãs começaram a estudar, ele permitiu que fosse mudada um pouco essa regra. Mas ficou assim: "Se é para comer, você faz o prato, come, e vai para a escola. Mas, se é para almoçar, para jantar, é na mesa, do começo ao fim". Minhas irmãs não podiam fazer o prato e ir ver TV. Comer na frente da televisão, nunca! Era considerado algo horrível!

Coisas assim, da vida em família, começaram a frequentar com insistência a memória afetiva e o coração do menino desde o primeiro dia de seminário. "Depois, fui dormir", ele diz, referindo-se à sua primeira noite no seminário. Jonas pensa no seu quarto em São Paulo, na Vila Nova Cachoeirinha. Lembra do beijo da mãe e das lágrimas no momento da despedida. Chora baixinho.

Minha mãe! Nossa convivência, que havia sido sempre tão intensa, agora, passaria a ser esparsa. Com certeza, demoraria a reencontrá-la. A saudade ia aumentando.

As cenas passavam pela minha mente como numa tela de cinema. Momentos de sofrimento. Momentos de ternura. Tudo isso fazia parte de mim, estava inexoravelmente dentro de mim.

Chorei de saudade.

Abracei a mim mesmo e à minha carência juvenil. Mas logo pensei no sonho de ser padre para servir a Deus, para ser bom, para cuidar das pessoas. Sorri. Dormi.

Uma das imagens mais ternas usadas pelo padre para representar a ligação profunda com a sua família, sobretudo antes de ele ir para o seminário, é a de uma "ninhada de gatos". "Gatos que vivem juntos e são amigos, que gostam de dormir uns por cima dos outros", como ele expressou. "Éramos, de fato, muito unidos, antes de eu partir para o seminário, e, depois, nos momentos de férias." Padre Jonas considerava que a pobreza da família tinha ajudado em tudo isso. "Dávamos valor às coisas. Sabíamos os sacrifícios que tinham de ser feitos para que pudéssemos nos manter."

Domingo, bem cedo, pela manhã. O sino toca, é hora de acordar. O assistente de dormitório bate palmas e diz: "*Benedicamus Dominum!*" (Bendigamos ao Senhor!), ao que os seminaristas respondem: "*Deo Gratias!*" (Graças a Deus!).

Era meia hora de tempo para arrumar a cama e o armário, escovar os dentes, tirar o pijama e vestir a roupa. Mais ou menos meia hora, porque, quando dava 25 minutos, o assistente de novo batia palmas, e todo mundo tinha que fazer fila, em silêncio, para descer. Como era domingo, os seminaristas se dirigiram nesse dia à capela para a missa das 7 horas. Só então veio a hora do café da manhã. No intervalo, antes da segunda missa, Jonas foi se encontrar com o pai.

Veio a missa das 9 horas, e qual não foi a surpresa do menino ao ver Sérgio entrar na fila para receber a Comunhão. Os olhos de Jonas brilharam de emoção. O que será que teria acontecido? Naquele momento, o filho não tinha condições de saber, e nem muito menos de avaliar o significado do que estava se processando na vida do pai, a partir dali e até o fim dos seus dias, em termos da sua fé cristã. Algo divino, maravilhoso! Um milagre! Foi sempre assim que Padre Jonas leu os sinais da ação divina ao longo da história da sua vida.

> Em "O pai de Jonas se confessa e comunga", o texto que você encontra mais adiante, trazemos detalhes sobre a mudança que se operou na vida de Sérgio Abib a partir desse dia. Mudou completamente a sua relação com a religião e a Igreja. O pedreiro muito bom, digno e honesto, o pai de família responsável, depois da entrada do filho para o seminário, daria ao longo dos anos um lindo exemplo de fé e de vida cristã.

O PAI SE CONFESSA E COMUNGA

Que alegria foi ver o pai entrar na fila da Comunhão, na missa solene das 9 horas da manhã do domingo, o primeiro dia de seminário! "Fiquei admirado", diz Padre Jonas.

"Meu pai era uma pessoa muito boa, mas não tinha prática religiosa. Não ia à igreja." O filho sentiu "uma imensa felicidade", porque parecia um gesto de assentimento à sua vocação.

"Meu pai, um homem simples, muito trabalhador, digno, um exemplo de luta e dedicação, estava ali, aprovando mais uma vez minha decisão de entregar a vida a essa linda causa de ser sacerdote do Senhor!"

Passou a mover a família – Jonas estava curioso, doido para perguntar, mas nem precisou. Entre a missa das 7 e a das 9 – contou o pai –, foi à igreja e viu que tinha um padre por lá. "Fiz uma boa confissão e já comunguei, agora, nessa missa."

"Foi lindo! E daquele dia em diante, papai nunca mais perdeu missa. Pelo contrário, quem movia a família toda em casa era ele."

Um exemplo disso que Padre Jonas está dizendo, você viu no capítulo "Retrato de família" desta segunda parte do livro: aconteceu 11 anos depois desse dia em Lavrinhas, no primeiro dia de janeiro de 1961.

Na véspera, os pais tinham comemorado 25 anos de casamento e, na manhã do dia seguinte, um domingo, o pai fez como sempre fazia: levantou cedo, preparou o café, acordando todo mundo... "Vamos, gente!" Foram depois para a missa, em seguida fizeram a foto famosa que pende da parede do quarto do padre, como vimos – e, como também relatamos, no almoço teve frango e macarronada. E vinho com água e açúcar!

De bicicleta pelo bairro – A igreja de Nossa Senhora das Graças, da Vila Nova Cachoeirinha, onde a família participou da missa no dia da foto, foi levantada, em muito boa parte, graças ao esforço de Seu Sérgio! Não havia igreja no bairro quando a família se mudou para lá. "Ele fez isso nas horas vagas, quase sempre no sábado."

"Foi papai quem fundou os Marianos da Cachoeirinha, e também quem iniciou os Vicentinos", lembra Padre Jonas.

No dia do enterro do pai, que faleceu em junho de 1976, muitos se perguntavam por que será que apareceu tanta gente, em plena segunda-feira.

Mais emocionada do que já estava ficou a mãe quando as pessoas vieram abraçá-la para agradecer por alguma ajuda que tinham recebido de Seu Sérgio. Quantas vezes, principalmente em dias de chuva, ele tinha chegado correndo, de bicicleta, para socorrer uma família pobre, como um bom filho de São Vicente de Paulo, o "Pai da caridade".

E pensar que Josepha tinha até ficado meio desconfiada. O marido estaria escondendo alguma coisa dela? Nesse dia, descobriu.

Na véspera tinha sido Dia das Namorados. Quando ela chegou ao hospital para a visita, levava dois cravos na mão: um branco e um vermelho. O vermelho era para o marido. E o branco, nos outros anos, ela teria recebido dele.

Borrão de tinta

Haveria uma lista inteira de histórias, casos e experiências de vida para apresentar sobre os quatro anos e meio de seminário do nosso menino em Lavrinhas. Uma coisa ou outra, nós fomos trazendo ao longo dos capítulos anteriores. Como, por exemplo, no capítulo anterior – "O filho do pedreiro" –, em que falamos sobre o tanque enorme, atrás do prédio do seminário, ao qual os meninos davam o nome de piscina e que foi onde Jonas iria aprender a nadar, e "a nadar muito bem", como observa o padre. No mesmo capítulo, você viu o nosso personagem no alto do andaime da construção da nova capela – e foi nesse dia que o filho do pedreiro por muito pouco não se esborrachava no chão, se ele, e não a lata de massa de cimento, tivesse caído daquela altura.

Em Lavrinhas se estudava bastante. Além das matérias que compunham o currículo normal do antigo ginásio, os seminaristas cumpriam parte da carga horária que ordinariamente compunha o que seria hoje o ensino médio, o antigo científico. O restante podia ser feito depois, durante o Noviciado, em Pindamonhangaba. Padre Jonas conta que sentiu alguma dificuldade em Matemática, no início, mas logo se recuperou: "deram-lhe" 6,5 de média, no primeiro ano, "só para passar", mas depois cuidaram bem dele. Ele mesmo se esforçou bastante e daí em diante só tirou nota boa. Quanto às outras matérias, estava tudo certo.

Só não estava tudo muito certo em comportamento, durante um tempo. Tinha um problema: era tagarela. "Não me continha", como Padre Jonas mesmo revela, na hora em que se exigia silêncio – nas filas, por exemplo, como a do dormitório ou para entrar na sala de aula. Foi também chamado à atenção muitas vezes por causa dos dedos sujos de tinta e dos cadernos borrados! Não existia ainda caneta esferográfica, e o menino, meio elétrico como era, não tinha muito jeito para mergulhar a pena de metal no tinteiro colocado no meio da carteira de dois lugares para depois escrever no caderno:

Eu vivia borrando o caderno e com o dedo sempre sujo com aquela tinta azul. Meu Deus do Céu, não tinha como limpar aquilo! E também não era possível esconder o dedo sujo. Eu tentava, no primeiro intervalo, me livrar da sujeira, lavando as mãos com sabão de cinza. Mas não saía, porque a tinta era muito forte. Toda semana, o próprio Guedes era obrigado a me entregar, pela minha tagarelice, pelos meus borrões no caderno e pela tinta nos dedos.

Demorou um pouco, mas, no final, Jonas conseguiu. No último ano! Tirou um "Ótimo" em comportamento. "Graças a Deus!", o padre diz.

A mãe manda a carta de volta

Talvez o caso dos borrões de tinta tenha algo a ver com uma coisa de que as irmãs de Padre Jonas até hoje se lembram muito bem. Quando chegava uma carta do irmão delas, quanta emoção! A mãe então reunia a família ao redor da mesa depois do jantar para ler e reler cada linha, com toda atenção. Mas às vezes havia coisas que ninguém conseguia entender. Era impossível. Puro garrancho. E não era raro ouvir uma vez ou outra Dona Josepha soltar um "Ah, que moleque relaxado!". Depois se corrigia. Mas não deixava por menos: mandava a carta de volta, para o filho escrever de novo. Pelo menos aquelas partes que só Deus para se dar um jeito.

Chegar atrasado também costumava ser um problema, já pela manhã ainda no dormitório, quando o assistente batia palmas para os meninos se organizarem em fila. "Jonas Abib!!!", era o que se escutava. Pobre Jonas! Ele estava acostumado a se deitar bem cedo, em casa, inclusive porque tinha que pular da cama antes das 5 horas da manhã para chegar ao Liceu e ajudar na missa das 7, antes das aulas. No seminário, tinha que estudar e fazer lição à noite, "e era sagrado", como ele diz. Com todo aquele silêncio – meu Deus! – batia um sono... E, depois, ainda havia o "boa-noite", um costume salesiano. Jonas cochilava durante a fala do diretor.

– Numa das noites, dormi feio – confessa. – Só acordei quando ouvi o padre diretor me dar aquela bronca! "Jonas Abib", gritou. "Fique de pé, para ver se em pé você não dorme!"

A alegria da meninada, as amizades, o esporte e a música, a oração e tudo mais ajudavam o seminarista a superar tantas vezes, sobretudo no início, a dor da saudade que sentia da família. Os pais vinham duas ou três vezes ao ano, quando muito, e ir visitar a família era uma coisa que não acontecia nos seis ou sete primeiros anos de seminário.

Bom mesmo – maravilhoso! – era o "passeio geral", uma vez por mês. Geralmente se andava a pé, cinco, dez ou mais quilômetros, até um rio, lago ou cachoeira. Divertidíssimo. Se não tinha, logo a garotada arrumava um jeito de achar um campinho de futebol, ou dois ou três. A comida chegava num caminhãozinho ou em lombo de burro. Mas o passeio dos passeios, em geral depois da Páscoa, nossa, sem comparação! – isso tudo, no dizer de Padre Jonas –, era à fazenda de Seu Tondato.

> *Era muito bom, porque era a própria família quem fazia a comida. Em geral, era churrasco. No seminário, apenas raramente havia carne, e assim mesmo carne de panela. Então, nesse dia, era churrasco! E muitas frutas apanhadas no pomar. A gente saía de manhã cedo e só voltava, a pé, de noite.*

No fundo, a vida era "de muita simplicidade", como conta Padre Jonas. "O seminário era pobre, muito pobre mesmo. A comida, entretanto, era boa, saudável. Gostávamos de praticar esportes. Eu corria bastante e saltava muito bem." Era uma vida difícil? Sim. Mas também bastante alegre, bem no estilo de Dom Bosco com os seus meninos e jovens!

– E era exatamente isso o que eu sentia naquele seminário – lembra o padre. – Em Lavrinhas, começava o meu longo percurso para entender a minha missão e realizá-la.

Mulheres e homens proféticos

"Alguma coisa dizia que não seria fácil, e alguma coisa dizia que seria lindo", recorda Padre Jonas, voltando aos seus primeiros tempos de seminário. "E é assim a missão", ele completa, não sem antes lembrar que "aconteceu desse mesmo modo com os profetas de todos os tempos":

> *Enfrentaram toda espécie de dor e de sofrimento. Foram incompreendidos. Foram perseguidos. Mas não desistiram. Continuaram em frente, para cumprir a sua parte na História da Salvação. E por isso estamos aqui, hoje, e sempre nos alimentamos dessa fé. Foi preciso que no deserto surgisse o clamor de vozes. Foi preciso que, da terra árida, alguma flor brotasse. A esperança.*

Qualquer semelhança entre isso que Padre Jonas está dizendo e a sua própria história de vida não é mera coincidência. É claro que precisamos reconhecer – o padre não deixava de fazer e sempre repetia em suas pregações – que esse caminho se faz muitas e muitas vezes em meio ao sacrifício, à dor, à miséria humana, ao pecado. Se não tivéssemos pecados, não precisaríamos de um Redentor!

Um dos momentos mais solenes da Santa Missa de Exéquias do Pai Fundador da Canção Nova, celebrada no dia 15 de dezembro de 2022 no Santuário do Pai das Misericórdias, ficou gravado em nossa memória de modo muito particular. Foi quando o coral entoou, em latim: *Agnus Dei / Qui tollis peccata mundi / Miserere nobis / Miserere nobis.*

"Miserere nobis!" Tende piedade de nós!

No caixão em frente ao altar da Eucaristia jazia o corpo inerte de um sacerdote, um filho de Deus a quem a multidão de pessoas presentes ao santuário teria não só o prazer de ver proclamado santo, mas por quem teria a coragem de se manifestar em voz alta nesse sentido: "Santo súbito! Padre Jonas santo!".

Como era impactante ouvir nesse contexto o "Miserere nobis!", entoado magistralmente pelo coral, todo de preto. Santos e pecadores! Foi esta uma das tantas lições ensinadas a todos nós pelo padre, no seguimento de Nosso Senhor Jesus Cristo e nos braços do Pai das Misericórdias!

Padre Jonas conclui a mensagem que lhe vem quando ele pensa em Lavrinhas, no tempo em que iniciou os seus estudos no seminário:

> *Na história sempre houve mulheres e homens que tiveram a coragem de fazer esse anúncio. Em mim, também nascia, timidamente, essa coragem. Eu, ali, em Lavrinhas, estava absolutamente entregue, querendo cumprir minha vocação. Estava pronto e disponível para ser um semeador. Um pregador, um cantador.*

Jonas faz um pedido a Jesus!

Falando em cantador… Chegou o dia 22 de novembro, festa de Santa Cecília, a padroeira dos músicos e cantores. "O ar do colégio foi tomado o dia inteiro por notas musicais!" Esta é a imagem alegre que Padre Jonas utiliza para se referir a um momento, para ele, muito lindo e encantador, antes ainda de completar o seu terceiro mês no seminário. Pela manhã, bem cedo, os meninos foram acordados pela banda do colégio com o toque de alvorada. Depois veio a celebração solene da missa, tudo muito bem preparado e bonito, de encher a alma do menino de 12 para 13 anos de idade.

E a combinação melodiosa de sons continuou pelo resto do dia, com apresentações do coral e da banda. Depois do almoço foi a vez da retreta – uma espécie de desafio executado pela banda, em que se responde música com música. No começo da noite, todos se encontrariam novamente na capela para a Bênção do Santíssimo: *"Tantum ergo sacramentum!"* (Tão sublime sacramento), todos entoaram, ao som do órgão. O *gran finale* – a expressão é de Padre Jonas – levou a comunidade inteira ao teatro para os recitais de canto, de piano e outros instrumentos.

Exatamente na hora da Bênção do Santíssimo, quando o sacerdote ergue o ostensório e o apresenta aos participantes, traçando com ele o sinal da cruz, Jonas, olhando fixamente para a hóstia consagrada, faz um pedido que o marcaria de forma inesquecível para o resto da vida: que Jesus o ajudasse a aprender música, se isso fosse útil para o seu sacerdócio. Comentando quase sessenta anos depois o que aconteceu naquele dia, Padre Jonas observa que ele, na ocasião, não tinha nem como avaliar o alcance daquele pedido.

A música, de fato, tinha tomado conta do coração do menino desde os primeiros dias de seminário. Guedes, o decurião, com a sua voz excelente, como já apontamos, despertava aquela inveja saudável em todo mundo: mostrava um caminho. Como era bonito ouvi-lo cantar! Jonas se sentiu também fascinado pelo instrumento que Guedes tocava na banda, a requinta, uma espécie de clarineta pequena.

– Os garotos iam aprendendo a tocar piano, a cantar em coral. Havia aulas de música, aprendemos a ler partituras, e tudo aquilo me encantou.

Logo depois da festa de Santa Cecília, abriram-se vagas para quem quisesse participar da banda. A inscrição consistia em anotar o próprio nome em uma folha de papel, junto com o instrumento que cada um desejava aprender a tocar. "Requinta", escreveu Jonas. Foi aprovado, nos testes que se seguiram.

– A requinta é uma clarineta, só que um pouco menorzinha, muito aguda e, portanto, muito saliente – explica Padre Jonas. – E é até um risco, porque, se a requinta erra, todo mundo percebe.

O seu mestre era o próprio Guedes.

Logo viria o Natal e, de repente, o menino estava engajado também no coral, participando dos ensaios. Como da vez anterior, houve de novo o convite, um papelzinho para manifestar o próprio desejo, uma entrevista e um teste: Jonas foi aprovado! E dali foi só mais um pulinho – aconteceu no período das férias letivas de fim de ano – até a banqueta do piano.

Ao voltar ao assunto já quase ao final da sua vida terrena, o padre reforçaria que não estava naquela época em condições de "ligar uma coisa com a outra", embora se alegrasse demais com tudo aquilo. Foi depois, no decorrer da vida – como ele disse – que percebeu o pronto atendimento de Deus ao seu pedido. "Vejo hoje o que foi a música na minha vida", ele reflete. Padre Jonas, nessa mesma ocasião, deixou clara a sua mais profunda gratidão ao padre Júlio Comba, o encarregado do coral e da banda no seminário. E pediu a ele, seu mestre e intercessor, que lá do Céu o ajudasse a continuar a usar a música, esse "poderoso instrumento de evangelização, para o bem das almas".

– E, principalmente, para que eu conduza bem aquilo que Deus me deu de mais precioso, a Canção Nova – acrescentou.

Depois continuou:

Eu não tenho dúvida nenhuma de que Deus me deu a graça de aprender música e usar esse dom por causa do meu sacerdócio. Do jeitinho que aquele menino de 12 anos pediu ao Senhor. Eu não poderia imaginar que o Senhor me poria, depois, à frente de uma Canção Nova!

A música ajuda a curar o menino

No seu tempo de seminário menor, por um certo período, às vezes mais e às vezes menos, o nosso menino, que desde muito cedo sempre quis ser um bom padre e pregador, tinha um problema de fluência de fala, como apontamos no capítulo anterior. Tecnicamente, era disfêmico, o que popularmente se conhece como gagueira. O problema tinha se manifestado pela primeira vez quando ele ainda estava em casa, junto com a família. Mas voltou, e voltou pior, no seminário.

– Certamente por falta da família, porque em casa éramos muito unidos – como entende Padre Jonas. – Claro que eu aguentava firme, pois queria ser padre. Mas sentia muita saudade, e gaguejava bastante.

Ensinaram-lhe que, para treinar a fala e não ter problemas com a fluência e o fluxo normal das palavras, o ideal era ler em voz alta ou também cantar. Jonas mesmo acabou descobrindo que, se ler em voz alta ajudava de fato a corrigir o seu problema, melhor ainda era cantar, porque, como ele observa, "quem canta não gagueja".

Como iria ser o padre que ele imaginava e queria ser, se fosse gago? É o que ele então se perguntava. Não queria nem podia ter essa limitação. Precisava corrigir. E assim, muitas vezes, nos intervalos das aulas ou em outros momentos de descanso e lazer, Jonas foi visto andando para cá e para lá, com um livro nas mãos. Às vezes, sacrificava o próprio esporte, que tanto apreciava, para cuidar da sua fala:

Eu pegava um livro e ficava andando pelos pátios, lendo em voz alta. Ou pegava aqueles livros de música e ficava solfejando, cantando as notas. Outras vezes, eu cantava a música também.

Hoje, eu mesmo admiro a minha garra de menino. Lutei contra a minha limitação na base da busca, do esforço. Graças a Deus, hoje vocês podem perceber, eu não gaguejo. Falo muito, e falo rápido.

Dez anos tinham se passado depois do dia da festa de Santa Cecília, em 1949, o seu primeiro ano de seminário, quando Jonas volta a Lavrinhas. Estava agora com 23 anos de idade e tinha terminado no ano anterior os estudos superiores de Filosofia e Pedagogia na cidade de Lorena. Desta vez, entre 1959 e 1961, irá fazer o seu "tirocínio", três anos de experiência prática do carisma salesiano do ensino, como professor. Trata-se de uma espécie de estágio ou treinamento de um ofício ou profissão, e isso é justamente o que a palavra "tirocínio" quer dizer.

Só que, com o tempo, o aprendiz virou mestre, graças ao atendimento divino àquele pedido dos seus 12 anos, e por intercessão de Santa Cecília. Como professor, Jonas assumiu algumas aulas do curso ginasial para os meninos, além de cuidar como mestre de um grupo deles. Mas, agora, as notas musicais que – como naquele 22 de novembro de 1949, o dia do seu pedido – encheriam de vida e alegria todo o ambiente do seminário, estavam sob a sua responsabilidade: foi encarregado da música, como o fora padre Júlio Comba, lá atrás.

Jonas se torna mestre do coral e da banda e, como tal, ensina os meninos a tocar os instrumentos. Também cuida das aulas de piano. Canta, toca, organiza teatros musicais – as "operetas" –, chegou a montar uma pequena orquestra, "uma orquestrinha", como ele diz. "Eu e a música éramos uma coisa só!" – e nunca deixariam de ser, até o dia da sua morte. "A música, sempre a música!" E conclui, reforçando o que já tinha dito:

– Nunca imaginei que Deus fosse, depois, colocar uma Canção Nova na minha mão – comemora Padre Jonas, e é nesse momento que, como ele diz, "uma coisa se liga com a outra": – Tudo isso já estava lá, naquele meu pedido de menino!

Um dos muitos capítulos da relação amorosa entre o padre e a música inclui o seu pioneirismo – quando ainda era estudante de Teologia em São Paulo – ao batalhar e conseguir, junto aos seus superiores, a autorização para comprar um violão e aprender a tocar. Depois, o violão em particular e a música em geral ajudaram a colocar o jovem sacerdote muito mais próximo dos jovens do que muita gente jamais teria conseguido imaginar.

Há também histórias de Padre Jonas frequentando festivais de Música Popular Brasileira, conhecendo artistas famosos e comparecendo por várias vezes aos estúdios da televisão brasileira nos anos 1960. Depois, as suas músicas alcançariam o Brasil e a América Latina, aquecendo corações e animando a vida do grande movimento carismático nacional.

O seu primeiro LP – ou *Long play*, como se chamavam aqueles discos de vinil de não tão antigamente assim –, lançado em 1976, chama-se "O amor vencerá". Nele, Padre Jonas anuncia que não se cansa de cantar. Nunca se cansaria, de verdade. Nem deixou que filhos e filhas da Canção Nova, e outros tantos Brasil afora, se cansassem.

A vida é caminhar
Sou peregrino do amor
Vou semear
A esperança desse mundo que há de vir
E eu não me canso de cantar

O apito do trem

Voltemos no tempo para narrar uma bonita cena, ainda que triste. A certa hora do domingo, 4 de setembro de 1949, não se sabe bem se ainda antes ou se depois do almoço, o pai envolve Jonas num abraço daqueles que um filho nunca mais esquece na vida. É hora de ir à estação para retornar a São Paulo. "Chora, não, Jonas!", deve ter dito Seu Sérgio, pronunciando o Jonas com "o" aberto – Jónas –, como se fazia na família. "Logo eu trago a sua mãe e os seus irmãos para visitar você!"

"Me escreve, pai, me escreve!"

"Dê um beijo na mãe!"

"Fala para o Zé Carlos que eu vou sentir muito a falta dele!"

"Pai, vou sentir saudades da Maria! Traga ela, quando o senhor e a mamãe vierem me visitar!"

Jonas vê o pai se afastar a pé pela estrada por onde ambos chegaram no dia anterior, com a mala na mão e aquele encanto todo do menino ao ver o prédio do seminário. Minutos depois, lá longe, Sérgio vira à direita na estrada principal e desaparece na curva. Nesse momento, tudo parece ficar turvo e triste – como quando nosso coração aperta ao nos despedirmos de alguém que queríamos muito ter sempre conosco. Na hora de dormir, Jonas volta a pensar intensamente no pai:

> *Meu pai devia estar ainda no trem, já chegando a São Paulo. Talvez dormindo. Talvez observando tantos olhares que se cruzam num vagão de trem. Com certeza, devia estar pensando em mim e rezando por mim. Seu filho, então, começava a construir a sua história. E o meu pai havia me abençoado e me emocionado com a sua Comunhão.*
>
> *Eu pensava nessas coisas e sentia saudades, mas sabia que iria me acostumar. Eu sabia o que queria. E o clima do seminário era realmente propício para uma vida feliz, com as orações, a*

amizade e os espaços santificados de quem queria levar uma vida diferente.

Mas a família estaria sempre presente na minha memória e na minha história. Meu pai já devia estar chegando, e logo reencontraria minha mãe.

"Lá vem o trem. O trem vai e o trem vem. O trem chega e o trem sai, levando e trazendo gente para cá e para lá..." Foi com essas palavras que iniciamos o primeiro capítulo desta primeira parte do livro, que ganhou o título de "O apito do trem". E é de novo com o trem – mais que uma máquina potente, um símbolo – que terminamos este capítulo final, "O trem leva o menino". Faz sentido. É só ouvirmos de novo Padre Jonas, falando mais uma vez de Lavrinhas:

Uma coisa marcante era o trem. Sabíamos os horários. Sabíamos quando ia, quando voltava, quando apitava. E o trem era sempre um símbolo do que nós deixamos e do que nós queríamos. Nossos pais vinham ao colégio de trem. Traziam esperanças na bagagem, levavam de volta a alegria e a saudade que também ficava entre nós.

Éramos meninos que estavam ali, em busca de algo mais. Éramos meninos com certezas e com dúvidas, que gostariam de um colo seguro de mãe, do afeto prolongado da família. Meninos, apenas. Tentávamos parecer valentes. Compartilhávamos as notícias boas e propagávamos nossa alegria. E sentíamos o vazio que ficava quando da partida do trem. Tinha de ser assim. Assim crescemos e amadurecemos.

Os meus pais, como disse, vinham duas ou três vezes por ano. Não era fácil deixar todas as coisas e viajar. Eu entendia e continuava amando-os à distância. Ficava à espera de uma nova composição que trouxesse, em seus vagões, sorrisos ou apenas notícias.

Lá vai o trem.

A última vez

Padre Jonas a vida toda gostou demais de festa, celebração, bolo, sorvete, refrigerante, parabéns... E tinha que ter brincadeiras para as crianças, um presentinho, um agrado. Dar e receber abraços, como ele gostava!

A data mais importante, todo ano, era a de 8 de dezembro, o dia da sua ordenação sacerdotal. Imbatível! Alegria nenhuma se comparava com a desse dia. Depois vinha a comemoração do seu nascimento, em 21 de dezembro – com um agradecimento especial a Dom Bosco, a quem a mãe o consagrou naquele dia, em 1936.

Mas que ninguém se engane: o dia da sua entrada no seminário – 3 de setembro –, se a pessoa não prestasse bastante atenção, podia até às vezes pensar que se igualasse em importância ao do aniversário de nascimento do padre. O sino do seminário de Lavrinhas parecia vez ou outra soar tão forte na vida dele quanto o da estação ferroviária de Elias Fausto, a sua cidade de origem.

Três de setembro foi por mais de sete décadas um dia de festa e alegria na vida de Padre Jonas, e, por extensão – depois do nascimento da Comunidade na segunda metade dos anos 1970 –, de toda a Canção Nova. Desde então, todo ano nessa data, religiosamente, ele se deslocava até Lavrinhas para celebrar com os seus filhos e filhas espirituais o início do seu caminho de formação para o sacerdócio.

Em 2019, nos 70 anos de entrada no seminário, a Comunidade preparou uma linda surpresa para o padre. Na estação ferroviária de Lavrinhas, um grupo numeroso e muito animado de pré-discípulos da Canção Nova presta uma homenagem ao Pai Fundador, assim que ele chega: cantam, batem palmas, pulam e dançam de alegria. Padre Jonas não sabe se sorri ou se chora de emoção. Faz uma coisa e outra, misturadas.

– Gente, eu nunca tive isso, é a primeira vez! – ele exclama.

Há queima de fogos, a banda toca e toda aquela gente o acompanha a pé no percurso que vai da estação até o seminário. Luzia e Eto amparam o padre pelas mãos, um à sua direita e outro à sua esquerda.

– Eu não sei quantos anos eu vou ter – diz Padre Jonas. – Eu quero ter muitos. Mas quantos eu tiver, vão ser um compromisso com isso que está acontecendo aqui hoje.

"E quem diria?!", pergunta-se o repórter, encerrando uma matéria para a TV Canção Nova:

> *Depois de tantas estradas de ferro, depois de tantos embarques e desembarques de estações, depois de tantas almas tocadas pelas suas palavras e de tantas missas celebradas, essa locomotiva continua nos trilhos, a puxar vagões inteiros, sempre com a certeza de que é preciso entregar tudo para ser inteiramente livre, inteiramente de Deus!*

Padre Jonas não viveria mais por muito tempo. Em 2022, com o seu estado de saúde inspirando os maiores cuidados, ele não voltaria a Lavrinhas. Mas celebração, tinha que ter – e tinha que ser no dia certo, 3 de setembro, como sempre! A missa foi em casa. Bolo, depois da missa, não teve, porque a alimentação de Padre Jonas tinha que ser pastosa. Mas sorvete, sim! Bastante. E muitos parabéns, vivas, abraços e mais abraços! E como o padre estava feliz!

Foi a última vez.

Na manhã seguinte, um domingo, Padre Jonas fala para o povo sobre o grande dia da sua entrada no seminário, em missa transmitida pela internet para o Brasil e o mundo:

– Ontem, graças a Deus!, completei 73 anos desde que entrei para o seminário, numa cidade aqui perto, chamada Lavrinhas. Então, eu pensei em falar a respeito disso.

E falou. Contou detalhe por detalhe, com a mesma e grande alegria de sempre, desde a despedida da família, na madrugada do dia 3 de setembro de 1949, até o abraço que recebeu do diretor do seminário, no meio da tarde, nas escadarias que davam para a capela e, um pouquinho adiante, para o edifício do seminário:

– Não era o diretor, era Jesus esperando por mim! Ele, ali, de braços abertos.

Padre Jonas lembra que foi cuidado em tudo pela família, pelas pessoas que cruzaram a sua vida, por Dom Bosco e, em primeiro e maior lugar, por Deus e por Nossa Senhora. E encerra:

> *E hoje estou aqui, padre, graças a Deus! Me doei bastante, mas quero me doar ainda mais à Comunidade, ao povo. Eu quero! Deus não investiu em mim à toa.*
>
> *Eu peço a Deus que muitos sejam sustentados pelas palavras que eu trouxe hoje. É uma palavra muito simples, eu diria. É uma palavra de um caipira de Elias Fausto, e, depois, dos bairros de São Paulo.*
>
> *Mas, assim como Jesus nasceu em Belém e depois viveu em Nazaré, que era um lugar pequeno, pequeno, o Senhor também cuidou de mim, está cuidando e eu sei que irá cuidar. Ele é o Senhor!*
>
> *Proclame Jesus como o Senhor de sua vida. E faça da sua vida o que Ele quiser!*

PARTE 2

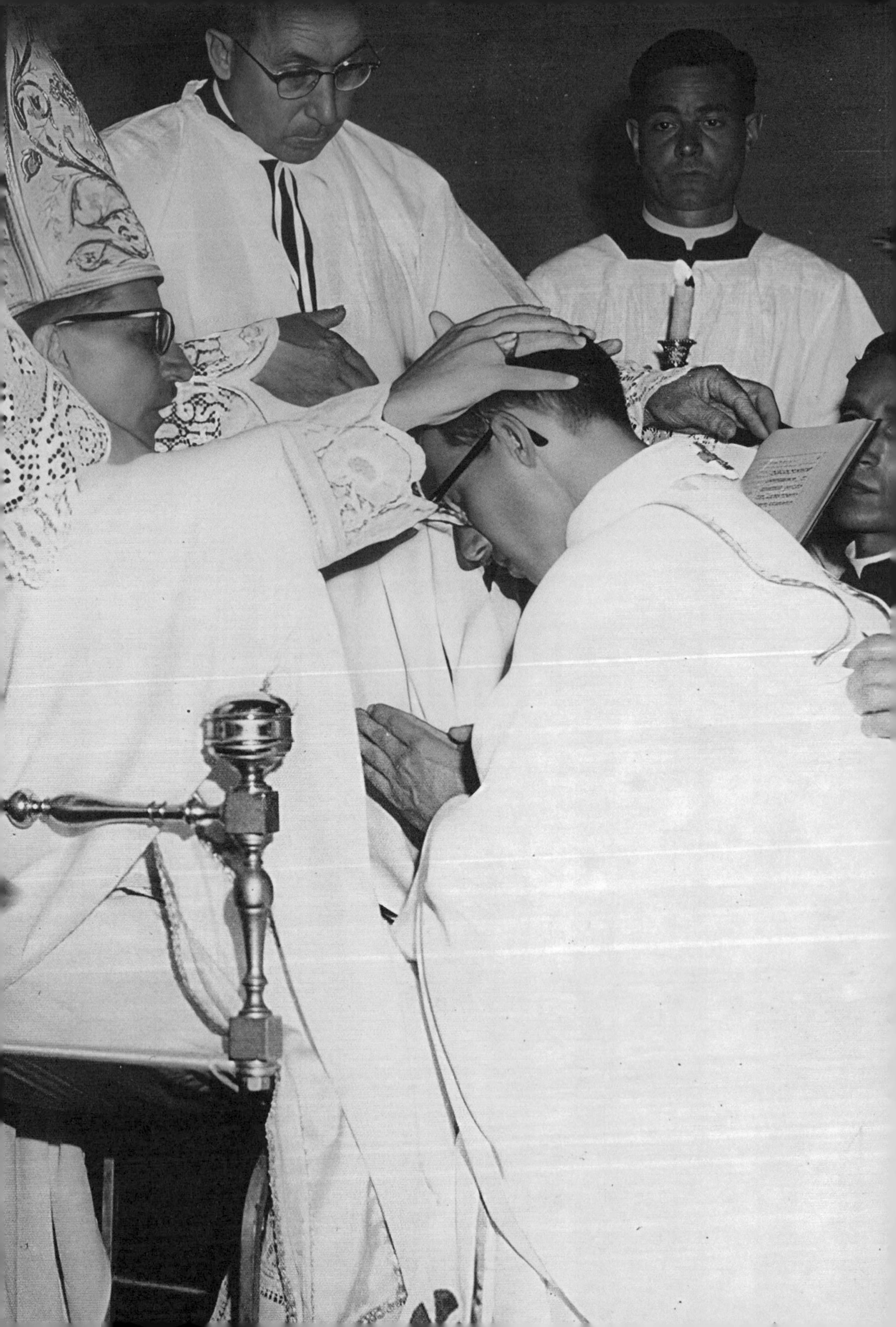

1

O dia mais feliz

"Chegou, enfim, o grande momento da minha vida!" Em 8 de dezembro de 1964, aos 27 anos de idade, quase 28, Jonas Abib é ordenado sacerdote. Até esse dia, ainda segundo as suas palavras, tudo na sua vida "havia sido preparação, ensaio". "Eu estava ali para entregar-me. Uma entrega total, consciente." O lema escolhido: "Fiz-me tudo para todos". "Aí já estava delineada a minha missão. Meu modo de vida. Feito tudo para todos."

Não é sem dor e sofrimento que o jovem Jonas alcança a graça de realizar o maior de todos os sonhos da sua vida. Nos últimos meses antes da ordenação, uma doença que os médicos não conseguiram diagnosticar quase o impedia de realizar esse ideal naquele ano: a cabeça lhe doía muito, e as vistas, turvas, não conseguiam distinguir as palavras umas das outras na hora de ler e estudar.

Histórias emocionantes, belas, cativantes ilustram este primeiro capítulo da segunda parte do livro. Como a do pai, que faz horas extras e esconde o dinheiro no fundo do guarda-roupa, enrolado num papel de saco de cimento, para comprar o cálice para o filho. Ou a do encontro pessoal com Jesus, em um dos momentos mais dramáticos da trajetória de vida de Jonas rumo ao sacerdócio. Tornar-se padre, ainda que representasse o ponto culminante de uma etapa de quinze anos de formação, não passava ao mesmo tempo de um começo. "Quanta coisa ainda estava por vir!", reflete Padre Jonas.

Sete de dezembro de 1964. Falta um dia para Jonas Abib se tornar padre. Passou-se uma década e meia desde a viagem de trem que levou o nosso menino de 12 anos de idade até o seminário salesiano de Lavrinhas. Na véspera do dia mais alegre e importante da sua vida, Jonas se recolhe em oração, tendo pedido licença à família, aos parentes e a todo mundo para passar o dia inteiro sozinho, em retiro espiritual. O mesmo pretendia fazer no dia 9, o primeiro da sua vida como padre. Não lhe bastava a semana inteira de retiro, encerrada no dia anterior, junto com a turma dos dezesseis rapazes que aguardavam como ele pelo grande dia.

No início da noite, Jonas se sente um pouco cansado. A cabeça ainda dói, e a vista continua turva, como nos últimos sete meses. Não tinha se livrado ainda completamente de um mal que o afligiu durante mais da metade do último ano do curso de Teologia. Por muito pouco, devido a mais essa doença, não tinha sido impedido de realizar naquele ano o maior de todos os sonhos da sua vida.

Para descansar a cabeça, vai lavar as próprias meias, quando toca a campainha e chega o recado de que o pai e a mãe o esperam na portaria. Logo chegará mais um verão – quando os dias são mais longos – e, portanto, lá fora ainda está claro. Dentro do Instituto Teológico Pio XI, no Alto da Lapa, o ponteiro menor do relógio percorre pacientemente o seu caminho cotidiano entre as 18 e as 19 horas.

Sérgio e Josepha trazem numa bolsa os paramentos que Jonas irá usar pela primeira vez no dia seguinte, a partir de um momento específico da cerimônia. Faltava ainda terminar de bordar uma peça, mas tudo iria dar certo: mandariam entregar ainda antes de ele ir dormir.

Lindos os paramentos! "Lindíssimos", corrige Padre Jonas. "Já no estilo do Concílio Vaticano II", ele explica. Foram um presente do seu tio Santos, o mesmo que, vinte anos antes, quase fez explodir de alegria o coração do sobrinho ao acordá-lo à meia-noite para lhe mostrar a árvore de Natal que tinha comprado para ele. Um ano depois de ter recebido esse presente, uma nova alegria: agora, o menino ganhava um presépio de verdade, que ainda hoje – setenta anos depois – é montado todo ano na sede da Canção Nova em um lugar muito especial!

Os paramentos tiveram que ser encomendados às pressas porque, até bem poucos dias antes, Jonas não tinha certeza se iria ou não poder ser ordenado. Os tios Santos e Irene – que foram escolhidos como padrinhos de ordenação – precisaram agilizar as coisas. As primeiras vestes litúrgicas de Padre Jonas seriam feitas pelas detentas da antiga Penitenciária Feminina do Carandiru, com as quais um grupo de religiosas desenvolvia esse trabalho. "Em estilo gótico", explica o padre.[4]

Ali mesmo na portaria do Instituto Pio XI, depois de se encantar com o presente, Jonas se senta com o pai e a mãe para um momento de descontração. Mas não demora muito, e Sérgio se levanta de repente, porque, como ele pensa, está na hora de ir embora. E já vai dizendo um "até logo, meu filho, fique com Deus!".

– Mas, o que é isso, papai? – pergunta Jonas, um tanto intrigado com tamanha pressa. – Amanhã é a minha ordenação! O senhor chega e já vai indo logo embora?!

– Meu filho, você não pediu para fazer um dia de retiro? – tenta se justificar o pai. – Desculpe termos vindo! A

4 O estilo gótico, que vigorou principalmente na Europa no período entre os séculos 10 e 15, antes do Renascimento, se deixa ver de modo particular nas grande catedrais medievais. Uma das suas marcas são as linhas pontiagudas apontando para o alto – melhor seria dizer "para o Alto", para Deus! Inaugurada no dia 25 de janeiro de 1954, no Quarto Centenário da cidade de São Paulo, a Catedral da Sé segue esse estilo. Naquele mesmo ano, Padre Jonas estava deixando Lavrinhas – o seminário menor – para fazer o Noviciado em Pindamonhangaba, sempre no Vale do Paraíba.

gente não conseguiu entregar os paramentos antes, por esse motivo só o fizemos agora. Também viemos lhe desejar que Deus o abençoe.

"Só isso já fez valer a pena", reflete Padre Jonas.

Minha mãe sorriu e disse: "Você tinha razão! Pode ser um bom filho sem namorar, casar, sem nos dar netos. Estamos muito satisfeitos por você ser padre!".

Meu pai riu e lembrou: "E os dois sacos de roupa usada, hein?!".

Rimos, choramos, e nos despedimos.

Padre Jonas não sabe dizer o que mais o marcou para a vida, se foi a hora da ordenação – "lindíssima!", como ele afirma –, ou o momento que acabou de descrever, em que, como num filme, tudo se refez na sua cabeça: a cirurgia nos olhos, aos 2 anos de idade, a família tendo que se mudar para São Paulo por causa da dívida contraída com o avô, tanta coisa, incluindo a doença recente...

– Agora, que eu ia me ordenar, tudo isso passou pela minha cabeça. Pela cabeça, não, muito mais pelo meu coração! Foi como rever a história inteira de minha vida.

A noite avança. Enquanto aguarda a chegada da última peça das suas vestes litúrgicas, caminhando sozinho de lá para cá pelos pórticos do Pio XI, Jonas viaja pelo tempo, reflete, se emociona, reza. A parte que faltava dos paramentos chega finalmente, entre 10 e 11 horas da noite.

Jonas ainda toma um copo de água com açúcar. Tem medo de não conseguir dormir. Mas dorme. Do mesmo modo como disse um dia que dormiu na noite de 2 para 3 de setembro de 1949, quando teria que acordar de madrugada para embarcar com o pai no trem que o levaria ao seminário de Lavrinhas, uma "casa de Dom Bosco".

A mãe de Dom Bosco

A cerimônia de ordenação foi na igreja de Nossa Senhora Auxiliadora, no bairro do Bom Retiro, bem perto da Estação da Luz. Ali, nesse lugar, começou a sua jornada rumo ao sacerdócio naquele ano longínquo, justamente depois da noite bem dormida, o choro da despedida, a última tentativa da mãe de segurar o seu bom menino em casa...

Jonas se tornou padre no dia 8 de dezembro de 1964, festa da Imaculada Conceição, um dia santo naquela época. Tinha 27 anos e iria fazer 28 duas semanas depois.

A igreja encontrava-se completamente lotada para a ordenação dos dezessete novos padres salesianos. O lugar de cada um no presbitério e a chamada pela ordem alfabética tinham sido previamente combinados com os superiores. Era importante evitar atropelos. "Não queremos ver vocês zanzando, porque já vai estar apertado", Jonas ainda lembra bem da recomendação. O mesmo ritual solene precisava ser repetido para cada candidato, parte por parte. A letra "J" do seu nome o colocava na terceira ou quarta fileira.

– Apresentem-se os que vão ser ordenados na ordem dos presbíteros! – anunciou o oficiante.

E chamou o primeiro nome:

– Jonas Abib!

O jovem fica parado, confuso. Olha para o seu superior. Como assim? Não era para ser o primeiro.

Será que ele estava em dúvida se respondia "sim" ou "não"?, alguém deve por um instante ter pensado.

– Jonas Abib! – repete o oficiante, mais alto dessa vez.

O filho de Sérgio e Josepha olha novamente para o seu superior, que lhe faz um gesto afirmativo com a cabeça. Agora, sim, responde, em latim:

– *Adsum!* Eis-me aqui!

O que aconteceu para ele ser o primeiro é mais uma daquelas muitas situações da sua vida cujo porquê Padre Jonas nunca entendeu, e nem tentou explicar de maneira racional. O certo é que a chamada foi toda embaralhada dali em diante. Mas, já naquele momento, ele se perguntava o que será que aquilo poderia querer dizer, num nível superior e espiritual de entendimento.

– Só posso ver o dedo de Deus nisso, porque, dali em diante, eu era toda vez o primeiro – ele diz. – Em todos os gestos, em todas as partes do ritual, feitas para cada um, eu era o primeiro, sempre o primeiro.

Durante a ordenação, começou a acontecer algo dentro de mim, uma dúvida: "Por que sou o primeiro?". Eu ouvia uma voz martelando em minha cabeça, no meu coração: "Foste constituído o primeiro entre os teus colegas".

Mas isso para mim era inaceitável.

E a voz insistia: "Não viste tua doença? És o primeiro a ser ordenado entre os teus colegas".

E a ordenação, correndo.

Os acontecimentos, depois, foram demonstrando como Deus me escolheu. Não mais nem melhor do que os outros, mas o primeiro, na frente deles, para os outros.

Um privilégio. Uma escolha especial.

Chega o momento do rito em que o bispo unge as mãos do novo sacerdote com óleo e as amarra com um lenço.

– Significa que, a partir daquele momento, estamos presos pela unção que recebemos nas mãos – explica Padre Jonas. – São os pais que desamarram o lenço e que depois nos lavam as mãos.

A mãe o abraça. Ela chora, e o filho pergunta por quê.

– Não é de tristeza, é de alegria – responde Josepha. – Mas, ao mesmo tempo, eu choro porque sei que você vai sofrer muito.

Começar a ser padre é começar a sofrer ainda mais, ela acrescenta. Mas a escolha tinha sido do filho. Então, que Deus o abençoasse muito! Para sempre!

Nem lembrei, naquela hora, mas foi quase a mesma frase que Margarida, a mãe de Dom Bosco, lhe disse: "Meu filho começou a dizer missa" – era a expressão usada na época. "Começar a dizer missa é começar a sofrer, mas foi você que escolheu. Que Deus o abençoe!"

Minha mãe não sabia disso, e disse quase a mesma frase. Estava evidente que era Dom Bosco me protegendo, me guardando e colocando a mesma inspiração nos lábios de minha mãe.

Minha mãe que, chorosa, me havia pedido para ficar em casa, naquele já distante momento de partida para o seminário, agora estava ali, comigo. Foi ela quem mais me ajudou a ficar preparado e pronto para a ordenação.

Nos últimos meses do curso de Teologia, com aquela dor de cabeça que não passava e o embaralhamento das vistas que tantos problemas lhe causou, Jonas aproveitou mais de uma quinta-feira – dia de folga entre os Salesianos – para visitar o lar da família.

– Ia, simplesmente, para ficar em casa – afirma Padre Jonas. – E minha mãe também não fazia de propósito, mas me dava lições de verdadeira sabedoria.

Com todo respeito, não foi outra coisa, não podia haver melhor preparação do que as conversas que ela teve comigo. Não é que combinássemos. Eu ia para casa, ficávamos conversando. Ela não parava. Foi assim a vida inteira, do tanque para o fogão, do fogão para arrumar a casa, era o costume. E eu atrás dela, conversando. Depois, ela preparava a mesa, servia um lanche, para que eu comesse antes de voltar ao Instituto Pio XI.

Não se tratava de conselhos, eram histórias de vida que ela contava, eram "acontecências" daqui e dali. E, no meio daquelas narrativas, quanta sabedoria! Acho que ela nem se dava conta. Era uma mulher de muita fibra. Sofreu muito, mas o sofrimento não lhe tirou a ternura.

E foi numa dessas conversas, quando já ia se aproximando o dia mais importante da vida do filho, que Dona Josepha revelou o grande segredo: ele foi consagrado a Dom Bosco quando ainda não tinha saído do seu ventre. Ela nem sabia que santo era aquele cujo nome atravessou pelo ar o espaço entre a sala e o quarto da casa onde Jonas nasceu. Quando ficou finalmente sabendo, uns anos depois, ao parar para uma prece no santuário do Liceu Coração de Jesus, em São Paulo, ela voltou a pedir ao santo diferente, vestido de padre, que cuidasse do seu menino!

– Mãe, por que a senhora só me contou isso agora?! – perguntou entre lágrimas o jovem Jonas, dias antes de se tornar um sacerdote filho de Dom Bosco.

Sabedoria! É essa a palavra que sempre veio à mente, ou melhor, ao coração de Padre Jonas quando contou episódios como esse da sua vida. Ou, também, a palavra "milagre".

"Grande demais!"

Durante a cerimônia, Jonas tentava não cruzar o olhar com o dos seus irmãos, para evitar que as lágrimas fossem mais abundantes. José Carlos, 23 anos, encontrava-se ao lado do pai, 52 anos, e da mãe, 50. Também ele teria muitas histórias para relatar sobre o irmão mais velho, amigo e herói que um dia deixou a família para seguir os caminhos de Deus, respondendo assim à sua vocação.

Depois vinham as quatro irmãs: Maria – a Lina –, a mais velha, com 17 anos, a única de quem o menino pôde se despedir naquele dia já distante. Isso porque as demais ele só conheceu quando já estava no seminário: Márcia, que iria completar 14 dois dias depois; Marta, 9 anos e 11 meses; e Maria José, a caçula, com 7 anos de idade.

– Aquilo, para a nossa família, era grande demais! – expressa Padre Jonas. – Era alcançar o impossível.

Gente simples. Gente pobre. Mas gente de muita fibra, fé e oração. "Mais um milagre!", como ele afirma.

Ao final da celebração, os novos sacerdotes se juntam para uma foto na frente da igreja. Como tinha sido o primeiro, Jonas ficou ao lado do bispo, Dom Antônio Barbosa, que antes fora inspetor salesiano e que, na época, era arcebispo de Campo Grande, Mato Grosso do Sul.

O mais curioso – como lembra Jonas – é que os paramentos dele e do bispo eram idênticos. Já durante a missa, tinha reparado isso. Percebeu porque tinha visto os seus na noite anterior. Até aquele momento da celebração, a mãe ainda nem os tinha trazido para ele vestir. Depois, até houve alguém perguntando se o bispo era tio do padre.

Os familiares se despedem, para se encontrarem em casa mais tarde. Os irmãos voltam de ônibus. O pai, nesse dia – coisa que nunca antes tinha acontecido – sai para chamar um táxi para ele, a esposa e o filho padre. Foi difícil encontrar. Quando ouviam que a corrida era para a Vila Nova Cachoeirinha, os motoristas inventavam alguma desculpa. Estavam indo para o almoço, diziam. Não queriam pegar a corrida. A família Abib, não vamos esquecer, morava na periferia da periferia.

O almoço foi especial. Simples, mas gostoso, a mesa muito bem arrumada como sempre, e muita alegria. Os pais fizeram o melhor que puderam, como lembra Padre Jonas. Depois, passaram a tarde conversando, nesse dia de tantas e tão fortes lembranças e emoções. Histórias voltaram a ser relembradas. Episódios alegres e episódios tristes. "Acontecências."

A viagem de trem a Lavrinhas se fez presente à memória de Jonas. A expectativa, a vontade de seguir aquela vocação, que foi o que sentiu quando, naquele sábado – 3 de setembro de 1949 –, viu, no meio do arvoredo, o seminário dos padres de Dom Bosco.

"Não me lembro de momento algum da minha vida em que não quisesse ser padre", como ele afirmou tantas vezes. Reviu o padre diretor – naquele dia já longínquo – acolhendo-o com um abraço nas escadarias do seminário e, como também contou mais de uma vez, "não era o padre diretor, era Jesus quem me estava abraçando".

Quanto tempo fazia desde o seu período na Escola Padre Moye, quando, inspirado por Deus – ou melhor, chamado por Deus, que é o que a palavra "vocação" quer dizer –, manifestou com inteligência, clareza e elegância, a "decisão de entregar a vida a essa linda causa de ser sacerdote do Senhor", como diria mais tarde.

No final da tarde do dia da sua ordenação, o jovem pega o ônibus de volta para a cidade, até a Barra Funda. Salta e sobe a pé até o bairro de Perdizes. Nesse, como em outros dias especialmente iluminados da sua história de vida, ao caminhar, sentia-se leve como um passarinho – em estado de graça!

Um outro ônibus o leva ao Pio XI, no Alto da Lapa, onde chega para a oração das Vésperas. Depois há a janta e um momento de convivência com a comunidade. No dia seguinte, faria de novo um retiro espiritual. E, à noite, na paróquia do Limão, seria celebrada a sua primeira missa!

Eficácia da palavra

Mas não houve retiro no dia seguinte. Nem teve como haver. Logo ao descer do dormitório, pela manhã, Padre Jonas se encontra, ainda na escada, com o colega Humberto – agora, padre Humberto como ele. Olhos inchados, com olheiras profundas e bastante abatido, ele praticamente se joga nos braços de Jonas, pedindo-lhe pelo amor de Deus que fizesse o discurso da ordenação em seu lugar.

O jovem padre chora e desabafa com Padre Jonas. É grande a sua dor. Ninguém, nem a mãe, nem um ou outro dos seus irmãos, pôde vir para a sua ordenação. Ele sabia que seria difícil para eles se deslocarem do Nordeste até São Paulo, mas ninguém?! Nem a mãe?

Humberto, como o apresenta Padre Jonas, era um ótimo orador. O melhor. Tinha sido escolhido pelos colegas para o discurso daquela noite, depois do jantar e antes das palavras finais do superior. Nem preparar ele precisava. Por isso, só tinha recolhido algumas ideias, não escrevera nada. Queria, antes, viver intensamente o dia da sua ordenação. Mas não contava com tamanha tristeza pela ausência dos familiares. E, por estar tão triste e confuso, sentia-se incapaz de organizar as frases oralmente.

– Ninguém, Jonas?! – pergunta o colega novamente. – Caí numa prostração. Se eu for fazer o discurso em cima das minhas emoções, o que vou dizer? Olhe só o meu estado!

Os outros colegas foram se juntando para formar o coro dos que queriam que Padre Jonas assumisse a tarefa. Não iam poder ajudar muito, talvez datilografar o que ele fosse passando.

– E lá fui eu! – conta o padre. – Abri mão do meu dia de retiro.

Se, na Filosofia, em Lorena, o discurso de formatura que ele fez foi importante, esse agora, na Teologia, era muito mais. "Dez vezes mais", nas contas de Padre Jonas. Além disso havia o fato de que ele, por mais de seis meses naquele último ano, tinha vivido longe do seminário por causa da sua doença.

> *Já estávamos ordenados, não éramos mais seminaristas, éramos padres. Naquele discurso, de certa maneira, fazíamos a resenha dos quatro anos de Teologia. Era preciso uma certa perícia para falar dos pontos positivos e negativos da nossa preparação e dar uma espécie de resposta aos superiores. Nossa turma tinha passado por situações complicadas. Inclusive, aquela saída de grande parte dos seminaristas. Não seria fácil falar disso, e meus colegas contavam comigo.*

Corria o ano de 1964. No último dia de março, os militares tomaram o poder. De Norte a Sul do país, havia a fala da caça aos comunistas! As conversas sobre o momento político tomaram conta também no seminário. No texto "Momentos de dor e de tristeza", você fica sabendo mais a respeito, e também sobre como Padre Jonas conseguiu escapar de ser ele também mandado embora.

É muito interessante observar uma coisa que acontece quando Padre Jonas está contando a história de como acabou se decidindo a ajudar o colega desesperado, triste, angustiado, assumindo em lugar dele o discurso da ordenação. E é exatamente nesse contexto que o padre nos revela dois momentos entre os mais relevantes da sua jornada como sacerdote.

O primeiro desses momentos – como Padre Jonas lembra – teve lugar no dia da sua ordenação diaconal, que foi cele-

MOMENTOS DE DOR E DE TRISTEZA

Não era apenas a fase mais acalorada do Concílio Vaticano II (1962-1965) que alimentava as discussões pelos corredores da Faculdade de Teologia dos Salesianos em São Paulo, naquele ano de 1964. Certo que isso deixava apavorados alguns professores – como conta Padre Jonas –, por causa de temas como batina ou *clergyman*, latim ou língua vernácula, padres casados ou celibatários, e outras muitas questões que ocupavam os bispos do mundo inteiro reunidos com o Papa João XXIII, em Roma.

Havia também o fato de que, em 31 de março de 1964, os militares tomaram o poder no Brasil, dando início a um período de exceção que duraria até 1985, com o restabelecimento da ordem democrática e as primeiras eleições diretas, em 1989.

"Estudantes entusiastas" – "Criou-se a ideia de que o comunismo tinha se infiltrado no seminário." Os acontecimentos do período, tanto na ordem eclesial, quanto social e política, atraíam a atenção dos seminaristas, que acabavam "falando muito", na expressão do padre.

"A gente ia atrás das notícias de jornais, queria saber tudo o que se passava no Concílio e em todo o resto da discussão religiosa e política."

"Eram estudantes entusiastas, querendo discutir tudo. O seminário fervilhava. E as notícias corriam, nem sempre corretas, nem sempre verdadeiras, mas corriam. E, assim, acabou vindo um superior geral, de Roma, para ter reuniões com os nossos superiores."

Dizendo adeus – A cada reunião que havia, "para tristeza de muitos colegas, dois ou três estudantes eram dispensados". Alguns tiveram que ir embora uns poucos dias antes da ordenação. "Foi uma revolução no seminário, uma dor imensa."

"Quem seria o próximo?", era a pergunta que rondava pelo ar. Quando alguém dizia "Estou indo embora", tudo acontecia muito rápido. O jovem ia ao dormitório, pegava as coisas e dizia adeus. "Enfim, foi um momento muito doloroso."

Jonas escapa – Em meio àquela intranquilidade, por causa da doença e morando em Lavrinhas entre maio e outubro, Jonas estava a salvo. Porque, se estivesse junto com a turma naquele período, teria com certeza se envolvido. "Eu também pensava muito, falava muito."

"Vivi em segurança, apenas triste pela situação dos meus amigos. A doença me salvou."

Ainda na data do início do retiro feito antes da ordenação, nos primeiros dias de dezembro, Jonas era o único que tinha certeza que se tornaria padre. Os outros colegas se sentiam inseguros. Precisou o superior avisar que podiam ficar tranquilos. Ninguém mais seria mandado embora.

brada na Catedral da Sé, em São Paulo, no início do mesmo ano de 1964, pelas mãos do bispo auxiliar Dom Antônio Alves de Siqueira. Na ocasião, o futuro padre fez mais um dos seus tantos pedidos a Deus, que, aliás, lembra muito um pedido semelhante de Dom Bosco.

O fundador dos Salesianos pediu o dom da palavra, como observa Padre Jonas. E ele, no diaconato, pediu ao Senhor o dom da *eficácia* da palavra. Pediu, e a resposta divina – como o padre mesmo segue dizendo – se mostraria de modo muito concreto e evidente já no momento da sua ordenação sacerdotal.

> *Posso afirmar que Deus atendeu, de fato, o pedido que eu, à semelhança de Dom Bosco, lhe havia feito: o dom da eficácia da palavra.*
>
> *Portanto, se era dom, não era meu: foi dado a mim. Era preciso, já no primeiro dia como sacerdote, colocá-lo em prática. Não para mim, mas para os outros.*

Padre Jonas, como é fácil observar, se refere ao fato de ter desistido do plano de realizar um retiro espiritual para atender ao pedido de padre Humberto e, na sequência, dos demais colegas de ordenação. Mas o padre estende com muita facilidade e alegria a graça desse dom encantador – o entusiasmo entusiasmante desse grande pregador – ao conjunto da sua vida de sacerdote:

> *Hoje, não tenho como negar: o Senhor atendeu ao meu pedido.*
> *Minha vida e o meu ministério de pregação demonstram que Ele me concedeu o dom da eficácia da palavra.*
> *Não é motivo de vaidade.*
> *É uma grande responsabilidade que o Senhor me entregou.*

"Fiz-me tudo para todos!"

O diaconato de Jonas o inspirou a compor uma música, que depois foi gravada e se tornou conhecida, que dizia: "Deixa tuas redes, deixa teu lar, / deixa teus campos, deixa por mim. / Meu operário, eu te farei, / irmão e amigo, eu te serei! / Eis-me, Senhor. Tudo deixei / por ti, Senhor!".

Uma outra estrofe da mesma canção continua assim: "Senhor, meu amigo, / assim, lado a lado, / eu caminho confiante, / onde fores, eu vou. / Senhor, não pergunto pra onde me levas. / Se Tu queres, eu quero, / se Tu fores, eu vou!".

– E isso também ficou evidente no meu lema sacerdotal – conta Padre Jonas.

E esta é justamente a segunda revelação sobre um fato cuja dimensão e importância para a sua vida de padre é até difícil de imaginar. A primeira, como vimos, foi a do dom da eficácia da palavra.

> *Eu não sabia que era o mesmo lema de São Francisco de Sales, mas aquilo estava na minha memória, e acabei escolhendo na última hora: "Fiz-me tudo para todos!".*
>
> *Está no capítulo 9 da Primeira Carta aos Coríntios. São Paulo começa dizendo: "Ai de mim, se eu não anunciar o Evangelho!". E termina: "Fiz-me tudo para todos".*
>
> *Tirei dali e escrevi no meu santinho de ordenação: "Jonas Abib, sacerdote do Senhor, feito tudo para todos".*

Como tinha escolhido aquele lema – e também porque o padre sempre levou muito a sério as decisões que tomou na vida –, precisou colocá-lo em prática logo no dia seguinte ao da ordenação para socorrer os colegas.

– Não sou eu que mando, já que fui feito tudo para todos – é a leitura que Padre Jonas faz do seu lema sacerdotal.

– Aí, já estava delineada a minha missão, o meu modo de vida: feito tudo para todos.

À noite, depois do discurso e das palavras de encerramento do superior da comunidade salesiana, o jovem sacerdote pega o ônibus até o bairro do Limão para a sua primeira missa na paróquia, ali onde ele, no início dos anos 1940, foi coroinha, nos tempos do curso primário na Escola Padre Moye. A igreja, vinte e poucos anos depois, já era nova. Por causa da falta de recursos num bairro que, como sabemos, não era nada rico, tinha demorado muitos anos para ser terminada.

Padre Jonas se lembrou nesse dia de quando ele, na sua infância, brincava de pique por ali, subindo e descendo pelos andaimes – um perigo! – antes da oração do terço e da ladainha que havia toda noite.

No dia da sua primeira missa – ainda em latim – tudo lembrava uma grande festa. A celebração foi cantada. O vigário, padre Vitorino Gandara, o mesmo do seu tempo de menino, comemorava muito feliz a ordenação do primeiro sacerdote que, como ele dizia, era filho do Limão. Um bairro que, na primeira metade dos anos 1960 – nas palavras de Padre Jonas –, "ainda parecia uma cidade do interior. Era só atravessar o rio e aquilo já não era a cidade grande".

A banda de música, bem na frente da igreja, dá o tom da festa, esperando pelo novo sacerdote, que chega acompanhado por padre Vitorino. A missa é solene. Os coroinhas do Liceu Coração de Jesus não podiam faltar. Seu José Pinto, que tomava conta deles, não iria perder a primeira celebração da Eucaristia do seu menino.

As irmãs do Padre Moye cantaram durante a missa, e elas também estavam muito felizes! Poucos dias antes, numa visita que o jovem Jonas fez à escola, elas lhe contaram sobre aquele dia em que a superiora provincial recomendou que cuidassem muito bem daquele menino, porque ele iria ser padre! Por que não tinham contado antes?! Era para não atrapalhar os planos de Deus, como elas explicaram.

A Eucaristia, na época, era ainda dada na mesa da comunhão. O novo sacerdote se emociona ao ver se aproximarem o pai e a mãe, os irmãos e parentes, todo o povo. "Corpus Christi", ele repete a cada hóstia sagrada que entrega. E faz questão, ao final da missa, de impor as mãos sobre as pessoas, que se aproximam em grande quantidade. A primeira a receber a bênção foi a mãe. Depois foi a vez do pai. No salão de cinema – que era a antiga igreja –, finalizada a celebração, houve festa com homenagens, discursos, "tudo muito bonito!", comemora Padre Jonas.

A segunda missa celebrada por ele foi na Escola Padre Moye. No primeiro final de semana – a ordenação se deu numa terça-feira –, foi a Elias Fausto celebrar a Eucaristia no lugar onde nasceu. Dali, o jovem sacerdote viaja até São Pedro, a terra dos antepassados. De São Paulo a Elias Fausto e depois a São Pedro, vai de trem. Volta ao passado para anunciar o futuro. O futuro do trem da sua vida.

Eu era agora um sacerdote do Senhor e tinha de levar a sua palavra a todos os povos. Sabia que, se a jornada havia sido dura até o momento da ordenação, seria agora duríssima. Quem ouve, acolhe e cumpre a palavra de Deus sabe que não se trata de simples honra. É heroísmo. É entrega. É paixão.

Como não lembrar de novo a mãe de Dom Bosco – Mamãe Margarida, como muitos a conhecem –, quando ela alerta o filho para o fato de que "começar a dizer missa é começar a sofrer"?! Josepha, a mãe de Padre Jonas, disse a mesma coisa ao filho, como já sabemos.

Eu era um jovem absolutamente entregue a essa nova etapa da vida. Moravam em mim emoções de todos os tipos. Só não morava a acomodação. Eu era um inquieto, cheio de um ardente desejo de colocar em prática tudo o que tinha vivido e aprendido. Era apenas o começo: quanta coisa ainda estava por vir!

Sofrer, porém, não é uma palavra definitiva na vida da pessoa que, como fez o padre, se entrega ao Senhor, ele que se fez "tudo para todos". Aconteceu algo muito lindo, mais um milagre:

Apenas quinze, vinte dias depois da ordenação, percebi que a dor de cabeça e o embaralhamento da vista tinham ido embora. Eu lia perfeitamente. Depois da minha ordenação, minha doença foi embora como veio. Não posso deixar de dizer: vi mais um milagre na minha vida. Ele foi decorrência da minha ordenação.

Pó de cimento

São tantas as histórias emocionantes que cercam o dia mais alegre e significativo da trajetória de vida de Padre Jonas, que a todo momento precisamos prestar atenção para pelo menos não deixar escapar aquelas que nos parecem as mais lindas entre todas. Como esta, de quando ele ganhou de presente do pai o cálice que usou já a partir de sua primeira missa.

Não muito tempo antes do dia da sua ordenação, na época em que se encontrava em Lavrinhas por motivo da enfermidade sobre a qual iremos falar logo mais adiante, Padre Jonas um dia pegou o trem para visitar a família em São Paulo. Uma vez em casa, Sérgio o chama para o quarto, porque era ali que se resolviam os assuntos mais sérios. Os dois se sentam em um dos lados da cama de casal.

– Meu filho – começa o pai –, eu queria muito lhe dar de presente o cálice da sua ordenação, mas não vai ser possível. É muito caro, não tenho condições de pagar.

– Não precisa se incomodar, papai! – tenta consolá-lo o filho.

E explica que, como padre salesiano, em qualquer lugar onde estivesse haveria mais de um cálice à disposição para ser utilizado.

– Eu sei que não preciso me preocupar – retruca o pai. – Mas eu teria um grande prazer de lhe dar um de presente.

– Eu sei, papai! Mas, por favor, não se importe!

Os dois se abraçam.

Não se falou mais nisso. Até o dia em que, já às vésperas da ordenação e na corrida para deixar pronto tudo o que precisava, Jonas passa em casa, e o pai o chama novamente para o quarto. Ele se senta na cama de casal, como da outra vez, enquanto Sérgio se dirige ao guarda-roupa. Abre a porta do lado onde guardava as roupas dele. E tira de lá do fundo, embrulhado em papel de saco de cimento, um maço bem grande de dinheiro, porque era composto de várias notas de valor pequeno.

– Está aqui o dinheiro para o seu cálice, meu filho! – ele diz. – Fiz horas extras desde o dia que conversamos, você se lembra, não é? Vá e compre você mesmo o cálice do seu gosto!

Não teve uma vez que Padre Jonas tenha contado essa história sem chorar de emoção. Ele se lembrava daquelas notas todas de dinheiro, ainda sujas de cimento, como os bolsos da roupa de pedreiro do pai. Era possível sentir o pó com os dedos.

– Aquilo foi um símbolo maravilhoso. Levei comigo aquele bolo de dinheiro. Pena que tive que trocar. Se pudesse ter ficado com ele…

Josepha não sabia de nada. Sérgio foi escondendo nota a nota de dinheiro no guarda-roupa, a cada nova hora extra que fazia.

Papai nem reparou, mas eu via naquilo todo o trabalho dele, durante tanto tempo. Anos de Brasília, a construção do Palácio da Alvorada, a construção da sala de cirurgia cardíaca… Tudo resumido naquele bolinho de dinheiro, embrulhado naquele papel.

Fui, comprei o cálice e não tive dúvida. Mandei gravar a seguinte inscrição: 'Jonas, queremos estar presentes em todas as suas missas'. Então vinha o nome deles e a data da minha ordenação.

> Nas páginas seguintes, trazemos algumas histórias do padre que não gostaríamos de deixar de contar. São lições muito importantes, que nos ajudam a entender melhor a vida e missão de Padre Jonas – e que, por conseguinte, podem nos ajudar a entender melhor a nossa própria vida. Leia com amor os textos "Uma vida inspirada" e "A melhor cesta".

A cruz de Padre Jonas

Quando, ao falar tantas vezes sobre a sua história de vida, o padre traz para o primeiro plano – junto com todas as alegrias, graças divinas e milagres – o tema da dor e do sofrimento, não está por certo exagerando. Não lhe passa pela cabeça se fazer de vítima, nem muito menos fantasiar.

Do começo ao fim da sua vida, Padre Jonas soube com todas as letras o que sofrimento e dor significam, tanto as dores do corpo quanto as da alma – e ninguém nunca consegue imaginar direito qual das duas pesa mais, nem muitas vezes é dada a nós condição de distinguir uma da outra.

UMA ALMA INSPIRADA

Inovação era uma palavra que agradava Padre Jonas, desde os tempos da sua formação. Nesse sentido, ele sempre se lembrou com carinho de padre Antônio Carlos Leôncio, o seu diretor em Lorena, no tempo em que lá esteve para os cursos de Filosofia e Pedagogia. "A vida caminhava para o grande momento de entrega a Deus", ele comentou sobre esse período.

Viva o povo simples! – "Padre Leôncio era muito inovador", recorda. Quando os seminaristas, certa vez, depois de três dias e duas noites ininterruptos batendo a laje de um dos edifícios, ficaram sabendo que como prêmio iriam todos para a praia, a ordem do diretor foi clara: "Era para usar calção de praia de verdade, nada de cortar calça!".

Aliás, nem era comum um seminarista ir à praia naquele tempo, e muito menos usar calção ou coisa do gênero. Inclusive, futebol tinha que ser de batina. Padre Jonas brinca: para ele, era bom. Como goleiro, não passava bola por baixo das pernas!

E, na praia, com os pescadores, foi lindo. O mar, a lua, a novena de Natal, os cânticos. Na hora da despedida, encantadas, as famílias dos pescadores prepararam um banquete para os seminaristas: uma bela de uma tachada de camarões. Uma delícia!

"Esses contatos com os pescadores fortaleciam em mim o carinho pelas pessoas simples. Na pobreza deles, davam o que tinham de melhor."

Viva o rádio! – Bom também para o jovem Jonas era poder acompanhar padre Leôncio no programa da Ave Maria, às 18 horas, pela Rádio Cultura de Lorena.

"Foi o meu primeiro contato com o trabalho de rádio." Quando foi preciso, ainda que com as pernas trêmulas no início, foi Padre Jonas quem fez o programa. Também ajudava na parte técnica e na locução em outras transmissões, como as das procissões da Semana Santa, Corpus Christi e outras.

"Deus estava me ensinando. Ele estava me preparando para o meu trabalho no rádio, tendo padre Leôncio como mestre."

E viva Dom Bosco! – Em Lavrinhas, no tempo do seu tirocínio, Padre Jonas quis inovar. "Mesmo tendo como base os princípios de Dom Bosco, havia um certo exagero na disciplina. Eu comecei a inovar com os alunos e a aplicar realmente a pedagogia de Dom Bosco. Eu estava sempre no meio deles."

"Eu precisava inovar. Tinha consciência dos riscos, mas segui em frente. Era preciso colocar em prática os sonhos de Dom Bosco, que falou tanto do coração, da razão e da religião. E como eu era feliz, me sentindo um filho de Dom Bosco!"

Uma das maiores inovações e Padre Jonas, no tempo da Teologia, foi aprender a tocar violão. Tocar órgão, podia. Violão, não! Foi um grande pioneiro. Fez do violão – que aparece na logomarca da Canção Nova –, mais do que um amigo, um instrumento a serviço da evangelização.

A MELHOR CESTA

Aconteceu um dia, no seminário, que o jovem Jonas, quando estudante de Teologia, começou a se sentir inibido, introvertido. Foi durante as férias, quando ele estava fazendo um curso de canto gregoriano e passou por lá o grande amigo Guedes, que já tinha se formado padre.

"Reparei no sorriso dele. E eu, com a mesma ousadia de menino, pedi: 'Senhor, não posso ser uma pessoa carrancuda. Peço-vos a graça de um sorriso como o de padre Guedes'."

Colo de mãe? – "Pedi, e não posso negar: Deus me atendeu", confessa Padre Jonas. Mais uma vez!

Não havia razão para estar "carrancudo". Ia tudo bem no seminário, Jonas não se sentia revoltado, não parecia haver uma carência especial.

"Tenho a impressão de que era a falta da família. Para nós, de origem libanesa, a família faz muita falta, embora o seminário fosse uma grande família. Mas colo de mãe é colo de mãe. Ternura de pai é ternura de pai. É uma pena que muita gente se esqueça disso hoje em dia."

A melhor cesta que fez – Mas antes disso, no final do curso de Filosofia, o jovem Jonas, de repente, começou a se perguntar o que iria fazer da vida. Sentou-se no salão de estudos, pegou lápis e papel e fez as contas: se saísse do seminário naquele momento, podia ser professor, e quanto iria ganhar? Sim, teria possibilidade de sair, namorar, casar, ser pai de família.

"Família e casa sempre me encantaram", ele diz. Pensava numa casa cheia de crianças, com muitos filhos. "Eu queria ser padre, mas ao mesmo tempo aquilo me encantava. Também examinei minha capacidade de ser um bom pai de família, um bom esposo..." Pôs tudo no papel. Depois parou e disse para si mesmo que não era nada daquilo. "Amassei o papel na mão e, do lugar em que estava, vi o cesto de lixo lá adiante. Mirei e atirei a bolinha de papel. Acertei direitinho. Foi a melhor cesta que fiz na minha vida!"

O dia de hoje – No último ano do seu tirocínio, não faltava muito para fazer os votos perpétuos – a cerimônia seria em 31 de janeiro de 1961, festa de Dom Bosco, em Lavrinhas –, Jonas "fica em pânico". "Eu pensava: 'Será que vou conseguir ser o padre que preciso ser? Não quero ser um padre medíocre'."

Assustando a ponto de perder o sono e o apetite, foi ter com o diretor, padre Hugo Guarnieri. "Seu futuro não está em suas mãos", ele disse. "Tudo depende do seminarista que você é hoje."

Padre Jonas aprende a lição. É como se lhe tivessem caído escamas dos olhos, ou, ainda, como se lhe houvessem tirado uma tonelada das costas.

"Guardei isso para toda minha vida. Tudo depende do dia de hoje. Se quero ser santo, tenho que ser santo no dia de hoje. Isso é uma rota, uma norma de vida para mim: ser hoje. Serei hoje aquilo que pretendo e aquilo que preciso ser amanhã."

PHN, Por Hoje, Não! Olhe ali a inspiração!

Provado na dor e no sofrimento desde a infância – "Sem nunca deixar a peteca cair", como expressou um dia Luzia Santiago –, por quantas enfermidades, cirurgias, internações, remédios, tratamentos não passou o Pai Fundador da Canção Nova?! Não há como deixar de pensar que ele realizou de forma plena a palavra de Jesus de que quem quiser acompanhá-lo precisa negar a si mesmo, tomar a sua cruz e segui-lo

Já ao final do seu primeiro ano de Teologia, em São Paulo, em 1961, Padre Jonas precisou se submeter a uma cirurgia do duodeno, uma parte do intestino delgado. Foi a segunda intervenção cirúrgica da sua vida – a primeira foi a dos olhos, aos 2 anos de idade.

A causa muito provável da sua úlcera, o padre mesmo explica: vinha de três anos de trabalho intenso em Lavrinhas – no tempo do seu tirocínio –, onde fazia de tudo: tomava conta de uma turma de aspirantes, dava aulas de várias matérias e, principalmente, cuidava de toda a parte da música: aulas, ensaios, orquestra, banda, coral...

– Não me poupava. Muito pelo contrário, me multiplicava. E gostava de tudo o que fazia. Por isso, não percebi a sobrecarga. E há momentos em que o corpo não aguenta.

Foram idas e mais idas aos médicos, exames, radiografias, medicamentos... Não adiantou. Teve que se submeter à intervenção cirúrgica.

– Naquele tempo, a cirurgia era drástica – explica. – Fazia-se o corte bem no meio, e o ventre era aberto, completamente. Corrigia-se as glândulas dentro do estômago e cortava-se parte do duodeno.

Durante todo o tratamento, e mais ainda no período da convalescença, Dona Josepha cuidou dele. A cirurgia foi feita durante as férias do final do ano, e ele pôde ficar em casa. Os

– Eu era agora um sacerdote do Senhor e tinha de levar a sua palavra a todos os povos. Quem ouve, acolhe e cumpre a palavra de Deus sabe que não se trata de simples honra. É heroísmo. É entrega. É paixão.

pontos internos, que eram para ser absorvidos naturalmente, porém, foram rejeitados pelo organismo. Inflamaram, e veio a febre. E tiveram que ser retirados "a frio, porque não era possível dar anestesia", lembra Padre Jonas.

Quanta dor! Viu estrelas, como ele conta. Mas o padre nunca deixa de tirar uma lição importante para a sua vida, mesmo – e às vezes principalmente – da própria dor:

> *É interessante notar que, na época em que estamos doentes ou em processo de recuperação, pensamos não ter forças suficientes para aguentar. Cada dia é um calvário. Depois de tudo acabado, depois que a ferida cicatriza, resta apenas a lembrança, indolor.*
>
> *Isso deveria ser um sinal para que entendêssemos outros sofrimentos que surgem em nossa vida. Tudo passa. É apenas uma questão de paciência e de tempo.*

"Pode a tristeza durar até o anoitecer, mas a alegria logo vem no amanhecer", o padre deixou registrado em uma das tantas músicas que compôs. Padre Jonas, como prossegue a canção, quer "acordar cantando e louvando" o seu Senhor e rei! Quer cantar uma canção nova a cada manhã, mesmo que muitas vezes mergulhado na angústia, na dor e no sofrimento.

Dor de cabeça e vista embaralhada

Um certo dia, como iria repetir muitas vezes ao longo da vida ao falar sobre a ordenação sacerdotal, Padre Jonas deixou claro que a sua entrega a Deus foi "alimentada por refeições de dores e de certezas, de pobreza e de bonança, de solidão e de acolhimento". E acrescentou: "Momentos que hoje são leves, mas que, na época, meu Deus! Só o Senhor sabe o que passei!".

Corria o mês de maio de 1964, o último ano do curso de Teologia, quando os superiores aconselharam o jovem Jonas a fazer uma pausa nos seus estudos. Aliás, tratava-se de mais que um simples conselho: ele precisava ir para Lavrinhas, para tentar se recuperar de uma nova enfermidade. A "doença estranha", como a ela se refere o padre, apareceu no início do ano. Uma dor de cabeça muito forte chegou de repente, acompanhada do turvamento das vistas: as letras se confundiam umas com as outras, era muito difícil ler, estudar, acompanhar as aulas.

Começa, então, a via-sacra das consultas a especialistas e dos exames médicos: passa pelo clínico geral, depois pelo oftalmologista, pelo neurologista, indo por fim parar no psiquiatra. Nenhum dos profissionais de saúde soube dizer que enfermidade era aquela, e nem que medicamento indicar.

Depois, já em Lavrinhas, mesmo com todo o cuidado, a saúde não melhorava. Jonas trabalhava na horta e no pomar, tentando de diversas maneiras driblar a rotina. Ler e estudar, quase zero. Não conseguia. Sentia-se exausto. Embora, no conjunto, fisicamente parecesse bem, a cabeça continuava um desastre. Foi levado para o Hospital Militar de Piquete, no estado de São Paulo, de longe o melhor da região. Lá, o médico cuida muito bem dele, "como um pai", mas nada muda de verdade. A dor de cabeça continua, não consegue fixar a visão e só lê com muito esforço.

Julho de 1964, cinco meses antes da data prevista para ele se tornar padre. Algo muito importante acontece na sua vida, e ele encontra a resposta para o seu padecimento. Jonas entende que a pergunta verdadeira não era por que, mas para que tudo aquilo estava acontecendo.

A história do seu primeiro encontro pessoal com Jesus – tão central na sua vida como na da Canção Nova –, você irá conhecer com mais detalhes logo em seguida. Por enquanto, continuamos com o episódio da doença de Jonas e de como foi que ele acabou conseguindo ser ordenado padre no final daquele ano, justamente depois da experiência desse encontro vivo e pessoal com Jesus.

Disposto a "partir para a luta e atingir a meta", em outubro, o jovem procura o seu superior para saber se ele o autorizava a retornar para o seminário. Ia depender dos médicos, o superior respondeu. E também de ele conseguir estudar, recuperar toda a matéria dada desde maio, fazer os exames, ser aprovado... Tudo correndo bem, ele poderia ser ordenado junto com a sua turma no final do ano.

Jonas volta. Corajosamente. Pede a ajuda dos colegas, junta textos e anotações. Conversa com os professores. E mergulha nos estudos: manhãs, tardes e noites... A dor de cabeça não tinha desaparecido. A visão continuava embaralhada. Mas ele estudava. Estudava sem parar. "Foi uma superação", como diz Padre Jonas, emocionado toda vez que se lembrava desse drama.

> *Meu Deus, como sofri naqueles dias! Eram noites intermináveis. Eram anotações que não acabavam mais, e livros para serem lidos e estudados. E eu tinha de buscar forças para superar as minhas barreiras, ir adiante. Quando a dor apertava e a vista já não me possibilitava distinguir aquilo que eu lia, fechava os olhos e me lembrava da linda experiência que tive com Jesus e tentava imaginar minha ordenação.*
>
> *Era como manter os olhos nos céus, mesmo com os espinhos causando estragos nos pés, nos olhos ou na cabeça. Não importava a dor, e sim a missão. E eu estava decidido. Ia passar em todos os exames e seria ordenado, porque esse era o chamado de Deus. E eu tinha dito sim, sem titubear, a esse chamado.*
>
> *A chance estava à minha frente, e eu precisava aproveitá-la. A meta se encontrava ali, diante de mim. Eu precisava atingi-la.*

Era uma oportunidade única. Era vontade de Deus, e também minha, que eu fosse ordenado naquele 8 de dezembro. Tudo dependia da graça de Deus, como dependia também de mim. Avancei decidido.

Marcados para novembro, os exames foram orais, o que tinha prós e contras, na visão de Padre Jonas. Os professores poderiam perguntar sobre o que desejassem. E, de fato, foi o que acabou acontecendo. Queriam saber se ele estava realmente em dia com toda a matéria. Foram rigorosos.

Foi uma humilhação para mim. Tirei entre 6 e meio e 7 e meio. Estava acostumado a tirar 9, 9 e meio, 10. Mas, graças a Deus, passei em todas as matérias. No final de novembro, tive a notícia de que poderia me ordenar. Que alegria! Que vitória!

"Experiência linda"

Chegou o momento de falarmos sobre a linda experiência que teve com Jesus, como o padre disse, linhas atrás, ao se manifestar sobre os momentos mais intensos da sua luta para enfrentar os livros, os professores e os exames. E isso com a cabeça ainda doendo – às vezes bastante – e as letras teimando em se confundir umas com as outras.

Padre Jonas, como dissemos, tinha sido enviado para o Hospital Militar de Piquete, mas nada de melhorar. Um dia ficou sabendo do primeiro encontro Mariápolis realizado no Sudeste do Brasil, ali perto, em Lorena. Os organizadores vinham de Garanhuns, Pernambuco, convidados pelo bispo local, Dom José Mellado Campos.

Quando esteve em Roma para o Concílio Vaticano II, Dom José se interessou em conhecer o movimento dos Focolares, que nasceu na Itália durante a Segunda Guerra Mundial, mais precisamente no ano de 1943. A fundadora, Chiara Lubich

(1920-2008), foi uma religiosa leiga da cidade de Trento, no norte daquele país.

Mariápolis era o nome dos encontros promovidos pelos chamados focolarinos, uma palavra que, na língua italiana, tem a ver com fogo – o fogo da lareira, calor, aconchego, e, por extensão, no caso do Movimento dos Focolares, com fé, caridade e esperança. O evento era tradicionalmente realizado durante a semana. Algumas moças que trabalhavam no hospital estavam participando e comentaram como era animado, muito bom, mesmo!

– O senhor bem que poderia participar – recomendou a diretora do hospital, uma irmã salesiana. – Está aqui, nessa situação… Vai ser bom para o senhor.

– Aceitei o convite – ele diz. – Seria uma semana inteira de palestras, testemunhos e músicas. Eu estava animado!

Padre Jonas embarca para Lorena. Ao chegar, ainda antes de se dirigir ao local do encontro, recebe "um banho de água fria", como ele diz. Disseram-lhe que era muito desgastante e que ele, por causa da sua doença, se sentiria muito cansado. Não faltou quem dissesse que não devia ir, que era chato, só cantavam e davam testemunhos.

– Na hora, até concordei. Mas não me aguentei e, depois do almoço, fui ao encontro, assim mesmo.

Já no local, os dirigentes pedem-lhe que aguarde atrás da cortina antes de entrar. Alguém estava dando um testemunho. O rapaz falava justamente sobre a experiência de Deus que ele tinha tido bem no meio de uma doença. Era um dos organizadores, um jovem italiano apelidado "Volo" – de *volare*, voar – porque antes de entrar para os Focolares praticava asa delta. Estava viajando para a Mariápolis e, no meio do caminho, precisou ser internado. Chegaria a Lorena algum tempo depois dos que viajavam junto com ele. Jonas escuta atentamente.

Ele havia adoecido dias antes, e precisou ir para o hospital. Dizia não entender por que aquilo lhe tinha acontecido. Mas depois viu os frutos, para ele e para as outras pessoas, no hospital onde ficou. Quando saiu, veio para o encontro, e, ao chegar, descobriu que os outros tinham feito também a parte que lhe cabia na organização.

Aquele testemunho me tocou em cheio. Era exatamente a minha situação. Minha pergunta para Deus era: "Por que me aconteceu isto? E justamente neste ano?"

Encontro pessoal com Jesus

Padre Jonas estava no décimo quinto ano de seminário: quatro anos de seminário menor em Lavrinhas, depois um ano de Noviciado em Pindamonhangaba, mais três anos de Filosofia e Pedagogia em Lorena, os três anos de experiência de ensino e formação com os aspirantes em Lavrinhas e, agora, os quatro anos de Teologia em São Paulo.

Eu, aquele menino que sempre sonhou ser padre. Agora, no último ano, vinha aquela doença. Nem sabia mais se iria ou não conseguir me ordenar. Estava no final de uma jornada, perto de atingir um sonho e, de repente, tudo tinha ficado nebuloso. Eu me sentia tão perto do topo da colina e, ao mesmo tempo, tão distante de enxergar a vista privilegiada dos que tiveram a coragem de se lançar na escalada.

Nunca tive dúvidas de que a subida seria difícil, complicada. Sabia que o monte era escarpado, mas estava tão perto. Naturalmente, tinha fé, sabia que Deus estava comigo, mas não conseguia entender por que tinha de me privar da convivência com meus amigos e de me preparar para o nosso grande dia: a ordenação.

Jonas encontra, então, a resposta. E, como adiantamos, essa resposta estava justamente no modo diferente de articular a pergunta: não por que, mas para que aquela doença. Essa era a indagação correta.

Ainda nos dias do encontro, agora já reconfortado, sozinho no quarto, o padre faz uma coisa que nunca fizera antes, daquele jeito: pega um livrinho de capa preta com os quatro Evangelhos, ele se lembra bem. Abre ao acaso. E cai no capítulo 16 de Mateus. Os olhos de Jonas se fixam na pergunta de Jesus aos apóstolos: "E vós, quem dizeis que eu sou?" (Mt 16,15).

– Foi impressionante! – afirma Padre Jonas. – Naquele momento deu-se meu primeiro encontro pessoal com Jesus!

> *Não consigo explicar tudo o que se passou comigo naquele momento. Na verdade, era uma passagem que já conhecia, mas, naquele instante, foi como uma luz, como a que iluminou São Paulo a caminho de Damasco. No final, ajoelhado no chão, consagrei-me a Deus. Foi a guinada de minha vida. O momento-chave.*

Convém gravar muito bem no coração cada palavra pronunciada pelo Padre Jonas nesse contexto, e prestar toda atenção do mundo na expressão "encontro pessoal com Jesus!". Exatamente nesta página do livro, estamos sendo amorosamente confrontados com uma experiência central em toda a vida e atuação do padre, essencial para a sua missão, parte indispensável do seu carisma – e do carisma Canção Nova: chamar, estimular, apoiar, trabalhar e também rezar para que mais e mais pessoas façam essa mesma experiência. É a base de tudo.

> *Posso dizer, sem medo, que Deus agiu em mim nesse meu primeiro encontro, e assim agiu em toda a Canção Nova.*

Deus começou a agir: justamente no último ano de Teologia, fiquei doente.

Quando fui para Lavrinhas, nosso seminário menor, no Vale do Paraíba, em maio de 1964, em pleno Concílio Vaticano II, eu ainda não havia percebido isso. Mas era Deus me impulsionando para aquilo que seria o meu "campo de ação" e me mostrando o lugar onde se realizaria o que Ele havia determinado.

É da alegria desse encontro pessoal com Jesus que brota todo o resto, como certificam os documentos da Canção Nova. E é isso que, na medida das nossas possibilidades, vamos tentar apresentar nas páginas que seguem.

Estava já no último ano de Teologia, fui sempre um bom seminarista. Claro que eu conhecia Jesus. Piedoso, gostava dos estudos, das Sagradas Escrituras. Mas uma experiência pessoal, como eu nunca tivera desse modo antes, aconteceu naquele momento. Um encontro pessoal é outra coisa. Só sei que me vi de joelhos no chão, entregando minha vida para Deus.

Depois daquele encontro, tudo em minha vida tomou um rumo novo. Criou-se um ânimo renovado dentro de mim. Estava disposto a partir para a luta e atingir a meta.

– Esse encontro pessoal com Jesus tornou-se, então, a chave da minha vida e de toda a Canção Nova – reforça Padre Jonas, sem nunca se cansar de repetir isso. – A base de nossa missão é favorecer e ajudar as pessoas a chegarem a esse encontro com Jesus.

Em outubro, Jonas volta para o seminário em São Paulo.

No dia 8 de dezembro seria ordenado sacerdote.

"Feito tudo para todos!"

Era apenas o começo, como ele deixou registrado.

"Quanta coisa ainda estava por vir!"

2

Lágrimas benditas

No início de 1966, Padre Jonas é transferido para o Liceu Coração de Jesus, depois de passar um ano em Pindamonhangaba na formação de seminaristas e na paróquia. Ele retorna, portanto, exatamente para o lugar onde teve início o seu caminho como filho de Dom Bosco rumo ao sacerdócio, uma década e meia antes.

E volta, trazendo no peito o desejo bem forte de ajudar outras pessoas, especialmente os jovens, a viverem a experiência magnífica de, como tinha acontecido com ele, se encontrar pessoalmente com Jesus. O padre começa a trabalhar com a juventude, construindo um caminho entusiasmado e intenso, e que não teria volta – mas dificuldades, dores e sofrimentos, sim! Sempre presentes.

No final de 1969, abatido, exausto, Padre Jonas é internado com tuberculose. No sanatório, não para: canta, celebra, atende confissões, visita os doentes, dá aulas de alfabetização e de violão, organiza uma linda festa de Natal e até um encontro de jovens. Faz uma revolução no hospital, como ele mesmo diz.

Quando saiu, três meses depois, esperava voltar correndo para o trabalho com a juventude em São Paulo. Mas teve que ir para Lorena, por obediência ao superior salesiano. Chorou, sofreu muito e diz que viveu o pior período de toda a sua vida. "Mas graças a Deus que tudo isso aconteceu!", o padre concluiria, não muito tempo depois. Estava de novo feliz e animado... entusiasmado. Neste e nos próximos capítulos, você fica sabendo por quê.

"Um desejo enorme de passar isso para os outros." Era isso que o jovem sacerdote sentia, impulsionado pelo ardor e pela graça divina do presente que recebeu durante o encontro Mariápolis, dois anos antes, em um momento especialmente marcado pela dor e pela tristeza. Na época, como vimos no capítulo anterior, o seminarista Jonas, que frequentava o último ano de Teologia, sentia dores de cabeça intermináveis e, por causa de um embaralhamento da visão, não conseguia ler, se concentrar, estudar.

Nenhum tratamento tinha dado certo, nem a mudança de rotina, o trabalho na horta e no jardim no seminário em Lavrinhas. Uma década e meia antes, tudo tinha começado, à sombra das montanhas da Serra da Mantiqueira. Era julho de 1964, o tempo corria, e Jonas não tinha a menor noção se iria conseguir se formar para, no final daquele ano, realizar o maior e mais alegre de todos os sonhos da sua vida: tornar-se padre.

Por que aquela doença?, ele se perguntava. E, então, ocorreu o seu encontro pessoal com Jesus. A luz se fez. A esperança voltou a brilhar. Maravilhosa, indescritível, essa experiência o faria se sentir "uma nova pessoa". Trouxe um novo colorido para a vida e, ainda, um modo mais amoroso de se relacionar com as pessoas. O Jonas, antes enfermo e desalentado, renasceu!

Esse renascer a partir da dor e do sofrimento, essa nova alegria de viver, passou a revelar os seus efeitos, de maneira ainda mais intensa e eficaz, quando, no início de 1966 – depois de ter passado o seu primeiro ano de sacerdócio na formação de seminaristas em Pindamonhangaba, no Vale do Paraíba –, Padre Jonas foi transferido para o Liceu Coração de Jesus, em São Paulo. Ele volta exatamente à casa salesiana onde, dezessete anos antes, aos 12 anos e meio de idade, tinha revelado que queria, sim, ser padre, confirmando o que Seu José Pinto, o chefe dos coroinhas, já sabia. E sabia porque as irmãs da

Escola Padre Moye haviam contado, elas que tinham sido encarregadas pela superiora provincial a cuidar muito bem daquele menino...

A primeira missão de Jonas como sacerdote foi num grande colégio, o mesmo onde começou como menino. Ele confessa que até ficou um pouco assustado, no início. Na escola salesiana e também na paróquia, passou a fazer todo o trabalho de padre, dava aulas, cuidava dos alunos, era catequista e diretor espiritual. Não sobrava muito tempo para outras atividades. Mas ele percebia que era como se faltasse algo muito importante, que ligasse aquele sonho infantil e duradouro de ser sacerdote com a realidade que agora estava vivendo. E logo Padre Jonas arranjaria um espaço na sua agenda apertada, como a gente irá ver. Porque, como dissemos, algo divino e muito inspirador ardia no seu peito, como um chamado, um carisma, uma missão.

E foi assim que mais um milagre aconteceu, com a intercessão divina e abençoada da Mãe, Nossa Senhora Auxiliadora, como tantas vezes na vida do padre.

O trabalho com a juventude

Parecia até muito simples, no fundo, o que Padre Jonas – que cantava e tocava piano e violão – queria fazer: levar outros jovens, como ele, à experiência do encontro pessoal com Jesus. Parecia simples, e estava também muito claro para o padre, mas era preciso descobrir um jeito de conduzi-los a essa experiência. Ele sabia que esse encontro transformaria totalmente a vida desses jovens.

Ao final da procissão da festa de Nossa Senhora Auxiliadora, no mês de maio, um rapaz que frequentava a paróquia e o Liceu se aproxima daquele padre que não fazia mais do que uns poucos meses tinha ido para lá. Um padre que parecia diferente, transmitia entusiasmo e alegria. Sérgio Monelo encontrava-se à frente de um grupo de jovens marianos que se reuniam todos os sábados à tarde para as suas devoções. Ele precisava de ajuda e foi direto ao assunto. Perguntou se o novo sacerdote queria acompanhá-los.

Por segundos, passou pela cabeça de Padre Jonas a pergunta sobre como achar tempo para mais um compromisso pastoral. Mas a indecisão nem teve tempo de se alojar no seu coração. Ele logo percebe que ali estava a oportunidade de levar a juventude a fazer a experiência do encontro pessoal com Jesus. O lema do seu sacerdócio ressoou-lhe mais uma vez na alma: "Feito tudo para todos". Se tinha dado conta de atender ao grito de socorro do colega Humberto para que fizesse o discurso da ordenação, como não aceitar o novo desafio? Logo respondeu que sim. Iria acompanhá-los!

– Acho que foi Nossa Senhora Auxiliadora quem intercedeu e abençoou aquele momento – é como Padre Jonas interpreta o que aconteceu.

Começou a fazer com aqueles jovens reuniões "completamente diferentes de todas que aconteciam naquele tempo", como ele conta. Retirou do bolso o livrinho de capa preta com os quatro Evangelhos. O Jonas da Bíblia estava nascendo ali. Ele escolhia um trecho, lia, comentava – e as pessoas entendiam as palavras que ele usava e os seus gestos, viam o brilho nos seus olhos. Na roda que tinham formado, os jovens repetiam os trechos mais marcantes da leitura e compartilhavam os seus sentimentos e percepções. As palavras do Evangelho logo se transformavam em oração e, depois, em propósitos de vida.

– Esse grupo de marianos foi o gerador dos nossos grupos de jovens. Foram eles que me inspiraram a fazer uma missa especial para a juventude, com rapazes e moças, como não havia ainda naquele tempo.

Nasce, portanto, a "missa dos jovens", todo domingo, às 11 horas da manhã, no Liceu Coração de Jesus. Era bonito. A juventude gostava, e a notícia se espalhou. Logo, porém, essa missa começou a chamar a atenção de algumas pessoas, tanto da paróquia quanto entre os salesianos do colégio. Um certo conservadorismo – às vezes sadio e outras vezes nem tanto, como ressalva Padre Jonas – era comum na paróquia ligada a uma das escolas mais antigas e tradicionais da cidade de São Paulo.

Que missa era aquela?, alguns se perguntavam. E o violão? Será que iria ser bom ou ruim? Será que iria atrair novos fiéis para a igreja ou afastar os frequentadores de sempre? Não estava havendo um certo exagero? Outros já condenavam logo tudo aquilo: "Bons eram os tempos antigos, antes do Concílio", diziam. O próprio Padre Jonas, por sua vez, tinha também a preocupação de não inventar nenhum "modismo", como ele diz. Nutria um certo receio de que aquilo pudesse não passar de "fogo de palha".

Mas continuou firme e animado. Iria prestar atenção. E o fato é que mais e mais jovens foram se aproximando, se engajando, e a alegria só aumentou. Um clima de mudança pairava no ar, um ano depois de encerrado o Concílio Vaticano II. Até então, durante a missa, celebrada em latim, era comum ver as pessoas rezando o terço. Os cânticos até podiam ser muito bonitos, mas, antigos e tradicionais, estavam bem longe de cair no gosto dos jovens dos anos 1960. Estávamos no tempo da chamada "Jovem Guarda" no campo da música popular brasileira. Novas ideias sobre quase tudo. Novos ritmos. E o violão?! Como era lindo ver Padre Jonas tocar e também cantar, compor, utilizar letras já existentes com uma nova melodia e um novo ritmo! Novas canções para um tempo novo, de mudanças.

– Tudo aquilo causou muita incerteza – relembra o padre. – As pessoas confiavam em mim, mas tinham também muitas dúvidas em relação a esse novo espaço que eu insistia em oferecer aos jovens.

Como Dom Bosco!

Padre Jonas, um dia, levou um belo susto. Depois da missa, quando estava ainda na sacristia, se preparando para voltar a se encontrar com os jovens no salão paroquial, viu se aproximar o padre inspetor. Salvador de Bonis era conhecido por ser um homem severo e de pulso firme. "Meu Deus do Céu!", pensou Padre Jonas. "Acho que ele veio me dizer que é para acabar com tudo isso!"

Enganou-se. Padre De Bonis chegou, mansa e docemente, parecia até emocionado. Tinha vindo dar parabéns, foi logo avisando. E queria também dizer que, do modo como ele via as coisas, o trabalho com a juventude estava muito de acordo com o exemplo de Dom Bosco.

Chegavam-lhe rumores de todas as partes – contou –, uns bons e outros ruins. Quis ver ele mesmo, porém, antes de se pronunciar a respeito, como superior. Nos dois domingos anteriores, sem que Padre Jonas soubesse, tinha atendido muitas confissões, antes, durante e depois da missa. Aqueles jovens queriam de verdade algo diferente, ele tinha percebido.

– Continue, Padre Jonas, porque isso é um trabalho salesiano! É carisma de Dom Bosco – ele concluiu, bem animado, aproveitando para lembrar que o santo fundador dos Salesianos também não tinha sido compreendido por muita gente.

Nossa, que alívio! Graças a Deus, dali para a frente, foi cada vez melhor. Eu sabia que esse era o caminho. Tinha que conquistar aqueles rapazes e aquelas moças como jovens dos anos 1960.

Tinha de me fazer um deles.

Tinha de mostrar o quanto a vida podia ser mais bonita, se eles aceitassem renunciar a algumas coisas que escravizam para experimentar outras que libertam.

Com a anuência do padre inspetor, tudo ficou ainda mais evidente e entusiasmante. Era o sonho de Dom Bosco. Não bastava amar os jovens, era preciso fazer com que eles se sentissem amados.

Instigar a juventude a voar!

E assim acontecia, todo domingo. Após a missa, os rapazes e moças tinham a maior alegria de se reunir no salão paroquial por uma hora ou mais de tempo. Não precisava de muita coisa, observa Padre Jonas. Era só ele se sentar ao piano ou pegar o violão, que a animação era grande.

Mas não era só tocar e cantar. Como a gente já descobriu, logo o padre tirava do bolso o seu livrinho de capa preta para uma leitura, uma frase dos Evangelhos, uma pequena pregação. Uma oportunidade que Padre Jonas, aliás, valorizava muito, porque, como revelou, o seu encontro pessoal com Jesus despertou nele uma alegria imensa de anunciar e de pregar. O grande pregador que se tornou está nascendo ali, no meio dos jovens.

A notícia do trabalho se espalhou, e Padre Jonas ganharia um aliado importante para a vida toda: Lucas Moreira Neves, um dominicano do bairro vizinho de Perdizes. Frei Lucas foi conhecer e gostou. "A mão de Deus está nisso", comentou ao final da visita. E manifestou também a impressão de que aquele trabalho iria crescer, porque estava baseado no Evangelho, na Palavra de Deus.

Nomeado bispo de São João del Rey, a sua cidade natal, em Minas Gerais, no ano seguinte, logo Dom Lucas seria transferido para São Paulo, como bispo-auxiliar de Dom Paulo Evaristo Arns.

– Depois foi para Roma – conta Padre Jonas – E mesmo mais tarde, como cardeal, sempre esteve muito próximo e se lembrava daqueles começos.

Dom Lucas Moreira Neves, futuro arcebispo de Salvador, cardeal primaz do Brasil e presidente da Conferência Nacional dos Bispos do Brasil, a CNBB, ficaria muito amigo da Canção Nova. E, para o padre, como ele mesmo explica, "as raízes dessa amizade estavam lá, naquele grupo de jovens visto por ele no Liceu Coração de Jesus".

As coisas pareciam correr bem, Padre Jonas estava alegre e feliz – mas nem tanto assim, é preciso dizer. Faltava algo. Era tudo muito lindo e vibrante, mas o padre não sentia que os jovens estivessem fazendo, de verdade, a experiência do encontro pessoal, vivo, único com Jesus, como ele havia feito – o que era a razão principal de todo o seu trabalho com a juventude.

O cenário começou a mudar quando Padre Jonas foi incentivado pelo pároco a participar de um Cursilho de Cristandade – um movimento bem forte, na época, que reunia adultos em finais de semana e feriados pelo Brasil afora para uma experiência cristã de fé mais profunda. Ele gostou muito de ter participado. E, já durante o encontro, começou a perguntar às pessoas se ninguém nunca tinha imaginado algo naquele estilo para os jovens.

Não, ninguém tinha imaginado. Por sinal, os comentários que ouviu não foram nada animadores. Os jovens não suportariam, seria um choque muito forte para eles, disseram. Além disso, como todo mundo sabia, a juventude "não é constante", "não persevera...".

E por aí vai. Padre Jonas – também um jovem adulto naquela época – ouve com atenção, mas não concorda. Sente um chamado ali. Como um bom filho de Dom Bosco, sabia que o amor podia operar milagres.

O jovem, quando excluído, acaba deixando adormecer a chama de vida que há dentro dele. Ele precisa de atenção, de espaço, de compreensão, de pessoas mais maduras que saibam com humildade entrar no seu universo e instigá-lo a voar.

E como é lindo o vôo de um jovem! Quando ele se percebe pássaro, quando ele se entrega nas mãos de Deus, sua história ganha outra coloração.

E era esse lindo apelo da juventude que me instigava cada vez mais e que me fazia ser um padre melhor.

"Trombada com Jesus"

Houve um dia, nessa história, em que "o sangue subiu!" em sua cabeça, como expressa Padre Jonas, e foi logo que retornou do Cursilho. Ficou chateado, mas, como tantas vezes aconteceu na vida dele, o episódio "acabou servindo de chave para outras portas que precisavam se abrir".

Quando decidiu ir ao Cursilho, teve que pedir autorização aos superiores. Tudo bem, disse o padre inspetor, desde que chegasse a tempo para o retiro anual dos Salesianos, a partir da noite do domingo. "Tranquilo!", respondeu, só que não sabia que o encerramento de um encontro como aquele podia demorar muito mais do que imaginava. Conseguiu chegar ao local do retiro lá pela meia-noite.

No dia seguinte, muito entusiasmado, foi logo cedo agradecer ao padre inspetor, que o tinha autorizado a participar do Cursilho. Queria também contar para ele que estava muito feliz e que, inclusive, durante o evento, tinha sido inspirado a pensar em alguma coisa semelhante para os jovens. Chegou tarde na noite anterior, porque não sabia que demorava tanto para terminar, mas, enfim, estava lá...

– Então, o senhor não vai fazer o retiro! – interrompeu-lhe padre De Bonis. – Pegue a mala e volte para casa!

Padre Jonas toma um susto, e desta vez era de verdade. Mas reage com firmeza. Onde já se tinha visto uma injustiça como aquela? Logo o padre De Bonis, que tinha dito palavras tão bonitas sobre o trabalho com a juventude, na sacristia! "Ainda bem que se sentia em estado de graça depois do Cursilho", pensou. Porque, senão, poderia ter se revoltado de verdade, e muito!

O padre inspetor fica sem jeito e se acalma, sem no entanto voltar atrás. Um salesiano de Jundiaí não tinha conseguido vir para o retiro, porque não encontrou alguém para substituí-lo. Então, Jonas iria para Jundiaí, para que ele pudesse vir!

– Sim, senhor! Eu irei.

O episódio, como adiantou Padre Jonas, acabou se transformando em uma chave para abrir outra porta. Em Jundiaí, além da missa diária e de um ou outro atendimento, não havia muito o que fazer. E é justamente nessa semana que ele senta e escreve, quase sem parar, o roteiro completo de um encontro de jovens, inspirado no que tinha vivido durante o Cursilho. Quando retornou a São Paulo, o padre estava mais animado do que nunca. Além das atividades de todo dia, levava no coração o forte desejo de pôr em prática o projeto que carregava na bolsa. Só precisava encontrar um local adequado.

E achou: a própria casa de retiro dos Salesianos em Campos do Jordão. Durante todo o tempo e nos anos seguintes, pôde contar com a ajuda preciosa de padre Walter Ivan de Azevedo, seu antigo assistente em Lavrinhas. O futuro bispo Dom Walter se entusiasmou pelo roteiro concebido por Padre Jonas.

O primeiro encontro de jovens nem nome teve. Mas o objetivo estava muito claro, como sempre esteve: levar a juventude à experiência do encontro pessoal com Jesus, como base para uma mudança de vida. O retiro, para quarenta rapazes, durou da noite de quinta-feira até o meio-dia de domingo da Semana Santa.

A reação deles foi maravilhosa. Não eram meninos, já eram rapazes. Ao darem o seu testemunho, no final do encontro, eles manifestaram com clareza o encontro pessoal que tinham tido com Jesus. Mas não usavam a expressão "encontro pessoal". Diziam que tinham tido uma "trombada" com Cristo.

O retorno a São Paulo foi celebrado com festa, logo na chegada. Os jovens que não tinham participado daquela vez estavam lá para o abraço, para ouvir sobre o encontro e também para perguntar quando seria o próximo. Pelo menos os rapazes, porque, para as moças, ninguém até então tinha pensado em algo assim.

– Foi aquela festa! Fomos para a capela e rezamos todos juntos, abraçados uns aos outros. Aquilo também deu um novo ânimo ao grupo de jovens. Um fermento maravilhoso.

Os próximos três anos da vida de Padre Jonas seriam muito alegres e movimentados. Até demais, como a gente vai ver mais adiante.

Eu ia percebendo o rumo que realmente queria dar à minha vida de padre: ser um instrumento para que os jovens pudessem viver uma experiência de amor e de fé, como consequência do seu encontro pessoal com Cristo. Vivo. Pessoal.

Eu queria ser um instrumento para a construção de um tempo novo, com pessoas renovadas. E eu ia me renovando a cada encontro, a cada celebração, a cada confissão que ouvia. Ficava fascinado ao perceber como esses jovens mudaram e a coragem que tinham de começar toda uma vida nova.

Encontro para moças

Não demorou quase nada para Jonas fazer uma visita a padre Calazans, o diretor espiritual dos Cursilhos de Cristandade no Brasil. Como a inspiração para o seu modelo de encontro de jovens viera de lá, achou que seria muito oportuno contar a ele o que estava acontecendo.

Padre Jonas levou consigo tudo o que tinha escrito, e também os cartazes produzidos pelos jovens depois das palestras. Foi uma conversa boa e animada, que deixou o grande incentivador do movimento cursilhista, literalmente, emocionado. Ele confessou que há tempos vinha pensando em algo semelhante. Mas não tinha recebido muito apoio, porque parecia que faltava acreditar um pouco mais na capacidade da juventude e nos seus dons.

– Mas você foi corajoso, pegou e fez – emendou padre Calazans. – Você não quer fazer junto comigo um encontro de jovens também para moças?

Primeiro, um sobressalto, com a coisa sendo dita assim, tão de repente. Mas Padre Jonas logo aceita. Sabia que não seria fácil. Se havia gente da própria Igreja que não acreditava muito nos jovens, imagine o que significava, naquela época, propor um encontro só de moças!

Tratava-se de algo completamente inimaginável para muitos, como conta o padre. Mas o encontro foi realizado. E, como no caso dos rapazes, foi muito bom. O esquema era o mesmo, apenas com "uma tonalidade mais feminina". Padre Calazans levaria em frente daí em diante os encontros de moças, enquanto Padre Jonas continuaria a organizar os encontros de rapazes.

– Eu ia percebendo o rumo que realmente queria dar à minha vida de padre: ser um instrumento para que os jovens pudessem viver uma experiência de amor e de fé, como consequência do seu encontro pessoal com Cristo.

E eis que reaparece novamente o padre inspetor, para manifestar as suas preocupações. Ele disse que estava escutando muitas conversas, tanto positivas quanto negativas sobre os encontros de jovens. O mesmo padre De Bonis que tinha um dia elogiado o trabalho com a juventude, na sacristia, depois da missa. O mesmo que, um tempo depois, ordenou que Padre Jonas pegasse a mala e voltasse para casa, por ter chegado atrasado para o retiro.

E, de novo, queria ver – "com os próprios olhos", como ele se expressou – o que estava acontecendo. Disse que iria participar, e foi, não apenas uma, mas duas, três vezes... Gostou. Chegou a se emocionar, tantas vezes. Nenhuma vez deixou de ajudar Padre Jonas com as confissões dos jovens, que se prolongavam madrugadas adentro em noites às vezes muito frias da cidade que possui o título de ser a mais elevada do Brasil – Campos do Jordão.

Padre De Bonis nem tinha escutado falar nada sobre o encontro para moças organizado junto com o diretor espiritual dos Cursilhos do Brasil, não fazia mais que uns poucos meses. Mas procurou Padre Jonas, daí um tempo – olhe só –, para perguntar a ele por que não realizar um encontro como aquele também para as moças.

– Fiquei abismado com a proposta – revela Padre Jonas. – Para os Salesianos daquele tempo, nem pensar num trabalho feminino!

Além disso, eu ficava totalmente sem jeito ao fazer uma palestra para as moças, como aconteceu naquele primeiro encontro com o padre Calazans. Eu não sabia nem onde pôr as mãos. Não sabia nem se as chamava de moças ou de meninas.

Com os rapazes, eu tinha liberdade. Já naquele início, fazia palestras muito diretas. Não falava sobre conceitos, falava com eles como pessoas. Falava da vida deles, real, concreta. E acho que este era justamente um dos segredos do sucesso. Mas, com as moças... Nem sabia como me dirigir a elas.

No entanto, se é verdade que Padre Jonas sempre gostou de novidades e de pensar um bom tanto à frente do seu tempo, é também verdade que as novidades parecia que gostavam muito de procurá-lo. Chegavam como desafios. E ele, como se diz na linguagem comum, "topava".

O primeiro contato de Padre Jonas com moças tinha sido no grupo de jovens. Mas pensar em trabalhar com elas durante um encontro de dois a três dias não parecia uma tarefa fácil. Quando teve que fazer isso pela primeira vez – durante o encontro sobre o qual padre De Bonis não tinha escutado falar –, ele conta que se sentia como se tivessem quebrado as pernas dele.

Mas o padre inspetor sugeriu, e Padre Jonas, vamos repetir, não costumava dizer não a um desafio – e vivia o seu voto de obediência, acima de tudo. Assim, mesmo que não sabendo onde colocar as mãos na hora de falar ou se sentindo como se as pernas lhe tivessem sido quebradas, aceitou. Com disposição e uma boa dose de coragem. E o resultado foi muito bom, ele comemora.

– E, assim, começaram também os nossos encontros femininos. O padre Calazans continuou com os encontros em São Paulo, e nós fazíamos os nossos em Campos do Jordão.

Depois, com o apoio de Padre Jonas, o diretor espiritual dos Cursilhos passou a fazer encontros também para jovens, e não só para adultos. Havia na época, portanto, em São Paulo, os encontros de jovens de padre Calazans – chamados Emaús – e os de Padre Jonas, que não quis dar um nome, porque gostava de chamá-los apenas de "Encontros de Juventude". Tinha medo de rótulos. O que importava, de verdade, era que os rapazes e as moças tivessem seu encontro pessoal com Jesus.

– Não queria que os participantes virassem "encontristas" – ele afirma. – Mas não adiantou muito, porque eles mesmos passaram a se chamar assim, contra as minhas expectativas.

E dali a pouco surgiu também o nome "Movimento Construindo". Porque a proposta, como explica Padre Jonas, era primeiro construir o homem, a pessoa, para então construir o mundo. Durante os encontros, falava-se muito em construir o homem novo, um mundo novo. "Essa era a tônica, desde aqueles tempos", como observa o padre.

Mais adiante, no texto "Masculino e feminino", o padre lembra a lição que um dia recebeu da mãe sobre o cuidado e o carinho que precisava ter com as suas irmãs. Ele liga o episódio a uma das pérolas do carisma Canção Nova, que fala de uma sadia convivência entre homens e mulheres membros da Comunidade e na sua missão na Igreja e no mundo.

Tuberculose

O movimento cresceu e se ampliou. Novas necessidades surgiram, como a de organizar os chamados Encontros de Perseverança. Os pais dos jovens, depois, quiseram também para eles um encontro na mesma linha – e nasceria, da caneta de Padre Jonas, o Curso de Vivência Cristã.

Também os jovens universitários tinham suas demandas específicas. Além do Movimento Construindo – ou Encontro de Juventude, como teria preferido chamá-lo o padre – e do Emaús, também surgiu, com o tempo, o movimento Shalom, de Padre Zezinho, sacerdote dehoniano, escritor e músico. Era a juventude se fazendo presente e se movimentando, discutindo, questionando, assumindo a palavra, rezando e "trombando com Jesus" nos anos 1960, numa época de grandes mudanças na sociedade e na Igreja.

MASCULINO E FEMININO

As pernas trêmulas de Padre Jonas durante o encontro de moças têm a ver com uma história que ele conta sobre as irmãs dele. Uma "situação muito interessante", ele diz. Aconteceu na época em que fazia Teologia.

Jonas, que morava no seminário no bairro da Lapa, participou muitas vezes nesse período de festas no Liceu Coração de Jesus, nos Campos Elíseos.

Um dia, na festa do padre inspetor, a maior do ano, chegaram as irmãs dele. A orquestra já ocupava o seu lugar no chamado poço, entre o palco e a plateia. Jonas, ao piano. "Estávamos prontinhos para o início. Elas vieram me cumprimentar. E eu abracei e beijei cada uma. Depois disso, minhas irmãs voltaram aos seus lugares. Mal tinham chegado lá, soou o aviso, e começamos a tocar."

Lição da mãe – "Maria José estava saindo da adolescência, as minhas outras irmãs eram todas moças e belas, bonitas mesmo", conta Padre Jonas. "Bem ao estilo dos anos 1960".

"Vestiam-se bem e com muito bom gosto, mesmo na pobreza. Márcia, especialmente. E eu sempre as convidava para as festas."

Jonas guardava no coração uma lição que recebera da mãe. Ela um dia disse que ele precisava cuidar bem das irmãs. Tinha saído de casa muito cedo, nem viu três delas nascerem. Só as conheceu no seminário e nunca haviam tido convivência de fato.

"Vai chegar o tempo", disse ainda Josepha, "em que elas vão precisar de você e você, delas". E complementou: "Se o Zé Carlos trata bem as suas irmãs, você precisa tratar dez vezes mais".

O teatro parou – Jonas entendeu bem a lição. E fez o que pôde daí para a frente para estar perto das irmãs. Levou-as muitas vezes ao Teatro Municipal e ao cinema, e as convidava para as festas no seminário e no Liceu. "Para que pudéssemos conviver, estar juntos", explica.

"Você viu o que aconteceu?", perguntaram os colegas no intervalo. "O teatro parou quando você abraçou e beijou as suas irmãs. Todo mundo ficou olhando, em silêncio."

Foi parabenizado pelos colegas. Disseram-lhe que gostariam de ser como ele. "Naquele tempo, a gente nem discutia o masculino e o feminino. A convivência com as mulheres era mínima. Nosso jeito de ser era absolutamente masculino, com pouca compreensão do feminino."

Sadia convivência – "Tratar minhas irmãs daquele jeito era uma novidade, algo fora do comum. Mas quem me ensinou isso? A minha mãe", acrescenta o padre. E ele vê nisso um sinal muito importante para um dos princípios do carisma Canção Nova: "O masculino e o feminino vividos em sadia convivência".

"Foi uma lição de que o afeto nada tem de vergonhoso ou de proibido. O olhar, o toque, o beijo carinhoso numa irmã são demonstrações de respeito, de singeleza", diz. E conclui: "Era essa a pedagogia da minha mãe. Repito: a herança que recebi é muito grande. E seria uma vergonha, para mim, se eu não correspondesse".

– Os encontros foram crescendo e passaram a exigir uma organização bem estruturada – lembra Padre Jonas. – Resultado: eu tinha trabalho demais. Meu Deus do Céu!

E tudo isso, além do trabalho cotidiano como padre e no colégio. Quantas vezes, em Campos do Jordão, lá pelas tantas da madrugada, padre De Bonis – que não perdia um encontro, nem para rapazes nem para moças – chegava e, tal como um pai, sugeria a Jonas:

– Vá dormir, meu filho! Deixe que atendo às confissões. Você, amanhã cedo, tem o encontro. Eu, não.

Padre Jonas diz que não sabe até que horas seu superior ainda ficava atendendo. Mas comenta que os rapazes e as moças gostavam muito dele. Eles "o amansaram", brinca.

O padre De Bonis, aquele homem severo que eu conheci, ficou maravilhado. Eu vi a formação pelo outro lado: os jovens formando o padre inspetor. Ele tinha um amor por eles que dava na vista, e até causava ciúme nos salesianos. Eles diziam: "O padre inspetor, agora, fica muito mais no encontro de jovens do que com os salesianos. Morre de amores pelos encontristas". Mas ele pouco se incomodava com esses comentários. E foi ótimo. Como inspetor, ele incentivava os salesianos para que participassem. Dizia assim: "Eu fui, vi e me convenci. Não adianta falar. O salesiano tem de ir, ver e se convencer".

A experiência dos encontros de jovens se espalhou pelo Brasil salesiano inteiro. Mais alegria, mas também mais trabalho e preocupações para Padre Jonas. No final de 1969, ele sente um abatimento muito grande. E então vê que é chegada a hora de não mais participar diretamente de todos os eventos.

Eram 3 horas da tarde de um dia de novembro daquele ano, quando Padre Jonas se despede dos participantes do primeiro encontro ao qual decidiu não ir. O ônibus deixa a praça em frente ao Liceu para pegar uns minutos depois a rodovia para Campos do Jordão. O padre volta ao escritório. De tão cansado, repousa a cabeça sobre a mesa, e, sem forças, percebe que não consegue se levantar. O médico é chamado, o doutor Bernardo, que nos encontros de jovens dava a palestra sobre sexualidade.

No dia seguinte, Padre Jonas se dirige com muita dificuldade ao posto médico da Alameda Dino Bueno, a rua detrás do Liceu – no mesmo lugar onde ficava a antiga clínica frequentada pela sua mãe. Faz a "chapa do pulmão", e, na volta, ao percorrer de novo os poucos metros até em casa, sente um cansaço incomum. Parecia ter chumbo nas pernas.

O resultado não demorou a chegar. Por telefone, ele foi chamado ao posto médico, onde recebeu a notícia que o deixaria completamente abalado: tinha tuberculose.

> *Depois dessa notícia, quase não consegui mais andar na rua. Voltar foi um baque. Mas, graças a Deus, no percurso, fui elaborando a informação dentro de mim. Fui direto para o quarto, estava muito cansado. Lá, me pus de joelhos no chão e me entreguei: "Jesus, eu não imaginava isso, mas a minha mãe teve tuberculose. Aceito. Estou de acordo e me entrego em suas mãos". Eu, na verdade, disse: "Se tu queres, eu quero; se tu fores, eu vou. E estou agora assumindo concretamente o que afirmei na música do dia do meu diaconato".*

Três dias depois, em 15 de novembro de 1969 – feriado da Proclamação da República e faltando um mês e pouco para completar 33 anos de idade –, o padre era internado no sanatório, o chamado S3, em Campos do Jordão. A cruz de Padre Jonas, só para lembrar.

Fácil, de novo, não foi – nem um pouco, ainda que, como diz Padre Jonas, já estivesse se acostumando com essas idas e vindas ao longo da vida em função da sua saúde. Mas gostava muito do que fazia em São Paulo e sentia muito ter que parar, principalmente por causa dos jovens. Ainda que, como ele imaginava, por pouco tempo.

> *Às vezes, eu me perguntava: por que ficar doente? Por que ter que deixar o que eu estava fazendo, se estava ajudando a tantas pessoas? Eu me sentia como um instrumento para que muitos jovens começassem a ter a sua experiência com Deus.*
>
> *É claro que nunca tive dúvida da presença de Deus em minha vida. Mas sou humano, como todo mundo. E sentia a tristeza de ter de interromper a minha missão.*

Festa no sanatório

Você já deve saber que Padre Jonas nunca foi de ficar se lamentando, ou, pior, murmurando contra nada ou ninguém. Cada vez que o sofrimento bate à porta da vida dele, você já fica logo esperando para ver o que irá nascer de novo daí: uma graça, uma inspiração, uma nova atitude no rumo da sua vida. Para a frente, sempre! Às vezes, com os dentes cerrados, de tanta dor.

Um mês, exatamente, foi o tempo que o padre suportou permanecer um pouco mais parado, em grande parte de cama, sentindo-se cansado, tomando antibióticos fortíssimos e injeções muito doloridas nos braços. Já pelo meio de dezembro daquele ano – 1969 – , ele começa a se interessar por toda aquela gente internada no sanatório, uns duzentos homens, cerca de oitenta por cento deles jovens. Quem sabe ele não estava ali para ajudá-los a ter também uma experiência de fé?

Quando faltava uma semana e pouco para a festa do nascimento do Menino Jesus, Padre Jonas pega o violão para ensaiar as músicas de Natal. Tuberculosos cantando! Todos já logo avisam às religiosas que tomavam conta do sanatório que queriam uma celebração eucarística à meia-noite, como era para ser! E as irmãs, vendo aquela animação toda, depois de conversar com os médicos, concordaram. A capela ficou lotada, e ainda sobrou gente do lado de fora.

– Imagine, a capela cheia de homens, rapazes, cantando a plenos pulmões, mas todos tuberculosos! – chega a se divertir Padre Jonas. – E eu, entre o altar, o violão e o harmônio, tocando, cantando e celebrando a missa.

Algo inimaginável aconteceu naquele dia no sanatório S3. "Uma revolução", como lembra, com emoção, o padre. A alegria foi geral. Depois da Eucaristia houve a ceia. Todos foram dormir altas horas da madrugada. No outro dia, quem não tinha participado não resistiu, e entrou no clima.

– Foi outra beleza! Uma verdadeira festa de Natal – conta ainda Padre Jonas. – Jesus, o aniversariante, estava no nosso meio.

No meio dos doentes e fracos!

Continuei, cada vez mais, a trabalhar com eles. Ia aos quartos deles. Criou-se um clima de confiança entre nós.

E o que acontecia com os jovens nos encontros se repetia ali. Eles abriam a sua alma. Contavam sobre a vida deles.

Meus Deus, que vidas mais sofridas, arruinadas!

Quando ganharam ainda mais confiança, eles me disseram: "Quando o senhor chegou, nós queríamos saber o que é que um padre fazia aqui. Nós sabíamos por que estávamos aqui, as farras que fazíamos. Mas, e o padre?".

Depois acrescentaram: "Agora entendemos por que o senhor veio parar aqui".

E abriam o seu coração. Eram confissões de verdade.

Encontro de jovens com tuberculose

Logo Padre Jonas desponta como um líder no meio daquela gente. Entre outras coisas, descobre que pelo menos sessenta por cento dos internados sequer sabiam ler e escrever. O sofrimento alheio – tanto o da alma quanto o do corpo – sempre tocou fundo no coração do padre. Uma das razões é que, ao longo de toda a vida, ele sofreu muito, como muita gente nem imagina. Ensinou a Canção Nova a acolher, abraçar e cuidar de quem sofre: o pobre, o peregrino, o humilhado, o desesperado.

Padre Jonas oferece todo o apoio ao início de um curso de alfabetização no sanatório. E ele mesmo, todo dia, no horário combinado, dá aula para aquelas pessoas que estavam tentando se recuperar – como ele. Tocava violão e cantava. E atendia as confissões. E visitava, abençoava, rezava pelos pacientes.

– A convivência foi cada vez mais se aprofundando. Conclusão: fizemos um encontro de jovens dentro do sanatório.

Padre Jonas convoca os dirigentes de São Paulo e consegue aprovação. Depois, escolhe entre aqueles que estavam internados os que se achavam em melhores condições de participar. Foi a mais completa vibração.

– Eles tiveram o seu encontro pessoal com Cristo – como lembra Padre Jonas, emocionado. – Passaram por uma verdadeira conversão. Começaram uma vida nova. E isso no ambiente do sanatório!

Eu voltava a sentir aquela emoção de estar sendo um sinal de Deus em algum lugar. Eu sabia que o meu sacerdócio era para sempre, e era pleno, fosse na igreja, no colégio, na rua ou num sanatório. E que experiência linda de fé!

Nada acontece por acaso, e os milagres estão aí, mesmo quando a gente não entende por que adoeceu, por que teve que passar por algumas tribulações.

Tudo depende da fé, do olhar, da certeza de que o bem está dentro de cada um de nós. Somos, afinal, centelhas divinas!

Ali pelo mês de fevereiro de 1970 – três meses haviam se passado desde a entrada no sanatório –, o médico tem uma conversa com o inspetor, padre De Bonis. Se quisesse que Jonas se curasse, tinha que retirá-lo imediatamente daquele lugar. O jovem sacerdote precisava de repouso, descanso. Por sorte, já não estava mais positivo para a doença. Podia sair, porque já não iria mais contaminar ninguém.

– Mas, se ele ficar, não se cura – avisa o médico. – Ele não para um minuto!

E, desse modo, meu médico, o doutor Franklin, me entregou. O inspetor foi conversar com as irmãs. Elas, apesar de muito satisfeitas com o trabalho que eu realizava, não puderam negar o que o médico tinha falado.

Graças a Deus, fiz, em três meses, uma verdadeira revolução naquele sanatório! Aliás, eu não, mas a graça de Deus, posta em ação por meio de mim.

"A época mais terrível da vida"

Foram vários e de diferentes tipos os baques sofridos por Padre Jonas ao longo da jornada da sua vida, uns às vezes maiores do que outros. Esse que iremos narrar na sequência figura entre os bem grandes. Foi quando ouviu da boca do inspetor salesiano – no momento em que recebeu dele a notícia de que iria poder deixar o sanatório – a ordem de ir para Lorena!

Lorena?! Mas por que não São Paulo, o Liceu Coração de Jesus, de volta para o trabalho que antes fazia com a juventude? Não era tão bonito? Não era tudo tão bom? Padre Jonas, de repente, se sente como se o estivessem mandando para o exílio. E chora como uma criança, na frente do inspetor. Chora bastante. Mas padre De Bonis não está nem um pouco disposto a voltar atrás – e tem lá os seus motivos. É preciso obedecer.

Padre Jonas, então, vai para Lorena. Lá, nessa cidade onde estudou Filosofia e Pedagogia no final dos anos 1950. Agora distante dos Encontros de Juventude que tanto o haviam ocupado nos últimos quatro anos, antes de ir para o sanatório, lhe restava nesse primeiro momento dar aulas de Eclesiologia para os seminaristas.

– Minhas aulas eram muito apreciadas, só que eu passava quase todo o resto do tempo no quarto. Levava uma vida reservada, de poucas atividades, o que, pelo menos, ajudava muito na minha recuperação.

O estado de saúde do padre ia aos poucos melhorando, mas o tempo passava e, com isso, diminuía a esperança de voltar.

> *Eu gostava da agitação de São Paulo, do Liceu e das responsabilidades que eu tinha: as celebrações e os encontros dos jovens, toda uma comunidade vibrante. Claro que Lorena também tinha uma boa comunidade, mas era diferente. Uma expectativa tinha sido frustrada.*
>
> *Quando eu fui para o sanatório, levava a certeza de que seria por um espaço curto de tempo, e que depois voltaria a todas as minhas atividades.*
>
> *Mas havia feito o voto de obediência e era preciso aceitar o que ordenasse meu inspetor. Fui para Lorena a contragosto, esperando que, no máximo até o final do ano, pudesse regressar a São Paulo.*

Chegou, porém, o fim do ano, e ninguém tocou no assunto de dar permissão para que Padre Jonas voltasse. E aquilo "foi como uma punhalada", como ele mesmo descreve. Nessa altura, na verdade, tinha perdido praticamente toda a esperança de continuar o seu trabalho em São Paulo, e esse era o lado mais trágico da questão, na voz do próprio padre. Parecia o fim.

– É claro que o padre De Bonis fazia isso para o meu bem – reconhece. – Porque, se eu voltasse ao ritmo anterior de trabalho, era muito fácil uma recaída, e recaída, no caso da tuberculose, pode representar algo muito terrível. Mas não entendi isso, só queria voltar.

Como tinha feito uma verdadeira revolução no sanatório – ele se perguntava na época –, isso não podia ser um sinal de que estava recuperado? Por que não o tinham deixado voltar?

> *E fui afundando nesse ressentimento, nessa mágoa. Foi a época mais terrível da minha vida.*
>
> *Aquele foi, com perdão pela palavra, "um ano de cão". Por minha culpa! Fiquei muito magoado com os meus superiores.*
>
> *Aos poucos, percebi que não voltaria mais ao meu antigo trabalho. Já haviam me substituído: outra pessoa continuava os encontros com os jovens. Por isso, infelizmente, meu ressentimento só aumentou.*
>
> *Eu costumava contar, nos meus testemunhos, que praticamente não rezava mais. Claro que celebrava missa, mas rezar como antes, fazer orações, não fazia.*

No ano de 1971, o padre já estava no Colégio São Joaquim e cuidava dos alunos. Dava aulas, ensinava música de novo e cuidava da juventude da diocese de Lorena que frequentava os encontros de Campos do Jordão. Eram rapazes e moças que participavam dos encontros de jovens que ele, Padre Jonas, tinha colocado em andamento. Mas ele estava em crise consigo mesmo, triste, magoado.

> *Eu havia abandonado quase que totalmente a prática da oração. Foi terrível! E o interessante é que eu tinha trabalho a fazer em Lorena, mas era como se não visse isso. Só olhava para minha expectativa frustrada.*

Em mim morava a dor de não estar onde queria estar, um sentimento de não poder estar onde eu achava que merecia estar.

Pela metade do ano, no auge da sua revolta – uma dor que sofria sozinho, sem contar a ninguém –, Padre Jonas toma a resolução de rezar todas as noites, antes de se deitar, o "Vinde, Espírito Santo! Enchei os corações dos vossos fiéis…". Essa era, conta com franqueza, muitas vezes, a sua única oração diária.

Estava nessa altura a um triz de perder meu ministério, por ressentimento. Por revolta. Nada mais de errado acontecia, graças a Deus! Mas eu estava a ponto de me desligar do ministério. Apesar disso, rezava o "Vinde Espírito Santo" todas as noites.

Mas a Providência Divina não deixaria de cuidar do filho aflito. Padre Irineu Danelon, o futuro bispo de Lins, daria um dia uma palestra sobre o Espírito Santo. A partir do Novo Testamento, quase que página por página, ele mostraria a ação do Espírito em Jesus, em Maria, nos apóstolos e nos cristãos.

Padre Jonas se sente perplexo. Sabia de tudo aquilo, mas era como se não soubesse. Não ligava uma passagem da Bíblia com a outra. "Meu Deus do Céu, parece que é isso que me falta", ele disse a si mesmo. "É esse Espírito Santo, desse jeito, que está me faltando!"

Não aguentou ficar até o fim da palestra. Levanta-se, desce as escadas e se dirige à capela de São Joaquim.

– Senhor, se é disso que eu preciso, dá-me! – ele reza com fervor. – Eu nem sei bem o que é isso, mas, se é disso que eu preciso, dá-me!

"Só restava esperar 'meu Pentecostes' acontecer", conta ainda o padre.

No final do dia, enquanto fechava as janelas da sala, o telefone toca. Era padre Lauro, sacerdote redentorista, da cidade de Aparecida. Ele perguntava se era verdade que padre Haroldo Rahm faria com os seminaristas uma "Experiência do Espírito Santo". Queria participar. Mas Padre Jonas não sabia. Tinha ouvido falar em um retiro...

– Nem saí dali e disse a mim mesmo, decidido: "Vou fazer esse negócio!", sem saber do que se tratava.

Batismo no Espírito Santo

Como nunca deixou de acreditar em milagres – como sempre enfatizou Padre Jonas –, ele percebeu que uma mudança começou a se operar em seu interior. No dia de Finados do ano de 1971, a convite de padre Irineu, o jesuíta Haroldo Rahm – um sacerdote estadunidense que morava em Campinas – prega um retiro para os seminaristas salesianos.

Padre Jonas já conhecia padre Haroldo do tempo do seu trabalho com os jovens, e havia até participado de um Treinamento de Liderança Cristã, o TLC, convidado por ele. Tinham ficado amigos. Quis participar do retiro, embora nem soubesse direito do que se tratava.

– Corriam rumores de que padre Haroldo estava fazendo um Encontro do Espírito Santo, algo assim – comenta Padre Jonas. – Estavam acontecendo coisas novas, mas eram vozes, comentários indefinidos.

Jonas, de fato, nem iria poder participar. Na véspera, foi informado pelo diretor que deveria ir a Silveiras – uma cidade próxima que estava sem padre – celebrar a missa de Finados. Além disso, havia uma reunião de professores à tarde.

– Não vou e pronto! – disse a si mesmo, à noite, depois de fazer a oração ao Espírito Santo. – Senhor, em vez de continuar me revoltando, deixo nas suas mãos!

Na manhã seguinte, ao chegar, padre Haroldo manda dizer que gostaria de vê-lo. Padre Jonas estava naquele momento se preparando para sair. Como os dois já se conheciam, se cumprimentaram e conversaram um pouco. Estava já na hora de ir para Silveiras, e também de começar o encontro, quando o padre diretor entra para dizer que Padre Jonas podia participar.

– Eu arrumo alguém para ir a Silveiras no seu lugar – ele disse. – Faça o encontro!

– Foi o dedo de Deus – aponta Padre Jonas. – Eu me encontrava diante de mais um milagre.

O dedo de Deus! Em tudo. Sempre.

Ou a mão de Deus, como também gostava tanto de dizer.

Durante o retiro, padre Haroldo expôs para os presentes o que o Espírito Santo estava fazendo pelo mundo, numa espécie de novo Pentecostes. Falou sobre a Renovação Carismática, sobre os dons do Espírito Santo, a oração em línguas, as curas... E contou também sobre uma experiência de "derramamento do Espírito Santo", como ele disse, tanto nos Estados Unidos como em outros lugares.

Era tudo muito fantástico. Fui bebendo o que estava sendo apresentado. O interessante era que eu não conseguia compreender. Tudo era muito novo, muito estranho.

Não entendi bem o que era Renovação Carismática Católica, nem o que era "efusão do Espírito Santo", menos ainda o que eram os "dons". Porém, desejei-os do fundo do coração. Entendi que era o que me faltava.

Sim, de fato, alguma coisa dentro de Padre Jonas dizia que ele estava muito de acordo com tudo aquilo. Ele ouvia, absorvia, e desejava que algo como o que estava sendo narrado acontecesse também com ele. Parecia estar se revelando, ali, uma resposta às suas necessidades. Era o que o padre precisava. Não algo abstrato, conceitual, e sim concreto, vivo e vibrante, como gostava de dizer.

No final da missa, já na sacristia, padre Haroldo Rahm se dirige aos presentes e pergunta se desejam que ele lhes imponha as mãos, pedindo a efusão do Espírito Santo. Até pegava mal não aceitar, como ressalta Padre Jonas. Mas, independentemente disso, ele pensou: como seria bom experimentar aquilo que padre Haroldo dizia que podia acontecer!

Só que não aconteceu nada de especial, nenhum sentimento pôde ser experimentado. Foi a imposição das mãos e uma oração por ele, e pronto. Pelo menos naquele momento.

Depois do jantar, antes do jesuíta se despedir, ainda houve tempo de Padre Jonas pedir a ele se poderia levar um grupo de jovens a Campinas para uma experiência de oração. Ganhou dez vagas. Nem acreditava que receberia tantas. Despediram-se, e padre Haroldo foi embora.

"Tudo parecia lavado"

Aquela noite – "uma noite muito bonita!" – Padre Jonas a passa quase inteira nos pátios do Colégio São Joaquim. Reza. Reza muito. Reza como nunca antes tinha rezado na sua vida. Não era "oração em línguas", ele nem sabia ainda o que era isso. Mas a oração brotava do seu íntimo.

E, o mais importante, desapareceram como se fosse do nada todo aquele ressentimento e toda aquela mágoa que o vinham incomodando. No lugar da alma onde antes parecia existir um buraco, reinava agora um sentimento de plenitude. Como explicar o que tinha acontecido?

Padre Jonas não se contenta em explicar, porque explicação é algo que vem da cabeça, e o que estava acontecendo com ele não vinha dali. Vinha do coração, da alma. Ele tinha compreendido, feito uma descoberta muito importante.

Fui à capela que havia ali próxima, sempre rezando espontaneamente, o que não era até aquele momento um costume, pelo menos não daquele jeito.

Varei a noite rezando. Já quase de madrugada, quando fui para o quarto deitar, parecia um passarinho voando, tal a mudança que havia ocorrido dentro de mim.

A imagem de um passarinho voando, de que tanto Padre Jonas gostava –, como expressão de momentos sublimes de experiência profunda da graça de Deus –, voltaria no dia seguinte. Ao acordar naquela manhã, tinha dormido de fato muito pouco, quase nada.

Mas minha impressão era a de que tudo tinha sido lavado, o céu, as árvores, o colégio... Tudo estava diferente para mim. Colorido. Bonito.

Isso me colocou uma questão. Eu pensava: "O que foi que aconteceu comigo? Foi isso que padre Haroldo falou? É isso que é o batismo no Espírito?".

Mas não havia ninguém com quem eu pudesse conferir.

Pois é, ledo engano. Havia, sim. Um padre redentorista de Aparecida, Rodolfo, amigo de Padre Jonas, tinha participado do encontro e, depois da missa, na sacristia, também recebeu a imposição das mãos. Jonas telefona para ele e pergunta, não sem antes falar sobre tudo o que estava sentindo.

– Então, somos dois, porque aconteceu a mesma coisa comigo – respondeu padre Rodolfo. Ele, que logo levaria em frente, em Aparecida – por meio de vigílias de oração com os jovens e depois com as irmãs, os padres e os seminaristas – a experiência da renovação trazida pelo Espírito.

– Eu ia sempre me confessar com padre Rodolfo, porque sentia um profundo arrependimento dos meus pecados – revela Padre Jonas. – Tudo em minha vida mudou.

Padre Jonas pega de novo o seu Breviário. Não havia mais nada de mecânico na Oração das Horas, pela manhã, à tarde e à noite, todos os dias. Ele também pega de novo a sua Bíblia nas mãos, e assim continuou por toda a vida, até os seus 85 anos. Lia "como quem tem sede", ele diz.

É claro que eu já tinha lido muitas vezes a Bíblia, e até tinha estudado com profundidade o Antigo e o Novo Testamento. Mas era diferente agora. O meu entusiasmo era outro.

Até as celebrações eucarísticas eram diferentes. Eu sentia a força da Eucaristia. Tudo era novo. Verdadeiramente novo.

E percebi que aquele ressentimento, aquela mágoa, aquela revolta, de fato, tinham ido embora. E até o arrependimento dos meus pecados havia mudado. Eram os pecados do dia a dia: murmurações, reclamações, impaciência. Sentia, porém, um profundo arrependimento.

Que bom ter ido para Lorena!

É sempre muito difícil dizer em que tempo e em que lugar surge uma obra de Deus, quando foi que tudo começou. Provavelmente, a resposta para o começo, o meio e o fim das coisas encontra-se no coração de Deus e só d'Ele, e ao ser humano não resta outra opção a não ser se entregar e agradecer.

Mas, na vida de Padre Jonas – quando se trata de lançar o olhar aqui para o nosso mundo e para a nossa pequena história de cada dia –, é neste momento, da experiência da ação do Espírito Santo e no seu trabalho de padre, pregador, missionário e fundador da Canção Nova, que tudo, em resumo, começou. É aqui que tem início, de fato e para sempre – e de maneira maravilhosa –, o verdadeiro e mais pleno sentido de tudo o que aconteceu na vida do padre... Desde o seio materno!

No início de 1972, lá está Padre Jonas em Campinas, com os seus dez jovens, na Vila Brandina, para a Experiência de Oração com padre Haroldo: Paulo, Vilma, Nei, Júlio...

– Lá, comecei a entender o que era a Renovação Carismática Católica, a efusão do Espírito Santo e seus dons. Melhor ainda: entendi o que tinha acontecido comigo.

E o que tinha acontecido com o padre ocorreu também com os companheiros de retiro.

– Voltamos entusiasmados! Cheios do Espírito Santo.

Dizer que o gigante acordou pode parecer exagerado, mesmo porque Padre Jonas sempre foi uma pessoa muito simples, até lembrava uma criança, muitas vezes. Mas, quando o assunto é entusiasmo...

Se você leva em consideração como o nosso padre estava abatido, desanimado, e em seguida vê toda essa explosão de alegria, de fé e de esperança, a impressão que dá é mesmo essa, de um gigante que desperta. Com a força do Espírito Santo de Deus!

Tudo o que realmente aconteceu ali em Lorena com Padre Jonas e os seus jovens, a comunidade católica, o bispo, tanta coisa, deixamos para relatar no capítulo seguinte. Mas, antes de terminar, precisamos ouvir uma palavra final do padre, para justificar o título que demos a este capítulo, "Lágrimas benditas".

Que bom que eu não fui para São Paulo depois da saída do sanatório! Que bom que pude ficar em Lorena para viver e partilhar toda essa nova experiência de fé e de amor!

Com o tempo, eu fui sentindo cada vez mais que, de fato, havia sido necessário ter ido para Lorena. Entendi o quão difícil, às vezes, é perceber os milagres que vão contra a nossa expectativa, até contra a nossa vontade; mas que, depois, se revelam como verdadeiros milagres!

3

Começar com os jovens

O ano "muito abençoado" de 1976 – como ressalta Padre Jonas – traz, entre as histórias que tanto marcaram a sua trajetória de vida e a da Canção Nova, a do seu encontro com Dom Antônio para tratar do documento do Papa Paulo VI, a *Evangelii Nuntiandi*. "Comece com os jovens!", sugeriu-lhe o bispo de Lorena. Inspirado, ele quase suplicou.

O anúncio do Evangelho no mundo de hoje, tema da carta do papa, não apenas mobilizaria o padre e as pessoas que com ele trabalhavam nos encontros de juventude, nos grupos de oração e, a partir dali, também nos encontros de catequese para adultos, os Catecumenatos. Também se transformaria na razão maior de ser da Canção Nova, que nasceria dali mais um pouco.

Por dois anos de muitas dificuldades – tanto quanto de animação e alegria (1975-1976) –, a cidade histórica de Areias, no Vale do Paraíba, foi o local de um trabalho muito intenso com a juventude. No final do "ano abençoado", Padre Jonas e os dirigentes da Associação Canção Nova, fundada em 1974, lançavam a pedra fundamental da sua primeira casa de encontros, a Casa de Maria, na cidade de Queluz. A partir desse momento, as palavras "Providência Divina" passaram a ter que ser escritas com todas as letras maiúsculas na vida do padre e da Canção Nova.

Início de 1976. Padre Jonas está sentado na frente da escrivaninha de Dom Antônio Affonso de Miranda. Tinha sido chamado para uma conversa, e já nas primeiras palavras que ouviu percebeu que o assunto era sério. Porque este justamente foi o termo que o bispo utilizou, ao apontar com o dedo para um documento aberto sobre a mesa, que até aquele momento o padre nem sabia qual era:

– Isso é muito sério – observa o bispo de Lorena. – Precisamos colocar em prática o que o papa está dizendo!

O livro, como Padre Jonas observou, estava cheio de anotações e marcações, parecendo muito importante. E era de fato, como ficaria logo muito claro ao longo da conversa.

Com o título latino de *Evangelii Nuntiandi* – ou "Sobre a evangelização no mundo contemporâneo", em português –, o texto trazia a data de 8 de dezembro de 1975 e a assinatura do Papa Paulo VI. A publicação no jornal *L'Osservatore Romano*, da Cidade do Vaticano, tinha sido no dia 21 do mesmo mês.

– Eu me ordenei no dia 8 de dezembro e faço aniversário em 21 de dezembro – comentaria Padre Jonas uns anos depois. – Mais uma vez, nada é coincidência, tudo é Providência.

– O papa diz aqui que precisamos anunciar o Evangelho para os batizados, que precisamos reevangelizá-los – prosseguiu Dom Antônio, que tinha sublinhado com linhas ainda mais fortes o final do número 44 do documento. Ele lê para Padre Jonas:

> *Verifica-se que as condições do mundo atual tornam cada vez mais urgente o ensino catequético, sob a forma de um Catecumenato, para numerosos jovens e adultos que, tocados pela graça, descobrem pouco a pouco o rosto de Cristo e experimentam a necessidade de a Ele se entregar.*

– Padre Jonas, faça alguma coisa! – pediu, com ênfase, o bispo. – Comece com os jovens, porque com eles é mais fácil.

– É claro que não foi só isso que Dom Antônio disse – como conta o padre. – Mas o que ficou gravado em mim, a síntese de tudo, foi isso.

Dom Antônio não parecia apenas sério e compenetrado, mas também inspirado. E foi isso o que Padre Jonas salientou em sua resposta para ele:

– Eu vejo uma inspiração muito forte nas palavras do senhor – disse o padre. – Não sei ainda o que fazer, mas prometo que vou pensar, vou rezar e lhe trazer uma proposta.

O bispo de Lorena conhecia bem o trabalho de Padre Jonas com os encontros de jovens e os grupos de oração. Quando disse que achava ser mais fácil começar pela juventude, é porque há mais de três anos acontecia na diocese – justamente com os jovens – uma movimentação, que ninguém antes tinha jamais imaginado, por meio de encontros e grupos de oração.

O nascimento da Comunidade

Nos anos vindouros, cada vez que lia essa passagem da *Evangelii Nuntiandi*, Padre Jonas se admirava, ou melhor, se encantava com a forma como tudo parecia ter acontecido "ao pé da letra" ao longo do tempo. Como sempre comentava, podem ser considerados vários os fatores que foram preparando o "nascimento de uma Canção Nova para a Igreja", como escreveu certa vez.

– Mas defino como momento do "nascimento" o dia em que Dom Antônio me chamou no escritório dele para falar sobre a *Evangelii Nuntiandi*.

Mas qual foi mesmo a origem desse documento? No ano de 1974, entre setembro e outubro, tinha havido em Roma um

Sínodo de Bispos para celebrar o décimo aniversário do encerramento do Concílio Vaticano II. Ao final, os bispos confiaram ao Papa Paulo VI a tarefa de escrever uma espécie de carta – mais propriamente uma Exortação Apostólica –, contendo um resumo do que haviam debatido durante o mês inteiro.

No centro desses debates encontrava-se a ideia de que era necessário, ou melhor, urgente um novo anúncio do Evangelho para os homens e mulheres do mundo contemporâneo – com um novo ardor, com novos meios e novas linguagens e, particularmente, com uma ação muito bem orquestrada de catequese para jovens e adultos.

No item número 2 do documento, o papa observava que, ao lhe fazer essa solicitação, os bispos disseram que esperavam dele "um impulso novo, capaz de suscitar, numa Igreja ainda mais arraigada na força e na potência imorredouras do Pentecostes, tempos novos de evangelização".

Pentecostes! O Espírito Santo! Uma força e uma potência que, nas palavras do papa, são "imorredouras". Padre Jonas apreciou especialmente essa parte. Não eram esses os ventos que sopravam nos caminhos por onde ele circulava – muitas vezes de bicicleta e outras de carona no fusca de Luzia Santiago – pelas ruas de Lorena e em outras cidades do Vale do Paraíba, desde o final do ano de 1971?

Meses depois, ele apresenta um plano para o que chamou de Catecumenato, para usar o termo sugerido pela própria *Evangelii Nuntiandi*. Catecumenato, no início da História da Igreja, era o tempo de preparação das pessoas para o batismo. Padre Jonas comenta:

– Graças a Deus, já na Semana Santa daquele ano começamos. E foi muito bonito!

Durante os anos de 1976 e 1977 aconteceram encontros de Catecumenato em Lorena, ao lado dos demais encontros e das experiências de oração. Grupos muitas vezes de até duzentos jovens se reuniam em finais de tardes e noites adentro para a oração, palestras, testemunhos, missa e confissões. Nos feriados prolongados e em finais de semana, era "uma beleza ainda maior", nas palavras do padre. O resultado era melhor, porque o encontro durava dois, às vezes, três dias.

A juventude e todo o grupo de dirigentes que há tempo vinham se engajando nos encontros e nas experiências de oração foram mobilizados para mais essa "revolução". Quando necessário, os rapazes e as moças do interior e de cidades vizinhas eram acolhidos nas casas das famílias, tinham cama e comida, e quem possuísse um carro dava muitas vezes carona para buscar e levar quantos jovens conseguissem. "O efeito foi fantástico!"

Como diz ainda Padre Jonas, aconteceu – de novo, "ao pé da letra" – o que estava escrito no documento do Papa Paulo VI: "Tocados pela graça, descobrem pouco a pouco o rosto de Cristo e experimentam a necessidade de a Ele se entregar". É bem interessante observar que a ideia de "descobrir o rosto de Cristo" e, como consequência, "a Ele se entregar" conversava bastante de perto com o que o padre, desde antes ainda da ordenação sacerdotal, vinha com tanto entusiasmo chamando de "encontro pessoal com Jesus". Ele fazia dessa busca um dos focos principais do seu trabalho pastoral com a juventude.

"Ao criar uma obra, Deus o faz com uma finalidade, um objetivo, uma missão", escreve ainda Padre Jonas. "Deus tem um objetivo quando cria uma obra, e Ele já o imprime nela ao criá-la."

E esse objetivo, sempre nas palavras do Pai Fundador da Canção Nova, é anunciar a mais linda notícia de salvação, o Evangelho de Nosso Senhor Jesus Cristo. Ou também, como ele mencionou certa vez, "era preciso uma experiência nova para ser uma criatura nova e entender, de fato, a beleza do Cristianismo".

"Nossa missão é evangelizar", resumiria o padre. E a percepção disso que se situa no coração do carisma Canção Nova tem muito, tem tudo a ver com o que estava sendo expresso naquele dia em que ele foi convidado por Dom Antônio Affonso de Miranda para uma conversa muito séria, inspirada, comprometida...

Quando Padre Jonas associa a *Evangelii Nuntiandi* à inspiração inicial e mais forte para o nascimento da Comunidade, não está exagerando – nem um pouco. Para além dos relatos do próprio padre e de outros tantos membros da Canção Nova, há os documentos, os mais importantes dentre eles, confirmando essa verdade.

"Bebendo aquela alegria"

Muito trabalho e criatividade – e também uma dose bem forte de entusiasmo e alegria – conectam o tempo decorrido entre o batismo de Padre Jonas no Espírito Santo, no final de 1971, e o início daquele ano de 1976. Foi exatamente quando ele assumiu com Dom Antônio o compromisso de colocar em prática, começando pela juventude, o apelo do Papa Paulo VI em favor de uma nova evangelização.

Uma evangelização nova em seus propósitos e em suas linguagens. Nova, como sempre foi, mas igualmente nova em sua relação com as mudanças do mundo contemporâneo, de acordo com o espírito que animou a mensagem do Sínodo dos Bispos.

Voltando no tempo, no final de 1971, vemos Padre Jonas retornar entusiasmado de Campinas, para onde ele tinha levado dez dos seus jovens, com o objetivo de fazer uma experiência de oração com padre Haroldo Rahm.

Um encontro semelhante foi agendado para o início do ano seguinte, em Lorena. Na última hora, porém, padre Haroldo Rahm teve problemas de agenda e não conseguiu comparecer. Padre Jonas assume a dianteira, junto com os jovens que tinham ido com ele a Campinas um mês e pouco antes e voltado muito entusiasmados de lá.

Graças a Deus, foi uma beleza! E eu me entusiasmando, bebendo daquela alegria, ouvindo aqueles jovens pregar algo novo, que nunca tinham pregado, as palestras de experiência de oração, as dinâmicas de oração, e depois o momento de imposição das mãos para as pessoas se abrirem à graça do batismo no Espírito Santo. O efeito foi extraordinário.

A partir daquela ocasião, com os participantes dos encontros de jovens de Lorena e arredores, começamos a fazer experiências de oração. E o panorama mudou. Já não era apenas um encontro de jovens. Era mais: a experiência de oração, essa nova experiência do batismo no Espírito Santo, os dons do Espírito Santo. Os grupos de oração foram surgindo, aquilo pegou um fogo tão grande, que chamou a atenção do próprio bispo.

Recém-nomeado bispo de Lorena – no mesmo mês em que Padre Jonas recebia o seu batismo no Espírito Santo –, Dom Antônio Affonso de Miranda percebe todo esse entusiasmo. Não demora, e a missa dos jovens na catedral da cidade, às 11 horas do domingo, passaria a ser celebrada pelo padre. Todo o trabalho com a juventude, naquele período, trazia a forte marca da luz e do sopro divino do Espírito Santo, "essa nova experiência que Deus nos havia dado", como conta Padre Jonas.

O pároco da catedral, Monsenhor João, vê o que está acontecendo e se entusiasma, ele também. Percebeu a diferença, a animação. Dom João Hipólito de Moraes – sucessor de Dom Antônio –, seria desde o início um dos maiores amigos da

Canção Nova. Quando a Comunidade oficialmente nasceu, em fevereiro de 1978, era ele o novo bispo de Lorena.

– E isso foi essencial para que tivéssemos êxito – reflete o padre. – Era tudo muito novo, mas eles percebiam a mão de Deus nessa renovação.

No entanto, era preciso muito cuidado para evitar desvios. O Espírito Santo age, consola, inspira, mas, como em tudo acontece, nenhum cristão pode se considerar isento de pecado. Padre Jonas – que ganharia no futuro a alcunha de "Mister Pentecostes" –, se preocuparia em não fazer da Renovação Carismática Católica um movimento de tipo festivo para atrair mais pessoas para a Igreja. A ideia não era essa. O importante não era *criar* um novo movimento, e, sim, "fazer com que a Igreja *permanecesse* em movimento", explica o padre. E confessa:

> *Modestamente, digo: era como aquele chamado de São Francisco de Assis, para que ele reconstruísse não a igreja de pedra, mas a Igreja do Senhor.*
>
> *Era preciso fazer com que os batizados fossem cristãos de fato e tivessem essa vida verdadeiramente nova. Não uma outra maneira de participar, mas uma nova postura, que não vinha simplesmente de uma doutrina, e sim de uma experiência.*
>
> *Era preciso uma experiência nova para ser uma criatura nova e entender, de fato, a beleza do Cristianismo.*

A inspiração de fazer com que os batizados fossem cristãos de verdade, e com alegria, por meio de um encontro vivo e pessoal com Jesus – isto é, através de uma experiência de vida –, como apontamos antes, dialoga de forma primorosa com o conteúdo do que foi conversado entre Dom Antônio e Padre Jonas sobre a *Evangelii Nuntiandi*, no começo de 1976. Sem esquecermos a menção do papa à inspiração do Divino Espírito Santo, como num novo Pentecostes!

Como não lembrar mais uma vez, nesse contexto, da grande crise atravessada por Padre Jonas no momento tão dramático da sua vida em que foi dito pelo superior salesiano que o destino dele seria Lorena?

– Que bom que não tinha ido para São Paulo depois da saída do sanatório, seis anos antes! – alegra-se Padre Jonas, numa fala dele que já trouxemos no capítulo anterior, ao qual demos o título de "Lágrimas benditas".

Ele completa:

– Que bom que pude ficar em Lorena para viver e partilhar toda essa nova experiência de fé e de amor!

Casa de Areias

Chega o ano de 1975, e a conclusão de todos era de que precisavam de um novo local onde se reunirem para os seus encontros da juventude e as experiências de oração. Nos prédios até aquele momento utilizados – tanto os dos salesianos quanto os de colégios da cidade –, o que se conseguia muitas vezes fazer era quebrar um galho. Era bom, muito bom, mas havia problemas de logística, de horários, de colisão com outras atividades, tanto acadêmicas quanto pastorais.

Mas onde encontrar esse local?

Alguém teria uma ideia?

Como fazer, se dinheiro e condições materiais não havia?

São até curiosas, muitas vezes, as histórias da Canção Nova. São tão singelas e aparentemente desprovidas de todo planejamento – e ao mesmo tempo tão ricas de pormenores e de sentidos humanos e espirituais –, que causa pena precisar sintetizá-las em um número limitado de palavras. Porque, com isso, acaba-se mais de uma vez tendo que suprimir pequenos detalhes que fazem a diferença e dão ainda mais sabor aos acontecimentos.

Necessitaríamos de páginas e mais páginas de um livro sem fim para tentar manter o gosto e a graça de como as coisas vão se dando. Nunca sem esforço e trabalho, mas, sobretudo, nunca sem uma grande, uma enorme inspiração.

É o caso, para citar um exemplo, de um comerciante que chega para perguntar a Padre Jonas se ele não estaria precisando de um lugar maior e bem bacana para fazer os seus encontros. Chamado Élcio Camarinha, ele conhece alguém, de nome Gandur Zeraik, que é dono de uma casa de fazenda enorme, na zona rural da cidade de Areias.

É a conversa, quase que simultânea, que o padre tem com a jovem Luzia Santiago sobre esse mesmo assunto. Cunhada de Angélica, cujo irmão possui uma casa bem grande e vazia na Fazenda Morada do Sol – com muitos quartos e uma sala de todo tamanho –, Luzia o conhecia bem. Não custava perguntar à cunhada se ela não podia falar com o irmão dela...

É a história de um que fala para o outro, que conversa com um terceiro, que leva a notícia para um quarto, um quinto, e assim vai... E essas conversas se cruzam umas com as outras, se alimentam e retroalimentam em seus múltiplos sentidos e esperanças. Ao fim e ao cabo, depois é que se fica sabendo, a casa de que o comerciante fala é a mesma que Luzia conhece – e no começo de tudo parecia que uma coisa não tinha a ver com a outra.

Tinha, sim. Na visão de Padre Jonas, era mais uma vez o dedo de Deus se manifestando. Uma medalhinha de Nossa Senhora das Graças também ajudava bastante. Ele costumava andar com algumas delas no bolso para o caso de precisar.

Alguns dias depois, vão conversar com o dono da casa da fazenda e a esposa.

Levei uma medalhinha de Nossa Senhora das Graças no bolso e, ao chegar à fazenda, antes de conversar com o dono, fizemos a "arte" de jogar a medalhinha, rezando: "Se o Senhor quer esta casa, Nossa Senhora, faça o favor: tome posse dela e guarde-a para nós!".

O casal Gandur e Isis ficou encantado ao ouvir o padre e Luzia falarem sobre o trabalho com os jovens. E não é que dá certo? A mão de Deus. Mais um milagre! Quem iria imaginar? A casa, que quase tinha sido vendida para ser instalado ali um hotel fazenda, é cedida – de graça e por um período de três anos – para Padre Jonas e os seus jovens.

Certo que eram mais de 4 quilômetros de estrada de chão para se chegar até lá, que não havia energia, que os beliches precisariam ser encomendados, que seria necessário uma caixa d´água, chuveiros, mesas e cadeiras...

Mas "foi maravilhoso, um milagre!" como tudo aconteceu. Padre Jonas não era nunca de desanimar – nem ele nem aqueles que, ao seu redor, trabalhavam pela mesma causa. Como, por exemplo, uma jovem chamada Luzia ou um jovem que todos conheciam pelo apelido de Eto:

Luzia já tinha entrado na minha vida. Eu a tinha conhecido quando fez um dos nossos encontros de jovens. Nossas vidas se cruzaram nesse milagre de escrever uma nova história para a juventude. A obra não seria o que veio a ser sem a sua força, sua determinação, e, acima de tudo, sua fé, porque ela também acredita em milagres.

E há também, é claro, o Eto, que sempre esteve presente em nossa história. Ele morava em Queluz, cidade muito próxima a Areias. E era ele quem, desde aquela época, se multiplicava para que todas as coisas acontecessem da melhor maneira possível.

Certa feita, alguém disse que, se eu sou o sacerdote de toda essa obra, ele, Eto, é o governador. Ele é quem, como bom obreiro, fez e faz com que nossos sonhos possam ir se realizando.

Ovos de galinha na capela

A fazenda era boa, mas foi preciso fazer praticamente tudo, como relata Padre Jonas. E o caso mais dramático foi o do gerador, movido a óleo. Fazê-lo funcionar "era um trabalhão". No caso de falhar, era necessário recorrer aos lampiões a gás. Quando, à noite, os participantes do evento iam para os quartos, desligava-se o gerador para economizar combustível. Que alívio se livrar do barulho descomunal que ele fazia!

Outro caso sério era o da água. Se uma vaca pisava sobre o cano ou se uma emenda por qualquer motivo se rompia, o líquido precioso não descia do alto do morro para a casa – e sem água não havia cozinha funcionando, banho, banheiro. E só se percebia que algo tinha acontecido quando a água faltava. E lá ia o Eto correr atrás!

Um lugar para a capela, inicialmente, também não havia. Tiveram que pedir licença ao proprietário para usar um barracão ao lado da casa, que era a garagem da fazenda e também onde as galinhas punham os seus ovos e, à noite, se empoleiravam para dormir. Capim seco foi espalhado pelo chão, e um tronco bem grande de madeira acabou servindo de altar e também de sacrário.

E aquele lugar passou a ser a capela. Era muito singelo, muito bonito. Durante a semana, porém, a garagem era ocupada pelas galinhas, que ali dormiam e botavam os seus ovos. Nos fins de semana, coitadas, ficavam perdidas. Estranhavam o lugar delas ocupado, e, de noite, tinham de se empoleirar nas árvores.

Para botar, aproveitavam os intervalos em que não havia ninguém na capela. Usavam o capim que colocávamos no chão. E a gente precisava ter cuidado, procurar os ovos para não pisar em cima.

Tais acontecimentos são inesquecíveis! Tudo teve início com aquela medalhinha de Nossa Senhora.

Era tudo muito rústico, muito simples e também poético.

Naquele ano de 1975, e também no ano seguinte, foram feitos muitos encontros na casa da fazenda em Areias: encontros de jovens – os Maranathás –, experiências de oração, encontros de aprofundamento da Renovação Carismática, encontros de aprofundamento dos Maranathás, que receberam o nome de Ágapes...

Meu Deus, como o Espírito Santo jorrava abundantemente naqueles encontros! Quantas vidas eram transformadas!

As pessoas saíam de lá absolutamente iluminadas e com um desejo enorme de mudar o homem e o mundo, construir uma nova civilização, levar a todos os cantos essa rica experiência de amor.

Naquela casa de Areias, muitos jovens e adultos nasceram e renasceram. Nelsinho Corrêa é um deles: diácono, compositor impecável, músico, homem de Deus que toca com tanta profundidade o coração de tantas pessoas. Nelsinho fala muito poeticamente sobre essa casa.

"E foi tudo isso que gerou a Associação Canção Nova." Sobre o modo como isso se deu, o conselho dado pelo bispo diocesano e também o estatuto, você fica sabendo ao ler adiante o que escrevemos em "Nasce a Associação Canção Nova". Aconteceu em 1974, mais ou menos três anos e meio antes da fundação da Comunidade Canção Nova, em fevereiro de 1978.

NASCE A ASSOCIAÇÃO CANÇÃO NOVA

"É melhor vocês fundarem uma associação." O recado amigável veio de Dom Antônio Affonso de Miranda, um homem experiente que conhecia bem todo o trabalho que era feito e que, no exercício de sua função de pastor, queria muito ajudar, proteger, cuidar. "Vocês vão começar a mexer com dinheiro, e dinheiro pode dar o que falar", foi o seu conselho.

E acrescentou: "Vocês criam uma associação, o dinheiro da venda dos livros e das bíblias é da associação, que tem o seu estatuto, a diretoria, a contabilidade, tudo certinho".

Nasce a Associação – O estatuto veio das mãos do próprio Dom Antônio, que antes de ser padre também se formou em Direito, com especialização em Direito Civil, tendo depois se doutorado em Direito Canônico. Padre Jonas pediu se ele podia assumir a tarefa, e o bispo respondeu que sim. "Posso fazer. É um estatuto simples."

E fez. "Um estatuto breve, conciso, que nós guardamos com muito carinho até hoje, inclusive a primeira ata", conta o padre. "Dom Antônio também conversou com o promotor para nós, e logo a Associação foi aprovada e registrada. Foi assim que começamos como sociedade civil." O dia era 30 de outubro de 1974.

O nome da Associação – O nome apareceria depois. Gestado no coração do Pai Fundador, foi criado durante um curso de Treinamento de Liderança Musical, conduzido por padre Irala, um jesuíta paraguaio que trabalhou como missionário no Brasil. Um bom compositor, autor de muitas músicas, entre as mais famosas a "Oração de São Francisco".

"Canção Nova" foi o nome que Padre Jonas sugeriu para o grupo do qual ele fazia parte durante o evento. Canção Nova! "Está na Bíblia, do começo ao fim", defendeu o padre.

Não era só um nome bonito, que soava muito bem ao seu ouvido e acalentava o coração. Lembrava a Padre Jonas a experiência do seu batismo no Espírito Santo, a nova relação com a Bíblia, um novo entusiasmo na sua vida sacerdotal.

Um violão e uma pomba – "Canção Nova dizia tudo o que a Bíblia diz, especialmente em Isaías. Canção Nova: o cântico dos redimidos. O cântico dos homens e mulheres novos. O cântico do mundo novo!" E ia se chamar Canção Nova a Associação, respondeu Padre Jonas quando lhe perguntaram. "Foi inspiração e escolha de Deus, muito mais do que minha."

"O conhecido e amado símbolo da Canção Nova", como escreveu um dia padre Wagner Ferreira, foi criado mais tarde. "As mãos postas em oração, a pomba do Espírito Santo e o violão expressam o desejo de seus membros de cantar para o Senhor um cântico novo, uma canção nova", explicou.

Muitos anos se passaram desde que padre Wagner escreveu essas palavras. Em fevereiro de 2023 – dois meses depois da morte de Padre Jonas –, ele seria eleito o novo presidente da Canção Nova, aos 51 anos de idade, 31 deles integrando o Núcleo da Comunidade. A Missa de Posse foi celebrada em Lavrinhas, no primeiro dia de março.

"Já entendi, Senhor!"

Mais uma medalhinha de Nossa Senhora das Graças iria logo precisar ser jogada em algum outro lugar. Porque, aos poucos, a ida de toda aquela gente para a casa de Areias foi se tornando quase impossível.

Choveu sem parar em 1976, e a certa altura, no segundo semestre daquele ano, só mesmo um ato de heroísmo permitia alcançar o local dos encontros e de lá sair, ao final, a pé, carregando as coisas por um bom pedaço da estrada por onde durante a semana passava gado, caminhão de leite, carro de boi e trator – o barro era muito, meu Deus!

Os sessenta a oitenta jovens e seus dirigentes tinham que parar a uns quatrocentos metros de distância e andar a pé até a casa. Quando terminava o encontro, voltavam com muito sacrifício até onde quem possuía carro tinha conseguido levar os veículos para ir até a igreja de Sant'Ana, em Areias, onde era celebrada a missa de encerramento. Pelo menos uma vez, como o padre lembra, só trator deu jeito.

> *Foi então que eu disse para Deus: "Já entendi, o Senhor está nos mostrando que não deseja que fiquemos mais aqui, porque quer nos dar a casa que precisamos".*
>
> *Era preciso crer: Deus, que havia nos conduzido até aquele momento, continuaria a fazê-lo. Ficamos dois anos naquela casa em Areias. Por nós, continuaríamos.*
>
> *Mas percebemos, pelos fatos, que Deus nos conduzia para que tivéssemos nossa própria casa de encontros. E quando Deus quer subverter a coisa, Ele faz de forma que nem imaginamos. E não demorou muito para isso acontecer.*

Por esse tempo, Eto já vinha pensando que talvez fosse mesmo hora de buscar uma saída. Faltava um ano para terem que entregar a casa, e como iria ser depois? Que garantias havia de poderem continuar ali no futuro? Um bom dinheiro já tinha sido investido na casa para garantir o seu funcionamento dentro das condições mínimas desejadas para os encontros – e estes iam de vento em popa, com todo mundo trabalhando na maior alegria e animação!

– Já havia uma articulação entre os principais dirigentes dos encontros e a diretoria da Associação – conta Padre Jonas. – Tinham maquinado tudo, só eu é que não sabia dessa santa conspiração!

Um dia, vieram lhe perguntar se ele por acaso nunca tinha pensado em uma casa na cidade de Queluz, ali perto. Eto, Haroldo e Maria Helena ouvem um "Não!" bem seco, aquele tipo de não que traduz a ideia de que você nem devia ter perguntado nada.

Padre Jonas até pediu desculpas, como fez a vida toda – com humildade, carinhosamente – sempre que imaginava ter ofendido ou magoado alguém. "Me perdoe, tá, meu filho?!" "Me perdoe, viu, minha filha?!" Tão bonito era vê-lo manifestar esse seu carinho, que a pessoa que ele imaginava ter ofendido até parecia se sentir honrada pelo mérito de ter ouvido dele uma palavra mais rude, um não impensado, um olhar desses que às vezes assustam.

Mas, e se conseguissem o terreno? – insistiram. Bem, nesse caso, o padre iria pensar, embora para ele tudo aquilo parecesse estar muito distante de acontecer. Pelo menos naquele momento lhe parecia impossível alguém doar um terreno para construírem a casa de encontros que já vinha adquirindo, na imaginação de todos, um desenho especial. Padre Jonas confessa que mal pôde esperar para ver.

Era um dia de primavera, chovia de novo bastante, uma semana depois, quando, convocado por Eto, o padre pega carona no fusca branco de Luzia – o muito famoso "Francisco", de tantas idas e vindas pelas estradas do Vale do Paraíba –, e ela o leva para ver um terreno. Ao embarcar, não se esquece de conferir se levava consigo a medalhinha de Nossa Senhora das Graças.

Não foi um, e sim três os terrenos visitados. Eram extremidades de uma fazenda que ficava nos limites do perímetro urbano, e Padre Jonas poderia escolher. Um presente do casal Dedé e Marinho! O padre vê os três, mas fica com o primeiro. A vista para a Serra da Mantiqueira era linda. Um pouco acidentado, mas nada que não se pudesse dar um jeito. Colocou a medalha numa arvorezinha, para que Nossa Senhora guardasse aquele terreno para a Canção Nova. E ficou acertado: aquele era o local.

> *Parecia tudo muito fácil: chegar, escolher um terreno e já receber a doação. Mas aí estava um desses milagres que Deus concede para realizar os seus objetivos.*
>
> *Se um fazendeiro cedeu um casarão que poderia facilmente ter se tornado um hotel fazenda, para que ali fizéssemos nossos encontros, achar outro fazendeiro que doasse um lindo terreno para construirmos a nossa casa de encontros só poderia ser por intervenção de Deus.*
>
> *E são esses os milagres para os quais acabamos muitas vezes fechando os olhos.*

Uma casa para Maria

A Associação possuía agora um terreno em um lugar muito bonito, só faltava todo o resto. Dinheiro, não havia nem um centavo.

No entanto, o projeto da construção não demorou quase nada para aparecer, e por duas razões. Primeiro, porque Padre

Jonas via antes, em sua própria mente, as coisas que eram para ser feitas, do melhor modo possível. E é como se o ouvíssemos, neste momento, fazer uma correção: "Eu via antes no meu coração".

A segunda razão é que, como também sabemos, o padre não gostava e nem sabia trabalhar sozinho. Cercava-se, com muito prazer, de todo mundo que tivesse vontade de ajudá-lo. De todas as pessoas que quisessem sonhar junto com ele. Padre Jonas via as pessoas por dentro, pela alma: não pelo que mostravam ou faziam, mas por aquilo em que elas podiam se tornar, com a graça de Deus!

No caso do projeto de construção da casa, havia o João Carlos Vasconcelos, o Joca, um jovem universitário, estudante de Arquitetura e futuro integrante da diretoria da Canção Nova. É como se o padre o pegasse pela mão – "Vem cá, meu filho!" – e oferecesse a ele, como um presente, o orgulho imenso de poder dar a sua colaboração para um projeto que não era dele, Padre Jonas, nem muito menos de Joca... Era um projeto de Deus.

E, agora, o corte do terreno e a terraplanagem?

Começa neste exato momento mais um daqueles episódios bem reveladores do modo Canção Nova de ser. De novo, trata-se daquelas histórias engraçadas, saborosas, tão sérias quanto inusitadas, de como os fatos vão se encaixando. Um que conversa com outro, que conversa com outro...

Ninguém tinha visto umas máquinas trabalhando na contenção de encostas da estrada de ferro Central do Brasil? Pois eram enormes. Um trator daqueles emprestado, num intervalo, por umas poucas horas, quem sabe? E se alguém perguntasse? Mas quem perguntaria, e a quem?

Dona Sílvia França tinha uma filha, a Silvinha, que namorava Roberto, um engenheiro civil, que trabalhava para a empresa proprietária daquelas máquinas. Padre Jonas chama

Eto, e os dois convencem Dona Sílvia a conversar com a filha, para ela conversar com o namorado, para ele então conversar com os chefes dele...

Poucos dias depois, as máquinas estavam no terreno, quais gigantes de aço. De graça!

> *Foi um espetáculo! Vimos aquelas máquinas possantes passando ali: uma vem e faz o corte, a outra vai e soca a terra, solidifica o terreno. E, muito rapidamente, resolveram tudo aquilo para nós. Não tenho dúvida, mais uma intervenção de Deus. Tudo isso, no final do ano de 1976.*

Igreja de gente

Em dezembro, a turma toda vai com Padre Jonas para colocar a pedra fundamental na obra e celebrar a primeira missa. Entretanto, choveu muito na véspera, e ninguém consegue entrar no terreno. Dona Bené Areco abre a Bíblia e mostra ao padre a passagem que lhe veio: é o trecho em que os judeus, depois de atravessarem o rio Jordão, recebem a ordem divina de juntar doze pedras para um altar do sacrifício, significando as doze tribos de Israel.

Havia pedras no fundo do terreno, que tinham sido movimentadas pelas máquinas. A pedido de Padre Jonas, os rapazes arrastam doze delas para debaixo do altar da celebração da missa, montado bem em frente ao terreno.

Era domingo, e o sonho de construir uma casa de encontros estava adquirindo seus primeiros contornos visíveis naquele dia, em Queluz, bem de frente para o lugar onde hoje se ergue a Casa de Maria, em cuja entrada se vê, à direita, uma imagem muito bonita de Nossa Senhora – o local onde foi lançada a medalhinha. Nesse dia de dezembro de 1976, as pessoas ali presentes rezam, pedem, acreditam na Divina Providência: tudo vai dar certo, porque Deus quer assim!

Exatamente um ano antes, em Roma, como destacamos no início deste capítulo, um documento do Papa Paulo VI, assinado no dia 8 de dezembro – décimo primeiro aniversário de ordenação sacerdotal de Jonas –, estava sendo enviado aos bispos do mundo inteiro, convocando a todos para o alegre anúncio do Evangelho... Um jeito novo de anunciar, nos moldes do tempo de hoje, como tinha pedido o Sínodo dos Bispos de 1974.

Em Lorena, depois de Dom Antônio Affonso de Miranda receber o documento, vemos como ele o lê atentamente, faz anotações, sublinha frases inteiras – de acordo com o que julga mais relevante. "É isso!", diz o bispo para si mesmo. "É esta a nossa missão: evangelizar!". Ele intui, naquele momento, que não poderia existir melhor pessoa na diocese que Padre Jonas para assumir a tarefa... começando pelos jovens!

Sentado em frente à escrivaninha do escritório de Dom Antônio, uns dias depois da leitura da carta do papa pelo bispo, Padre Jonas prestaria muita atenção nas palavras que foram pronunciadas na ocasião, sobretudo ao apontar para o número 44 da *Evangelii Nuntiandi*. Eram palavras inspiradas! – foi o que sentiu o padre.

Tudo isso tinha acontecido no início de 1976, "um ano muito abençoado", como se expressou Padre Jonas. Com "o rio seguindo o seu fluxo", e tendo passado um ano desde a conversa com o senhor bispo, uma missa estava sendo rezada naquele momento de frente para o terreno sobre o qual se ergueria, num futuro próximo – primeiro semestre de 1977 –, a Casa de Maria.

Com o nascimento da Comunidade Canção Nova, um ano e pouco mais tarde – mais exatamente, no dia 2 de fevereiro de 1978, em Lorena, depois do famoso chamado, feito durante um encontro de jovens na Casa de Maria, em novembro de 1977 –, ficaria cada vez mais claro para todos o sentido daquilo que Padre Jonas um dia disse, referindo-se ao entusiasmo que tinha tomado conta dele depois do seu batismo no Espírito Santo. Vale repetir:

– Era como aquele chamado a São Francisco – ele disse, na ocasião. – O chamado a reconstruir não a igreja de pedra, mas a Igreja do Senhor.

É sempre assim na vida do padre. Uma coisa está ligada com a outra. Por dentro. Pelo sopro do Espírito.

Proibido parar!

A aventura prossegue, e já em janeiro de 1977 começa a construção, com o dinheiro arrecadado até aquele momento em mais de uma campanha de doação. Foram feitos os alicerces, "e isso já era muito", considera Padre Jonas. "Grande demais para nós, que não tínhamos nada!"

Mas eis que o padre precisa se submeter a uma nova cirurgia, desta vez na vesícula, em mais uma das estações da via-sacra de sofrimentos que ele precisou percorrer, com paciência e amor, o tempo todo ao longo da vida. Encontrava-se no hospital Santa Casa de Lorena se recuperando quando Eto, Haroldo, Paulo Areco, Luzia e Martins, da Associação Canção Nova, aparecem para uma visita.

> *Conversa vai, conversa vem, eles rodeiam a minha cama. Até que, uma hora, entram no assunto, o verdadeiro motivo da visita: "Olhe, padre, todo o dinheiro que tínhamos foi gasto só nos alicerces da casa. Nós, da diretoria, resolvemos parar a obra. Vamos fazer novas campanhas. Quando tivermos o dinheiro necessário, retomaremos a construção".*

Não! Não era para parar. E desta vez Padre Jonas não precisou pedir desculpas por dizer não, assim, tão enfaticamente. Aliás, ele agradeceria a Deus, mais tarde, por ter demonstrado tamanha firmeza. Ainda debilitado por causa da cirurgia – mesmo com dificuldades de expressar com a força que achava necessário o que tinha para dizer e tossindo bastante –, o padre foi categórico. Não era para parar! Mesmo sem dinheiro!

Como tocar a obra em frente? – você pode estar se perguntando. Padre Jonas não sabia como, mas acreditava que haveria uma saída – ou outro milagre. E você, que a esta altura já o conhece, sabe muito bem de onde ele arrancava essa força e coragem, mesmo em momentos como esse, sentindo dores, de cama, no leito de um hospital.

Os amigos deixam o quarto. Já no corredor, Paulo Areco, o tesoureiro, pede demissão.

– Esse padre é muito louco – reclama. – Não trabalho mais com ele. Estou saindo!

Uns dias depois, tendo deixado o hospital, Padre Jonas percorre os alicerces da obra. Está muito feliz. Ainda com alguma dificuldade de locomoção, alcança o local da capela e, ali, apanha no bolso um pequeno embrulho com as pedras retiradas da sua vesícula. "Uma pedreira inteira", como ele brinca. São depositadas em um vidro e enterradas em um cano de PVC no piso, no centro da capela:

– São o símbolo de todas as lutas e dores que tivemos que enfrentar – ele explicou um dia, mais tarde.

– Coitado do Jonas! Ele é um sonhador que nem o pai dele – confidenciou a mãe para Luzia Santiago, na ocasião.

Dona Josepha esteve ao lado do filho no período da cirurgia. Tinha uma grande preocupação. E se Jonas não conseguisse dar conta da construção, como seria?

– Foi só depois de um bom tempo que Luzia veio me contar isso – revela Padre Jonas. – Mas, graças a Deus, deu-se o contrário. Já havíamos decidido que continuaríamos a construção.

Um acordo muito importante foi firmado naqueles dias: o dinheiro para o pagamento dos pedreiros era sagrado, não podia jamais faltar. Padre Jonas sempre levou muito a sério o fato de ser "o filho do pedreiro", como escrevemos na primeira parte deste livro. Ele sabia que esses operários de construção viviam do seu trabalho e precisavam receber toda semana.

O compromisso foi mantido à risca. Quando não havia dinheiro nem para saldar essa dívida de honra, o padre convocava as pessoas para a oração. O dinheiro de algum modo aparecia, só a Providência sabia.

É o que aconteceu, certa vez, com a casa parcialmente funcionando, quando os jovens que participavam do encontro decidiram se organizar para uma vaquinha – um rateio entre amigos. Somaram os trocados que levavam no bolso, e a quantia deu justamente para pagar os pedreiros. Sobrar nunca sobrava. A cada semana, era praticamente um milagre que acontecia, no dizer de Padre Jonas.

Um nome para a casa

Em seis meses a construção foi levantada. Na festa de São João Batista, a maior da cidade de Queluz, em junho de 1977, foi a inauguração. O primeiro encontro realizado foi um Maranathá para moças. A casa ainda não estava pronta, mas o básico existia: treliches, mesas, cadeiras..., um chão, ainda que no piso grosso, e apenas um teto sobre a cabeça, como na cozinha e no refeitório.

– Dedé, a doadora do terreno, foi a coordenadora – lembra Padre Jonas. – E foi uma beleza esse primeiro encontro!

O novo bispo, que assumiu naquele ano, Dom João Hipólito de Moraes – o Monsenhor João, que era o pároco da catedral de Lorena, nós já falamos nele –, apareceu para a inauguração.

Dom João pôde constatar as maravilhas que Deus fez conosco. No início, não tínhamos nenhum dinheiro e, no decorrer da construção, só possuíamos dívidas. Mas tudo deu certo. Um verdadeiro milagre!

A casa ganhou o nome de "Canção Nova, a Casa de Maria", um lugar onde as pessoas nascem para uma vida nova. E só podia ser esse o nome. A essa altura, percebiam-se duas fortes características da Canção Nova: a presença de Maria e a Divina Providência.

Um ano muito abençoado

Começou de verdade muito bem aquele ano de 1976, com o dedo do bispo apontando para o número 44 da *Evangelii Nuntiandi* e o do próprio Deus indicando tudo o que estava para vir dali para a frente. Padre Jonas sempre enxergou no chamado do Papa Paulo VI para uma nova evangelização – e no chamado do seu bispo para ele "começar com os jovens" –, mais do que uma inspiração, o momento muito luminoso de nascimento da Comunidade Canção Nova. O que, no calendário, aconteceria logo mais adiante.

E pensar que nem Dom Antônio nem Padre Jonas repararam naquele dia em algo que vem linhas adiante, no número 45 do mesmo documento do papa, e que, tal como o chamado para a evangelização, constitui desde o princípio uma parte integrante, fundamental, do carisma Canção Nova: o uso dos meios de comunicação a serviço da evangelização.

"A Igreja se sentiria culpada, diante de seu Senhor, se ela não lançasse mão desses meios potentes que a inteligência humana torna cada dia mais aperfeiçoados", escreveu Paulo VI. Naquele dia, o bispo e o padre não se atentaram para a importância e o alcance desse trecho. Mas, como você irá acompanhar nas páginas seguintes deste livro, o tempo iria mostrá-lo, logo, logo. Deus mesmo iria mostrar. E a Canção Nova, desde as suas origens, sempre se esforçou, trabalhou e fez de tudo para não ter que sentir tamanha culpa diante do seu Senhor! Sempre primou por lançar "mão desses meios potentes que a inteligência humana torna cada dia mais aperfeiçoados".

Além da bênção chamada *Evangelii Nuntiandi* e dos encontros de Catecumenato – iniciados já na Semana Santa de 1976 e que continuaram ao longo de todo o ano seguinte –, e além da alegria muito grande que foi ganhar um terreno para a construção da Casa de Maria – que seria inaugurada no ano seguinte –, há mais histórias muito importantes para se contar, de um tempo no qual, nas palavras de Padre Jonas, "a coisa estava pegando fogo".

Ainda antes do final de 1976, o padre pede a Dom Antônio – e ele atende ao pedido – para usar a casa da Rua Dom Bosco, número 95, a qual tinha pertencido anos antes a uma congregação religiosa, depois virou delegacia de ensino e, por fim, estava parada. "Podem usar", foi o que disse o bispo. E completou: "Aquilo só me dá dor de cabeça, porque a casa vai acabar se deteriorando".

– E, então, Dom Antônio nos cedeu a casa. Foi uma bênção! E começamos a usá-la – comemora o padre.

No interior da Renovação Carismática, também, e literalmente – se você pensa na imagem do "fogo do Espírito" e nas "línguas de fogo" –, a coisa estava igualmente pegando fogo, com Padre Jonas evangelizando sempre mais, em nível nacional e latino-americano. O futuro Mister Pentecostes, na primavera de 1976, lança "O amor vencerá", o primeiro de uma série bem grande de discos que levaram a sua assinatura.

No ano anterior, com os Titulares do Ritmo – um grupo de cantores formado por cegos –, tinha vindo à luz "Canções para orar no Espírito", com uma participação do padre. O sucesso desse disco voltado para os grupos de oração levou os mesmos Titulares a convidá-lo de novo para o LP (de *Long Play*) "Canções latino-americanas para orar no Espírito", mais caprichado ainda, com arranjos feitos por um maestro e o solo de Padre Jonas levando ao mundo a sua voz.

Você deve se lembrar do pedido do menino Jonas, em Lavrinhas, aos 12 anos de idade, durante a festa de Santa Cecília, a padroeira dos músicos e cantores: que Jesus o ajudasse a aprender música, se isso fosse útil para o seu ministério. Era o seu primeiro ano de seminário, quase trinta anos antes. Desse ano de 1976 em diante, o padre que sempre gostou tanto de cantar, cantaria ainda mais, e mais bonito – agora também por meio dos discos de vinil.

Morte do pai

Dor e alegria sempre se abraçaram na vida de Padre Jonas, e pode parecer até estranho falar de morte – e mais ainda do pai – no encerramento de um capítulo do livro que traz tantas e tão maravilhosas mensagens. Mas assim é a vida, não é mesmo? A dor faz parte, e tudo vai depender do que a gente faz com ela – e o padre pregou também a Boa Nova do Evangelho através do modo como viveu e como nos ensinou a viver a dor.

Em 12 de junho de 1976, Sérgio Abib é internado no hospital Matarazzo, em São Paulo, depois de um segundo infarto.

– Fui visitar papai com Luzia, minha querida Luzia Santiago, da Canção Nova – conta Padre Jonas, prometendo que, mais adiante, irá contar a história da "companheira de missão".

A mãe, Josepha, chegaria mais tarde, para o horário de visita, às 18 horas. Ela aparece trazendo dois cravos, um vermelho e outro branco. Era Dia dos Namorados. Padre Jonas volta ainda à noite para Lorena, porque na manhã do dia seguinte estará ocupado com mais um Maranathá para jovens. Não se sente bem durante o encontro, e até pede que rezem para ele e para o pai dele.

No domingo de madrugada, Sérgio morre, aos 64 anos de idade, depois de um terceiro infarto. Não foi possível avisar a família, porque o número de telefone que tinha sido informado ao hospital era o da empresa onde o pai trabalhava. Só no horário da visita, no final da tarde, a esposa ficaria sabendo, quando voltou para visitar o marido e viu que uma outra pessoa ocupava o lugar dele na enfermaria.

Padre Jonas chega, à noite, e vê o corpo do pai ainda enrolado num lençol colado por uma fita adesiva. Não foi possível durante todo o dia liberar o corpo, porque nenhum familiar tinha aparecido. O caixão só chegaria altas horas da madrugada.

– Foi uma coisa chocante para nós. Foi muito duro ver tudo aquilo!

Na segunda-feira pela manhã, uma consolação. De onde será que tinha aparecido tanta, mas tanta gente para o enterro? Quem era a pessoa que tinha falecido, alguém importante? – perguntavam-se alguns. Um político? Um empresário?

– Tive essa alegria de ver Deus premiando o homem justo que foi meu pai – conta o padre. – Não teve nenhum destaque social, mas realizou a missão dele.

"Fui formado pelo carinho e pela honradez do meu pai", disse certa vez Padre Jonas em uma das suas pregações.

Mas havia um motivo muito importante para aparecer tanta gente, mais do que se imaginava. No dia em que o menino

"A Igreja se sentiria culpada, diante de seu Senhor, se ela não lançasse mão desses meios potentes que a inteligência humana torna cada dia mais aperfeiçoados", escreveu o Papa Paulo VI na 'Evangelii Nuntiandi'.

Jonas foi levado pelo pai para o seminário, em setembro de 1949, nasceria ali "um novo homem", como o padre contou no último capítulo da primeira parte deste livro. Muitas coisas faria Sérgio, dali para a frente, que podem servir de prova dessa mudança de vida.

Inclusive, o pai de Padre Jonas foi um dos fundadores do movimento dos Vicentinos na igreja da Vila Nova Cachoeirinha, que ele ajudou a levantar. Como vicentino, Sérgio deu sempre a mão a tanta gente em dificuldades, cuidou dos mais pobres, nem que fosse pegando ligeiro a sua bicicleta, à noite e debaixo de chuva forte, para socorrer alguém. Dona Josepha, no dia do enterro, entendeu isso muito bem, quando as pessoas chegavam para abraçá-la e para agradecer. "Foi sempre tão bom o Seu Sérgio", as pessoas diziam.

– Seria uma vergonha, para mim, não honrar a memória de meu pai – repetiu tantas vezes o padre.

> As ruas da cidade se movimentam, e a igreja matriz se enche de jovens e de alegria no encerramento dos encontros. A pequena cidade de Areias, no Vale do Paraíba, uma "cidade morta" (Monteiro Lobato), revive. Essa cidade tem história, como você pode ler em "Caminhos da História do Brasil". E a história da Canção Nova está ligada a ela.

CAMINHOS DA HISTÓRIA DO BRASIL

A ligação forte e muito feliz de Padre Jonas com o histórico Vale do Paraíba começou com Lavrinhas, que ele tanto e sempre amou, um símbolo dos mais significativos para a Canção Nova. Depois, na trajetória de vida do padre, viriam Pindamonhangaba, Lorena etc. – e, mais importante que todas essas cidades, Cachoeira Paulista.

Quantas vezes ele falou do Vale do Paraíba em suas pregações, citou as montanhas em que subiu, mencionou os seus rios e as suas cachoeiras!

Esse Vale tem história! Seus casarões antigos falam de um tempo em que toda a nação brasileira olhava para ele como o maior produtor nacional de riqueza, o "ouro verde" (o café), no século 19. As cidades ao longo do rio Paraíba ganharam projeção internacional.

Os jovens estão chegando – A menos de 50 quilômetros de Cachoeira Paulista, onde se localiza a sede da Canção Nova no Brasil, fica Areias, uma cidade bem pequena que Monteiro Lobato (1882-1948), o pai da Literatura Infantil, colocou na lista das que ele chamou de "cidades mortas" – foram muito vivas um dia, no auge da produção cafeeira.

Na metade dos anos 1970, como já sabemos, as ruas de Areias ficaram de repente animadas, com gente indo para cá e para lá, e juventude abundante. Nas noites de domingo, a igreja matriz de Sant'Ana ficava lotada, como há muito tempo não se via nada igual. Os jovens de Padre Jonas trouxeram vida nova à cidade.

Mais ou menos a uns 6 quilômetros de distância dali, nos finais de semana e feriados, o padre reuniu durante dois anos a juventude na sede da antiga Fazenda Morada do Sol, em encontros memoráveis de formação, oração e experiência de Deus.

Caminho da Independência – Cidade histórica como as outras, por Areias passaria um personagem famoso com a sua comitiva, na segunda metade de agosto de 1822, um século e meio antes de os jovens dos anos 1970 aparecerem por ali. Dom Pedro I buscava o apoio dos grandes cafeicultores para o projeto nacional de independência do Brasil.

Depois de pernoitar em Areias, seguiria viagem adiante, até Santos, no litoral de São Paulo, tendo passado também por Cachoeira Paulista e Lorena. E, na volta para o Rio de Janeiro, às margens do riacho do Ipiranga, na cidade de São Paulo, ele proclamaria a Independência, em 7 de setembro de 1822.

É pensando nisso que a "cidade morta" traz à alma brasileira a ideia fecunda de independência e liberdade.

Naqueles dias muito animados dos anos de 1975 e 1976 – com os pés de todos aqueles rapazes e moças e dos seus dirigentes sujos de barro –, bem ali, com a aposta de Padre Jonas na juventude, celebrava-se a vida, em plena "cidade morta". Não tão morta assim, podemos hoje dizer. Uma história estava sendo escrita, de uma criança que logo iria nascer: a Comunidade Canção Nova.

4

Uma canção nova

No trem em que viajou de Lorena a Queluz naquele sábado de novembro de 1977, Padre Jonas levava nas mãos alguns cartazes e, no coração, uma indagação que mudaria o rumo da sua vida. Os cartazes eram para explicar um novo método de ler a Bíblia. Já a questão – que moveu os seus pensamentos durante o tempo todo da viagem – era se devia ou não perguntar aos jovens quem estava disposto a doar um ano inteiro da sua vida para Deus.

Decidiu perguntar, e, para sua surpresa, foram vários os que aceitaram o desafio. Depois, por uma ou outra razão, muitos não puderam realizar a proposta. Porém, no dia 2 de fevereiro de 1978, um grupo de doze pessoas – rapazes e moças, incluindo Padre Jonas – assumiu o compromisso de viver em comunidade, juntos, para evangelizar. A Canção Nova, que – como sempre disse o padre – já existia no coração de Deus, ganhou ali naquele dia uma expressão concreta, viva, em forma de pessoas decididas a viverem juntas uma experiência de fé.

Muita coisa não estava clara, e nem o grupo sabia do que iria viver. Padre Jonas incentiva os seus jovens a confiarem na Providência Divina. Aos poucos, a Canção Nova define a sua missão: "Existimos para evangelizar" e "existimos para os meios de comunicação" – é como o padre resume o carisma da Comunidade. Você irá conhecer neste capítulo, entre outros fatos muito interessantes, a fascinante história de um padre que, sem nenhum dinheiro no bolso, decidiu: "Quero comprar esta rádio!".

O último grande encontro para jovens do ano de 1977 – o Catecumenato – foi realizado durante o fim de semana da festa de Cristo Rei, na recém-inaugurada Casa de Maria. No meio da tarde de sábado, Padre Jonas toma o trem em Lorena e, daí meia hora, desembarca em Queluz.

O trem leva o padre, e o padre leva uma inspiração no coração. Acalenta uma proposta que, a princípio, parece um desvario... A inspiração chegou de repente, enquanto ele, sentado no banco do vagão de segunda classe, cuidava para não deixar cair no chão um rolo de cartazes que tinha preparado para uma das suas palestras.

Padre Jonas se sentia mais animado ainda do que em outras vezes. Iria apresentar pela primeira vez aos jovens um método de leitura da Bíblia para o qual ele nem um nome ainda tinha dado. Levava os cartazes, como bom pedagogo que era, para explicar de modo muito claro e detalhando o passo a passo do que depois foi publicado pela Editora Canção Nova com o título de *A Bíblia no meu dia a dia*.

O trem avança, dali mais uns minutos estaria passando pela estação de Cachoeira Paulista, e aquela ideia não o abandonava um instante sequer. O que aconteceria se ele, de repente, perguntasse se algum daqueles jovens estaria disposto a deixar casa, família, trabalho, estudos e até namoro para dedicar um ano a Deus, vivendo com ele em comunidade?

Mas será que devia mesmo perguntar? Em sua mente, a resposta oscilava: ora achava que sim, ora que não – o que pensava propor iria parecer muito estranho, fora de propósito, impossível de se realizar. Trava-se, então, um diálogo entre o padre e Deus, como ele conta. Eles "discutem" a questão.

– Mas, Senhor, ninguém vai aceitar!

"Será que não?", questionava uma voz interior.

– Está bem, está bem! Vou fazer o apelo – decide Padre Jonas, embora no fundo continuasse acreditando que a resposta dos jovens seria negativa.

Ou será que não?

Sempre muito íntimo nas suas conversas pessoais com Deus, o padre ousa sugerir o seguinte acordo:

– Vou perguntar. Se aceitarem, será um sinal de que o Senhor é quem está de verdade querendo!

Combinado. A conversa se encerra ali. O trem chega à estação.

"Vocês não entenderam!"

A primeira palestra da noite seria de Padre Jonas e, como era o fim de semana de Cristo Rei, tratava justamente sobre a majestade e o senhorio de Jesus, o nosso Rei. Um rei diferente. Um Salvador. Um Senhor que convida: "Se alguém quiser me acompanhar, negue-se a si mesmo, tome cada dia a sua cruz e me siga", como está no Evangelho de Lucas, capítulo 9, versículo 23 (Lc 9,23).

Sem nem mesmo se dar conta, ao falar com empolgação e alegria sobre um tema tão importante, o padre já estava preparando o terreno para o lançamento da proposta que tinha "discutido" com Deus. Era só esperar o domingo. Ele se lembra muito bem das palavras que usou:

> *Quem de vocês está disposto a dar um ano de sua vida para Jesus? Quem está disposto a deixar sua casa, a família, os estudos, o trabalho, o namoro e viver um ano inteiro de formação, em comunidade, para servir melhor a Deus?*
>
> *Só que é preciso ter a permissão dos pais. Pode ser que eles não entendam, mas vão ter de autorizar. Quem estiver disposto, fique de pé!*

Para espanto de Padre Jonas, uma turma bem grande se levanta. Nossa, será que os que ficaram de pé tinham entendido direito?! Ele pede que se sentem, para explicar tudo novamente, mais devagar, acrescentando novos detalhes. E reforça um ponto fundamental: seria preciso deixar tudo, tudo mesmo, para viver em comunidade – por um ano.

Então, faz a pergunta de novo.

Os mesmos rapazes e moças se levantam, e até mais alguns.

Deus ganhou a aposta!

Uma certa apreensão atravessa por um instante a alma do padre – como quando sentimos um arrepio na espinha diante de uma situação inesperada, de um desafio. Onde é que estava se metendo?, deve ter pensado. Mas a apreensão, por mais humana que seja, não o iria impedir de mostrar o que sempre teve de melhor: coragem, ousadia, audácia. E tudo isso sustentado sobre o firme alicerce de uma porção bem grande de fé e de confiança na Divina Providência. Era Deus quem queria!

– Se é assim, de agora até o final de janeiro, vocês irão me dar uma resposta, por escrito, está bem? – Padre Jonas acrescenta. – Preciso saber qual é a verdadeira motivação de cada um, e, também, como conseguiram resolver a própria situação. Além disso, como eu disse, vou necessitar da autorização dos pais.

O padre conhecia bem os seus jovens, porque sempre acreditou muito neles, às vezes até contra toda esperança. Sabia que havia boa vontade e sinceridade – além de uma boa porção de entusiasmo – no coração dos rapazes e moças que se levantaram.

Mas, como era de se esperar, nem todos teriam condições concretas ou saberiam como se desvencilhar dos compromissos. Um ou outro daqueles que se levantaram naquele dia entraria para a Canção Nova após alguns anos – sozinhos ou acompanhados, porque houve até o caso de alguém que estava para se casar e preferiu adiar um pouco a resposta para entrar depois na Comunidade, os dois, marido e esposa. E houve também jovens que não se levantaram, mas que tinham uma vontade muito grande de fazê-lo.

– Quando o padre fez a proposta, eu senti que estava dentro, que iria fazer parte do grupo – recorda João Batista do Nascimento. – Eu queria ficar de pé, mas não consegui. Padre Jonas repetiu a proposta, e eu de novo não consegui ficar de pé. Foi terrível. Foi a experiência mais dolorosa, mais difícil da minha vida.

Após alguns anos, Nascimento voltou para dizer o seu sim a Deus de um modo novo. Hoje ele integra o Segundo Elo da Canção Nova, formado por pessoas consagradas que, onde residem e trabalham, com suas famílias e seus distintos afazeres, vivem e testemunham o carisma Canção Nova no mundo. Nascimento "está dentro"! Como sentiu que "estava dentro" no instante de verdadeira angústia e sofrimento em que ouviu o chamado, quarenta e cinco anos atrás.

E começamos justamente com doze pessoas. Eram três irmãs salesianas que foram autorizadas pela madre superiora, oito jovens e eu: Luzia, Iracema, Fátima Areco, irmã Judite, irmã Lurdinha, Walter, Toninho, Zaqueu, Paulinho, Tina e irmã Izabel.

No dia 2 de fevereiro de 1978, festa da Apresentação de Jesus no Templo, celebramos nosso primeiro compromisso e iniciamos a Comunidade Canção Nova. Nessa data, na Igreja, hoje se celebra o Dia dos Consagrados, isto é, das pessoas que se entregam totalmente a Deus. Dali para a frente, todo ano, é nesse dia que se celebra o compromisso com a Comunidade.

Muitos acontecimentos haviam nos preparado para esse passo, começando por todos os nossos encontros. Tínhamos pedido a Deus um lugar para nos reunirmos e encontramos primeiro a casa de Areias e, depois, construímos a Casa de Maria, em Queluz. A própria Associação Canção Nova já existia, desde outubro de 1975.

Mas a artéria nasceu mesmo no dia 2 de fevereiro de 1978. Nasceu do coração de Deus.

Como a proposta era dar um ano da própria vida inteiramente a Deus, os primeiros jovens não permaneceram mais do que o tempo previsto. Com uma exceção: Luzia Santiago. A "companheira de missão", como a chamava o Padre Jonas, entregaria a vida inteira para Deus a partir daquele dia. Para sempre. Mas esta parte da história será contada no próximo capítulo.

O primeiro endereço da Comunidade – antes de se estabelecer em Queluz, na Casa de Maria – foi a Rua Dom Bosco, 95, a casa que tinha sido cedida por Dom Antônio Affonso de Miranda para a Associação, em 1976. O bispo agora era outro, Dom João Hipólito de Morais, porque Dom Antônio tinha sido transferido para uma diocese mineira.

Padre Jonas apresenta então ao novo bispo um resumo bem animado do que estava acontecendo. Eles já se conheciam muito bem, principalmente por todo o trabalho do padre com a juventude e os grupos de oração da Renovação Carismática Católica. Quando era pároco da catedral de Lorena, como já sabemos, Monsenhor João Hipólito tinha encarregado padre Jonas da missa dos jovens, aos domingos. Agora, no papel de bispo, ele indica a casa da Rua Dom Bosco para o grupo.

– Está certo – disse Dom João Hipólito ao ouvir o relato. – Eu confio. Vocês ficam na casa da Rua Dom Bosco, porque quero vocês debaixo dos meus olhos!

– E seguimos essa norma – afirma Padre Jonas. – Fizemos tudo debaixo dos olhos do nosso bispo!

Deixa os Salesianos

Não demorou muito para acontecer: umas senhoras maldosas correram para alertar o bispo que ele devia prestar muita atenção. Onde já se tinha visto uma coisa daquelas dentro da Igreja Católica, rapazes e moças vivendo juntos na mesma casa?! Aquilo não era comunidade, e, sim, uma bagunça. Era só esperar nove meses para ver o resultado, acrescentaram.

Foi o próprio Dom João Hipólito quem falou sobre isso com Padre Jonas. E, pelo jeito, os boatos foram até mais frequentes do que os que chegaram aos ouvidos do bispo, e envolveram mais pessoas do que as senhoras que chamamos de maldosas. Desta vez é Luzia Santiago quem relata:

> *Quando formamos a comunidade, em Lorena, muitas pessoas deram-nos nove meses para nós, mulheres, ficarmos grávidas. Seminaristas que passavam por ali mudavam de calçada, porque, como chegaram a dizer, a Rua Dom Bosco tinha virado "um prostíbulo". Ouvimos tudo isso, e nossos pais também. Recordo-me de quantas pessoas, até muito boas, foram procurar papai e mamãe para perguntar.*
>
> *Padre Jonas nunca imaginou nem disse que iríamos precisar voltar atrás, como se aquilo que estávamos fazendo não fosse uma coisa de Deus. Ele foi ousado, porque sentia desde o começo que Deus queria homens e mulheres vivendo juntos, em sadia convivência, como dizem os nossos documentos. Seria parte de nosso carisma. E isso representava algo novo para a Igreja.*

Padre Jonas, bem no início, continuou morando no Colégio São Joaquim, dos Salesianos. Um dia, ele foi chamado pelo inspetor para uma conversa. Dizer que estava tranquilo seria um pouco exagerado, mas nutria a convicção de não estar fazendo nada de errado. Padre Fernando Legal foi direto ao assunto: Jonas teria que fazer uma escolha. Uma difícil escolha: ou ficava com os Salesianos, ou iria continuar o trabalho com os jovens.

– Mas isso que estamos fazendo é parte do carisma salesiano – tentou argumentar Padre Jonas. – É uma coisa de Dom Bosco!

O futuro bispo Dom Fernando Legal – como relata o padre – até reconheceu que fazia sentido o que Padre Jonas dizia. Mas, em sua visão, havia um problema que ele não sabia resolver: como encontrar um lugar na estrutura da Congregação Salesiana para a nova comunidade que estava surgindo?

Foi importante para o padre ouvir isso. A conversa prosseguiu. Foi dolorida, ainda que relativamente tranquila, na versão contada por Padre Jonas.

Mais ou menos. Ele chorou bastante. Passou dias de verdadeira angústia. Contou depois para a mãe, quando visitou a família em São Paulo. E ouviu Dona Josepha perguntar: "Será que você deve mesmo fazer isso, Jonas?". Ela se preocupava, é claro – da mesma forma que toda mãe se preocuparia. Como assim, o filho não pode continuar com os Salesianos? Ela não o tinha consagrado a Dom Bosco mais do que uma vez, já desde o dia em que ele nasceu?

Chegou-se a um acordo, ao final da conversa daquele dia com o padre inspetor. No entender de Padre Jonas, o superior salesiano acabou reconhecenho que o trabalho, a nova comunidade, fazia parte do carisma salesiano – e isso era bom.

Mas o padre teve que deixar o colégio. Não estava saindo porque quisesse, porque estivesse revoltado ou porque houvesse um motivo, digamos, para "ser demitido", como ele mesmo explica. Saiu porque tinha que sair.

Abençoada dor, mais uma vez! Lágrimas benditas, de novo! "Quem quiser me seguir, pegue a sua cruz..."

Foi muito duro. Apanhei as minhas coisas e fui morar com os jovens. Eu tinha lá a minha cama junto com eles. Naquele tempo, havia apenas um dormitório masculino. As moças tinham quartos menores, no andar inferior. Ficavam duas ou três em cada quarto.

– Padre Jonas precisou se desligar de sua congregação porque o Senhor colocava em seu coração algo novo que surgia – conta Luzia. – Foi muito duro porque ele amava os Salesianos.

Com eles, Jonas tinha tudo: os amigos padres, uma vida inteira na congregação, além de comida, roupa, todo tipo de segurança... Foi sobre isso a conversa que o padre teve com a mãe naqueles dias difíceis. Luzia também chama a atenção para isso. Ela acrescenta que Padre Jonas preferiu ir morar com os jovens, "que não tinham nada para oferecer".

Puxado e empurrado por Deus

Quando Josepha conversa com o filho Jonas sobre os "riscos" que ela vê pelo fato de ele precisar deixar os Salesianos, ou quando Luzia, por sua vez, observa que aqueles jovens, no sentido material, não tinham nada para oferecer, ambas se referiam a algo que poderíamos definir como "ter os pés no chão".

Um tempo depois de iniciada a Comunidade, a mãe de Padre Jonas esteve em Lorena para uma visita e retornou bastante desanimada para casa. Pode até ser que tenha exagerado um pouco no relato que fez para o marido e os filhos – coisa de mãe, afinal de contas. "Jonas parece que não regula muito bem da cabeça!", ela teria dito, ou mais ou menos assim.

"Meu Deus, o que seria dos jovens que o filho dela tinha juntado naquela casa?", ela se perguntou. "Vão morrer todos de fome!", concluiu em seguida, sempre muito preocupada, levando as mãos à cabeça. Tirando uma quantia do pouco dinheiro que carregava na bolsa, para colaborar, ela mesma comprou algum alimento no mercado para eles nos dias em que lá esteve. Doze jovens para comer, sem mencionar todo o resto de coisas que precisavam para viver! Josepha sabia muito bem fazer as contas do que isso significava.

Mas ninguém iria morrer de fome! Nem o filho de Josepha nem a "companheira de missão", Luzia, tinham dúvidas sobre isso. Porque o básico não iria nunca faltar, a não ser uma vez ou outra e por algum espaço curto de tempo. Quando isso acontecia, a interpretação de todos era que servia para testar a fé e a confiança daquele núcleo inicial, assim como de todos os rapazes, moças e adultos que iriam com o passar dos anos ingressar na Comunidade Canção Nova.

A história da Comunidade – como sabemos, porque o próprio Padre Jonas já o disse – não estava de fato tendo início naquele 2 de fevereiro de 1978, a data do primeiro compromisso, por mais solene que tenha sido esse ato e grandioso o significado que adquiriu ao longo dos 45 anos que desde aquele dia se passaram. A inspiração da Canção Nova e do seu carisma estava sendo gestada e amadurecida aos poucos, e há um bom tempo, no concreto da vida, nas práticas cotidianas, no trabalho nem sempre muito tranquilo pelo Reino de Deus.

Como exemplo disso que estamos falando, Padre Jonas cita, sempre com grande entusiasmo, o episódio da *Evangelii Nuntiandi*, quando ele e o bispo Dom Antônio, no início de 1976, tiveram uma conversa muito animada, verdadeira inspiração, sobre o trabalho de Catecumenato com os jovens. Foi bem ali que nasceu a Canção Nova, como explicou o padre.

Soma-se a isso, naquele momento, a experiência de anos de trabalho com a juventude, junto com o caminho, também de vários anos, na Renovação Carismática Católica. A seu modo, a casa de Areias representou também um momento muito criativo e audacioso nessa caminhada. Outro fator a ser considerado é que a Associação Canção Nova já tinha sido criada, desde 1974. Por fim, a construção da Casa de Maria, em Queluz – quem poderia imaginar?

"A inspiração já existia, antes, no coração do próprio Deus", irá nos corrigir Padre Jonas, agora lá do Céu, toda vez que parecer que, por meio da escrita, estejamos ressaltando menos do que o necessário o lugar e o valor daquilo que realmente conta. E o que conta, para ele, é sempre, sempre, sempre o que vem do próprio Deus, e do modo como Deus escolhe se manifestar. O padre se encarrega, então, de vir em nosso auxílio, como se estivesse querendo colocar os pingos nos "is":

> *Eu nunca pretendi "fundar" ou ser "fundador". De certa maneira, essa ideia até me repugnava. Simplesmente, fui sendo dócil à condução de Deus que, hoje, vejo que foi "vigorosa". Deus me puxou e me empurrou muitas e muitas vezes.*
>
> *Foi Deus quem fundou a Canção Nova. Ele tinha desígnios a respeito dela. Ele a plantou. Ele a fez crescer, direcionou, podou, ampliou, e a fez produzir muitos frutos. Ele fez dela um sinal e um ponto de atração. Foi Ele, sempre Ele, tudo Ele quem fez.*

Tudo, portanto, o que desde o início aconteceu – e já antes –, trouxe a marca sempre muito forte, essencial e decisiva da Proteção Divina. O que não se podia fazer – como ensinava Padre Jonas – era ficar parado, esperando as coisas caírem do céu. Isso não!

Mas, antes de tudo, e antes mesmo de colocar os pés na estrada para pedir ajuda a alguém; antes de ter muitas vezes que engolir a seco uma ou outra resposta negativa, uma decepção ou até às vezes um desaforo, era preciso ter fé, ter confiança e se entregar à Providência Divina – era preciso jogar-se nos braços de Deus.

O capítulo da confiança na Providência Divina constitui uma das páginas mais belas e impressionantes de toda a jornada de vida da Canção Nova, desde o seu início. Encontramos o testemunho vivo disso que estamos dizendo em um sem-número de histórias, como você também o vê registrado nos documentos da Comunidade, sem exceção, desde o primeiro e muito cuidadosamente guardado "Estatuto Semente", redigido pelo próprio padre, carinhosa e atentamente:

> *O Primeiro Estatuto da Comunidade Canção Nova foi escrito no ano de 1993. Por muitos anos a Comunidade regeu-se por ele. Foi a partir dele que os outros documentos foram sendo escritos.*
>
> *Dado o seu valor histórico e a atualidade da inspiração que ele contém, dei-lhe o nome de Estatuto Semente. E fiz questão de conservá-lo na íntegra, como o documento fundamental da Comunidade Canção Nova.*

Por fim, mas não menos importante do que tudo o que foi dito, o sentido dessa entrega à Providência Divina faz parte das celebrações da Comunidade, dos cânticos e das orações; dos exercícios espirituais, das campanhas movidas pelos distintos departamentos que compõem nos dias de hoje a Canção Nova. E, como que dando uma liga forte a tudo isso, temos a memória viva de fé, esperança e alegria que move os membros da Comunidade – em forma de testemunho.

Os pássaros e os lírios

É nesse ponto que, ao lembrar ainda os primeiros tempos da Comunidade e dentro do espírito que move o seu carisma, vale dizer que o alimento e o vestuário, a moradia, o remédio, os objetos de uso pessoal, tudo isso é necessário e importante para uma existência digna, no caso de todo e qualquer cidadão. Mas não irá ocupar nunca o primeiro lugar entre as preocupações da vida, quando a intenção mais nobre da pessoa é se colocar a serviço de Deus.

No capítulo 6 do Evangelho de Mateus, versículos 25 a 34 (Mt 6,25-34), Jesus convida os seus discípulos a prestarem atenção nos pássaros do céu:

Portanto, eis que vos digo: não vos preocupeis por vossa vida, pelo que comereis, nem por vosso corpo, pelo que vestireis. A vida não é mais do que o alimento e o corpo não é mais que as vestes? Olhai as aves do céu: não semeiam nem ceifam, nem recolhem nos celeiros, e vosso Pai celeste as alimenta. Não valeis vós muito mais que elas?

O Mestre recomenda a olhar para os lírios do campo:

E por que vos inquietais com as vestes? Considerai como crescem os lírios do campo; não trabalham nem fiam. Entretanto, eu vos digo que o próprio Salomão no auge de sua glória não se vestiu como um deles. Se Deus veste assim a erva dos campos, que hoje cresce e amanhã será lançada ao fogo, quanto mais a vós, homens de pouca fé?

Não vos aflijais, nem digais: que comeremos? Que beberemos? Com que nos vestiremos? São os pagãos que se preocupam com tudo isso. Ora, vosso Pai Celeste sabe que necessitais de tudo isso. Buscai em primeiro lugar o Reino de Deus e a sua justiça, e todas estas coisas vos serão dadas em acréscimo.

"Nossa confiança não está em nenhuma empresa ou comércio, nem nos bancos ou na política", escreveu certa vez Padre Jonas. "Ela está no Senhor: 'Sei em quem coloquei a minha confiança' (2Tm 1,12)."

No início, não foi tão simples "viver essa confiança e assumir total dependência". Mas não faltou coragem, e os passos foram sendo dados. "Hoje é muito mais fácil, porque temos a história concreta da Canção Nova, anos inteiros vividos assim." Padre Jonas menciona, nesse contexto, os passarinhos e as flores do campo:

> *Deus permitiu que o colocássemos à prova, e nós o fizemos. Ele cumpriu maravilhosamente a sua promessa, cuidando de nós mais do que dos passarinhos e das flores do campo, quando nos abandonamos à sua vontade. Não tínhamos nada, apenas fé. Deus abençoou-nos com lindas experiências.*

Para falar dessas "lindas experiências", precisaríamos escrever livros e mais livros, só para narrar as tribulações, as dificuldades, os obstáculos encontrados pela Comunidade ao assumir com fé esse diálogo com a Providência Divina. Diálogo que não foi sempre fácil – porque não é mesmo fácil, como dissemos, reproduzindo o pensamento e a experiência da Canção Nova –, inclusive porque, além da fé e da confiança, exige suor e trabalho. E causa também, muitas vezes, sofrimento e dor.

Mas os resultados estão aí, visíveis, nesse vasto mundo de Deus, tendo passado menos de meio século do dia em que o núcleo inicial de doze pessoas fez o seu primeiro compromisso, e de quando a mãe de Padre Jonas pensou que aqueles jovens iriam morrer de fome.

A Canção Nova se faz hoje presente nos quatro cantos do mundo. Ela segue viva e atuante, e olhando para a frente, para os amplos horizontes da missão, agora sem a presença física do seu Pai Fundador, desde dezembro de 2022. Mas a voz do padre continua ressoando, animando, incentivando todos ao compromisso. Ele também "puxa e empurra", como sempre sentiu que o próprio Deus fez na sua vida. E Padre Jonas nunca esqueceu de dizer a todos para continuarem a olhar os pássaros do céu e os lírios do campo.

As "lindas experiências" se deixam observar em histórias como as que vimos até aqui e em outras que virão. São episódios às vezes muito simples, como o daquele dia de calor intenso em que as moças que acompanhavam o padre pelas ruas da cidade sentiram, de repente, uma vontade muito grande de tomar sorvete – um só, mas não tinham dinheiro. Padre Jonas se sentiu tocado. Precisou conferir. Enfiou a mão no bolso e retirou a carteira. Havia uns trocados. Não era muito o dinheiro, nem o sorvete custava caro, graças a Deus. Que alegria!

Quando o grupo, mais tarde, já morava na Casa de Maria, em Queluz, certa manhã bateram à porta do quarto do padre. Uma das meninas queria perguntar se ele podia emprestar um pouco de pasta de dente. Não emprestou, deu. Sabia que talvez nem fosse suficiente para todas as moças. Depois soube que não era só pasta de dente que faltava. Também não tinham sabonete e outros itens de higiene pessoal, e nem dinheiro para comprar.

À noite, Padre Jonas celebraria a missa da novena de São João Batista na igreja matriz da cidade, e toda a comunidade estava lá, participando. Na hora do ofertório, ele não entendeu por que os membros da Canção Nova estavam rindo, agitados, e na maior alegria. Os jovens apontavam com o dedo, gesticulavam.

Quando a procissão com as ofertas chegou, o padre compreendeu tudo, e então esboçou um largo sorriso. Ficou até emocionado! Trouxeram ao altar uma peneira enorme, cheia de sabonetes, pastas de dente e todo o material de higiene pessoal. Estava claro para quem era aquela oferta.

Interessante é que ninguém tinha falado nada. Foi assim que aconteceu: o bairro encarregado das ofertas naquele dia era mais pobre, e então as pessoas decidiram que cada uma ofertasse o que tinha em casa, um sabonete, uma pasta de dente...

– E acabaram juntando tudo aquilo – como conta Padre Jonas. – O povo não imaginava, mas Deus sabia que a necessidade para aquele dia era essa.

Como o apóstolo Pedro

A Canção Nova vive da Providência. Ela mostra ao mundo, com isso, como é linda "a aventura de viver, nos dias de hoje, a total dependência de Deus". Não é algo simples de se fazer, enfatiza sempre Padre Jonas. "Exige de nós dar a Deus o controle de tudo e não mais ter nas mãos as rédeas da nossa vida. Temos de saber o que Ele quer de nós."

A carteira do padre – como no dia do sorvete – quase nunca conteve dinheiro para comprar nada. Continuou sempre vazia ou com uns míseros trocados. Conta bancária, Padre Jonas só tinha mesmo porque às vezes precisava, mas com um saldo mínimo, o bastante para não ser encerrada. Por suas mãos passaram milhões, sempre provisoriamente, porque nada pertencia a ele. Nunca possuiu nada. Não tinha bens. Sua única propriedade, como ele dizia, sem querer se vangloriar, sempre foi o Senhor.

Sim, ele teve medo, mais de uma vez. Como não ter medo, quem é humano? Medo de "afundar", lembrando o apóstolo Pedro. Mas o temor não o paralisou, porque sentia que Deus estava próximo.

O que fizemos, desde o começo, foi dar um passo no escuro, como o de Pedro quando saiu da barca e andou sobre as águas. Posso testemunhar que, como Pedro, várias vezes tive medo.

Muitas vezes, olhei para as ondas, e não para o Senhor – e afundei. Mas o Senhor estava próximo. Ele me estendeu a mão e disse: "Homem de pouca fé, por que duvidaste?" (Mt 14,31).

Hoje, continuo andando sobre as águas e constato que esse caminhar na fé, na completa dependência do Senhor, em tudo e por tudo, me é exigido para que a Canção Nova seja o que Deus criou e para que ela consiga realizar sua missão.

Quando a Comunidade começou, como gostava de recordar Padre Jonas, "éramos doze pessoas, quase todos jovens". Não tinha o que dar a eles. Não tinha dinheiro para colocar comida na mesa. O que fazer? "Era Deus quem providenciava tudo."

– Muitas vezes, íamos para a capela, para a missa da manhã, e não havia o que comer na hora do almoço. Isso era frequente.

Mas a Providência sempre mostrava o seu rosto. Vinha para aquele dia. Vinha para aquela hora.

Vera Lúcia Reis, a Verinha da Canção Nova, comenta que Padre Jonas estava convencido de que Deus queria a Comunidade, assim como ele sabia que essa era a vontade de Deus.

– Mas havia o medo humano de não conseguir ser fiel ao projeto que Deus estava colocando no coração dele – ela acrescenta. – O medo de não conseguir dar o sustento para esses jovens, o medo de errar e de não saber corresponder de fato ao que Deus pedia dele.

"Realmente, Deus agia conosco na Providência", comenta Padre Jonas, referindo-se às muitas histórias que mostram a ação divina no dia a dia. Em "Lindas experiências", que você encontra logo mais adiante, há um conjunto bem saboroso dessas histórias, como a do peixe, a das frutas, a da soja e a do pó de café. Delicie-se.

"LINDAS EXPERIÊNCIAS"

Luzia Santiago comentou certa vez que, na Canção Nova, nada nasceu de ideias abstratas ou de projetos montados em escritórios, e sim da vida. Dos sabores e dissabores do cotidiano. Da conversa. Da fé e da oração. O caminho foi se construindo assim. Os documentos, também.

Muitas das lições vinham de acontecimentos bem simples do dia a dia. Histórias como a da moça que vai pedir um pouco de pasta de dente emprestada a Padre Jonas, que você já conhece. Aqui, mais algumas das "lindas experiências" a que o padre se refere.

O peixe apodreceu – "Senhor, queria tanto comer peixe", rezou Fatinha. Ao terminar a celebração, chega o Edmar com um dourado enorme de presente.

Alguém, então, deu a ideia de não fritar logo. Podiam rechear, deixar na geladeira, e, no dia seguinte, pedir para o moço da padaria assá-lo. Assim foi feito.

Hora do almoço, todo mundo esperando aquele peixe maravilhoso chegar, mas o que veio foi o recado do padeiro: o peixe tinha apodrecido.

Padre Jonas disse nesse dia que todos deveriam aprender uma lição: a de que o pão nosso é de cada dia. Se Deus havia dado o peixe na véspera, "era para comê-lo com simplicidade e alegria naquele mesmo dia. Sem enfeitar". Ou seja: sem esperar para o dia seguinte.

Frutas – "Padre, esse pessoal jovem precisa comer mais frutas", avisou o médico, que tinha almoçado com a turma naquele dia. "Mas como, se já é difícil conseguir o básico?", perguntou Padre Jonas. E, naquele dia, foi ele quem teve que aprender a lição: "Vocês não dizem que acreditam na Providência? Por que não pedem frutas a Deus?", brincou o doutor.

Pediram. "Nunca tivemos tanta fruta como naquele tempo, no café da manhã, no almoço, no lanche da tarde, no jantar..."

Soja – Soja era nutritiva, e podia suprir a falta de carne, que era meio rara por lá. A moça que disse isso, depois até mandou um livrinho de receitas. Mas cadê o tal grão?

Dias depois, Míriam chega com um saco de soja de presente. "Comemos de várias maneiras, por meses: era bolinho, mingau, pão, bife. Graças a Deus! Uma beleza!", relembra o padre.

Pó de café – A moça encarregada de preparar a primeira refeição da manhã do dia seguinte reparou que não tinha pó de café. Já na véspera, portanto, foi atrás de capim-santo para fazer um chá, pelo menos. Mas, na hora de preparar o desjejum, ao chegar à cozinha, ela toma um susto: eram vários os pacotes de café em cima da mesa! Meu Deus, como é que podia?

Ficaram sabendo só depois. Tinha sido "arte" do Luís Paulo e do pessoal de Cruzeiro. Ganharam de uma torrefação, e, na véspera, terminado o grupo de oração, levaram para a Canção Nova. Luís Paulo tinha a chave. Chegou quietinho, tarde da noite, e deixou em cima da mesa do refeitório. Durou meses aquele café.

Meios de comunicação

Quando, no capítulo anterior ("Começar com os jovens"), trouxemos a conversa de Padre Jonas com o bispo de Lorena, Dom Antônio, sobre a *Evangelii Nuntiandi* – no início de 1976, um momento que o padre define como o do nascimento da Canção Nova –, chamávamos a atenção para um fato que pode num primeiro instante parecer curioso, mas que de curioso não tinha nada.

Ao se concentrar sobre o número 44 do documento papal – sobre o tema da evangelização e, mais especificamente, do Catecumenato para adultos –, nenhum dos dois percebeu, na ocasião, a importância do que vinha logo no ponto seguinte, sob o título "Utilização dos *mass media*". No número 45, o Papa Paulo VI falava sobre "o uso dos meios de comunicação social para a evangelização" – o que se transformaria em um dos pilares mais importantes do carisma Canção Nova, ao lado da missão de evangelizar.

Aliás, isso mostra novamente – e foi o próprio padre quem fez essa observação –, que a Canção Nova, como tantas vezes já apontado, não nasceu de um planejamento, de uma decisão tomada em uma reunião ou de um plano traçado num escritório. Ninguém decidiu que seria assim – a não ser o próprio Deus, no tempo certo, no lugar adequado, na medida necessária, como insiste Padre Jonas.

"A Igreja se sentiria culpada, diante de seu Senhor, se ela não lançasse mão desses meios potentes que a inteligência humana torna cada dia mais aperfeiçoados", escreveu o Papa Paulo VI. E também dissemos que essa culpa – graças a Deus!, como diria Padre Jonas – não merece ser imputada à Canção Nova.

Postos ao serviço do Evangelho, tais meios são susceptíveis de ampliar, quase até ao infinito, o campo para poder ser ouvida a

Palavra de Deus, e fazem com que a Boa Nova chegue a milhões de pessoas.

É servindo-se deles que a Igreja "proclama sobre os telhados" (Cf. Mt 10,27; Lc 12,3.72) a mensagem de que é depositária. Neles encontra uma versão moderna e eficaz do púlpito. Graças a eles conseguem falar às multidões.

Mas havia algo a que se devia prestar muita atenção, como advertia o papa. E esse algo assumiria, para a Canção Nova, uma importância ímpar, no rádio como na televisão, na internet e nas redes sociais como nas publicações da editora, em qualquer tempo e em qualquer lugar. A mensagem deve chegar às multidões, "mas com a capacidade de penetrar na consciência de cada um [...], como se cada um fosse de fato o único, com tudo aquilo que tem de mais singular e pessoal", de modo a se obter para a mensagem "uma adesão, um compromisso realmente pessoal".

Em todo o seu tempo de vida como pregador, como comunicador e homem da Comunicação Social, Padre Jonas soube cultivar com elevado carinho esse dom de falar diretamente às pessoas. Pregava como se estivesse olhando nos olhos de cada uma delas e dirigindo-se a cada uma em particular – não importa se a pessoa estivesse ao lado de algumas dezenas de milhares de fiéis no Centro de Evangelização ou no Santuário do Pai das Misericórdias, ouvindo o rádio ou assistindo à televisão.

Quantos mudaram de vida por causa disso, só Deus, de novo, sabe! Não são poucos os relatos de homens e mulheres que decidiram entregar a vida a Deus na Comunidade porque, em algum dia, em algum lugar, às vezes até passando sem perceber diante de um aparelho de rádio ou televisão, tiveram a mais nítida impressão de que o padre estava falando para ele ou para ela – e estava, mesmo!

Quando Dom Antônio me falou sobre o número 44 da Evangelii Nuntiandi, *não reparei que havia esse outro trecho, logo em seguida. Não sabia em que aventura eu estava me colocando. Pensei que ficaria só naquele Catecumenato...*

E tudo isso aconteceu! Aí estão os meios de comunicação em que atuamos. Tudo nasceu daquele momento, mas principalmente da Evangelii Nuntiandi, *do Papa Paulo VI, "Sobre a evangelização no mundo contemporâneo".*

Nascemos de um documento sobre a evangelização e de uma experiência concreta de evangelização. Nascemos para isso. Não só para fazer o que já fazíamos – os encontros de jovens –, mas para ousadamente usar os meios de comunicação, que ampliam até o infinito o campo da Palavra de Deus, para que ela seja ouvida, e fazer com que a Boa Nova alcance milhões de pessoas.

Que multidões ouçam a Palavra de Deus! É o que está acontecendo conosco, graças a Deus! Nascemos da evangelização e existimos para a evangelização.

"Empurrado pelo Senhor"

A descoberta de que a Canção Nova foi "gerada para os meios de comunicação", como observa o seu Pai Fundador, não foi feita logo no começo da existência da Comunidade, no já longínquo ano de 1978.

Padre Jonas nem sabia disso, tanto é que – como ele explica – nos dois primeiros anos, ele e todos os jovens rezavam e se perguntavam o tempo todo por que, afinal, Deus os queria vivendo em comunidade. Não foram poucas as ideias discutidas, e até houve o início de um trabalho com dependentes químicos, do qual desistiram quando viram que outros grupos podiam fazer o mesmo trabalho melhor que eles.

Existia, sim, o propósito explícito da evangelização, mas sobre os meios de comunicação ainda não se falava.

Mas, aí, começam a aparecer os sinais, ou melhor, os milagres, que indicam uma direção. Como logo se percebeu, não se tratava de um simples convite divino, mas de um verdadeiro empurrão. “Era o Senhor nos empurrando para os meios de comunicação”, como esclarece Padre Jonas.

Quando voltamos o nosso olhar para aquele tempo específico da história da Comunidade – final da década de 1970 –, pode-se com algum cuidado afirmar que tudo começou com as gravações de palestras em fitas cassete – mais para uso interno por parte dos próprios jovens que participavam dos encontros. Aliás, fitas cassete são objetos que, nos dias de hoje, quase ninguém mais sabe o que é e como funcionam.

Havia um certo encanto em se fazer isso, de forma bem artesanal, quase doméstica, o que exigia dedicação e esforço. Era bom, e as pessoas gostavam muito de ouvir, sobretudo as palestras e as pregações do padre. No entanto, essa ação quase heróica adquiriu uma nova figuração quando, em 1979, a Canção Nova ganhou um duplicador de fitas cassete, presente do sacerdote jesuíta Eduardo Dougherty, o fundador da Associação do Senhor Jesus e idealizador da Rede Século 21. Ele o trouxe diretamente dos Estados Unidos. Aí, sim!

O valor, na época, era de cerca de 2 mil dólares, uma quantia que aqueles jovens nem sabiam direito converter para a moeda local. E era “uma beleza”, como explica Padre Jonas: você colocava a fita com a palestra gravada e, em três minutos, o aparelho produzia duas outras fitas. Então, o trabalho ficou mais simples, quase profissional para os padrões da época.

Não demorou muito tempo, e a Comunidade estava conseguindo atender a uma demanda bem grande de gravações de palestras, primeiro nas cidades vizinhas do Vale do Paraíba, e, com o tempo, em todos os cantos do Brasil – depois viriam as fitas de vídeo, mais tarde os CDs, os DVDs e assim por diante. O Departamento de Audiovisuais da Canção Nova – o DAVI – passou a trabalhar muito para dar conta dos pedidos, e foi aprendendo, a partir da experiência, a ficar sempre atento às inovações tecnológicas.

Outro presente chegaria logo em seguida, ajudando a "empurrar a Canção Nova" para o campo da Comunicação: um gravador de rolo profissional. Foi doado pelo monge beneditino Dom Cipriano Chagas, do Rio de Janeiro, desde sempre um amigo para toda hora da Comunidade. Ele mesmo o tinha recebido para a sua comunidade Emanuel, mas disse que ficava olhando para "aquela beleza" – Padre Jonas gostava muito dessa palavra – e pensando: "Isso não é para mim, é para a Canção Nova".

A entrega se deu durante uma missa, na hora da procissão de ofertas. A Providência Divina que um dia tinha se manifestado através de uma peneira cheia de sabonetes, pastas, escovas de dentes e um ou outro shampoo, desta vez se mostrou por meio daquela máquina, que nem Padre Jonas sabia direito para que serviria. Para esse dia, no entanto, bastava a emoção do momento.

Deus quer uma rádio

Mas Padre Jonas ficaria logo sabendo para que serviria o gravador de rolo, quando começou a atuar no rádio. Primeiro, foi o programa da Rádio Mantiqueira, de Cruzeiro, que deixou todos muito felizes quando a oportunidade apareceu. Dois meses depois, porém, uma profunda tristeza se abateu sobre a Comunidade. O padre chegou a chorar e todos choraram junto com ele: tinham conseguido um programa, depois de rezar e pedir a Deus, mas o perderam, de repente.

A tristeza só não foi maior porque, não demorou quase nada, novas portas se abriram. A Comunidade assumiu três programas, em emissoras diferentes: Cultura, de Lorena, pela manhã; Mineira do Sul, em Passa-Quatro, Minas Gerais, ao meio-dia; e Bandeirantes, de Cachoeira Paulista, à tarde. E preste bem atenção no que vai acontecer, mais adiante, com essa última emissora!

E foi então que o aparelho doado pelo monge beneditino – o gravador de rolo profissional – se revelou uma bênção, no momento em que acabou se tornando muito complicado ir a todas as três emissoras para gravar. Agora era possível fazer isso em Queluz, produzindo vários programas ao mesmo tempo, até altas horas da madrugada, se fosse necessário. E não foi uma nem duas vezes que isso aconteceu, também porque Padre Jonas, por essa época, já viajava muito para todo canto do Brasil como uma das principais lideranças da Renovação Carismática Católica do país.

As gravações eram feitas na sala de palestras da Casa de Maria. Cantos de sabiás da terra e de outros passarinhos, e também latidos de cachorros serviam de acompanhamento. "Os programas eram ecológicos, bem ao natural", brinca o padre, sempre insistindo na ideia de que era Deus quem os estava empurrando para os meios de comunicação, mediante fatos bem concretos.

Ainda durante o curto período em que esteve na Rádio Mantiqueira, Padre Jonas sentia que Deus "queria algo" mais do que aquilo que estava sendo feito ali. O que esse "algo mais" podia significar, ele ainda não sabia.

Então, como fez tantas vezes na vida, o futuro Jonas da Bíblia abre o Livro Sagrado em busca de uma confirmação – que chega do Antigo Testamento, na voz do profeta Isaías, capítulo 21, versículo 10: "Tu, malhado por mim, grão do meu terreiro, o que ouvi do Senhor dos exércitos, o Deus de Israel, eu te anunciei" (Is, 12,10). No ano seguinte, o Senhor estava dando uma rádio para a Canção Nova, relembra Padre Jonas, feliz, vendo nisso que aconteceu a realização da palavra do profeta Isaías.

> *A Canção Nova existe para o povo, um povo malhado, pisado como o grão. Nós, que a ela pertencemos, somos esse povo. Nossas histórias o dizem.*
>
> *Deus nos resgatou e nos tem restaurado. Existimos para o povo. Era Deus nos mostrando novamente, por meio de sinais, que não queria apenas programas* em *rádio, mas queria* uma *rádio.*

Uma rádio para a Canção Nova

Os sinais divinos ocorrem sempre e de diversas maneiras, e, como ensinava Padre Jonas, é feliz a pessoa que os sabe enxergar. Às vezes chegam pela voz de um profeta, como Isaías. Outras vezes, por meio de sonhos e de imagens.

Como aconteceu, por exemplo, quando um senhor de Cruzeiro, de nome Amauri Portugal, se aproximou com a esposa para contar ao padre que tinha tido uma visão, enquanto rezava em sua casa. Apareceram-lhe umas torres muito altas, e um letreiro iluminado anunciando: "Rádio Canção Nova, a rádio do Senhor!".

– Era a certeza que Deus estava colocando em meu coração, e eu não podia mais duvidar – afirma Padre Jonas. – Ele queria uma rádio!

Sim, mas como seria possível? E, pior, Seu Amauri puxou bem na memória e fez uma correção: jurou que não eram só torres de rádio o que tinha visto, mas também antenas de televisão.

Aí já era demais...

"Aguenta, coração!", suspira o padre.

Outros sonhos, outras conversas e imagens foram sendo trazidas por pessoas que nunca tinham falado umas com as outras a respeito de um assunto que, até aquele momento, repousava meio quieto no coração de Padre Jonas, esperando o momento certo para se manifestar com toda a força.

Talvez lhe ressoasse por essa época nos ouvidos a voz de padre Leôncio, do tempo dos programas radiofônicos que Jonas o tinha ajudado a fazer, em Lorena, durante os seus estudos filosóficos, na segunda metade dos anos 1950. Uma vez ou outra, o jovem estudante até precisou assumir o programa no lugar dele – mesmo com as pernas tremendo. O fato importante e que mais interessa é que Padre Jonas se lembraria dessa experiência, anos mais tarde, como uma "preparação". Um ensaio.

Podia ser também a voz da mãe, Dona Josepha, que gostava tanto de acompanhar um programa do então arcebispo de São Paulo, Dom Paulo Evaristo Arns, na Rádio Nove de Julho. Era transmitido tarde da noite, até pelo menos os primeiros anos da década de 1970, quando a emissora acabou sendo interditada pelo regime militar. Ela perguntava a si mesma, na época, se o filho nunca tinha pensado como seria importante ter uma rádio só da Igreja, para falar de Deus, para rezar e ter "só programa bom", como Josepha dizia.

– Rádio é tão bom – dizia-lhe a mãe. – Eu posso escutar enquanto estou lavando roupa, pondo as minhas panelas no fogão, ou até costurando. Por que você não pensa nisso?

– A senhora pensa que é fácil assim, hein, mãe? – respondeu o filho.

Padre Jonas, um tempo depois, se põe em silêncio, refletindo sobre as palavras da mãe. A certa altura, chega à conclusão de que "não havia escapatória": a rádio não era uma escolha dele, nem da Canção Nova. Era "uma imposição do Senhor".

"Quero comprar essa rádio!"

Dois milhões de cruzeiros! Era esse o valor que estavam pedindo pela Rádio Bandeirantes, de Cachoeira Paulista. A moeda brasileira nem existe mais com esse nome, mas apenas para se ter uma ideia: era muito ou era pouco dinheiro? Era demais, nem é preciso fazer as contas. Pelo menos para quem não tinha um centavo no bolso.

– Estou aqui para comprar esta rádio! Pode falar com o proprietário – anunciou Padre Jonas ao diretor da emissora.

Claro que não foi tão simples e rápido assim, mas o sentido era esse, ao fim e ao cabo.

Tinha ido lá para perguntar umas coisas, nem sabia até então que o dono a estava vendendo. E já aproveitou para manifestar que, na verdade, quem estava querendo comprar a emissora era ninguém menos que o próprio Deus!

Saber como iria fazer o pagamento para fechar a compra, o padre não sabia. Não fazia a mínima ideia. Mas ele nunca precisou de resposta ou explicação para tudo, porque há coisas que nem têm explicação. Era movido pela força do Espírito, "que sopra onde quer", não é assim? Deus queria uma rádio, e isso bastava. E, se Deus queria, ia com certeza dar um jeito de fazer acontecer.

Esse tipo de conversa, Padre Jonas estava acostumado a ter com Deus. Linhas atrás, ele nos lembrou que a Canção Nova, muitas vezes, precisou "dar um passo no escuro". E foi até mais longe, ao afirmar que era como se a Comunidade tivesse colocado o próprio Deus à prova: "Se o Senhor estava dizendo que queria...".

Você se lembra do dia do chamado, durante um encontro de jovens na Casa de Maria, em Queluz, quando acontecia a festa de Cristo Rei? O padre mesmo confidenciou que tinha "combinado" uma coisa com Deus. Esse tipo de intimidade entre Jonas e o Senhor sempre existiu, de verdade.

– No dia 1º de abril de 1980, o "dia da mentira", realizamos a grande verdade: compramos a Rádio Bandeirantes de Cachoeira Paulista por 2 milhões de cruzeiros!

Um milhão seria pago à vista, e mais cinco parcelas de 200 mil. Padre Jonas só pediu que aguardassem cinco dias para descontarem o primeiro cheque. Dom Cipriano Chagas tinha um dinheiro que sobrou de uma campanha que tinha feito para projetos da sua comunidade, mas ainda faltava muito. Era preciso correr atrás. Foi uma aventura.

Tudo somado, a rádio acabou saindo por 4 milhões e 600 mil, mais que o dobro, porque foi preciso comprar um transmissor mais potente, instalar a torre, montar todo o equipamento, enfim. Com o transmissor original de 250 watts, como conta Padre Jonas, a emissora não passava de um "serviço autorizado de alto-falantes": não chegava direito nem à cidade vizinha. Não era bem isso que o Senhor queria! Compraram um novo transmissor, com uma potência de 1 kw, quatro vezes maior. Toca pagar as parcelas! Foram muitas. A Comunidade precisou suar bastante para conseguir.

> *Para quem não tinha nada, era um milagre! E um milagre foi também a rapidez como tudo foi feito. Em dois meses, tudo foi adquirido e montado. Muita gente ajudou. O trabalho foi todo realizado com mão de obra doada.*
>
> *Quando o engenheiro conseguiu montar de novo o transmissor, que tinha apresentado um defeito, a rádio entrou no ar. Eram 4 horas da madrugada do dia 25 de maio de 1980.*
>
> *Naquele dia, inauguramos a rádio, não por nossa vontade, mas porque esse era o desejo de Deus.*

Quatro anos depois desse dia, às 18 horas de 31 de maio de 1984, antes de morrer nos braços do filho – leia em "O adeus a mamãe Josepha" –, a mãe de Padre Jonas diz que quer acompanhar o terço por essa mesma emissora que, a seu modo, ela também ajudara a criar. Já não achava que o filho fosse um simples sonhador. Tinha orgulho dele e da sua rádio. Nem imaginava que, cinco anos depois, ainda viria a TV Canção Nova.

Centro propulsor da missão

"Esta é a característica da Canção Nova", continua Padre Jonas, no seguimento do que estava dizendo no parágrafo anterior: "Nós existimos para os meios de comunicação, não por um projeto nosso, mas porque Deus quer. Todos os fatos nos levaram a isso".

A compra da emissora de rádio representaria uma primeira e muito importante resposta da Canção Nova à tomada de consciência sobre a sua verdadeira missão, o seu perfil religioso cristão no seio da Igreja Católica. Essa missão, como vimos, juntava os números 44 e 45 da *Evangelii Nuntiandi* num só e mesmo carisma, que é o de evangelizar pelos meios de comunicação, bem na linha do que o Papa Paulo VI exortava a Igreja do mundo inteiro a fazer.

As duas inspirações se conjugam, como os dois pilares mais robustos da identidade eclesial da Comunidade. E é isso que permite a Padre Jonas proclamar, com a alma ardendo de alegria, que a Canção Nova "existe para evangelizar, anunciar Jesus Cristo" e, simultaneamente, que ela "existe para os meios de comunicação".

O trabalho na emissora mobilizou a Comunidade. E ajudou não apenas a Canção Nova a definir a sua identidade eclesial, como também contribuiu para transformar aos poucos a

O ADEUS A MAMÃE JOSEPHA

"Sua mãe está com os seios numa situação horrível", avisou Luzia, preocupada. "Acho que é câncer."

Precisou de uns dias para Josepha poder passar pelo doutor Luiz Martinho, da Santa Casa de Lorena. Primeiro, como ela disse, "precisava casar a última filha, a Maria José". O marido havia falecido no ano anterior.

O casamento foi num sábado. No domingo, a mãe embarcou com o filho, e, na terça, já estava sendo operada. Era câncer, já em fase avançada.

Mãe da comunidade – Depois da cirurgia, Josepha vai passar uns dias na Comunidade em Queluz, naqueles inícios da Canção Nova. Gostou tanto, que acabou ficando um ano inteiro.

"Deus concedeu à mamãe um ano de graça, depois de uma vida de lutas e sofrimentos. Ela se integrou no meio dos jovens e fez compromisso de pertencimento à Comunidade. Participava como podia das vigílias, do jejum da sexta-feira e de tudo."

"Mamãe dizia que passou conosco o ano mais feliz da sua vida. Acabou sendo mãe da Comunidade inteira. Todos receberam muito da sabedoria dela durante aquele tempo. Era conselheira. Conhecia um por um."

Nos braços do filho – No final do ano, Dona Josepha quis passar o Natal e permanecer um tempo com a família, em São Paulo. É quando reaparecem os sinais da doença. Foram muitas idas aos médicos, mas nada havia que pudesse ser feito. O câncer tinha tomado o pulmão inteiro.

Nos últimos dias de maio de 1984, Padre Jonas busca a mãe na capital e a coloca de novo aos cuidados do doutor Martinho, em Lorena. Ele a acompanha, revezado por Luzia, Nelsinho, Iracema...

Dia 31 de maio. Às 18 horas, ela pede que liguem o rádio na Canção Nova para acompanhar o terço e, também, que abaixem as persianas. "Mamãe, mamãe!", grita o padre, quando percebe que ela está indo. Pega na mão dela, reza, a segura nos braços. "Nossa Senhora veio buscá-la, justamente no último dia de maio, o Mês de Maria, às 6 horas da tarde."

Viu Nossa Senhora – Umas horas antes, Jonas tinha ido rezar missa no enterro de uma pessoa amiga da Canção Nova. Ao retornar, lhe contaram: tiveram que cantar "Maria de Nazaré" e, depois, a "Oração de São Francisco" para a mãe dele. Com o pouco de voz que restava a Josepha, ela contou que Nossa Senhora tinha vindo visitá-la.

No dia do enterro, tio Santos – o mesmo de quem o menino Jonas ganhou de presente uma árvore de Natal e um presépio, na infância, e que depois foi o seu padrinho de sacerdócio – contou ao sobrinho uma história. Josepha um dia falou em segredo para "o irmão que ela mais respeitava" sobre a visita de Nossa Senhora, que aparecia, punha a mão sobre ela e curava a sua dor.

"Padre Jonas, como será que sua mãe suportava tanta dor, sem reclamar?", perguntou um dia o doutor Martinho. "Parecia até que não sentia nada." Nesse dia, o padre chorou novamente. Bastante. Ele sabia por quê.

pequena cidade de Cachoeira Paulista, nas encostas da Serra da Mantiqueira, na "maior e mais importante frente de missão da Canção Nova, seu centro propulsor". Isso é o que escreve Padre Jonas no livro *Canção Nova: uma obra de Deus*. "Cachoeira Paulista é o lugar onde Deus nos colocou para viver de maneira privilegiada a missão de evangelizar pelos meios de comunicação."

A compra da rádio acabou exigindo a criação da Fundação João Paulo II, que foi inaugurada no dia 29 de junho de 1982. Seus estatutos nasceram das mãos laboriosas do padre e de Luzia, "a companheira de missão". O nome foi uma homenagem ao papa que, tendo sido escolhido sucessor de Pedro em outubro de 1978, ano em que a Comunidade Canção Nova nasceu, fez das suas viagens pelo mundo uma verdadeira missão – e isso foi uma grande fonte de inspiração para a Canção Nova.

No dia 30 de junho de 1980, dois anos antes da criação oficial da Fundação, o Papa João Paulo II tinha emocionado o Brasil, com a primeira de suas três visitas ao país. "A bênção, João de Deus!", foi o refrão entoado de Norte a Sul na ocasião.

Por fim, a compra da rádio abriu o caminho para a construção daquilo que é hoje o Sistema Canção Nova de Comunicação. Além de rádio e TV, o conglomerado inclui editora, gravadora e internet entre os frutos mais conhecidos e na linha de frente da missão evangelizadora da Comunidade pela mídia.

E pensar que tudo começou naquele dia, quando Padre Jonas, sem dinheiro no bolso – aliás, ele nunca teve dinheiro no bolso –, criou a coragem de anunciar que queria comprar aquela rádio. Uma emissora que não passava, então, de um "serviço autorizado de alto-falante", com um sinal tão fraco que quase não alcançava a cidade vizinha, bem perto dali.

Quando neste livro nós usamos tantas vezes a expressão "só Deus sabe como", é para entendê-la literalmente, no sentido de que "Padre Jonas até podia não saber como, mas Deus, sim, sabia. Sempre".

E, quando lançamos mão do termo "coragem" – uma atitude espiritual tão presente na vida do padre –, também é para entendê-lo literalmente, no sentido original latino, como "ação do coração". É por isso que Padre Jonas sempre gostou tanto da palavra "inspiração": porque combina melhor com isso que estamos falando. Outra forma de dizer que lhe agradava muito era esta: ele não *tinha* uma ideia, não *fazia* um plano, não *montava* um projeto... Era Deus mesmo quem "colocava algo no seu coração".

Deus quer uma TV

Mas voltemos aos sinais e à sua importância de sempre para a Canção Nova, e particularmente para o seu Pai Fundador. Primeiro foi a história de Seu Amauri, de Cruzeiro, que descreveu ao padre uma imagem na qual apareciam não apenas o nome da rádio e várias torres, mas também antenas de televisão.

"Aguenta, coração!", exclamou Padre Jonas na ocasião, quando nem uma rádio a Comunidade tinha ainda. Outros sinais foram aparecendo, depois da compra da emissora. Vozes. Perguntas. Ideias que muitas vezes lhe chegavam aos ouvidos por meio dos jovens – porque juventude é assim: gosta de ter ideias, ousar, se lançar sobre um desafio.

O sinal que mais mexeu com a sensibilidade e com a fé do padre, ele o viu durante o Rebanhão de 1989. Os Rebanhões eram encontros de evangelização realizados pela Canção Nova na cidade de Cruzeiro, sempre nos dias de Carnaval.

Na ocasião, um artista foi convidado pela equipe de serviço da Renovação Carismática Católica para pintar um painel – e ele criou uma obra representando uma torre de transmissão

O nome da Fundação foi uma homenagem ao papa que, tendo sido escolhido sucessor de Pedro em outubro de 1978, ano em que a Comunidade Canção Nova nasceu, fez das suas viagens pelo mundo uma verdadeira missão – e isso foi uma grande fonte de inspiração para a Canção Nova.

nos morros de Cruzeiro, com a reprodução do rosto de Cristo em distintos tamanhos. Começava com uma imagem bem pequena, a partir da torre, e ia crescendo, crescendo, até "explodir" – como conta o padre –, deixando aparecer um rosto bem grande de Jesus, no final.

– Algo muito lindo aconteceu dentro de mim, quando eu vi aquilo – relembra, com emoção, Padre Jonas.

> *Então, eu disse: "Meu Deus, agora não dá mais para voltar!". Num relance, vi tudo o que estava ali. O artista não tinha feito uma torre de rádio, e sim de televisão. Da torre de rádio não sai imagem, mas som. Ele desenhou a imagem de um Cristo saindo daquela torre. Repeti: "Não dá mais para voltar!".*
>
> *No início, Deus nos deu inúmeros sinais de que não queria só programas de rádio, mas também uma rádio. Agora, Ele vinha trabalhando por dois anos em nosso meio para que entendêssemos que, além da rádio, queria uma televisão.*

"Não dá mais pra voltar" é o tema de uma canção com esse mesmo título, composta por Nelson Correa Junior. O diácono Nelsinho da Canção Nova, natural da cidade de Piquete-SP, compositor e cantor, se aproximou desde menino de Padre Jonas, com quem aprendeu a tocar violão. Queria "ajudar o padre", desde os tempos da casa de Areias, na Fazenda Morada do Sol.

> *Não dá mais pra voltar*
> *O barco está em alto mar*
> *Não dá mais pra voltar*
> *O barco está em alto mar*
>
> *Não dá mais pra negar*
> *O mar é Deus, e o barco sou eu*
> *E o vento forte que me leva pra frente*
> *(que me leva pra frente)*
> *É o amor de Deus*

Inauguração da TV

Nesse mesmo Rebanhão, mais um sinal. Na hora de contar o dinheiro das ofertas, um dos encarregados encontra "uma nota esquisita", nem conhecia. Era uma nota de 1 dólar. Aquele dólar seria "o começo da televisão", observou Padre Jonas, sempre um visionário. E explicou que, quando se entra no campo da televisão, "não se compra nada em dinheiro brasileiro, tudo é na base do dólar".

O padre pede que lhe passem a nota. Ele pega a caneta e escreve: "Semente de mostarda da TV Canção Nova que o Senhor vai fazer crescer – Rebanhão/89, na coleta". Chama Eto, o amigo, e entrega para ele. Aquele 1 dólar era o grão que iria germinar. Um símbolo divino do que estava por vir.

O trabalho e as preocupações, a correria e tudo mais, não foram fáceis. "Mas como foi que deu certo?", talvez alguém esteja se perguntando. Não sabemos. Nem Padre Jonas. Só Deus. Muitas histórias podem ser contadas, para valorizar o nome e a generosidade de certas pessoas, os gestos de heroísmo, uma dor aqui e uma alegria ali, muita oração e a confiança inabalável na Divina Providência. Há livros da própria Editora Canção Nova e boas reportagens de áudio e vídeo sobre o assunto da TV, assim como da rádio e de outros tantos temas.

Mas só Deus! É a melhor resposta que conseguimos encontrar.

Dia 8 de dezembro de 1989, vigésimo quinto aniversário de ordenação sacerdotal de Padre Jonas. A inauguração da TV estava marcada para as 10 horas da manhã, com a celebração da missa. Faltavam dez minutos, e a autorização para colocar a TV no ar ainda não tinha chegado. Bispos, sacerdotes, os fiéis, as autoridades, todo mundo estava ali, ansioso para o grande acontecimento. O padre reza. Os missionários da Comunidade, também.

O telefone toca.

– Pode colocar a TV no ar!

A ordem tinha chegado de Brasília.

– Meu pulo de alegria foi tão grande, que quase arrebentei o fio do telefone – lembra Padre Jonas.

A missa é transmitida. Era tudo muito precário, não havia uma câmera de vídeo profissional, nada. Mas estava bom assim. Estava ótimo. Com o tempo, tudo iria melhorar!

Aliás, a imagem do pulo é excelente. Nós a utilizaremos para falar de um outro pulo de Padre Jonas, ainda maior que esse – e, num certo sentido, mais importante. Foi na Praça de São Pedro, em Roma, quase vinte anos depois. A bem da verdade, não foi um pulo só. Aguarde o último capítulo desta segunda parte do livro. Antes, você irá conhecer mais de perto, a seguir, "a companheira de missão", Luzia Santiago. E, logo depois, será a vez de conversarmos com "o amigo", Wellington Silva Jardim, o Eto. Era assim que o padre gostava de chamar os dois cofundadores da Canção Nova.

Uma aposta na Providência

Mas, antes de fecharmos este capítulo, voltemos a pensar por mais uns instantes na nota de 1 dólar – tão plena de significados, que Luzia a mandou plastificar e a guarda consigo até hoje.

Essa nota, que quem viu a primeira vez, ao final do Rebanhão, nem sabia que moeda era, representaria mais do que o fato de que quem se arrisca pelo mundo dos meios de comunicação necessita de muito dinheiro. Um dinheiro que a Canção Nova nunca teve, e isso para ela constituía um problema que o modelo tradicional de negócio nesse mundo da comunicação, sustentado pela propaganda comercial, não iria nunca resolver.

É certo que a Comunidade já vivia da Providência Divina desde os primórdios da sua história: era o feijão, o arroz e a salada; era o pão e o café; era um remédio, um produto de limpeza, uma muda de roupa... Mas, agora, primeiro com a rádio (1980) e, depois, mais ainda com a televisão (1989), a questão iria se colocar de um modo diferente – e era para isso que aquele 1 dólar estava querendo chamar a atenção. Embora todo o dinheiro necessário ainda nem tivesse dado o ar da sua graça nos primeiros anos de funcionamento da rádio.

Com efeito, nos primeiros tempos, quando a Rádio Canção Nova tentou viver de anúncios comerciais, as contas nunca fechavam no final do mês, ficando no vermelho.

Se o modelo não funcionava, era preciso mudar o modelo! Atento à voz do Papa Paulo VI na *Evangelii Nuntiandi* – exortando a Igreja Católica a usar os meios de comunicação de massa na evangelização –, o Pai Fundador da Canção Nova tomou uma decisão:

– Não vamos mais ter propagandas no rádio – ele anunciou. – Vamos falar de Jesus também nos intervalos, e o Povo de Deus vai nos ajudar a manter a rádio no ar!

Foi assim que começou o Clube do Ouvinte, que depois, já com a televisão, se transformaria no Clube da Evangelização. A decisão não podia ter sido mais acertada. Os sócios evangelizadores, com as suas doações mensais, sustentam hoje não apenas a rádio, mas também a emissora de TV e todo o Sistema Canção Nova de Comunicação, junto com a Rede de Desenvolvimento Social Canção Nova.

Talvez esta tenha sido a principal mensagem que aquela nota de 1 dólar, quando apareceu, queria transmitir. A da confiança na Providência Divina.

5

A companheira de missão

No dia em que Padre Jonas, no mês de novembro de 1977, ordenou que se pusesse de pé quem estava disposto a entregar um ano da sua vida para Deus, num primeiro momento, Luzia Santiago não se levantou da cadeira. Fazia mais de quatro anos que a jovem mulher já vivia de certo modo essa entrega, ao lado do estudo e do trabalho. Para ela, naquele momento, a resposta só poderia ser um sim definitivo, para a vida inteira. Enquanto pensa nisso, abre o Evangelho para buscar inspiração na palavra de Jesus.

Quando Padre Jonas retoma o chamado, depois de explicar de novo a proposta aos rapazes e moças, Luzia se ergue, decidida. Emocionada, ela chora. "Eis-me aqui!", responde, não ao padre, mas a Deus. Porque, para ela, é preciso sempre deixar bem claro que "a Canção Nova é um dom de Deus, e não um projeto nascido da cabeça de Padre Jonas".

Nas páginas seguintes, o padre nos apresenta a sua "companheira de missão", e o faz com o coração tomado pela alegria e as mãos elevadas para Deus, num gesto de imensa gratidão. Cofundadora da Canção Nova, Luzia representa o cotidiano vivo e vivido da Comunidade – porque é da vida, e muitas vezes da dor, que nascem os princípios que orientam a Comunidade em seu caminhar. Como, por exemplo, o princípio da sadia convivência entre o masculino e o feminino. Ou o da reconciliação, que funciona como chave, ou melhor, como "torneira" por onde corre a água bendita dos dons da Providência.

A primeira vez que Padre Jonas se encontrou com Luzia Santiago foi no mês de maio de 1973. Ela chegou para manifestar o desejo de participar do encontro de jovens que estava programado para acontecer dali uns dias. Ele a recebeu bem e sugeriu que procurasse um dos dirigentes para fazer a inscrição. Só durante o encontro ficou sabendo que a jovem de 23 anos de idade era a viúva de um piloto de avião que tinha morrido poucos meses antes em um acidente aéreo na região.

Padre Jonas se recorda do momento em que Luzia, na capela, teve o seu encontro pessoal com Jesus. Ela chorou bastante, e também depois, quando se confessou com ele. As lágrimas, em instantes como esse, representam um dom, um sinal precioso da presença divina em nossa vida, como ensinava o padre. E esse choro acabou sendo extremamente benéfico para ela.

– Foi excelente. A partir daquele encontro, a vida de Luzia mudou completamente. E ela logo se tornou muito próxima de todos nós.

A "viúva do aviador" começava, ali naquele dia, o caminho que a levaria com o tempo à condição de "companheira de missão" de Padre Jonas e, também, de mãe espiritual da Canção Nova.

Um mês depois do encontro de jovens, Luzia embarcava com Padre Jonas e o grupo de dirigentes da Renovação Carismática numa Kombi para Belo Horizonte, onde participaria pela primeira vez de uma experiência de oração no colégio das irmãs salesianas – o retiro era para elas. Lá, Luzia recebe o seu batismo no Espírito Santo.

O primeiro chamado

Quatro anos e meio tinham se passado desde aquele mês de maio de 1973 – e tanta coisa havia acontecido e mudado na vida de Luzia nesse período –, quando, em novembro de 1977, no domingo pela manhã da festa de Cristo Rei, Padre Jonas perguntaria aos jovens que participavam do encontro em Queluz quem deles estava disposto a deixar tudo para dedicar um ano da sua vida a Deus. Os interessados podiam ficar de pé.

O salão estava cheio, e ao ouvirem a proposta – como vimos no capítulo anterior –, um grupo bem grande de rapazes e moças se levantou. Sentada mais ao fundo do salão, Luzia não esboçou um único movimento. Ela ouviu, no entanto – e muito bem –, a pergunta que o padre fez. Para ela, foi como se o próprio Deus, diretamente, lhe tivesse lançado um desafio. E, na verdade, foi isso mesmo o que aconteceu, como ela hoje reconhece.

Luzia estava tão absorta nos seus pensamentos que nem prestou atenção em toda a explicação que Padre Jonas achou necessário oferecer mais uma vez aos jovens. Tão imediata tinha sido a reação dos que se levantaram, que ele pensou, num primeiro momento, que os rapazes e as moças que se apresentaram talvez não tivessem entendido bem o significado e o alcance da decisão que estavam por tomar.

Mas, para Luzia, a proposta estava bem clara, desde o primeiro momento. A pergunta ressoava forte nos seus ouvidos: quem está disposto a dedicar um ano da própria vida a serviço a Deus, em comunidade. Um ano apenas? Algo dentro dela dizia que estava sendo chamada a entregar não um ano, mas a vida inteira para Deus.

A jovem busca, então, uma inspiração na Bíblia, uma possível resposta, a indicação de um caminho, algo que a fizesse compreender aquele convite que a deixara por alguns instantes perplexa, sem saber o que fazer, como reagir. Luzia abre a Bíblia no Evangelho de São Lucas, capítulo 14, versículos 28 a 31 (Lc 14,28-31). Nesse trecho, Jesus também faz uma pergunta capaz de mudar completamente o rumo de uma vida: "Quem de vós, querendo fazer uma construção, não se senta antes para calcular os gastos que são necessários, a fim de ver se tem com que acabá-la?". Porque – continua Jesus –, se você começa, faz os alicerces e depois não termina, as pessoas irão zombar de você. Elas dirão: "Começou e não conseguiu acabar".

Luzia lê a passagem do Evangelho até o fim, pausadamente. Enquanto isso, Padre Jonas cuida de deixar o mais claro possível para os jovens cada detalhe de um convite que ele mesmo, até momentos antes, havia hesitado bastante se devia ou não fazer. Quando ouve novamente a pergunta – quem de vocês está disposto a deixar tudo para dedicar um ano da sua vida a Deus? –, decidida, Luzia se levanta. Está emocionada. Chora.

As lágrimas abundantes não são de tristeza, mas de alegria. Uma espécie de alívio toma conta da alma de Luzia. E o "sim" dela não foi para um ano de entrega a Deus. Foi para a vida inteira. Daquela primeira turma, ela é a única que continuou firme e permaneceu até hoje.

No texto "Carta de amor", você nota como uma vocação não nasce de um dia para outro. Tem uma história. Às vezes, como observa Luzia, "a conversão vem por meio da dor". Custa sacrifício. Não é brincadeira. No caso dela, exigiu também uma certa dose de teimosia, sobretudo no começo. Porque, às vezes, dá vontade de arrumar as malas e ir embora.

CARTA DE AMOR

Das cerca de novecentas cartas que recebeu de Elzenor Santiago ao longo dos sete anos de namoro, apenas uma Luzia guarda até hoje. As outras, ela um dia criou coragem e queimou em uma pequena fogueira do lado de fora da casa. Na ocasião, também doou as peças que guardava de lembrança do marido, como o uniforme azul e o quepe.

Antes de acender o fogo, fez uma prece e pediu a Deus que cuidasse bem do seu Nonô, como chamava Elzenor. Foram casados por quatro meses, até o dia do trágico acidente que custou a vida do jovem piloto.

Ajudar as pessoas – Passados mais de cinquenta anos, o que toca fundo na sensibilidade de Luzia ao falar sobre o assunto é que essa carta trazia um conteúdo diferente das muitas outras que o namorado lhe mandou das escolas da Aeronáutica que frequentou. "Além de dizer, como sempre fazia, que me amava muito, ele escreveu que me admirava pelas minhas qualidades."

Luzia respira fundo. Pede depois desculpas por interromper por alguns segundos a conversa por causa da emoção. "Faz tanto tempo!", ela suspira. Na carta, Nonô lhe pedia que guardasse um segredo no coração e que prometesse nunca se esquecer do que ele estava dizendo: "Você vai ser muito importante para as pessoas. Vai poder ajudar muita gente".

Deus chama – "Acredito que as maiores conversões vêm por meio da dor", ela afirma – e é neste ponto que o conteúdo da carta se deixa conectar com a imensa responsabilidade que ela carrega, como cofundadora da Canção Nova. O marido faleceu em novembro de 1972, e ela logo intuiu que não podia jogar a vida fora, nem se deixar paralisar pela dor. Deus a chamava.

"Eu estava com 23 anos e sentia que devia me entregar totalmente a Deus. Para mim, Deus se fazia presente nas pessoas, no povo. No início de 1973, prestei vestibular para Serviço Social e comecei a estudar em Taubaté."

Na "soleira" do padre – Em maio daquele mesmo ano, participa do encontro de jovens que a coloca pela primeira vez em contato com Padre Jonas, de quem ela se tornaria depois companheira, na feliz e também difícil missão de atender ao chamado de Deus para gerar a Canção Nova – ainda que o desígnio divino não se deixasse mostrar plenamente naquele momento.

Uma das coisas que Luzia mais gosta de sublinhar ao se referir a Padre Jonas diz respeito ao tanto que ele sempre rezava, o tempo todo, em todas as situações da vida. "Convivendo com ele, aprendi a rezar. O que eu sou, eu posso dizer que é porque estive ali, 'aos pés' dele, e na oração."

Não é brincadeira – "Deus não dá vida fácil a ninguém", enfatiza Luzia, ao lembrar o caminho percorrido. O amor é exigente.

No começo, ainda em Queluz, mais de uma vez arrumou as malas para deixar a Canção Nova. Depois, as desfez, porque o seu lugar era ali. Ficou por teimosia, ela diz. "Penso que Deus ama essa minha teimosia."

A cadeira como símbolo

Uma cadeira como aquela em que Luzia estava sentada no dia do chamado é mantida ainda hoje na antiga sala de palestras, e no mesmo lugar. Poderia não passar de uma peça muito simples e modesta, como eram todas as coisas no dia a dia da Comunidade que estava por nascer, mas a cadeira é muito mais que isso – é um símbolo. Não tanto por Luzia ter se sentado nela, mas pelo fato de ter dela levantado para dizer o seu "sim".

No silêncio daquele espaço sagrado, iluminado por uma tênue luz azul, a cadeira parece querer recordar de forma viva, concreta e eloquente uma história que não começou exatamente ali. Vinha sendo escrita já fazia um tempo na vida da Canção Nova e, particularmente, na da "companheira de missão".

No dia do chamado, com efeito, ela não abriu a passagem do Evangelho de Lucas por acaso. A semente, que já tinha sido plantada, aguardava apenas o tempo certo para morrer para si mesma – como é preciso que aconteça –, de forma a poder nascer a planta, crescer, florir, dar frutos.

Luzia conhecia bem as palavras pronunciadas por Jesus pela boca do evangelista. Os alicerces da construção já vinham sendo erguidos, fazia alguns anos, desde o seu encontro pessoal com Jesus – durante o primeiro encontro de jovens de que participou – e na ocasião do batismo no Espírito Santo, um mês depois, em Belo Horizonte.

"Foi Deus quem quis assim. Nada foi previsto, e não fui eu que escolhi ou busquei." As palavras são de Padre Jonas, e elas ajudam a consolidar a ideia de que o "sim" de Luzia veio amadurecendo com o tempo.

– Sim, antes ainda de a Canção Nova existir, primeiro como instituição jurídica e depois como Comunidade, Deus já tinha colocado Luzia em minha vida – confirma o padre.

– Para mim, foi um impacto muito grande – reconhece Luzia. – Padre Jonas já vinha nos preparando para essa realidade, mas agora era bastante diferente: estávamos sendo *convocados* para essa realidade. E eu pensei, fiz minhas contas e, ali, eu disse o meu sim, como outros também disseram.

É longa a lista de tudo quanto Luzia fez e ajudou a fazer ou construir na vida da Comunidade, do início de tudo até os dias de hoje. Sempre que precisou, ela se colocou junto – às vezes à frente e, outras vezes, atuando na retaguarda –, prestando apoio, incentivando, juntando as pessoas em torno de uma inspiração ou de um projeto de vida e de evangelização.

Padre Jonas confessa que tem até receio de ser injusto quando entra nesse assunto. Ele tem consciência de que pode esquecer muita coisa, ou de não dar a alguns acontecimentos o peso e a importância que eles merecem. Mas como não lembrar, bem lá atrás, a experiência da casa em Areias, nos anos de 1975 e 1976? Luzia, por aquela época, já não se encontrava apenas próxima e ao lado das pessoas que acalentavam o sonho de construir homens e mulheres novos para um mundo novo: ela estava mergulhada, de corpo e alma e dos pés à cabeça, no trabalho.

– Foi por meio de Luzia que obtivemos nossa primeira casa de encontros, em Areias, na Fazenda Morada do Sol. Como foi maravilhoso! E Luzia foi o veículo, foi ela quem fez toda a mediação.

Não só. Ela trabalhou também o tempo todo na organização da casa, para fazer dela um local apropriado para acolher os rapazes e moças que por ali passaram, às centenas, e que ali fizeram o seu encontro pessoal com Jesus. Luzia foi uma parceira indispensável na hora de montar o Maranathá, "um encontro de jovens que Deus inspirou para a nossa região", como explica Padre Jonas.

– Luzia e seu carro, um fusquinha, o Francisco, indo de cima para baixo comigo em todas as andanças – não poderia deixar de lembrar o padre.

Um fusca chamado Chico

Se a cadeira é um símbolo importante, o fusca de Luzia, com todo o merecido respeito, também o é. A memória viva da Canção Nova – como já tivemos mais de uma vez neste livro a oportunidade de salientar – não se compõe apenas de muitas histórias, casos e relatos de experiências, mas também de uma riqueza enorme de símbolos que, por sua vez, contam histórias.

Padre Jonas talvez até preferisse o termo "sinais", que ele tanto gosta de utilizar toda vez que revisita a história da sua vida: sinais da presença e da ação divinas. Um sinal indica alguma coisa, pelo menos para quem está disposto a enxergar. A princípio, um sinal não necessita de uma explicação.

Não há uma pessoa da Canção Nova, em qualquer parte do mundo, que não tenha algum dia ouvido falar do Francisco, ou, mais carinhosamente, do Chico. E também não há entre toda essa gente uma única pessoa que não tenha sentido algum dia o desejo de ver esse fusca de perto ou de tocar nele, como se ele ainda existisse de verdade no mundo material. O fusca ganhou ampliações de significados. Ele aparece em textos e imagens. Ele estampa blusas e camisetas, como aquela em que parece sorrir e anuncia que é "Proibido estacionar!".

Já o nome, inspirado em São Francisco de Assis, é uma dessas histórias. E também o fato de que, dentro dele, de conversas entre Luzia e o padre nasceu a inspiração para a canção "Tema de Clara e Francisco", do disco "O amor vencerá" – aquele de que Padre Jonas mais gostava.

– Sim, é verdade: nós podemos cantar para o mundo "O amor é lindo, ele vencerá". Nós o experimentamos. Nós temos aí o fruto, uma obra que não é só de homens, a Canção Nova.

No início dos anos 1970, estava começando a Renovação Carismática na diocese de Lorena, e os mais antigos se lembram do fusca branco de Luzia. Ela fazia faculdade à noite e também trabalhava, mas estava sempre disponível, era só chamar. Como aconteceu na primeira vez em que precisou enfrentar uma estrada de rodagem, a Via Dutra, que liga as cidades de São Paulo e Rio de Janeiro, ainda hoje uma das mais movimentadas do país. Padre Jonas tinha confissões, à noite, na paróquia de Bananal, uma cidade do Vale do Paraíba localizada a 140 quilômetros de Lorena. Tocou o telefone na casa de Luzia, e era ele: perguntou se ela podia levá-lo.

– Levo, sim! – respondeu.

E lá se foram os dois. A noite estava escura, os caminhões e as curvas não deixavam de assustar a motorista. Mas deu tudo certo, graças a Deus! – como ela comenta –, apesar de nunca ter feito isso antes. Na volta, o pároco de Queluz, padre Sebastião, ganhou carona.

– Tornei-me, assim, uma ótima motorista. Ia para todo lado, porque não havia ninguém que tivesse essa disponibilidade ou um carro para dirigir a qualquer hora do dia ou da noite.

A partir daí, começa a cruz de Luzia. Jovem, viúva, viajando de carro com Padre Jonas para cá e para lá – sempre de acordo com as palavras dela –, as pessoas a consideravam "sem juízo", no mínimo. As mais maldosas iam mais longe. Mas, dentro dela, uma voz dizia que precisava ir em frente, não se importando com o que diziam as más línguas.

Eu era uma viúva muito jovem, e, por isso, as senhoras dos movimentos cristãos de Lorena diziam: "Lu, você tem de se casar. Você é jovem. Onde já se viu isso?".

Sinto que toda a minha caminhada foi uma briga entre o que "Deus queria de mim", por um lado, e o que "as pessoas achavam que era bom para mim", de outro.

Isso sempre foi uma batalha, um desafio muito grande. Por ser jovem e viúva, não colocavam fé em mim. Lu: viúva, jovem, carente. Então, sempre passei por essa caminhada difícil, de descrédito e preconceito das pessoas.

Como foi importante para ela, em todo aquele período, o apoio dos pais, Francisco e Anita. O importante era o que Luzia estava fazendo, não o que as pessoas falavam. "Vá em frente, minha filha! Deus a abençoe!", eles diziam.

"O amor vencerá!"

Voltando a conceder a palavra a Padre Jonas para o relato que está fazendo sobre a companheira de missão, ele anota que Luzia também marcou uma presença das mais importantes ao seu lado nos primeiros discos que ele gravou. E, principalmente, na inspiração para as músicas e posterior gravação de "O amor vencerá", de longe o melhor de todos os seus discos, em sua própria avaliação. "É o que mais fala sobre o que eu sou e sobre nossa missão", como ele escreveu. A missão do padre, de Luzia e da Canção Nova inteira.

Luzia esteve o tempo todo junto na aquisição do terreno para a Casa de Maria e em tudo o que envolveu a sua construção, já a partir da planta.

Ela participou da criação da Canção Nova como entidade jurídica, do planejamento e da realização do Catecumenato, do início da Comunidade, da casa que tivemos em Lorena, do pedido e da consecução do primeiro programa de rádio, da aparelhagem de som para os grandes encontros, da caminhada corajosa para a rádio e para a Fundação João Paulo II.

Foi Deus quem a colocou ao meu lado. Eu não agia sozinho. A missão se realizava junto com ela. Daí o nome de "companheira de missão".

Em junho deste ano de 2023, Luzia recebe os autores para uma conversa que se prolongaria pelos dias seguintes. Na porta da casa onde habitam ela e Eto – seu marido –, e que durante tantos anos foi também a casa do padre, essa mulher de 74 anos caminha delicadamente em direção aos visitantes. Aproxima-se de braços abertos. No rosto, um sorriso que é puro encanto.

– Sejam muito bem-vindos! – ela diz, como já o fez tantas vezes, e há tanto tempo, ao receber na sua casa gente do mundo inteiro, bispos, cardeais, autoridades civis e religiosas. Não tem nada de luxo ali, tem bom gosto e aconchego.

Antes da entrevista começar, Luzia mostra aos visitantes cada cantinho que foi ocupado pelo padre. Ela o vê ali, em cada coisa e em cada imagem – num detalhe, nas camisas azuis penduradas, nas batinas diferentes para cada ocasião –, como se ele ainda estivesse fisicamente presente. Na capela, antes ainda de contemplarmos com devoção e respeito cada uma daquela espécie de relíquias, ela faz uma oração. Conversa com Deus. Conversa com Padre Jonas. Invoca o Espírito Santo: "Vinde, Espírito Santo! Enchei o coração de vossos fiéis, e acendei neles o fogo do vosso amor!".

Num momento particular desse ritual de memórias muito vivas que ali se desenrolava – e sentindo ainda muito forte no peito a ausência de alguém tão querido que há apenas seis meses tinha deixado aquele lugar para retornar à Casa do Pai –, Luzia retira de um dos armários com as coisinhas de Padre Jonas uma cópia do disco "O amor vencerá". A emoção e as lágrimas que rolam dos seus olhos não a deixam ler a dedicatória. Pede ajuda. O padre, naquele dia – em 1976 –, a chamou de Lu. E escreveu na capa do disco:

Sim, é verdade: nós podemos cantar para o mundo "O amor é lindo, ele vencerá". Nós o experimentamos. Nós temos aí o fruto, uma obra que não é só de homens, a Canção Nova.

É assim que provamos ao mundo que há um amor de homem e de mulher maior do que o do casamento e muito mais fecundo. Estão aí os filhos que não são nossos, mas muito mais que nossos.

O mundo pode saber que o que aconteceu entre Clara e Francisco acontece hoje.

E assina: "Pe. Jonas". Ele que também deixou escrito que foi Deus mesmo quem decidiu que os acontecimentos fossem assim e se dessem desse modo. Deus permitiu que Luzia tivesse uma participação especial – inclusive – na sua formação como padre, como pessoa, como gente. Como Padre Jonas revela, Luzia tinha a coragem de dizer o que ele muitas vezes precisava escutar, e até mesmo de corrigi-lo, se preciso fosse. Quantas vezes as pessoas – principalmente os filhos e as filhas espirituais da Comunidade – chegavam a ele por meio de Luzia! Tal e qual uma mãe, ela intercedia sempre por eles, quando o seu coração materno assim o indicava.

Padre Jonas nunca reclamou de nada, nem das admoestações. Apenas agradecia sempre muito a Deus pela presença amorosa e marcante de Luzia na sua vida. E ela entrou na vida dele com coragem, respeito e amor. Com firmeza, cabeça erguida, mulher valente – mesmo quando tantas vezes se sentiu frágil e necessitada de conversão. Quem é que não necessita, todo dia e toda hora?

Aguentou firme ao seu lado nas horas de dor e de sofrimento, tanto quanto nos momentos de festa e alegria. Resistiu lado a lado com ele nos momentos mais duros de incompreensão, tanto fora quanto também dentro da Canção Nova. Soube reconhecer, junto com Padre Jonas, esses momentos da vida em que a humildade precisa falar mais forte, porque somos pecadores, mesmo quando santos e justos queremos ser, sonhamos em ser.

Luzia foi meu ombro forte. Muitas vezes, ela nem sabia o que dizer, apenas me deixava ser gente: falar, chorar, desabafar. Pouco a pouco eu fui me "degelando". Muita coisa estava congelada dentro de mim. Infelizmente!

Eu precisava ser gente, ser homem, ser normal. Porque ninguém consegue ser homem de Deus, ser santo, sem antes ser gente, uma pessoa normal.

Hoje, graças a Deus, sinto-me muito homem e muito humano. Sou pequeno, sou pecador, mas sou gente. Tenho uma boa base para viver como um homem de Deus, para buscar a santidade, por causa dessa convivência. Foi uma enorme graça de Deus a presença de Luzia em minha vida.

Mais ainda do que uma grande bênção ou dom divino, Padre Jonas reconhece em toda essa rica experiência de vida, de fé e de trabalho, um chamado, uma vocação. Lado a lado, Luzia e o padre, colaborando na construção de um sonho divino, a Canção Nova:

– Se não tivéssemos vivido tudo o que vivemos, juntos, a Comunidade não teria nascido – ele reconhece, feliz. – Tivemos de viver antes, para que a Comunidade pudesse vivê-lo depois. Somos muito mais gente porque Deus nos deu a graça de enfrentarmos tudo juntos, e com coragem.

Padre Jonas não está com isso menosprezando o chamado, nem a vocação de seus filhos da Canção Nova, o trabalho e a colaboração de tanta gente para a construção desse plano divino. Mais do que ninguém, ele soube sempre abraçar, acolher, incentivar o esforço de todo pequeno Davi – como ele dizia –, capaz de derrotar gigantes, de realizar maravilhas.

No próximo capítulo deste livro, será a vez de destacar o papel exercido por Eto – um dos cofundadores da Canção Nova, junto com o padre e com Luzia –, mas hoje, aqui, cabe

– Luzia foi meu ombro forte. Muitas vezes, ela nem sabia o que dizer, apenas me deixava ser gente: falar, chorar, desabafar. Somos muito mais gente porque Deus nos deu a graça de enfrentarmos tudo juntos, e com coragem.

ao padre o gosto bom e a graça de cantar louvores à sua companheira de missão.

E Padre Jonas nunca foi de economizar palavras bonitas e sensíveis para deixar claro para as pessoas, para a Igreja e para o mundo, o quanto Deus operou nele e em Luzia para benefício da obra Canção Nova. É ao próprio Deus, portanto, que o padre agradece. É a Ele que dirige as palavras mais ternas que lhe vêm da alma para expressar o que sente pela vida de Luzia – ou Lu, como ele gostava de chamá-la – e o caminho dela na Canção Nova. A companheira de missão, agora, ganha o nobre título de mãe:

> *Todos os fatos mostram que ela é a mãe da nossa Comunidade. Ela tem sido de uma dedicação e fortaleza a toda prova, nunca medindo sacrifícios. Sua entrega é total.*
>
> *Diante das muitas dificuldades, ela sempre se supera. É uma vencedora! Louvo a Deus pela vida dela, que é de total dedicação.*
>
> *Luzia é uma verdadeira consagrada.*
>
> *Viver lado a lado com ela é uma grande graça. Sou muito beneficiado por tudo aquilo que ela é e pelo que ela faz no dia a dia. Conviver com Luzia Santiago é conviver com o carisma e a missão Canção Nova.*

"Posso morar com vocês?"

Era outra vez mês de maio, só que dezessete anos depois daquele dia em que Luzia, viúva, aos 23 anos de idade, foi se encontrar com Padre Jonas para perguntar como fazia para participar do encontro de jovens. Isso foi em 1973, como relatamos. Desta vez, em 1990, é o padre quem vai ao encontro dela e Eto na casa onde iriam morar, e a pergunta é também ele quem faz – uma pergunta bem inusitada, aliás: será que ele podia morar junto com o casal?

O casamento de Luzia e Eto estava marcado para dali mais alguns dias, e Luzia, no exato momento em que o padre chegou, cuidava da limpeza e arrumação da casa, muito simples, em que ela e o marido iriam morar – na Chácara Santa Cruz, onde está a sede da Canção Nova. Mas vamos voltar um pouco nessa história, para a gente entender o sentido da pergunta.

Wellington Silva Jardim, o Eto, fazia um tempo, tinha entrado no Tribunal Eclesiástico com o pedido de nulidade do seu primeiro casamento, e Padre Jonas avisou aos dois: se a Igreja respondesse que sim, os dois iriam poder se casar. Se a resposta fosse negativa, continuariam amigos, como sempre tinham sido até então, e firmes no trabalho da Comunidade, como também sempre foram.

A resposta foi positiva. Luzia e Eto podiam, então, receber o sacramento do Matrimônio, com direito a festa na Comunidade Canção Nova. Padre Jonas também estava radiante, mas, de repente, ele passou a se perguntar onde iria morar dali em diante. Até aquele momento, morava junto com Eto e o filho dele, Filipe, numa das casas da Comunidade.

O padre estava preocupado. Tinha a opção de se mudar para a casa dos rapazes, mas não parecia que era isso o que queria. Podia até pedir que construíssem uma casinha só para si, mas isso, nem pensar! Tinha que perguntar a Deus o que fazer, e, então, Padre Jonas se retira em oração num convento nas proximidades da cidade de Aparecida do Norte – como é popularmente conhecida. De lá, depois, liga do telefone fixo para dizer a Luzia que Nossa Senhora tinha dado a ele a graça de ter feito um discernimento. Ou melhor, tinha "colocado no coração dele", que é como ele gostava mesmo de dizer.

Mas não revelou que discernimento tinha sido esse, nem ofereceu qualquer pista de entendimento. Dali mesmo de Aparecida, ele se locomove até a cidade de Piquete para a reunião mensal do clero diocesano, na paróquia São Miguel. Foi lá, na sacristia da igreja, que ele viu uma imagem da Sagrada Família. Achou linda, e olhou mais de uma vez para ela. Padre Alexandre, o pároco, percebeu. Ao final da reunião, Padre Jonas recebe dele a imagem de presente.

Nesse momento, o que Nossa Senhora colocou no coração de Padre Jonas e o que ele imaginava dizer a Luzia e Eto se juntam para formar uma história muito bonita, de tocar o coração da gente. O novo casal bem que poderia acolhê-lo na sua casa após o casamento, não é mesmo? Essa era a ideia. Esse era o desejo de Nossa Senhora. O padre mostra a imagem da Sagrada Família a Luzia e a Eto: Maria, José... e o Menino Jesus!

– Vocês aceitam que eu more com vocês? – perguntou.

Luzia abre os braços, e quase não suporta a emoção. Seria o maior prazer, foi o que ela disse, com esse seu jeito de mãe, como é reconhecida na Comunidade. Ela conta que pensou assim: se o pai ou a mãe dela chegassem com um pedido semelhante, ela não ia dizer "Não, não quero, porque estou me casando". Tanto mais que ela sabia muito bem que o futuro marido só teria razões para ficar pelo menos tão feliz como ela. Ou até mais – ele e o padre já moravam juntos há anos. "Vem, papai! Vem, mamãe!", foi isso que Luzia sentiu o seu coração dizer. E nem precisou revelar esses seus rápidos pensamentos ao padre.

Eto já não é tão expansivo: guarda para si mesmo o que outros têm mais facilidade de expressar. É um homem de ação, antes de tudo. Mas não consegue esconder a emoção. Padre Jonas podia morar com eles, sim. Claro que podia! "O senhor faz parte", ele falou. E nem precisou dizer de que é mesmo que o padre fazia parte. Estava claro para ambos.

Foi então a vez de Padre Jonas falar. Ele contou que, quando viu a imagem da Sagrada Família, pensou assim: "É isso o que Deus quer. Muitos padres seriam melhores se vivessem em famílias, porque teriam o apoio, a presença. E seriam Jesus para a família". A inspiração lhe tinha vindo do Céu. Através de Nossa Senhora. Seria bom para todo mundo: para ele, como padre; para o novo casal e, consequentemente, para toda a Canção Nova. "Eu ficarei edificado, e vocês também, da mesma forma", foram as palavras utilizadas por ele.

Eto entra em ação. Tinha pressa. Devagar e econômico nas palavras, o verbo agir ocupa um lugar de prestígio no dicionário da sua vida. "É um trator", como expressa Luzia, repercutindo uma ideia geral sobre como o marido é conhecido pela Comunidade. Os pedreiros são chamados. O quintalzinho da casa precisou dar lugar a mais um quarto e um banheiro, destinados ao casal. A espécie de suíte ficaria para Padre Jonas. Logo, Eto busca as suas coisas, as do filho e as do padre. Quando Eto e Luzia retornam da lua de mel, estavam os dois novos moradores ali, esperando.

A casa onde Eto e Luzia hoje moram não é a mesma, nem o padre está mais com eles. Foi morar na Casa de Deus, em dezembro de 2022. Mas todas as coisinhas dele estão lá: o quarto, simples mas sempre muito bem arrumado; a escrivaninha, a cômoda e o guarda roupa; as vestes litúrgicas; a fileira de exemplares da Bíblia que ele usou ao longo da vida. Padre Jonas lia tanto a Bíblia, sublinhava, anotava, que, quando menos se esperava, precisava de um exemplar novo.

Também você pode ver sobre a escrivaninha a caneta de quatro cores, a preferida dele. No quarto, o quadro de Nossa Senhora e o retrato da família na parede... E, em cima de uma peça de madeira, à direita de quem entra pela sala, ao lado da capelinha, está a imagem da Sagrada Família. Há mais de trinta anos ela faz parte da casa. "Você faz parte", foi o que Eto respondeu ao padre no dia em que ele perguntou se podia morar junto com o casal. Nem precisou dizer mais nada.

A imagem da Sagrada Família é mais um símbolo da história de vida e da caminhada da Canção Nova. Ela toca muito profundamente o coração de Luzia e de Eto, assim como o coração de tanta gente. Olhando para essa imagem, fica mais fácil compreender o que Luzia quer dizer, quando repete sempre de novo que, na Canção Nova, é a vida que vem primeiro. O mesmo que Padre Jonas também dizia.

O masculino e o feminino

O que a Canção Nova é hoje, os seus princípios de vida e os seus documentos, tudo "é resultado da vida, veio a partir da vida", como explica Luzia. É a vida que produz a regra, não o contrário.

A história que acabamos de ler traduz de maneira primorosa, a seu modo, uma lição que a Canção Nova desde os seus primórdios cultivou com carinho, empenho e devoção. Luzia quis fazer a experiência, ela mesma, para mostrar à Igreja e ao mundo que o masculino e o feminino podem conviver de forma sadia, positiva, construtiva pelo Reino dos Céus.

A Canção Nova representa essa graça, como explica Padre Jonas – e, ao dizer isso, faz uma referência direta à sua própria experiência de vida. Ele fala particularmente, nesse contexto, do relacionamento sadio, positivo e construtivo com Luzia Santiago e Eto no seio da Comunidade.

> *O que se passou em nossa convivência está se passando na grande Comunidade. Muitas moças, muitos rapazes, muitos padres, muitos casados estão fazendo essa mesma experiência. Estamos desse modo contribuindo para com a Igreja, não pela força humana, mas pela graça de Deus.*
>
> *Pelo poder de Deus, é possível, nos tempos de hoje, viver essa pureza: a sadia convivência. O resultado é ser mais humano e*

muito mais homens e mulheres de Deus, muito mais santos por causa da graça dessa convivência.

Para o padre, essa característica essencial da Canção Nova foi resultado de uma longa aprendizagem e não veio sem nenhuma grande dor. Pelo contrário! Ninguém consegue calcular como foi duro enfrentar tudo isso – ele relembra –, mas os resultados estão aí, maravilhosos! É uma das contribuições que a Comunidade pode oferecer com alegria à Igreja e ao mundo. Desde o início foi assim na Canção Nova, como reforça Padre Jonas. Deus quis a Comunidade assim.

– Não fui eu que me sentei a uma mesa e determinei que seria assim: "Homens e mulheres, casados e solteiros, em sadia convivência".

Os fatos foram acontecendo. A aprendizagem foi se dando. E as histórias, tão boas de se contar, foram se revelando cada vez mais numerosas. Lá no início, o fato de o padre morar junto com rapazes e moças gerou "um grande bafafá", como lembra Padre Jonas. Mas, graças a Deus, não aconteceu aquilo de ruim que algumas pessoas previam.

Pelo contrário, temos a beleza do testemunho dessa sadia convivência. Eu mesmo, muitas vezes, ficava me interrogando, mas sentia que Deus queria que vivêssemos juntos. Se era para vivermos juntos, era para vivermos juntos.

Nem eu entendia o porquê. Só depois de algum tempo percebi o motivo. Deus estava fazendo algo totalmente novo na Igreja. As congregações sempre tinham sido masculinas ou femininas. Bem distintas.

– Não é fácil. É preciso contar com pessoas plenas de Deus – assume Padre Jonas. – É preciso que as pessoas sejam de oração, de escuta da Palavra de Deus, e é por isso que temos a Eucaristia como centro de nossas vidas.

Só Deus para fazer uma coisa dessas! Isso é muito lindo! Não andamos por aí falando a respeito. A Canção Nova acaba sendo um sinal. E sinal existe para não ser preciso falar: ele indica por si mesmo.

Essa sadia convivência entre homens e mulheres tem formado e educado, de maneira maravilhosa, a todos. Com o passar do tempo, nós, homens, fomos educados pelas mulheres de nossa Comunidade. E também colaboramos na formação e educação delas. Elas, por sua vez, educaram e formaram a mim, Padre Jonas.

Se tivesse que usar uma imagem, Padre Jonas pensaria em duas facas, uma que amola a outra. "Amolamo-nos uns aos outros, e ficamos afiados." Pode acontecer que, no amolar das facas, se produzam faíscas. Faz parte. Esse afiar apara arestas, melhora o corte. "Amola e afia para o serviço de Deus."

A imagem da faca vem da infância do padre. Quando pequeno, ele tinha que fazer as compras do dia a dia por causa da tuberculose da mãe, que custou a ela sete longos anos de tratamento. Quando precisava comprar alguma carne, ficava impressionado com o modo como o açougueiro afiava as suas facas. Sentia até arrepios.

Ao escrever o prefácio para o livro *Sofrer sem nunca deixar de amar*, de Luzia Santiago – um dos vários que ela lançou –, Padre Jonas aplicou à sua companheira de missão essa imagem: "Não resta dúvida: o sofrimento fez da Luzia uma mulher afiada como aquela faca do açougueiro. Preparada e prontinha para o serviço de Deus".

Providência e reconciliação

Outro princípio importante dessa "história escrita com a vida" – como, mais de uma vez, a ela se refere Luzia – está relacionado com o tema da compreensão mútua, o perdão, a reconciliação.

O princípio de "viver reconciliado" se apresenta para ela como um dos mais difíceis, mas também mais lindos da caminhada da Canção Nova – mesmo em momentos mais críticos, em que a vontade é largar tudo. Como aconteceu com ela mesma, no começo da vida da Comunidade, em Queluz, quando por mais de uma vez arrumou as malas, decidida a ir embora. Parecia que estivesse decidida, mas não estava: Deus a chamava de volta, convidando-a a se entregar ao dom muito especial da reconciliação consigo mesma e com a Comunidade. Foi fácil? Não, não foi. No amolar das facas podem sair faíscas! Luzia permaneceu, às vezes "por teimosia", como anotamos em outro lugar neste mesmo capítulo.

Luzia, desde muito cedo, participou de campanhas de arrecadação de doações para a Comunidade. Sacrificou-se. Sofreu tanto, muitas vezes. Mas estava acostumada a ouvir de Padre Jonas um "vai você, Luzia!". Não foi uma, nem duas vezes que ele "aprontou" isso com ela. Às vezes por timidez, outras até por se sentir frágil ou menos corajoso, o padre tinha como característica colocar outras pessoas na frente – até como reconhecimento das qualidades que elas tinham! Empurrava. Incentivava. Luzia foi sempre uma forte candidata à indicação.

– Por incrível que pareça, toda coisa difícil o Padre Jonas dava como tarefa para mim. Eu podia espernear, mas obedecia.

A regra de ouro da Comunidade – mais um princípio nascido da vida – foi sempre a de tentar fazer rimar a Providência Divina com a reconciliação entre as pessoas. A imagem mais utilizada era a da torneira: dependia-se da Providência para tudo, mas a torneira era a reconciliação. Padre Jonas explica:

Reconciliação e Providência sempre estiveram relacionadas, do início da Comunidade até hoje. Quando não estamos bem uns com os outros, da torneira da Providência não sai nada. Para nós é um sinal: se a Providência está faltando, é porque alguma coisa não está bem entre nós.

Pelos acontecimentos, fomos captando um princípio de vida básico para nós: "Viver reconciliados". Para isso, é preciso viver se reconciliando: "Não se ponha o sol sobre a vossa ira".

Há mil motivos para nos desentendermos; contudo, que "não se ponha o sol sobre nosso ressentimento", nossa mágoa, nosso desentendimento. Isso precisa, cada vez mais, ser exercitado. Estamos em construção.

Quando nos reuníamos – e éramos doze – era como pegar um saco, colocar gatos e fechar. Éramos, literalmente, um saco de gatos. Somos e sempre seremos pessoas humanas, com nosso gênio, nosso temperamento, nossa educação, nossos pontos de vista, nossa maneira de ser. Por isso, quando começamos a conviver e partilhar tudo, surgiram os atritos, e saía até faísca.

Se antes éramos apenas doze, e já não era nada fácil, quanto mais hoje, que somos um número muito maior e cada vez mais diversificado! São jovens que chegam de todas as partes do Brasil e até do exterior…

"A história e a vida foram nos mostrando os nossos princípios de vida", repetia sempre Padre Jonas. E um desses princípios básicos, dessas "pedras fundamentais", como dissemos, é que reconciliação e Providência caminham juntas. O episódio do "Trator tombado", contado por Luzia e que você lê adiante, ilustra muito bem e de forma simples essa grande verdade. Há outras histórias. Muitas. A reconciliação é "a torneira" da Providência.

"Padre Jonas está aqui!"

– Santo Padre, o grande sonho de Padre Jonas era ter um encontro como este – é o que diz Luzia ao Papa Francisco du-

TRATOR TOMBADO

O episódio é contado por Luzia, sobre os primeiros anos da Comunidade. Estavam todos em Queluz-SP, pegando no pesado – os rapazes fazendo a massa, e as moças carregando as lajotas –, quando o trator da Prefeitura chegou, depois de muita espera. Era o que faltava para acertarem o terreno onde estavam sendo construídos alguns cômodos para a Comunidade.

De repente... Nunca tinha acontecido antes com o experiente tratorista, mas o fato é que, mal iniciado o serviço, a máquina gigante tombou. Ora, Deus não ia permitir que isso acontecesse depois de dar uma máquina esperada há tanto tempo, explicou instantes depois Padre Jonas, com a turma já reunida na capela, em oração.

Mal o padre acabou de dizer isso, algumas das pessoas começaram a chorar. "O Senhor nos mostrou que não estávamos bem uns com os outros, e, por isso, a Providência não podia acontecer." Foi um dia inteiro de reconciliação, de perdão e de graça. Deu muito certo, como em outras vezes. O trator voltou a trabalhar.

Rádio fora do ar – Foi muito triste, também, o dia em que a rádio teve que ficar fora do ar, porque o regulador de voltagem tinha simplesmente explodido. "Foi o tempo que o Senhor nos deu para a reconciliação", conta Padre Jonas.

Desta vez foi o diácono Nelsinho quem convocou a turma para a capela. "O pessoal 'lavou a alma'", lembra o padre. "Muitas vezes, é preciso falar o que está 'entalado', colocar para fora, e então perdoar, se reconciliar, abraçar. Foi um dia lindo de confissões!"

Uma procissão de Nossa Senhora foi então realizada, da rádio até o local do transmissor. A oração do terço se encerrou exatamente no local.

Recondicionado o aparelho, a rádio volta de novo a funcionar minutos antes das 18h, para levar o terço ao ar, ao vivo. Com muita emoção.

A água baixou – Fato semelhante ocorreu quando, num dia do verão de 1984, devido a chuvas muito fortes na região, faltavam não mais que três ou quatro centímetros para a água atingir o transmissor, na época, já com 5 kw de potência. "Assim que iniciamos a oração, os desentendimentos vieram à tona", lembra Padre Jonas. Outro dia de reconciliação! E a água baixou.

Uma pessoa que não tem fé pode dizer o que quiser, mas o padre só tem uma resposta: atenção, docilidade, reconciliação... Se não fosse assim, "a água teria entrado no transmissor e estragado tudo".

Perdão noturno – Certa vez, no ano que passou com os jovens em Queluz, a mãe de Padre Jonas pediu a palavra durante uma missa sobre o tema do perdão, porque tinha um segredo para contar. "Filho, seu pai e eu nunca dormimos sem nos termos perdoado. Você sabe disso: à noite, se um estava bravo com o outro, às vezes podia até demorar, mas a gente nunca dormia sem fazer as pazes e se abraçar".

"Vai ver que alguma de minhas irmãs deve ter nascido de um desses perdões!", brincou o padre. Ele tinha o maior orgulho dos seus pais. "Como diz a minha irmã Márcia, a herança que nós temos – a minha herança – é muito grande."

rante audiência na manhã do dia 27 de maio de 2023 numa das salas do Vaticano. – Como ele teria ficado feliz de poder conversar com o senhor sobre a Canção Nova!

Luzia levou consigo as fotos dos momentos em que Padre Jonas esteve lado a lado com o papa, mas toda vez em eventos públicos, como durante a Jornada Mundial da Juventude, no Rio de Janeiro, em 2013. Numa foto de quatro anos antes, por ocasião do Jubileu de 50 anos da Renovação Carismática Católica, em Roma, o padre aparece ajoelhado diante do Papa Francisco, sendo abençoado por ele.

– Padre Jonas está aqui, agora, com a gente – ela acrescentou, olhando nos olhos do papa, enquanto mostrava as fotos, uma por uma. Tinha mandado ampliá-las e as deixou com prazer com o sumo pontífice.

Ao aparecer para a audiência no horário agendado e depois de cumprimentar os presentes e fazer uma prece, o Papa Francisco toma assento e diz que queria primeiro ouvir sobre a Canção Nova. Desta vez não foi Padre Jonas, e, sim, o padre Wagner Ferreira – o atual presidente da Canção Nova – quem colocou Luzia à frente para falar, depois de ter explicado ao papa que a Comunidade está completando 45 anos e que Luzia participou de sua fundação, junto com Padre Jonas.

Luzia se levanta e fala. Sentiu-se nervosa? Nem um pouco. "Estava em alfa", ela brinca. E feliz, como todos ali. Estava realizando o sonho do Pai Fundador da Comunidade.

Quando chegou a sua vez de falar, o Papa Francisco expressou que, quando uma comunidade cresce e se amplia, os problemas também costumam crescer e se ampliar junto. O mais importante, porém – como ele disse –, é não ficar agarrado aos problemas, focado o tempo todo neles, correndo muitas vezes o risco de descuidar daquilo que realmente conta, que é o carisma e a missão da comunidade.

Naquele momento, ao ouvir do papa que o melhor é não se fixar nos problemas, e, sim, na missão, Luzia sentiu como se estivesse escutando o próprio Padre Jonas dizendo que nunca é bom para a Comunidade "ficar com embrulhos no coração".

– Ele ensinava isso para nós: "Não fiquem com embrulhos no coração, resolvam" – conta Luzia. – Padre Jonas nos dizia sempre isso, e também falou mais de uma vez sobre esse assunto em seus escritos.

Resolver, reconciliar-se com Deus e com os irmãos e irmãs, e bola pra frente! "Proibido estacionar!". E, se evitar "embrulhos no coração" foi importante antes, parece ser muito mais hoje, num momento em que a Comunidade sente que a morte de Padre Jonas não representa um fim, e sim uma passagem, um novo tempo de graça, um recomeço. Um lançar-se confiante para o futuro, focada na missão, pois é proibido estacionar!

"Cuide dele, Luzia!"

– Coma mais um pedacinho de bolo! – oferece Luzia. – Quer mais um café com leite? Olhe, o leite veio direto da vaca!

Na casa da mineira Luzia – ela é da cidade de Virgínia, no Sul de Minas Gerais –, bolo, café, leite, biscoitos de polvilho e manteiga de sítio disputam o tempo todo um espaço com o bloco de anotações dos entrevistadores.

– Vocês querem ficar para o almoço? – ela pergunta.

E volta muitas vezes a insistir que, se desse, seria tão bom!

A companheira de missão de Padre Jonas, cofundadora e mãe da Canção Nova, é de um carinho que encanta os visitantes. Ela não perde por um segundo esse seu jeito de tratar a todos os que passam pela casa dela como filhos e filhas.

– Quer mais um chá de erva-cidreira? – pergunta. – Era o chá preferido de Padre Jonas.

Dias depois, após ter descoberto que o mesmo chá é também o preferido de um dos autores do livro, Luzia lhe entrega uma muda de presente, num vaso que ela mesma plantou.

Sabe aquelas casas em que você tem vontade de permanecer nelas para sempre? A casa de Luzia é assim. Padre Jonas não poderia ter sido mais bem tratado e cuidado durante todo o tempo que ali viveu! Não era nenhum acaso o fato de ele agradecer tanto a Deus por essa graça e de desejar que outros sacerdotes pudessem viver a mesma experiência.

Poucos dias antes da morte da mãe de Padre Jonas, em 1984, com os dias já contados, Dona Josepha chama Luzia porque tinha um pedido a fazer. Queria que ela cuidasse muito bem do seu filho.

– Isso estreitou ainda mais a nossa amizade e a nossa convivência – confessaria Padre Jonas. – Naquele instante, Luzia recebeu a incumbência de cuidar de mim, e ela assumiu isso com a máxima responsabilidade.

Esse cuidado materno se intensificou bastante a partir do dia em que o padre pediu – e lhe foi concedida a permissão, ou melhor, a graça – para morar junto com Eto e Luzia. Foram trinta e três anos de convivência, missão, oração e trabalho.

Em função daquele pedido, o casal achou melhor ceder o seu próprio quarto para Padre Jonas, e Eto construiu ligeiro um novo quarto no quintalzinho que havia ao lado da casa, como já contamos. Nos meses antes do padre morrer, o mesmo gesto se repetiu, quando ele, já bem frágil por causa da doença, precisou de um quarto maior para a instalação de uma cama hospitalar. E também porque toda noite um dos seus filhos espirituais precisava dormir ao lado dele – os sentinelas, como o padre gostava de chamá-los.

Você pode pensar em uma comunidade como a Canção Nova a partir dos seus grandes feitos, dos números fantásticos que ela tem para apresentar, da sua atividade missionária pelo mundo ou de qualquer outra maravilha. Pode, sim, e irá se encantar.

Mas talvez o melhor seja, antes de tudo isso, pensá-la a partir desses gestos cotidianos de carinho, amor e solidariedade – onde o masculino e o feminino, a reconciliação e a ação da Providência, a oração e o trabalho, a alegria e a dor se abraçam, conversam, trocam ideias e se fertilizam nessa vida nossa de cada dia.

– Porque primeiro vem a vida – conclui Luzia.

6

O amigo

"Eto está comigo e Luzia no coração da Canção Nova." Para Padre Jonas, Wellington Silva Jardim, o Eto – assim como Luzia Santiago –, é também um grande "companheiro de missão". Neste capítulo, o Pai Fundador abre o coração para falar sobre o amigo, e agradece muito a Deus por tê-lo colocado ao seu lado, por quase cinquenta anos. Nele, "o carisma e a missão da Canção Nova têm peso".

Padre Jonas vê sinais da presença divina onde outras pessoas podem pensar apenas em coincidências. Aos 12 anos, na estação ferroviária de Cruzeiro – como iria descobrir décadas mais tarde –, conheceu o pai de Eto, um bebê de três meses e pouco de vida, na época. Jonas estava viajando com o pai para Lavrinhas, no dia em que entrou para o seminário. "Tinha a mão de Deus nisso", como ele gostava de dizer.

Amigo, companheiro de missão, irmão e às vezes também pai para as pessoas da Comunidade, Eto é o governador, enquanto o padre é o sacerdote, na expressão usada pelo livro do profeta Ageu. O sacerdote vem com a inspiração, e ele, o governador, faz, realiza, é pura transpiração. Provado pela vida e amolado como a faca do açougueiro que um dia ele mesmo foi, ou melhor, afiado para o serviço de Deus, Eto, o amigo, tem o seu nome ligado para sempre às origens da Canção Nova. É o seu cofundador.

A primeira vez que as vidas de Padre Jonas e de Eto se encontraram – vamos dizer assim – foi no dia 3 de setembro de 1949, no início de uma tarde de sábado, na estação ferroviária da cidade de Cruzeiro, no estado de São Paulo. Com 12 anos de idade, acompanhado pelo pai Sérgio Abib, Jonas passava por ali de trem em viagem para Lavrinhas. Iria entrar no seminário salesiano para se tornar um verdadeiro filho de Dom Bosco – ele que havia sido consagrado pela mãe Josepha ao santo já no dia em que nasceu.

Eto tinha 3 meses e meio de vida naquele dia e não estava ali por perto, nem que fosse no colo de alguém. Devia estar em casa, sendo embalado pela mãe. Mas o pai dele, o senhor Jonas Jardim Filho, circulava de um lado para o outro na plataforma, ocupado como sempre – e foi assim nos quarenta anos em que trabalhou, até se aposentar. O administrador da estação precisava dar conta das suas funções enquanto o trem da Central do Brasil, que tinha partido muito cedo pela manhã de São Paulo, aguardava a chegada de um comboio que vinha de Minas Gerais para seguir em frente.

Jonas, o filho de Sérgio, viu Jonas, o pai de Eto, e a imagem daquele senhor que ia e voltava o tempo todo, que entrava e saía pelas portas do galpão, ficou gravada na memória do menino.

O encontro entre esses dois personagens – Jonas e Eto – está longe de representar um puro recurso narrativo, uma espécie de arranjo literário para fazer a história se tornar mais bonita e interessante. Quem pensa assim não conhece muito bem Padre Jonas. Para ele, há muitas coisas na vida que não ocorrem por acaso. São sinais. "Tinha a mão de Deus ali, preparando um caminho", foi o que o padre nos contou sobre o episódio. Mas como ele e o amigo ficaram sabendo daquele seu primeiro encontro?

Mais de trinta anos tinham se passado quando, um dia, numa conversa que aconteceu justamente em Lavrinhas, Padre Jonas contou a Eto sobre aquela famosa parada do trem na estação de Cruzeiro. Veio-lhe então à mente a cena toda, com a imagem daquele senhor que tanto lhe chamou a atenção – de alguma forma, por algum motivo, o administrador da estação lhe lembrou o próprio pai, Sérgio. Que, a propósito, naquele dia longínquo, preferiu permanecer sentado no banco de madeira do vagão, descansando, enquanto Jonas desceu para andar pela plataforma, como se estivesse fazendo o reconhecimento do terreno – "Coisa de menino curioso", como o padre diz. "Menino não gosta de ficar parado."

– Mas, padre, aquele homem era o meu pai! – o interrompeu Eto, e até levou um choque, num primeiro momento: – Nossa, eu mal tinha acabado de nascer!

"De onde Padre Jonas tirava essas coisas?" é a pergunta que Eto se faz até hoje. Muitas vezes, ele via algo que o amigo não via, parece que enxergando já lá adiante no tempo. E isso vale também, e especialmente, para o modo como o padre apreciava olhar para as pessoas, por mais simples e humildes que elas fossem, por mais que ninguém acreditasse nelas: ele, sim, acreditava! Apostava nas pessoas, como se as visse por dentro: não pelo que elas eram ou aparentavam ser, mas pelo que podiam ser e se tornar nas mãos de Deus. Jonas Abib, o padre – é bom você nunca esquecer disso –, acreditava em milagres, e essa certeza o acompanhou até o final da vida.

– Humanamente falando, eu muitas vezes, na hora, não entendia nada. A gente se perguntava: "Meu Deus, onde foi que o padre arrumou isso? Como ele chegou a essa conclusão?". Eu não tinha a menor noção.

É o modo de dizer, porque, na verdade, Eto tinha, sim, uma noção do que acontecia. Tendo convivido tantos anos e o tempo todo, não apenas perto, mas junto com Padre Jonas, aprendeu a decifrar os segredos mais íntimos da alma do amigo – ainda que pudesse, de fato e muitas vezes, se surpreender. O padre "era um homem de Deus!"

Aos 74 anos de idade, e ainda profundamente abalado pela morte recente do padre nos dias dessa nossa conversa, Eto se comove a cada lembrança. Às vezes, fixa o olhar, com toda calma, como se avistasse o infinito. Mais de uma vez durante a conversa, os olhos desse senhor de fala mansa e muito econômico nas palavras, são tomados pelas lágrimas. Necessita de tempo para se recompor, como se voltasse aos poucos a si mesmo. Suspira. Aconteceu exatamente assim quando ele, com a voz embargada, revelou entre soluços:

– O padre acreditou até em mim!

Pausa.

No coração da Canção Nova

"Eto está comigo e Luzia no coração da Canção Nova." É nesse lugar de honra – e, sem nenhuma dúvida, de imensa responsabilidade – que Padre Jonas situa o amigo: no centro do carisma da obra que o próprio Deus fundou, servindo-se dele, o padre, e também de Luzia e Eto, os companheiros de missão.

Vale, portanto, também para Eto o mesmo que dissemos antes sobre Luzia, quando, neste capítulo, ouvimos Padre Jonas, cheio de alegria e reconhecimento, se manifestar sobre ele. Ainda que abrangendo muitas vezes tarefas e funções diferentes exercidas pelos dois companheiros de missão, é igualmente longa, quase infindável, a lista de realizações que o padre gostaria tanto de apresentar, o mais completa possível, para ressaltar o lugar e o espaço do amigo na história da Canção Nova.

Padre Jonas sabe, no entanto, que outra vez corre o perigo de ser injusto e esquecer muita coisa, assim como corre o risco de não saber distinguir o que mais conta e vale a pena ser rememorado – não sob o ponto de vista dos homens, mas nos planos insondáveis do Pai do Céu.

> *Deus colocou Eto para viver e trabalhar comigo. Ele esteve presente no início do trabalho com jovens e com a Renovação Carismática, na cidade de Queluz. Aliás, foi ele quem levou adiante o duro trabalho de conseguir água, luz, estrada, cozinha, condução para nossa casa de encontros de Areias.*
>
> *Ele foi o segundo presidente da Associação Canção Nova, pois o primeiro pediu demissão por não conseguir compreender nossos primeiros passos na fé, nessa aventura que apenas começava.*
>
> *Eto entrou numa hora dolorosa e chave. Deve-se a ele a doação do terreno para a Casa de Maria, em Queluz. Ele foi o braço forte e o testa de ferro para a construção da casa e toda a "aventura" que a envolveu. A Casa de Maria existe por causa dele.*

A vida, porém, provaria duramente o amigo, até o ponto – como Eto mesmo confessa – de ter em mais de uma ocasião chegado a pensar em "fazer besteira". Se não o fez, foi por causa dos filhos, Filipe e Priscila. Passou por árduos momentos. Sabe o que é ter chegado ao fundo do poço. Acompanhando todo o drama, Padre Jonas nunca o abandonou: manteve-se perto o tempo todo, o abraçou, derramou lágrimas junto com ele, rezou sempre muito pelo amigo... Mais do que uma vez, não soube fazer outra coisa senão oferecer a ele um ombro para chorar. Por um tempo, Eto precisou se afastar da Comunidade, "mas nossos laços continuaram sólidos", como conta o padre.

Não é só o gesto tão nobre de oferecer um ombro para alguém chorar que mostra todo o amor, o apoio e a solidariedade que Padre Jonas a vida toda teve para oferecer – e para tanta gente por aí a fora, não apenas para seus numerosos filhos e filhas espirituais hoje espalhados pelo mundo. Quando, no final de junho de 1982, era criada a Fundação João Paulo II, a mantenedora da Canção Nova, o presidente era para ser o padre.

Mas os fatos levaram Luzia e eu a chamarmos o Eto para a presidência. No início, ele julgava se tratar de um cargo apenas figurativo, mas logo depois se viu novamente envolvido no trabalho, quase heroico, de reorganizar a administração da obra e adequá-la aos novos rumos da Fundação.

Foi uma aventura muito mais árdua e penosa do que a construção da Casa de Maria. Eto, mais uma vez, teve de pagar um preço alto. Foi com ele, e só com ele, que as coisas se colocaram no eixo. A Fundação João Paulo II, base jurídica para toda a Canção Nova, só existe por causa dele.

E foi assim que sua autoridade foi sendo cada vez mais serenamente aceita. Essa autoridade vem do carisma Canção Nova, que ele traz em si e para o qual trabalha sem cansar.

O sacerdote e o governador

Como sempre gostava tanto de fazer, Padre Jonas foi buscar na Bíblia a inspiração para uma das imagens mais conhecidas que ele usava, e que nos ajudam a compreender a natureza da sua relação com o amigo Eto na Comunidade. O livro do profeta Ageu traz, nos seus dois únicos capítulos, as figuras do sacerdote e do governador – "ambas imprescindíveis", como assinala o padre, "cada uma no seu papel, na construção da obra de Deus".

O trecho bíblico original conta a história da reconstrução do templo de Jerusalém, "mas é como se esse texto falasse de nós, da nossa origem e missão", afirma Padre Jonas. A obra, portanto, é a Canção Nova. Os fatos, as dificuldades e os conflitos que marcam toda trajetória de vida – também a de uma comunidade religiosa – foram apontando com o tempo os melhores caminhos para a Canção Nova, em meio à labuta de todo dia para abraçar com amor os desígnios da vontade divina. O padre estava convencido de ter compreendido algo muito importante, e com muita clareza, quando afirmava que se ele era o sacerdote, Eto era o governador:

– Se tenho o dom da fundação, se sou o formador, o educador, ele é o que administra, o que empreende, o que governa.

O tempo e os acontecimentos mostraram como Deus lhe deu amor e dedicação à obra e como o dotou com o dom do governo. Mas seria errado pensar que seu trabalho é apenas material. Deus o dotou de sabedoria, prudência e discernimento característicos. Entre os membros da Fundação, ele ocupa o lugar do irmão mais velho de todos, e, muitas vezes, de pai.

Estar ao lado de Padre Jonas em tudo trazia segurança para Eto, em momentos às vezes bem difíceis, ou também quando ele, como manifestou linhas atrás, não entendia bem aonde o amigo queria de repente chegar. Gostava de ouvir o padre dizer de si mesmo que ele, o sacerdote, possuía inspiração, enquanto Eto, o governador, era muito mais transpiração.

– E a obra crescia – comemora Eto. – Padre Jonas sonhava, e a coisa acontecia.

Eto nunca duvidou por muito tempo que os planos dariam certo, mesmo quando acontecia de o padre parar e ficar "matutando", para depois chegar com uma ideia que o fazia pensar: "Nossa, dessa vez, o padre exagerou! Caramba!".

– Mas Padre Jonas enxergava muito mais longe do que eu. Essa era a diferença. Tudo o que estava na sua visão, ele me passava, com a certeza de que eu iria executar. E eu também tinha essa certeza porque ele estava presente, junto, e intercedendo sempre e muito a Deus. Eu sentia a presença orante dele, não importa onde se encontrasse. Às vezes muito longe, até fora do Brasil.

Para o amigo do padre, irmão mais velho e também às vezes pai da Comunidade, estar situado "no coração da Comunidade Canção Nova" representa algo que vai hoje muito além da responsabilidade perante uma obra que cresceu tanto e que se destaca pela proporção que atingiu no meio católico do Brasil e do mundo. O significado é ainda maior, mais amplo e bonito: porque a Canção Nova ocupa um lugar especial no coração de Padre Jonas – ocupa um lugar no coração do próprio Deus.

– É assim que eu vejo – conclui Eto, de forma simples e, ao mesmo tempo, a mais profunda possível.

Padre Jonas – como ele insiste – sonhava muito, é certo. Era um visionário, uma pessoa inspirada. Mas os sonhos dele se traduziam em realidade. Não tinham a ver com ilusão e fantasia.

– Ele trazia para mim o que pensava, o que achava que tinha que ser feito, e eu ia atrás para realizar – conta Eto. – O padre foi uma pessoa que sempre soube decidir e determinar as coisas na hora certa, no momento certo.

Se, nos momentos de grandes dificuldades financeiras e de falta de recursos, Padre Jonas ouvia um "mas", logo cortava: "Deus proverá!", dizia. E, quando acontecia de alguma coisa não se realizar, o padre perguntava a si mesmo e a todos os membros da Comunidade onde será que alguém estava pecando, desviando-se de Deus e da sua vontade.

"Você é o responsável!"

Eto se lembra bem do dia em que foi com os demais integrantes da Associação visitar Padre Jonas no hospital para dizer que o dinheiro tinha acabado e que eles achavam melhor interromper a construção. Tinham feito os alicerces da Casa de Maria e, na opinião deles, o melhor era parar por ali, até arranjar mais verba.

Era o início do ano de 1977. A pedra fundamental tinha sido lançada no mês de dezembro anterior. O padre se encontrava no hospital, depois de ter sido submetido a uma cirurgia da vesícula. Quando escutou a conversa, nem esperou direito que terminassem. Não! Era proibido parar. Ninguém tinha o direito de interromper uma obra de Deus!

Eto saiu bem chateado do hospital naquele dia. O tesoureiro da Associação pediu demissão. Ou seja, Padre Jonas repreendeu todo mundo, como sabia muito bem fazer toda vez que se sentia na obrigação de apontar o caminho, de defender que a Canção Nova buscasse em primeiro lugar o Reino de Deus, porque tudo o mais lhe seria dado por acréscimo.

– Deu uma bronca muito forte – lembra Eto. – Ele chegou a se levantar da cama e dizer, com firmeza: "A obra de Deus não para, e a Canção Nova muito menos pode parar!".

Padre Jonas nem tinha tanta força ainda naquele momento, porque estava se recuperando da cirurgia recente. Soluçava, quando encerrou a conversa:

– Eu vou provar a vocês que a obra de Deus não para!

Era preciso, pois, trabalhar – e muito! –, organizando campanhas e pedindo doações. A equipe se desdobraria pelas cidades do Vale do Paraíba, em São Paulo, Minas Gerais e onde mais pudesse ir, com Luzia à frente.

– Deus o dotou de sabedoria, prudência e discernimento característicos. Entre os membros da Fundação, Eto ocupa o lugar do irmão mais velho de todos, e, muitas vezes, de pai.

Mas, para o "governador" da obra, os desafios não se resumiam a isso. Pouquíssimo tempo depois, ele é convocado por Dom Antônio Affonso de Miranda para uma conversa. O bispo de Lorena estava fazendo uma visita pastoral em Queluz por aqueles dias e queria saber como andava a construção. Será que iria levar mais "um pito"? – Eto se perguntou.

– Quero ver a casa que você está construindo – avisou Dom Antônio, e Eto percebeu bem quando o bispo usou o pronome "você" na fala dele: "a casa que *você* está construindo".

E foram. Quando viu a obra, ali, meio parada naquele exato momento, Dom Antônio se mostrou preocupado. Não gostou muito. Disse que precisava deixar uma coisa bem clara: ele não queria mais um "elefante branco" na diocese dele. E alertou:

– Você é responsável por essa obra. Eu não vou cobrar o Jonas, e, sim, você! Porque você é o responsável, e essa construção está dentro da minha diocese, entendeu?

Eto captou a mensagem, num momento da vida em que se anunciavam os primeiros sinais da sua vocação de governador. Ele não podia prometer ao bispo que dali seis meses a obra estaria pronta – como o padre já estava esperando –, mas iria fazer o máximo possível para cumprir a tarefa. E graças a Deus que Padre Jonas logo se recuperou da cirurgia e apareceu para dar a costumeira força!

O padre fixou até a data da inauguração. Para ele, acreditar na Providência divina sempre foi algo muito concreto e objetivo: é preciso mostrar e testemunhar, na prática, que essa fé – como ensinou o apóstolo Tiago – só é verdadeira quando acompanhada de ações concretas (ver Tg 2,14-17).

Eto prometeu – e desta vez ao padre – que iria fazer o impossível para cumprir o prazo determinado. Na festa de São João, 24 de junho de 1977, a casa foi inaugurada, com a celebração de um encontro Maranathá para moças. Não estava tudo terminado, mas deu-se um jeito. Camas individuais não havia, mas beliches, ou treliches. Nas janelas, um plástico transparente ajudava a proteger contra o frio e o vento, porque vidro ainda não havia.

Mas o evento aconteceu. "E foi maravilhoso!", exulta de alegria Padre Jonas.

– Então, eu quero dizer que aquilo que o padre falou, e que parecia impossível, aconteceu. A casa foi inaugurada na data que ele pediu!

O padre conhece Eto

Nas linhas anteriores, adentramos alegremente o admirável mundo dos amplos elogios de Padre Jonas ao seu amigo, o governador, e até acabamos avançando um pouco mais na história, passando pela casa de Areias e atingindo a fase da construção e inauguração da Casa de Maria.

Mas precisamos neste momento voltar pelo menos dois anos no tempo, para observar como foi que o jovem Eto, casado e trabalhando como açougueiro em Queluz, conheceu o homem que, junto com Luzia, o conduziu para os caminhos de Deus e da Canção Nova.

Foi de novo num sábado, início do mês de outubro de 1975, na cidade de Bananal, estado de São Paulo, que Eto esteve com Padre Jonas pela primeira vez. Tinham se passado 26 anos daquele outro sábado, lá atrás, em setembro de 1949, quando se deu o encontro imaginado – de tipo espiritual, não físico – na estação ferroviária de Cruzeiro, entre Eto, bebê, representado pelo pai, o senhor Jonas, e o nosso Jonas, o menino de 12 anos de idade que, todo feliz, naquele dia viajava de trem até Lavrinhas para entrar no seminário salesiano.

Desta vez, Eto está sendo conduzido pelo Espírito Santo até o padre. E é assim que duas histórias de vida se encontram no plano divino, real e concretamente. Bananal, só para lembrar, é a cidade do Vale Histórico do Paraíba à qual, um tempo antes, Luzia tinha levado Padre Jonas no seu fusca – o Francisco –, enfrentando pela primeira vez os desafios da rodovia Presidente Dutra.

Na ocasião, o padre foi até lá para atender confissões. Já agora, sua ida tinha a ver com a organização de um encontro de experiência de oração na cidade. Uma vaga foi disponibilizada para Queluz, assim como para as demais cidades da região por onde foram se espalhando na primeira metade dos anos 1970 os grupos de oração da Renovação Carismática Católica. O encontro começaria na sexta à noite e terminaria no domingo.

De Queluz, Eto foi o escolhido para participar do encontro. Ele não sabia praticamente nada do que iria acontecer em Bananal. Tinha alguma experiência de Cursilhos de Cristandade – participou durante três anos, em Aparecida – e também de grupos de jovens – era líder do grupo da Paróquia São João Batista –, mas não conhecia ainda a Renovação Carismática.

Aliás, ele mesmo só foi porque nenhuma outra pessoa "de maior destaque" – como ele expressa – pôde ir. Deixou o seu açougue na mão dos funcionários e apareceu no local do encontro na manhã de sábado, bem cedo. Mal podia imaginar como o fato de ter ido mudaria para sempre a sua vida.

– Naquela época, eu tomava conta de um dos três grupos de jovens que existiam na cidade de Queluz, o da Paróquia São João Batista – lembra Eto. – Eu sempre gostei de trabalhar com a juventude.

E sempre gostou porque, em sua visão, aquilo que para um adulto costuma se apresentar como dificuldade não passa muitas vezes de um simples desafio para um jovem.

– Se a gente não anima, a coisa não sai; mas se anima, sai, e eles vibram com isso – acrescenta o cofundador da Canção Nova. – Por isso, sempre gostei de trabalhar com os jovens, e até hoje eu gosto.

Em mais de quarenta anos de convivência, Eto pôde aprender com a vida a enorme força da expressão "encontro pessoal com Jesus" para Padre Jonas, o lugar central que sempre atribuiu a ela no caminho espiritual de um cristão. É a base, o alicerce de tudo. E não foi diferente naquele dia:

– Eu tive ali em Bananal o meu encontro pessoal com Jesus, com Padre Jonas me acolhendo, rezando por mim, e eu me confessei com ele, abrindo o meu coração – lembra Eto. – E o padre, depois, teve a inspiração de me acompanhar com paciência para que aos poucos eu pudesse perceber o que fazer ou deixar de fazer.

As facas do açougueiro

Depois que conheceu pessoalmente Padre Jonas durante o encontro na cidade de Bananal, Eto passa a vibrar ainda mais – muito mais! – com a atuação junto aos jovens. Ele interrompe dali em diante a sua presença nos Cursilhos, com os quais, sendo também jovem, colaborava mais na cozinha e serviços gerais do que participando propriamente dos encontros. Entra, então, de cabeça e corpo inteiro, alma e coração, no movimento da juventude, sob o fogo inspirador do Espírito Santo. Entra do seu jeito, mais como "trator", como passaria a ser conhecido por todos, ao lado do padre para o que precisasse.

Nesse momento, os fios da história se cruzam. É a partir desse mesmo ano de 1975 que você o vê, primeiro, assumindo com exemplar empenho as suas tarefas na casa de encontros da Fazenda Morada do Sol, em Areias: era a água, era a energia, a condução, desatolar os carros na estrada de barro até a fazenda, o que precisasse.

No início de 1976, tivemos o famoso convite de Dom Antônio Affonso de Miranda a Padre Jonas, com a *Evangelii Nuntiandi* na mão, para que ele começasse com os jovens – "porque era mais fácil" – a experiência do catecumenato... Eto continuava presente. Depois viria a Casa de Maria, e não demorou para ele assumir o cargo de diretor da Associação Canção Nova.

Até que os dramas da vida o afastaram por um tempo da Comunidade. "Mas nossos laços continuaram sólidos, apesar desse distanciamento", é a ressalva que ouvimos do próprio padre. Eto voltaria, em 1982, a convite de Padre Jonas e Luzia, para assumir a presidência da Fundação João Paulo II – essa mesma Fundação que, como assegura Padre Jonas, "só existe por causa do Eto".

Nesse ponto se torna mais fácil para o leitor intuir o real significado de duas coisas que foram ditas por nós. A primeira delas traz à memória as lágrimas derramadas por Eto logo no início deste capítulo, quando precisamos fazer uma pausa na conversa. Foi quando ele disse que o padre acreditava sempre nas pessoas, para em seguida acrescentar: "Ele acreditou até em mim!". O governador da Canção Nova, o irmão mais velho, o pai se comoveu profundamente.

E é justamente essa ideia tão linda do "irmão mais velho de todos e, muitas vezes, de pai" – como expressou Padre Jonas –, que nos leva a imaginar o que o padre quer dizer com o comentário que vem logo em seguida, feito em 2005: que a autoridade de Eto era "cada vez mais serenamente aceita".

Como sempre ensinava Padre Jonas, quem disse que é fácil viver em comunidade? Quem não se lembra das "faíscas" a que se refere o padre, no capítulo anterior, e, mais ainda, à necessidade constante de perdão e reconciliação?

Alguém já se esqueceu da imagem das facas do açougueiro, amoladas umas contra as outras, aparando arestas, afiando o corte – uma lembrança do tempo de criança de Padre Jonas, de quando ele morava em São Paulo? Na época, o menino precisava fazer as compras do dia a dia para a mãe doente, inclusive tendo que ir ao açougue quando sobrava algum dinheiro para comprar um quilo de carne.

– De carne, eu entendia tudo, porque, no começo, quando conheci o padre, eu tinha um açougue, e antes disso já tinha trabalhado num frigorífico – informa Eto. E essa imagem parece se encaixar muito bem na sua trajetória de vida, de amolado, talhado, forjado na Canção Nova, em cujo coração Eto hoje se situa – por vontade do próprio Pai Fundador.

– Não foi por vontade minha, mas de Deus! – como ouviríamos o padre nos corrigir!

Por seu lado, Eto traduz assim esse pensamento, como vimos antes: estar situado no coração da Canção Nova é estar no coração de Padre Jonas. É estar no coração do próprio Deus!

Ao lado do amigo

Logo que se casou, em 1973, aos 24 anos de idade, Eto perdeu o emprego que tinha em Cruzeiro, a sua cidade natal, quando o frigorífico em que trabalhava fechou as portas. Permaneceu um tempo sem saber o que fazer da vida, até que conseguiu comprar um açougue em sociedade, em Queluz, onde ele residia, o maior que havia, praticamente o único da cidade.

A experiência que trazia do frigorífico e um dom natural para a administração fizeram dos oito anos em que Eto trabalhou no comando desse açougue um sucesso, na primeira fase; mas não foi possível evitar um grande problema, verdadeira catástrofe, na segunda – e não foi por causa dele. É quando ocorre aquilo que Padre Jonas, na obra *Canção Nova, uma obra de Deus*, chama de "uma traição" que o amigo sofreu "e a quase falência de seus negócios, o que lhe acarretou um longo e doloroso tempo de desemprego".

E é isso, simplificando. A certa altura, o açougue precisou ser vendido, e o dinheiro não deu sequer para saldar as dívidas com o banco – o que só foi resolvido, aos poucos, com a ajuda de pessoas conhecidas que acreditaram em Eto.

– Como você está, meu amigo? – perguntou Padre Jonas quando o encontrou, certo dia, na papelaria que ele tinha acabado de adquirir em Queluz, mas cujas receitas não cobriam às vezes nem o aluguel do imóvel onde a loja funcionava. Ficou com ela durante um ano.

Luzia acompanhava o padre nessas visitas, que aconteciam com certa frequência. Não podiam descuidar de Eto, porque sabiam do seu valor, depois de um período de tamanha dedicação à Canção Nova.

– Eles passavam ali, paravam, conversavam, rezavam, e eu, naquela vidinha – lembra Eto. – Nesse dia, eu fiz um desabafo: "Estou mal, padre!", eu respondi.

Casado, dois filhos pequenos, sem perspectivas de sobrevivência e dependendo do salário de professora da esposa para pagar as contas no final do mês, ele não sabia o que fazer. Estava desesperado. Chorou. E também o seu casamento ia de mal a pior.

A pressão era grande. Eto não tinha condições nem de sustentar a família. E, ainda por cima, o trabalho na Igreja gerava outros tantos conflitos dentro de casa. Se não pensou em "fazer besteira" – como ele diz – foi por causa dos pequenos, um menino, o Filipe, e uma menina, a Priscila.

> *Mas eu sentia uma derrota muito grande, porque parece que nasci para estar na ativa, para colocar a coisa para andar, para*

não estacionar diante de um obstáculo, e eu, ali, estava paralisado, calado, amarrado, um zero em tudo, familiarmente, financeiramente, um fracassado. Um derrotado.

Mas eu não perdi a esperança em Deus. Eu rezava muito. Pedia muito a Deus que olhasse por mim, porque eu estava à disposição d'Ele. Eu dizia a Deus que não precisava ter muita coisa, mas que pelo menos eu pudesse colocar alguma coisa dentro de casa.

Nem um quilo de arroz eu conseguia comprar, porque não tinha dinheiro. A minha esposa era quem pagava tudo. E ela cobrava: "Até quando?". E eu não sabia responder.

– Fomos eu e Luzia que conseguimos para ele um emprego na Sabesp – resume Padre Jonas, mas nada foi tão simples assim. Porque acolher de verdade e abraçar um amigo, no concreto da vida, nunca é fácil – o amor é exigente, custa sacrifício. Exige dedicação.

A Sabesp é a Companhia de Saneamento Básico do Estado de São Paulo. Inicialmente, a ideia era que ele trabalhasse em Queluz, porque a Companhia estava expandindo seus serviços na cidade.

– Todavia, quis Deus que Eto viesse trabalhar em Cachoeira Paulista, o que era mais difícil para ele – conta Padre Jonas, sempre ocupado em olhar os sinais da ação divina na vida das pessoas. – Era, porém, a provisão de Deus para tudo aquilo que aconteceria a partir dali.

"O dia mais triste da vida"

"A coisa de Deus é uma coisa interessante." É com frases como esta que Eto, na simplicidade e na fé, lê os acontecimentos da sua vida, também os daqueles momentos em que a dor gritou mais forte.

A obra de Deus é uma coisa muito linda.

Quem é responsável e sincero com Deus não tem nada a perder, só a ganhar.

Mas o negativo era tão grande dentro de mim, que, em certos momentos, eu não conseguia ver um raio de sol. Para mim estava tudo fechado.

Ninguém deve imaginar que Eto, tendo conseguido um trabalho, resolveu como num passe de mágica – com a ajuda virtuosa de Padre Jonas e de Luzia – os problemas de uma vida que parecia ter chegado ao fundo do poço. Primeiro, porque não existe mágica nessa história. E, segundo, porque o poço, se é que ele tinha fundo, se encontrava mais embaixo.

Eto alugou depois de um certo tempo uma casa bastante grande em Cachoeira Paulista, para onde levou a família. Tudo então parecia poder dar certo, mas não foi o que aconteceu. Menos de um ano depois, a esposa insistiu que queria voltar para Queluz, para junto da família dela – a distância entre Cachoeira Paulista e Queluz é de cerca de 30 quilômetros.

Um dia, ao voltar do trabalho no final da tarde, quando entra em casa, Eto toma um susto: não viu ninguém, e uma cama, uma geladeira e um fogão era tudo o que tinha sido deixado para ele. O resto tinha sido colocado em cima de um caminhão de mudança que partiu na direção de Queluz.

– Aquele foi o dia mais triste da minha vida. Não era tanto pelo casamento, que não funcionava, porque era muita briga e desavença. Mas como viver sem as crianças?

Quando consegue ligar para a esposa, no meio da conversa é pronunciada a palavra separação, com todas as letras, mais forte do que nunca. Ele então se senta na cama, coloca a cabeça entre as mãos e chora. Até que aparece Padre Jonas, como que por acaso. Por acaso?

– Eu tive a felicidade de o padre aparecer por lá. Ele não sabia, e passou para me dar um oi. Quando entrou, me viu sentado, chorando, e perguntou o que tinha acontecido. Eu então contei tudo para ele.

Padre Jonas ficou ali com Eto todo o tempo que achou necessário. Conversou. Rezou. Aconselhou:

– Vamos pensar mais, vamos rezar mais, porque a coisa está muito difícil para você, meu amigo. Você deu a vida para Deus, e Ele irá dar o melhor para você. Acredite nisso.

Eto acreditou. Naquele final de semana, o padre o levou à praia: o amigo precisava espairecer. Quanta gentileza e quanta sensibilidade! Mas, naqueles dias, a cabeça dele estava em outro lugar.

No final de semana seguinte, foi a Queluz, no sábado. No domingo, colocou as roupas que ainda tinha na casa em uma bolsa, despediu-se e saiu para pegar o ônibus. A esposa e ele iriam se divorciar. Não parecia haver chance alguma para um retorno. Muito difícil foi na saída, quando, já na rua, escutou o filho gritar:

– Volta, papai! Volta, papai!

Eto retorna, abraça e beija o filho de 6 anos de idade, que está debruçado sobre o muro. Muito mais que isso, o amigo do padre não consegue contar. Ele se emociona demais, mesmo tendo passado tanto tempo. Parece que foi hoje.

Quando tinha 9 anos de idade, depois de passar as férias escolares com o pai em Cachoeira Paulista, como fazia todo ano, Filipe insistiu que não queria mais voltar para Queluz.

– Pai, quero morar aqui com o senhor!

As conversas com a mãe do menino foram menos desgastantes do que se poderia de início imaginar. Ela aceitou, e para isso contribuiu também bastante a ajuda de pessoas da Canção Nova, que fizeram a mediação. A filha continuou a morar com a mãe. Pai e filho viveram desde então – e até hoje – uma história de amor, amizade, respeito e ajuda mútua.

Agora, temos duas pessoas morando juntas, um pai e um filho, na casa de três quartos, cozinha, sala e banheiro – bem menor que a anterior – que Eto alugou depois que ficou sozinho em Cachoeira Paulista, certo?

Errado.

"Vou morar com você!"

Naquela tarde, início de noite, Eto desceu o morro no seu Passat verde – o carro foi o que lhe sobrou da ação de divórcio –, depois de sair do trabalho na Sabesp. Queria sossego. Chegando em casa, prepara rapidinho um tira-gosto na cozinha – linguicinha frita –, abre uma boa garrafa de vinho, liga a televisão, apaga a luz e se derrama sobre o sofá da sala. "Agora, só amanhã cedo de novo!", suspirou.

Era mais ou menos esse o seu ritual de quase todas as noites, antes de dormir. Isso quando não saía, nem que fosse por pouco tempo, para algum lugar onde o certo seria não ir, como na história que você lê logo adiante, à qual demos o título de "Se você pode, eu também posso". O fato é que, com o passar dos meses – depois de todo o estresse causado pela separação, a tristeza e a ressaca moral que ficou –, Eto se dá conta de que é um homem livre, solteiro, e ainda jovem.

De repente, alguém bate à porta. A luz da televisão ligada mostra que Eto se encontra em casa, mas ele não abre. Devia ser alguém do serviço, pensou. Vai ver que algum dos funcionários tinha faltado e estavam querendo saber se ele podia ocupar o lugar de quem não pôde ou não quis ir trabalhar. Batem de novo, mais forte. Chamam:

– Eto! Eto! Você está aí?

Era o Padre Jonas. Como não reconhecer aquela voz?

Mas mesmo assim Eto não se levanta do sofá, mantendo-se quieto no seu canto, como que para simular um sono profundo, de puro cansaço, depois de mais um dia inteiro de trabalho – talvez tivesse esquecido a TV ligada, o padre poderia imaginar. Era já tarde, 9 ou 10 horas da noite, e ele não queria ninguém entrando para falar sobre o que quer que fosse, nem para ficar conversando e tal. Gostava de curtir o momento e ir dormir cedo para levantar cedo, como sempre fez na vida. Padre Jonas que voltasse para Queluz, onde morava, e telefonasse no dia seguinte. Tinha também ouvido uma voz feminina: o padre não estava sozinho. Era Luzia.

Na manhã seguinte, Eto acorda cedo, toma banho, pega a marmita com o almoço encomendado de uma senhora chamada Maria, e sai para o trabalho. Ninguém telefonou para dizer nada, o dia inteiro. Depois ficaria sabendo que Padre Jonas dormiu na casa do tesoureiro da Associação, João Dabul, como costumava fazer outras vezes – desde a inauguração da Rádio Canção Nova, em Cachoeira Paulista, no mês de maio de 1980. O padre trabalhava o dia inteiro na emissora, em geral até altas horas, por isso não era possível enfrentar todos os dias os trinta quilômetros de Via Dutra até Queluz.

No final da tarde, depois do trabalho, Eto desce o morro e, assim que se aproxima do portão da garagem, percebe que há movimento na casa. Será que era algum ladrão?

– Quando abri de repente a porta, vi que lá estava o Padre Jonas, com três moças da Canção Nova. E o padre, já com o seu quarto arrumado, bonitinho. Tinha pego o quarto do meu filho, para quando ele vinha me visitar, antes de ele vir morar comigo.

– Eu vou morar com você daqui para a frente! – anunciou o padre.

– Comigo?

Logo agora, que estava solteiro, o padre iria querer morar com ele?!

– Sim, daqui para a frente, eu vou morar com você – repetiu Padre Jonas.

– Então, está bom!

"Olha só! Ele se apossou do quarto, sem nem pedir autorização", observa Eto, numa das raras vezes em que sorri durante a entrevista na qual nos relata essa história. Parece-nos ouvi-lo dizer, mais uma vez, que "Deus tem umas coisas engraçadas".

Os dois tiveram "um bom papo" naquela noite e se entenderam. Eto não abriu nenhuma garrafa de vinho, nem fritou torresmo ou linguiça. Janta, sim, teve que fazer: o trivial. Porque, agora, já não morava mais sozinho.

Na conversa, o Padre Jonas falou para mim: "Olha, eu preciso estar em Cachoeira Paulista. Hoje, se eu não estiver à frente da rádio, nós vamos murchar".
Era preciso fazer a rádio crescer, ele explicou. E queria que eu o ajudasse. Eu falei: "Olha, padre, no que estiver ao meu alcance, eu ajudo. Mas o senhor sabe que eu tenho um emprego, não é?".
O interessante é que ele respondeu: "Não, Eto, você vai me ajudar, sim!".
"Mas como, padre? Eu entro todo dia às 8 horas da manhã e trabalho até 5 da tarde. Não tem como. Eu até levo marmita, para não ter que descer todo dia esse morro e vir em casa almoçar!"
"Não, não! Você vai me ajudar, sim!", ele insistiu.
O padre não desistia de uma ideia tão facilmente. Ele sabia que precisava da rádio para evangelizar.

Bem nessa época, a Sabesp reestruturou o esquema de trabalho dos seus funcionários, e os horários de Eto ficaram assim: ele trabalhava três dias no período diurno e tinha um dia de folga; depois, trabalhava mais um dia no período noturno, e tirava dois dias de folga. Podia, sim, ajudar. O padre venceu, mais uma vez!

– Eu vejo hoje que isso não foi por acaso. Foi através das orações de Padre Jonas que isso aconteceu.

> "Era a vida que eu buscava para me sentir vivo. Mas o padre me mostrou que aquela vida não era minha. 'Seja feliz', ele dizia." No episódio que trazemos para você em "Se você pode, eu também posso", Eto fala de uma fase da sua vida – já morando com Padre Jonas – em que ele estava urgentemente precisando escolher entre o caminho do bem, do amor e do serviço a Deus, e o caminho da perdição.

Um homem inspirado

Um dos capítulos mais interessantes da grande aventura iniciada com a emissora de rádio e, com isso, da própria Comunidade e Fundação João Paulo II, como é fácil observar, passou a ser redigido a partir do dia em que Padre Jonas, sem pedir licença – "amigo é para essas coisas!" –, literalmente, tomou posse da casa de Eto. "Foi Deus, foi Deus!", o padre diria, muito convencido do que estava falando.

"Ai de mim, se eu não evangelizar", irá repetir o nosso Padre Jonas, como o apóstolo Paulo. Não deixará de trazer à memória de todos os seus filhos e filhas espirituais, e também de lembrar ao mundo inteiro a fonte de onde a Canção Nova bebeu a água sagrada do seu carisma, a *Evangelii Nuntiandi*: evangelizar através dos meios de comunicação!

Eto sabia desse sonho. Ele o conhecia desde o início. Assim como Luzia, ele, na época da qual estamos falando, tinha visto e muitas vezes também acompanhado o padre em suas

“SE VOCÊ PODE, EU TAMBÉM POSSO”

Todo final de tarde, Padre Jonas descia o morro a pé, depois de passar o dia inteiro na rádio. Andar fazia bem para as pernas, ele dizia. Às 5 horas da tarde daquele dia, Eto encerra o expediente na estação de tratamento de água da Sabesp, pega o seu veículo Passat verde, mas a intenção não era ir direto para a casa que dividia com o padre e o filho Filipe.

Eis que, de repente, bem na frente do portão, aparece o padre, como que do nada – ele nunca fazia isso. “Oi, padre, vou dar uma carona para o senhor!”, disse Eto. “Deixo o senhor lá em casa, vou dar uma volta, mas logo eu chego.” “Ah, obrigado!”, agradece o padre. “Eu vou com você. Fico no carro, quietinho, e espero. Prometo não atrapalhar.”

Estragou o programa – Eto repetiu que iria deixá-lo em casa e cuidar depois do seu “negócio” pessoal. “Que negócio? Eu posso acompanhar você”, insistiu Padre Jonas. “Pode não, padre! Onde eu vou o senhor não pode nem entrar”, retrucou Eto.

“Se você pode, também posso, porque sou homem como você!”, respondeu o padre, sorrindo. “Está bom, então! Vamos para casa!”, decidiu Eto, a contragosto. Estava indo para a “gandaia”. Depois, os dois conversam, e Eto toma consciência de que Deus não havia colocado Padre Jonas na sua vida à toa.

Um homem livre – O divórcio não tinha sido fácil para Eto, sobretudo por causa dos filhos. É como se o sonho de uma família unida e feliz tivesse escapado pelo ralo. Mas logo se sentiu livre. “Um homem solteiro, livre!” – para fazer o que não devia.

“Padre Jonas foi mais que um pai para mim. Eu estava no caminho errado. De dia, ficava do lado da Canção Nova, e, de noite, fugia para o mundo da farra e da prostituição.”

Casualidade? – “Naquele momento, o padre percebeu tudo isso. Eu achava que não era bobo, mas ele era mais esperto do que eu. Ele viu mais longe. Ele queria que eu tivesse uma vida com Deus. Era isso que ele mais esperava que acontecesse comigo.”

“Padre Jonas nunca media sacrifícios para ajudar uma pessoa a encontrar o caminho de Deus”, resume Eto. “E era Deus quem colocava as coisas, assim, para ele. Ele não ficou sondando nada. Por mero acaso apareceu ali naquele dia. Não era algo que me fizesse desconfiar dele, como se ele estivesse me sondando. Não, nada disso. Foi uma casualidade.”

Dois senhores – “Dali para a frente, comecei a raciocinar. Eu falei: ‘Não posso ficar com um pé numa canoa e o outro numa outra. Quem vai se afogar vou ser eu mesmo’.” Eto estava servindo a dois senhores.

Tão importante foi para a vida dele esse gesto que, durante os funerais de Padre Jonas, em dezembro de 2022, Eto repetiu essa história, ao vivo, em transmissão de rádio e TV. Estava muito abalado. Foi o jeito que encontrou para prestar uma última homenagem ao amigo e lhe dizer, mais uma vez, “muito obrigado”.

andanças pelo Vale do Paraíba, para, na força do Espírito Santo, cumprir o compromisso que assumiu com o bispo de Lorena, Dom Antônio, no início do ano de 1976: "Comece com os jovens!", lembra? Padre Jonas, como pregador: o sacerdote. E Eto, se preparando para assumir o posto de governador. No coração da Canção Nova!

O amigo, como dissemos, teve que se afastar por um tempo da Comunidade, porque a vida às vezes é assim: ela é dura com a gente, pega pesado, faz-nos sentir na carne – e principalmente na alma – o peso de tantas mágoas, o sofrimento causado por tantos pecados, os de todo mundo e os nossos também. A faca do açougueiro precisava ser amolada, arrancando faíscas. Precisava ser afiada para o serviço de Deus.

Nos mais de 40 anos que se passaram desde o dia em que se mudou para a casa de Eto, até a sua morte, em dezembro de 2022, Padre Jonas sempre viveu com o amigo, debaixo do mesmo teto.

Poucos meses antes de Eto e Luzia se casarem – em setembro de 1990 –, vimos o padre chegar de mansinho – como uma criança que às vezes parecia que era –, com uma imagem da Sagrada Família na mão, pedindo licença para morar com o casal. "Foi Nossa Senhora quem colocou isso no meu coração", ele disse a Luzia na ocasião, uma história que você já conhece do capítulo anterior.

Quando fica imaginando hoje todo o Sistema Canção Nova de Comunicação, com rádio, TV, internet (CN Plus, youtube, portal CN, blogs, redes sociais), DAVI (Departamento de Audiovisuais), editora e gravadora, o amigo se lembra de um sonho antigo de Padre Jonas, manifestado bem lá atrás, numa conversa entre os dois: "Onde existir uma agência dos Correios em uma cidade no Brasil, eu quero que a Canção Nova chegue lá".

– Uma frase que o senhor disse um dia para mim e para a Luzia, Padre Jonas, nos responsabiliza muito. O senhor disse que só entraria no Céu se os seus íntimos tivessem o mesmo destino; senão, ficaria na porta da eternidade, esperando que eles chegassem.

Eto, na época, repetiu para si mesmo uma frase que muita gente disse em voz alta ou apenas pensou, ao escutar Padre Jonas se manifestar sobre os seus sonhos para a Canção Nova e o carisma de evangelizar através dos meios de comunicação: "É um sonhador!".

Talvez as pessoas não estivessem completamente erradas em pensar assim.

– Ele era, sim, um grande sonhador – concorda Eto. – Mas era um sonho real, que se traduzia na prática, na vida.

Na realidade, Eto preferiria trocar a palavra sonho por inspiração!

O termo "inspiração" combina melhor com o carisma de um dos maiores expoentes brasileiros da Renovação Carismática Católica, Padre Jonas. Porque é o Espírito quem inspira. O sopro do Espírito.

"Enviai o vosso Espírito e tudo será criado. E renovareis a face da Terra", é como diz a oração que tantas vezes na vida o padre rezou. Desde os tempos, lá atrás, em Lorena, quando ele em algum momento pensou que parecia o fim, justamente, aquilo que depois se revelaria ser apenas o começo de tudo.

> Em "A gramática do amor", você tem a história do casamento de Eto e Luzia, contada por ambos. Um amor que se manifestou a partir do momento em que Luzia, a pedido do Padre Jonas, precisou corrigir os muitos erros de português do atual marido, na solicitação de reconhecimento da nulidade do seu primeiro casamento. "Cada um é um, mas o que interessa é o amor, o respeito mútuo e a certeza de que Deus está conosco", revela Eto, passados mais de trinta anos de uma vida conjugal muito feliz.

A GRAMÁTICA DO AMOR

"Meu filho, por que sofrer tanto? Por que não entra com um pedido de nulidade do seu casamento?", perguntou o padre de Aparecida. "Eu tinha ido me confessar, e, naquele dia, abri o meu coração de verdade para Deus", conta Eto. Nunca tinha ouvido falar a respeito de nulidade.

"Tudo indica que o seu casamento possa ser declarado nulo", continuou o padre confessor. E explicou que é assim quando a Igreja reconhece que, na origem de tudo, não existiu de fato o sacramento. "Então, é capaz de eu fazer isso, sim", respondeu Eto. Ele gostou de ouvir dizer que a Igreja iria julgar, mas que ela era, "antes de tudo, perdão e misericórdia".

Ruim de português – Já de novo em Cachoeira Paulista, onde morava junto com Padre Jonas, Eto pergunta sobre o assunto. Conversam bastante, e o padre explica tudo, com paciência. A primeira coisa que Eto precisava fazer era escrever de próprio punho toda a história do seu casamento.

"Sou muito ruim de português", ele reconhece, e Padre Jonas precisou pedir socorro a Luzia: "Eto me pediu para ler o que escreveu, mas não entendo metade do que ele diz. Está muito mal escrito", disse o padre a Luzia, depois de revelar a ela as intenções do seu amigo.

"Posso ajudar?" – "Aí, eu fui escrevendo, e a Luzia foi lendo, lendo. E foi ficando até com dó de mim."

Bem, era mais que dó. Luzia explica que, na medida em que corrigia, foi percebendo, por trás das palavras, "o homem Eto, a criatura humana, o ser humano sofrido, incompreendido, desacreditado, frustrado". A ponto de ela, num certo momento, perguntar: "Eto, vejo em você uma pessoa que precisa de cura, e isso me enche de compaixão. Posso ajudar?". Era apenas isso, naquele momento.

Nos braços da Mãe – O tempo passa. O processo acabou precisando de três anos e meio até chegar a resposta do Tribunal Eclesiástico da Arquidiocese de São Paulo – o mais próximo, na época.

Nesse período, acompanhando, ajudando e "percebendo que a coisa estava caminhando" – são palavras de Luzia –, ela começou "a gostar do Eto, vendo nele uma pessoa muito sincera", algo que ela, desde sempre muito amiga dele na Comunidade, até então não tinha percebido com essa intensidade. E também Eto – como ele mesmo revela – "estava gostando bastante dela". Mas os dois não se falaram a respeito. Não houve declaração de amor.

Eto criou um dia a coragem de contar ao padre, quando os dois retornavam de um retiro espiritual de uma semana na Serra da Mantiqueira. "Então, meu amigo, vamos passar pelo Santuário de Aparecida e entregar a Nossa Senhora", Padre Jonas sugeriu. "Se Deus aprova essa união, Nossa Senhora irá ajudar. Ela já fez tanto por você, não é, Eto?"

"Será, Eto?" – Uma vez deixado o pedido nas mãos de Nossa Senhora, na volta, Padre Jonas disse: "Agora, você pode conversar com a Luzia". "Também estou sentindo por você algo que não sei explicar", ela confessou. Mas não tinha intenção de casar. Pensava em permanecer viúva, como a profetisa Ana do Evangelho de Lucas, "pelo Reino de Deus". "Será, Eto?", foi a primeira coisa que ela perguntou.

Sempre muito próximo para ouvir, acompanhar e aconselhar, Padre Jonas conversa com os dois: "Estou vendo a sinceridade de vocês, mas não sabemos ainda se a nulidade irá sair. Vocês são amigos, precisam continuar sendo amigos, e a Igreja é mãe. Se vier a nulidade, vocês serão abençoados para se casar. Se não, irão continuar a ser amigos e missionários, como sempre foram".

Sai a nulidade – Quando chegou a nulidade – em 15 de agosto de 1989, dia da Assunção de Nossa Senhora –, Eto se apressa em dar a notícia a Luzia. Ele e o filho Filipe tinham ido buscar o documento em São Paulo. Aliás, ele diz que foi se encontrar com Luzia, em primeiro lugar, para agradecer a ela. Será mesmo? – poderíamos perguntar.

No entanto, Eto precisava de um tempo. Estava solteiro, sem compromisso com ninguém, mas tinha dois filhos e não podia dar um passo como esse sem que ambos estivessem preparados.

Luzia diz "não!" – Em novembro, um grupo da Comunidade foi dar um passeio na praia de Ubatuba. "Você quer se casar comigo?", perguntou Eto, de repente, antes da viagem. "Não!", respondeu Luzia. Nem adiantava insistir. "Não quero! Já sofri muito por sua causa!"

"Mas eu gostava do Eto, viu?!", ela confidencia. E sorri bastante. "Eu voltei a insistir que queria me casar com ela, que já estava tudo certo, que isso mais aquilo...", prossegue Eto.

"E fomos para a praia", retoma Luzia. "Fui no meu carro, Padre Jonas foi, o Eto foi, todo mundo foi."

"Olha, é sério, eu quero me casar com você. E eu já tenho a data: 12 de maio do próximo ano. Agora, você decide", voltou a insistir Eto, bem no meio de todos, já na praia, no acampamento.

"Deixe de ser durona!" – Padre Jonas chegava de uma caminhada justamente naquele momento, todo alegre, e se sentou à mesa. Os pais de Luzia estavam lá também, além de alguns amigos dela. "Estou pedindo a Luzia em casamento, e já dei até a data", informou Eto.

"Você tem que deixar de ser durona, Luzia!", aconselhou o padre, voltando-se para ela. E, ali mesmo, Eto já foi convidando os padrinhos de casamento, o filho Filipe e a amiga Nice, da Comunidade. "Agora, Luzia, você escolhe os seus padrinhos!", ele pressionou.

"Em maio de 1990, afinal, nos casamos", finaliza Luzia. "Está vendo como foi que aconteceu?", pergunta, depois de oferecer a sua versão sobre os acontecimentos. Se dependesse de Eto, a história talvez pudesse ser resumida em menos de duas linhas: "A gente se amava, e nos casamos. Foi Deus quem quis assim!". Ponto.

"Vale a pena a gente lutar por aquilo que quer alcançar", diz Eto. "Sou o oposto da Luzia. Minha cabeça é matemática, razão, lógica, e Luzia é puro amor, carinho, perdão... Cada um é um, mas o que interessa é o amor, o respeito mútuo e a certeza de que Deus está conosco."

Missão mundo: 'ad gentes'

Um grande começo que iniciou pequeno, como uma semente plantada na terra, talvez um grão de mostarda: você quase não o vê.

"Quanta surpresa ao ver o pequeno grão de mostarda transformar-se em uma grande árvore!" Essas palavras foram pronunciadas em 3 de novembro de 2008 pelo cardeal Stanislaw Rylko, em Roma, num dos dias mais felizes da vida de Padre Jonas e de toda a família Canção Nova: o do Reconhecimento Pontifício!

Nessa data, o presidente do Conselho Pontifício para os Leigos, ao citar o grão de mostarda, lembrou "uma pequena cabana da primeira estação radiofônica", para logo falar de "alegria e entusiasmo" como uma das marcas da Comunidade. Mas o que esse entusiasmo e alegria representam na grande festa do reconhecimento da Canção Nova é assunto para o próximo e último capítulo, "Os pulos de Jonas".

Ao ouvir a história da "pequena cabana", em Roma, Eto se emociona. Ele se lembrou do dia em que Padre Jonas, depois de tomar posse de um dos quartos da casa, insistiu com ele: "Não, você vai me ajudar, sim! Senão a gente vai murchar!".

Hoje, como ressalta Eto, a Canção Nova está presente neste vasto mundo de Deus, através dos modernos meios de comunicação e, particularmente, por meio dos seus missionários e missionárias. O sonho sonhado pelo padre – "Sonhado por Deus", ele irá nos corrigir, sempre de novo – continua vivo, sem nunca alcançar um fim.

Esse sonho ganha hoje uma expressão viva nos passos desse homem cada vez mais acostumado a pensar a missão em termos de mundo. Tudo o que o missionário Eto mais deseja neste momento é expandir o sinal de rádio e TV para todos os países e as comunidades de língua portuguesa do mundo.

Na última viagem que fez à África junto com Luzia, Eto voltou mais uma vez encantado de lá. Estiveram em Angola e em Moçambique. E de novo ele sorri durante a entrevista, ao falar sobre o carinho que ele e a esposa nutrem por e também sempre receberam dos africanos, sobre a alegria daquela gente, os adultos, as crianças, os jovens...

A alegria dos africanos, não tem dinheiro no mundo que pague. Um povo sofrido, mas alegre. Você não vê um africano com a cara fechada. É uma lição na minha vida que, quando eu vou lá, eu fico bobo de ver. É uma coisa muito bonita. Deus está nisso tudo.

Em junho de 2023, Eto e Luzia estiveram na Terra Santa para a celebração do grande evento internacional de Pentecostes, da Renovação Carismática Católica. Lá, de novo, ouviram dos africanos presentes no evento que eles desejavam uma presença maior da Canção Nova em seus países. É o sonho de Padre Jonas, que hoje – e já faz um tempo – não conhece fronteiras. Cachoeira Paulista, seria possível dizer nesse sentido, é hoje o mundo!

É interessante como esse apelo voltou a vibrar no coração do governador, amigo e companheiro de missão, quando Eto e Luzia estiveram com o Papa Francisco, em maio deste ano, como escrevemos no capítulo precedente. Olhando nos olhos do papa, Luzia disse ao sumo pontífice que Padre Jonas também estava presente, ali, naquela sala. E porque ele lá se encontrava, lá estava também o sonho maior do seu coração: levar o Evangelho da alegria e da salvação ao mundo inteiro!

Um sonho que vira inspiração na pessoa de Eto, e que se materializa numa direção hoje muito cara para ele. Em suas palavras:

A gente tem que ficar muito aberto ao sopro do Espírito, para ver o que fazer. Eu estou dando o exemplo da África, neste mo-

mento. Eu assumi a África. O meu coração assumiu. É um povo tão malhado, tão sofrido, que o mínimo que a gente tem que fazer, se a nossa missão é evangelizar, é fazer o nosso sinal por satélite chegar até lá. Se chega na Europa, nos Estados Unidos, na Ásia, como não vai chegar ao continente africano?

Está certo: Deus quis assim, vamos respeitar. Mas eu tenho certeza que Deus agora quer que evangelizemos a África. É o que Ele espera da Canção Nova.

Declaração de amor

"Ao meu companheiro Padre Jonas Abib", escreveu Eto ao lançar em 2005, pela Editora Canção Nova, a obra *Administrar a própria vida: o negócio mais urgente*, seu primeiro livro, e um dos mais queridos dos leitores.

"Amigo de fato. Amigo há trinta anos, convivendo dia a dia com minhas misérias, mas sempre acreditando em mim", ele dizia, na ocasião.

"Nos momentos mais difíceis da minha vida, Padre Jonas largou tudo para estar ao meu lado, rezando, acolhendo, sempre na maior discrição. Minhas vitórias são dele também, assim como minhas derrotas."

Eto sabe – como ele diz ainda – que o mundo inteiro gostaria de estar no seu lugar, ao lado do padre, e ser íntimo dele. "De fato, é uma grande riqueza ter a amizade de um homem santo. Padre Jonas, sou feliz por viver ao seu lado."

"Uma frase que o senhor disse um dia para mim e para a Luzia nos responsabiliza muito. O senhor disse que só entraria no Céu se os seus íntimos tivessem o mesmo destino; senão, ficaria na porta da eternidade, esperando que eles chegassem."

– Padre Jonas, amo você! – encerra Eto essa sua mais terna declaração de amor ao amigo.

"Feliz aniversário, Eto!"

Padre Jonas se encontrava internado em São Paulo desde 20 de abril de 2021. Tinha sido levado ao hospital após sofrer um infarto, em função de uma cardiopatia isquêmica – uma doença causada por obstrução nas artérias coronárias. Após a angioplastia a que foi submetido, no curso dos outros exames, recebeu o diagnóstico de mieloma múltiplo – um tipo de câncer na medula óssea.

Vinte e nove dias depois, em 18 de maio – aniversário de Eto –, o padre não estava em condições de providenciar o que sempre apreciava tanto fazer para as pessoas que ele amava: pensava antes, gostava de programar, sugeria um presentinho, uma lembrança, algo que manifestasse o carinho, o afeto, o amor por aquela pessoa, além das orações e da lembrança do nome dela na celebração da Eucaristia.

Quando tinha festa, um bolo, um canto de parabéns, lá estava Padre Jonas, sempre muito alegre, sorrindo, brincando. Esse era o seu jeito muito carinhoso de abraçar o aniversariante, incentivá-lo, ajudar a ler a história daquela vida sob o olhar misericordioso de Deus.

No hospital, o padre pede ajuda a Iara, Ana Cláudia e Wedson. Não vai querer deixar passar em branco o aniversário do amigo, porque nunca fez isso. Precisa de papel e caneta. Com esforço e a ajuda dos seus filhos espirituais, senta-se à mesinha próxima à cama, pega a caneta esferográfica de cor azul e escreve um bilhete para Eto – as linhas lhe saem tortas, mas as letras são bem desenhadas, dignas da mensagem que querem tanto expressar:

Meu Amigo, o seu aniversário é para a glória de Deus.
Ele o escolheu e fez vir a este mundo através de sua mãe Dulce
e de seu pai Jonas.

Ele o conduziu durante todos esses anos e fez de você um homem de Deus, esposo, pai, avô e, principalmente, meu Amigo.
Eu sei que a nossa amizade é de Deus.
Eto, Deus o abençoe e fortaleça.

Pe. Jonas
18/V/21

A palavra "Amigo" foi escrita assim mesmo, com inicial maiúscula. E, no final, o mês de maio, o quinto do ano, é grafado com o algarismo romano "V". Ana Cláudia, Wedson e Iara são convidados a assinar também. Iara fotografa o bilhete e manda a imagem no mesmo instante por Whatsapp para a secretária de Eto, a Mayara. Ela o imprime e leva ao amigo do padre.

Quando Padre Jonas dias depois, em 28 de maio, recebe alta, a folha de papel sulfite em que deixou registrado o seu afeto pelo Amigo – agora com letra inicial maiúscula, como na mensagem – foi entregue a Eto, para ser guardada com todo carinho possível. São coisas que ninguém nunca saberia estimar o valor que têm. É assim que pensa Eto, embora ele, movido pela emoção, não encontre as palavras que gostaria para expressar o que vai dentro do peito. "Padre Jonas, amo você!", repete. Como em 2005.

Quer conversar com o amigo

No dia 8 de dezembro de 2022, uma quinta-feira, quatro dias antes da sua morte, Padre Jonas volta pela última vez do hospital para a sua casa em Cachoeira Paulista. Está ainda mais debilitado e magro, e agora a sua alimentação é enteral – a nutrição enteral é administrada ao paciente por meio de uma sonda, que leva a dieta líquida diretamente para o estômago ou intestino.

Eto e Luzia haviam retornado uns dias antes. Tinham que levar a cama hospitalar, que estava no quarto do padre, para um espaço maior – o quarto do casal – e tomar outras providências. O padre continuava precisando de todo cuidado, agora mais do que nunca!

No sábado à tarde, dois dias depois de ter chegado, Padre Jonas pede para falar com o amigo. Poderiam ajudá-lo a ir até a sala?

Iara e Tereza o ajudam. Nem ficar de pé sozinho ele consegue mais. As duas filhas espirituais o colocam no sofá da sala, sentadinho – Eto já tinha sido chamado. Depois, Luzia também vem, e os três se encontram pela última vez na sala de casa, para mais uma conversa. Todos estão sentados, e o momento, tão forte, tão significativo, não dura mais que dez minutos.

– Como vão as coisas, meu amigo?

Eto ouviu essa pergunta quase que a cada dia durante os anos da sua vida de Canção Nova e de convivência com o padre. Era assim que sempre começavam as conversas sobre o dia a dia, sobre as histórias que havia para serem contadas, os casos, os projetos em andamento. Nesse dia, nenhuma conversa pôde se entabulada, porque Eto, vendo o padre ali, naquela situação – sereno, sem nunca reclamar de nada –, assumiu ele desta vez a tarefa de perguntar, ou melhor, de devolver ao amigo a pergunta:

– E o senhor, Padre Jonas, como está?

Os olhares se cruzam, por instantes que parecem eternos.

Silêncio.

Há momentos na vida das pessoas em que as palavras podem ser economizadas. E aquele foi um momento assim.

O breve encontro a três, na sala de casa, como o padre queria, terminou ali.

Padre Jonas foi ajudado a voltar para o quarto, onde ele, dois dias depois, daria o seu último suspiro, não sem antes ter sido visitado ainda muitas vezes, ser consolado e abraçado pelo amigo, pela companheira de missão, pelos filhos e filhas espirituais a quem a vida concedeu a graça de estar perto do padre no momento derradeiro da sua vida.

7

Os pulos de Jonas

No aniversário de trinta anos da Canção Nova (1978-2008), a Comunidade foi oficialmente reconhecida pela Igreja. O grão de mostarda se transformou em uma árvore grande e frondosa, em cujos ramos os pássaros do céu fazem os seus ninhos. "Não dá mais para voltar", entoaria Padre Jonas na sala Aula Magna do Conselho Pontifício para os Leigos, no Vaticano, num dos dias mais felizes da sua vida.

Na sequência, tomado pelo entusiasmo, mesmo debilitado ao extremo por causa de mais uma doença do Calvário que foi em grande parte a sua vida, Padre Jonas salta como um gigante em plena Praça de São Pedro, em Roma, para comemorar. Que força era aquela que o movia, quem o conhece sabe muito bem dizer.

Não foram poucos os sonhos que Deus concedeu a Padre Jonas a graça de realizar durante a vida. Ele se sentiu muito feliz quando, logo depois do Reconhecimento Pontifício, a Canção Nova foi assumida no seio da Família Salesiana – o que era um desses sonhos.

Missão cumprida? Ainda não. Na parte final deste livro – depois do atual capítulo –, você irá acompanhar o padre no seu caminho difícil e dramático de purificação, de entrega total. Até o último suspiro, Padre Jonas foi em busca daquele que constituiu de verdade o maior de todos os seus sonhos: fazer-se tudo para todos.

Naquele dia, na Praça de São Pedro, em Roma, Eto, Luzia e a doutora Priscila Aquino – a médica que acompanhava Padre Jonas – se surpreenderam bastante quando ele de repente se descolou deles, como uma criança esperta e levada que em segundos se distancia do olhar atento dos pais. O estado de saúde do padre justificava a preocupação. Todo cuidado era pouco.

Tomado por intensa alegria, maior ainda que a dos últimos dias na Cidade Eterna, Padre Jonas atravessa o trecho da praça que o separava da multidão de peregrinos. Ele avança correndo, aos pulos, na direção dos membros da Comunidade, que vieram às centenas do Brasil, da França, de Portugal, Estados Unidos e de outros países para vivenciar aquele momento memorável.

É dia 5 de novembro de 2008, uma quarta-feira. Faz dois dias que o Pai Fundador recebeu das mãos do cardeal Stanislaw Rylko o Decreto de Reconhecimento Pontifício da Canção Nova.

Padre Jonas, Eto e Luzia – com a doutora Priscila sempre ao lado – deixaram faz poucos instantes o espaço reservado aos convidados, após o encerramento da audiência pública com o papa. Durante a sua catequese semanal, o Papa Bento XVI tinha anunciado ao mundo a novidade. Quando o sumo pontífice pronunciou o nome da Canção Nova, uma parte expressiva da praça se ergueu em júbilo, ainda que os brasileiros, mais animados, tenham se destacado no meio de todo mundo.

Era hora de comemorar e, de novo, é como se um gigante chamado Jonas – o padre – tivesse naquele momento acordado. Bastante adoentado, o corpo frágil, aconselhado pelos médicos a não sair de casa – e tendo já percorrido nos dois anos anteriores as primeiras estações da Via Dolorosa rumo ao maior Calvário da sua vida, como iremos ver nas páginas finais deste livro –, o nosso padre de 72 anos se aproxima das pessoas, animadíssimo, velozmente: era um sorriso só.

Bandeiras brasileiras se juntam a palmas, soluços e gritos de alegria de quem ali se encontrava, cada um querendo chegar mais perto, abraçar, beijar o padre – o seu padre.

"Padre Jonas!"

"Padre Jonas!"

"Padre Jonas, nós te amamos!!!"

Então, ele pula.

Salta para o alto.

Como nunca ninguém o tinha visto antes pular daquele jeito.

Teria voado como um passarinho

As vestes de monsenhor se erguem com ele no ar, como se fossem tocar o infinito. Depois descem com Padre Jonas para este mundo de Deus, onde o padre é "o padre", não propriamente um "monsenhor" – com todo respeito.

Mas que pulo foi aquele, Eto?

– Sei não, viu?! Como pode, não é? O padre tinha uma força...

O amigo de Padre Jonas, Eto – o "governador" –, o homem que ao longo de tantos anos da sua vida cuidou dos projetos que a Providência Divina permitiu à Canção Nova realizar e às contas que o Pai do Céu tornou possível fazer, é puro sentimento nessa hora.

Eto parece a todo instante querer deixar ao seu interlocutor o privilégio de tirar as melhores conclusões sobre os sentidos do que ele traz na conversa. E o faz aos pedacinhos, cuidadosamente, como se estivesse amolando as facas do açougueiro – como vimos no capítulo anterior –, no puro capricho, na paciência.

Que força é essa que move o padre? Como ele conseguiu saltar assim? Eto diz "sei não", mas sabe que poderia responder "sei sim". Ele deixa você tirar a conclusão. A mais justa conclusão, como ele espera. A mais acertada. Aquela que ajuda você e todo mundo a viver mais e melhor.

Que pulo foi aquele, Luzia?

– Foi um salto extraordinário – responde a esposa de Eto. – Ele teve, assim, um... Como eu posso dizer?

A companheira de missão busca palavras apropriadas para exprimir o que sentiu naquele dia. Talvez nunca as encontre. Porque é sempre difícil traduzir em palavras as realidades mais sagradas e profundas da alma humana. Mas a cofundadora da Canção Nova prossegue na luta com as palavras:

– A alma de Padre Jonas ficou radiante, e ele quase levitou. Ele saiu de nós, se afastou e foi correndo em direção à multidão... – como ela recorda. – Todo mundo ficou deslumbrado, porque nunca ninguém tinha visto aquilo, tal era a alegria dele pelo fato de termos sido reconhecidos pela Santa Sé.

A nossa entrevista com Luzia se dá ao redor de uma mesa grande, você precisaria ver: tem chá, tem leite e café, bolo de dois tipos diferentes e chipas deliciosas, quentinhas, tiradas há pouco do forno da Padaria Vó Josefa, que tem lá na Canção Nova, em Cachoeira Paulista. Josepha, originalmente com "ph", como você sabe, é o nome da mãe de Padre Jonas.

Iara Rosa – que o leitor já conhece de um dos capítulos anteriores, uma leiga consagrada pertencente ao Núcleo da Canção Nova – não consegue se conter. Ela participa da conversa, porque também esteve lá, em Roma, naqueles dias. E porque, além disso, foi quem conduziu com Padre Jonas, no último período de vida do Pai Fundador, as conversas para a produção deste livro.

– O padre pulou, porque não poderia voar – é como Iara imagina a cena. – Porque, senão, ele teria voado, como um passarinho.

A Praça de São Pedro – é ainda Iara quem diz – parecia pequena demais para caber nela toda a alegria de Padre Jonas. Aqueles arcos gigantes que abraçam a gente, os Arcos de Bernini, talvez precisassem se afastar mais um pouco – todas aquelas colunas, quase trezentas – para abrigar tamanho contentamento do padre nessa que é uma das praças mais importantes do mundo.

Carisma Canção Nova

Mais do que a pessoa do padre, é o carisma Canção Nova que foi reconhecido pela Santa Sé, como explica Luzia. Ao se expressar sobre os diversos sentidos daquele pulo extraordinário, lhe vêm à memória, como que num filme em altíssima velocidade, os muitos e intensos anos de luta, dor e sofrimento – e também as alegrias, a fé e a esperança – que assinalaram tão fortemente a trajetória de vida do padre e da sua Canção Nova, até alcançar "esse ponto de chegada maravilhoso", como ele mesmo o definiu.

Foram trinta anos depois daquele dia em que tudo começou, no ano de 1978, numa pequena cidade do Vale do Paraíba, São Paulo, Brasil – Queluz, na Casa de Maria –, com a pergunta: "Quem está disposto?". Aos 30 anos de idade, Jesus começou a sua vida pública, após o seu batismo no Espírito, como lembrou Padre Jonas por ocasião do aniversário. Com 30 anos de história, a Canção Nova se lança para o mundo, ele disse ainda, fazendo uma comparação com a vida do Mestre que o deixava muito feliz.

Ainda segundo Luzia, é também como se ali naquela praça estivessem pulando de alegria, junto com o padre – ou "levitando", ou "voando como passarinhos" –, uma quantidade incontável de famílias, homens e mulheres, jovens, crianças e idosos... Uma multidão de gente que encontrou, ao longo de todo esse tempo, amparo na Comunidade, porque se sentiu acolhida, consolada, curada nas suas dores e fortificada na sua fé.

Estavam ao mesmo tempo se manifestando no pulo do padre as novas ideias e inspirações, os novos projetos para o futuro. Como o de avançar com coragem e alegria no campo do trabalho social em favor dos mais pobres, do povo mais sofredor – principalmente nas áreas de saúde e educação –, como há anos vem sendo feito por meio da Rede de Desenvolvimento Social Canção Nova.

– E tudo isso era muito grande para Padre Jonas, porque ele, no fundo, não passava de uma pessoa bem simples, frágil, além de estar tão doente naquele momento! – relata ainda Luzia. – "Pronto, está selado!", e é a Santa Sé quem agora diz. A Canção Nova existe para o mundo, *ad gentes*, discípulos e missionários para todas as nações!

– O padre era um homem que o mundo inteiro, vamos dizer assim, adorava – contou Eto, em outra de nossas conversas. – Mas, se você estivesse ali sozinho com ele, ia ver que era a pessoa mais frágil do mundo, sempre com tantas doenças, até por uma depressão ele passou nos últimos anos de vida.

"A força dele era outra. Impressionante!" – repete o amigo, como se estivesse falando para si mesmo, em um momento da mais serena e profunda meditação. Como se o entrevistador não dependesse mais de ouvir o seu comentário para, de novo, tirar as melhores conclusões sobre Padre Jonas. "Ele era um homem de Deus!"

– Até aquele momento, tudo tinha sido como um ensaio – resume Luzia. – Como uma criança, começamos engatinhando e aprendemos a andar. Agora, de verdade, iniciava para valer a nossa missão.

Luta, raça, coragem e também muitas lágrimas. Estas foram as oferendas recolhidas pelo caminho. De outro jeito nem poderia ser, como pensa Luzia. É a cruz que todos carregam quando tomam a decisão de seguir a Jesus.

Mas a criança cresceu. Livre, o pássaro agora podia voar. Novas portas se abririam, e foi Deus quem sempre as descerrou – ou as escancarou, poderia também ser dito, com ainda maior entusiasmo.

– Não iríamos mais precisar brigar pelo nosso espaço, como no passado – conclui Luzia. – Já não existem mais fronteiras para a Canção Nova.

– O Santo Padre, bem ali à nossa frente, nos ouviu e prestou muita atenção em tudo aquilo que eu, a Luzia e o Eto dissemos a ele – conta Padre Jonas, ao ser entrevistado para a TV Canção Nova instantes depois do famoso pulo.

Estava falando sobre o momento em que os três se encontraram pessoalmente com o papa, ali mesmo na praça, na hora de cumprimentá-lo:

> *Nós mergulhamos, e mergulhamos profundamente, no coração da Igreja. E o Santo Padre nos respondeu, dizendo que, realmente, é isso que é necessário: evangelizar por esses modernos meios de comunicação. E dissemos mais: nós queremos também evangelizar pela vida.*

No longo caminho que levou ao Reconhecimento Pontifício da Canção Nova com o seu carisma e a sua vocação universal, houve primeiro a etapa diocesana, em 1995. Em "Vai conversar com o bispo, Luzia!", trazemos um breve relato sobre como foi que isso se deu. Tudo é luta, tudo é sacrifício, tudo é atravessado pela dor e pelo sofrimento – pela cruz! –, e não seria diferente na trajetória de vida da Canção Nova.

"VAI CONVERSAR COM O BISPO, LUZIA!"

A Canção Nova foi reconhecida como Associação Diocesana de Fiéis no dia 10 de março de 1995 por Dom João Hipólito de Morais, então bispo de Lorena-SP. Luzia, que acompanhou desde o começo todo o processo, observa que não foi um caminho fácil. Ao nos falar sobre o assunto, ela chama a atenção para um ponto muito importante no campo das relações entre pessoas e grupos, também dentro da Igreja: as pessoas precisam se conhecer melhor.

O calor do encontro – Luzia está convencida de que conta muito o calor e o impacto provocados por um instante que seja em que as pessoas se encontram, conversam e tentam se compreender melhor umas às outras.

Um instante em que elas deixam as diferenças de lado para se unir em torno do que consideram mais importante.

Um instante em que o amor fraterno é colocado num patamar mais elevado do que aquele em que costumamos nos situar para discutir quem nós achamos que está certo e quem está errado.

"Um abraço ajuda tanto!", como sugere Luzia. Aliás, o tema do abraço é ilustrado pelo texto "Dom Bosco abraça Padre Jonas", mais adiante.

"Eles nos conhecem" – "Todos aqueles bispos e cardeais que se encontravam naquela sala no dia do reconhecimento, todas aquelas pessoas conheciam Padre Jonas, tinham conversado ou até convivido com ele", esclarece Luzia. É o caso do próprio cardeal Rylko.

"Ele esteve aqui, em nossa casa, nos visitando. Dormiu no quarto das visitas. Ele disse que gostou especialmente de ver que em todos os departamentos há sempre uma capela com o Santíssimo. E ficou encantado, porque sempre via alguém em adoração."

Críticas à Canção Nova – Foi preciso esperar dezessete anos (1978-1995) pelo reconhecimento diocesano. Como Luzia salientou, não foi um caminho tranquilo. Já ali na diocese de Lorena, parte do clero tinha dificuldade de aceitar as novidades do carisma da Comunidade.

A crítica abrangia desde o fato de homens e mulheres viverem juntos na mesma casa até o perfil "muito carismático" da Canção Nova – como se dizia –, a "espiritualidade à flor da pele" ou "a pregação da segunda vinda do Senhor".

Um anjo avisou – As conversas e os boatos, como costuma acontecer, podiam ir longe, atravessar o Brasil e chegar até Roma, pela boca só Deus sabe de quem. "As pessoas amavam Padre Jonas. A questão era o nosso carisma", diz Luzia.

Ela conta que ia sempre a Lorena, porque, inclusive, o bispo era o seu confessor. Mas precisava ir mais, como sugeriu uma irmãzinha que trabalhava na residência episcopal. "O bispo tem dois ouvidos e só está escutando as conversas que chegam a ele de um lado."

Quando Luzia levou a ideia a Padre Jonas, ele logo a encarregou de executá-la. "Toda coisa difícil, o padre dava como tarefa para mim. Eu podia espernear, mas obedecia". Luzia obedeceu, mais uma vez. "E foi ótimo, graças a Deus!", ela reconhece.

Uma prece silenciosa para o padre

Na sala Aula Magna do Conselho Pontifício para os Leigos – hoje Dicastério para os Leigos, a Família e a Vida –, na manhã da segunda-feira, 3 de novembro do ano de 2008, Padre Jonas se prepara para um breve pronunciamento antes de lhe ser entregue o Decreto de Reconhecimento. Tem ao seu lado esquerdo o reitor-mor dos Salesianos, padre Pascual Chávez, a companheira de missão, Luzia, e o amigo, Eto – o Pai Fundador e os dois cofundadores da Canção Nova bem ali, juntos na fé, no amor, na esperança, e também na enorme torcida para que tudo desse certo!

Ali por perto, sempre muito atenta, encontra-se a doutora Priscila. Aliás, a equipe que cuidava da saúde do padre no Brasil só permitiu a viagem dele para a Itália com acompanhamento médico. A convidada não podia ser outra que não fosse a médica endocrinologista cujo nome foi dado pelo próprio padre quando o bebê ainda se encontrava no ventre da mãe, Maria Zila, esposa do professor Felipe Aquino – um casal ligado de maneira muito forte à Canção Nova desde as suas origens. "Vai se chamar Priscila", disse o padre à mãe da doutora que, anos mais tarde, cuidaria dele, com toda a dedicação do mundo, no tempo da sua enfermidade.

– Como amiga, como médica e como filha espiritual, ela esteve com Padre Jonas o tempo todo, nos dias do Reconhecimento Pontifício – lembra Luzia, com gratidão. – Ela chegou a dormir no chão, lá em Roma, ao lado da cama do padre, cuidando dos remédios dele e prestando toda a assistência que se fizesse necessária.

Bastante preocupados com o estado de saúde do padre, na sala pontifícia, Eto e Luzia rezam em silêncio, e o mesmo fazem os membros da Canção Nova que lotam o local. Nos dois anos anteriores, todos aqueles filhos espirituais haviam acompanhado o intenso sofrimento causado por um momento particularmente difícil da vida de Padre Jonas, o início de sua "noite escura" – a prova maior e mais abençoada do seu amor a Deus e ao próximo, talvez um privilégio reservado apenas aos santos: a garantia, para ele, de ter-se feito "tudo para todos".

Na enorme sala estão presentes mulheres e homens – crianças também há, até uma de colo –, o masculino e o feminino em sadia convivência. São sacerdotes, são mulheres e homens consagrados, são casais, são gente de todos os elos que compõem a grande família Canção Nova que, neste momento, está ligada, firme, junto com o seu padre querido – no Vaticano ou em qualquer parte do mundo –, pelo rádio, pela televisão e pelas redes sociais.

– Nós rezamos, porque a gente não sabia se ele conseguiria ler, com a vista embaralhada – conta Eto, parece que sentindo, ainda enquanto conversa hoje conosco, todo o drama e a angústia que cercaram aquele momento.

Será que Padre Jonas iria conseguir ler o seu breve pronunciamento?

E se ele, de repente, deixasse de lado as folhas impressas do texto que os seus colaboradores mais diretos lhe ajudaram a compor, para falar livremente, a partir da sua alma, como sempre gostou de fazer ao longo de toda a vida? Mas o padre não estava em condições de fazer isso, é o que pensava Eto.

Num certo sentido, Padre Jonas só tinha ido mesmo a Roma por graça de Deus – reflete Luzia, por seu lado –, porque aquele era um momento especial para ele, o mais especial de todos.

– E também porque Dom Alberto Taveira, arcebispo de Belém do Pará e grande amigo da Canção Nova, nos encorajou muito a fazer com que o padre embarcasse – ela acrescenta. – Foi praticamente uma ordem dele.

Padre Jonas fala

– Meu Deus, meu Pai do Céu – Luzia intercede. – Ajude Padre Jonas, porque ele sonhou tanto com este dia! A Canção Nova não é do padre, não é de ninguém, é sua, meu Pai! Ajude-nos!

– Lá não tem erro. Lá é sim, sim, e não, não – observa Eto. – E se o padre, sei lá, falasse o que não devia?! Ele não estava bem. Estava tomando medicamentos bem fortes.

"Então, o negócio é difícil", conclui o amigo de Padre Jonas, no seu modo sempre muito simples e autêntico de expressar as coisas, sem nunca querer esconder nada. E também sem perder jamais um jeito caipira de ser, ainda que de terno e gravata, com um ar solene, como exigia o momento.

– Antes, a gente estava falando sobre o pulo do padre – Eto pede para acrescentar. – Então, eu vejo aquele salto que ele deu como um pulo de vitória, mesmo.

– Sabe quando você sente um gelado, assim, dentro de você..., aquela emoção? – pergunta Luzia. – E o padre, ali, magrinho, magrinho, acho que tinha emagrecido uns doze quilos... E muito emocionado.

Luzia suspira, como se estivesse aliviada, ao pensar nos "pulinhos de Padre Jonas", que é como ela fala, no diminutivo. Com um olhar de mãe, ela repara mais na força inefável do pequeno e do miúdo, enquanto o marido – mais pai –, prefere enxergar o grande pulo, o maior: o pulo da vitória. "Padre Jonas venceu em tudo", ele diz.

Começa o pronunciamento.

Pausadamente, o padre lê. No início, quase não tira os olhos das folhas de papel sulfite. Não brinca de fazer como na Escola Padre Moye, quando tinha 7 ou 8 anos de idade, no discurso para *Mère* Rosa, a superiora provincial das Irmãs da Divina Providência. Naquele dia já tão distante, o menino Jonas inovou na abertura, deixando por alguns instantes muito preocupadas as religiosas que haviam ensaiado cada frase com ele. Depois riram.

Mas Padre Jonas não lê de verdade, com os lábios e a voz. Ele proclama. Declama. Encena. Porque não se trata de um texto frio e abstrato: é a vida da Canção Nova que se apresenta ali, naquelas linhas com as suas entrelinhas. A voz física podia revelar certa fragilidade, mas a voz da alma, não! Nada no mundo impediria Padre Jonas de falar, dando a quem estava ali presente e ao mundo "as razões de sua esperança", como diz o apóstolo Pedro em sua primeira Carta, capítulo 3, versículo 15 (1Pd 3,15).

Padre Jonas se ergue aos poucos – se eleva –, mesmo permanecendo sentado. O pulo, o grande pulo, começa ali naquela sala.

Melhor dizendo, começou antes, muito antes.

"É bom demais!"

São muitos, e por diversas razões, os agradecimentos que o padre se sente no dever de pronunciar. A Deus, em primeiríssimo lugar, "de quem nasceu o carisma Canção Nova", e ao Santo Padre Bento XVI, "por meio do Conselho Pontifício para os Leigos, que nos concede a graça do Reconhecimento Pontifício da Comunidade Canção Nova e a aprovação do nosso Estatuto".

São muitos os agradecimentos que o padre se sente no dever de pronunciar. A Deus, em primeiríssimo lugar, "de quem nasceu o carisma Canção Nova, e ao Santo Padre Bento XVI, que concede à Comunidade a graça do Reconhecimento Pontifício".

A lista inclui o cardeal Stanislaw Rylko, antes de tudo pelo fato de ele ter visitado e conhecido pessoalmente a sede da Canção Nova, em Cachoeira Paulista. "Ele veio aqui em casa, comeu aqui com a gente e dormiu no quarto de visitas", como nos contou Luzia. Para ela, a relação entre as pessoas, a conversa, o sorriso e o abraço são capazes de operar os maiores milagres – para além das diferenças entre uns e outros, as distintas formas de vivenciar a fé em Jesus Cristo, o amor e o compromisso com a Igreja.

O cardeal arcebispo de São Paulo, Dom Odilo Scherer, e Dom Benedito Beni dos Santos, bispo da diocese de Lorena, "da qual nasceu a Canção Nova", ampliam a lista de agradecimentos. Os antigos bispos de Lorena, Dom Antônio Affonso de Miranda e Dom João Hipólito de Moraes (*in memoriam*), são igualmente agraciados pelo padre em suas lembranças.

"Não poderia faltar um agradecimento muito especial a Sua Excelência Dom Alberto Taveira, na época arcebispo de Palmas, Tocantins", acrescenta Padre Jonas: "Dom Alberto, obrigado por ter acreditado no Carisma Canção Nova como dom de Deus e por ter nos motivado a buscar junto à Santa Sé o Reconhecimento Pontifício".

Completam o rosário de agradecimentos os nomes do reitor-mor dos Salesianos, de fundadores e representantes de Movimentos Eclesiais e Novas Comunidades, expressões – como ressalta Padre Jonas, repercutindo a palavra do Papa João Paulo II –, da "Nova Primavera que a Igreja vive nos dias de hoje".

É a vez, por fim, de o padre fazer uma pausa, como que buscando forças bem lá no fundo da alma para não deixar desaparecer a voz em um momento como esse:

Finalmente, um agradecimento muito especial aos meus colaboradores Eto e Luzia, que desde o início entregaram comigo suas vidas ao Senhor para concretizar o Carisma Canção Nova. Um agradecimento aos membros desta bela família Canção Nova presente em tantos países do mundo. Ser Canção Nova é bom demais!

Graça é algo que vem de Deus

Padre Jonas acaba de ler o sétimo parágrafo do seu pronunciamento. O número 7, na Bíblia, em várias de suas passagens, é simbólico. Em sete dias, para lembrar o livro do Gênesis – o livro das Origens –, Deus completou a sua Criação. Podia "descansar" – no nosso modo humano de dizer as coisas, para significar que a obra estava completa. E Deus viu que tudo era bom.

"Bom demais!", como expressa Padre Jonas ao se referir à Canção Nova como obra da criação de Deus. "A Canção Nova é uma graça, e graça é acontecimento que vem do Céu", como ele expressou em outra ocasião. "Embora eu esteja na sua base, foi Deus quem quis, foi iniciativa d'Ele."

Mas o verbo "descansar" não passou em nenhum momento pela cabeça de Padre Jonas nem de ninguém da Canção Nova, tendo a obra alcançado o reconhecimento oficial da Igreja, por meio de um decreto.

Pelo contrário.

Foi outra a palavra que ganhou maior relevância a partir dali: "missão". Envio. Agora, já não seria necessário "lutar pelo próprio espaço", como disse Luzia linhas antes, mas era sim preciso estar atentos, com responsabilidade e alegria, ao "Ide por todo o mundo, pregai o Evangelho a toda criatura", como se lê em Marcos, capítulo 16, versículo 15 (Mc 16,15).

"Se até hoje estávamos pelos ares do mundo inteiro por meio do Sistema Canção Nova de Comunicação", como escreveu Luzia sobre o reconhecimento, "agora estaremos também, com nossos missionários e missionárias, em todos os cantos do mundo, com o selo da Igreja."

Padre Jonas continua a ler o seu pronunciamento:

Reconheço que a Canção Nova não foi obra minha, mas de Deus. Tentando compreender aquilo que Ele me inspirava, percebi que sozinho eu não poderia realizar essa obra: eis o porquê do nascimento da Canção Nova. Pude compreender que não existe evangelização sem o testemunho do amor de Deus por meio da vivência da caridade fraterna entre aqueles que seguem a Jesus.

Comunidade de Amor e Adoração

O Pai Fundador se dirige agora, diretamente – como se estivesse falando para cada um em particular – "aos membros da Comunidade Canção Nova!", no décimo parágrafo do seu pronunciamento.

Olha ao seu redor, parece que desejando reforçar, repleto de orgulho, uma ideia que não gostaria que ninguém jamais esquecesse. E, segurando com a mão direita as folhas impressas, ele repousa suavemente a mão esquerda sobre o peito.

– À minha comunidade, porque eu sou o primeiro membro dela, eu peço…

Para por alguns segundos, enquanto o mais completo silêncio toma conta da sala. Padre Jonas busca amparo no texto escrito, visivelmente emocionado, quase chora. Mas engole o choro. E então proclama, com a voz embargada, palavra por palavra, como se estivesse sorvendo o sentido divino de cada uma delas:

– …permaneçam unidos no amor recíproco e na oração. Que sejam verdadeiramente uma Comunidade de Amor e Adoração.

Levanta novamente os olhos, e é fácil observar como eles brilham. Um sorriso ilumina o rosto do padre quando ele anuncia:

– Tudo isso porque queremos levar ao mundo uma "Canção Nova", cantada por pessoas renovadas no Espírito Santo.

E encerra, com a leitura das últimas linhas do texto:

– Queremos cantar com toda a força uma "Canção Nova", para que todos possam reconhecer que Jesus Cristo é o Senhor, para a glória de Deus Pai.

Aplausos.

Passou o "gelado" a que se referia Luzia linhas atrás. Sumiu o medo que insistia em invadir a alma de Eto, diante de "um negócio tão difícil", como ele exprimiu. A alegria invade o ambiente pontifício. É como se a sala Aula Magna tivesse se transformado em um cenáculo. É como se línguas de fogo pairassem sobre as cabeças de toda aquela gente. O fogo do Espírito Santo.

Virou festa.

É entoada a canção "Virgem do silêncio" pelos membros da Comunidade. Porque a Mãe, o tempo todo presente ao evento, precisava ser lembrada. Ela estava ali, ainda que silenciosa.

"Jesus que veio nos trazer a boa nova / Geraste silenciosamente em teu coração."

"Virgem silenciosa / Tu me ensinas a silenciar também."

"Quero só contigo meditar / Tudo o que a vida me trouxer / Para em meus atos proclamar Cristo Jesus."

– Laiá, laiá, laiá... – encerra Padre Jonas, com os braços abertos, olhando nos olhos das pessoas que ali estavam.

O coração do padre exulta.

“Posso cantar uma canção?”

– *Non si puó ritornare!* Não se pode retornar.

Padre Jonas toma a palavra e anuncia, em italiano, que quer cantar.

Pronto! Se fosse num estádio de futebol, talvez a torcida estivesse entoando nesse momento “o campeão voltou! / O campeão voltou!”, e fazendo *olas*. Padre Jonas pede permissão ao cardeal Rylko *“per cantare questa canzone”*.

O presidente do Conselho Pontifício para os Leigos abre os braços, e sorri. Está contente, como todo mundo no recinto. O reitor-mor dos Salesianos olha para Padre Jonas, feliz. Irá cantar junto, como é possível ver nas imagens geradas pela TV Canção Nova.

A espontaneidade dá o ar de sua graça na sala solene do Vaticano.

Claro que Padre Jonas podia cantar!

“Na Canção Nova, tudo vira sempre motivo para festa”, como nos contou um dia Luzia. “A gente gosta muito de festa, de alegria!”. E motivo para festa e alegria não faltava. Não há mais volta. O barco navega em alto mar, nas águas de Deus. Um vento forte – o sopro do Espírito! – o leva para a frente.

Não dá mais pra voltar
O barco está em alto mar
Não dá mais pra voltar
O barco está em alto mar

Não dá mais pra negar
O mar é Deus e o barco sou eu
E o vento forte que me leva pra frente
É o amor de Deus

– É o amor, é o amor, é o amor, é o amor, é o amor... – repete Padre Jonas, os braços de novo abertos, como que para abraçar os presentes e convocando a todos para as palavras finais da canção: "...de Deus!".

Muitas palmas. Quem escuta o padre cantar no dia jubiloso do reconhecimento da Canção Nova irá por certo se lembrar dos melhores tempos do Pai Fundador como um dos personagens mais importantes do Brasil e da América Latina no campo da evangelização por meio da música.

E os que leram os capítulos anteriores deste livro irão se recordar com prazer de um episódio ocorrido em 1949, o primeiro ano de Jonas no seminário, na festa de Santa Cecília. Naquele dia, em Lavrinhas, durante a elevação do Santíssimo na capela do seminário, o menino pediu a Jesus que pudesse aprender música, se a música fosse útil para a vida de um padre em seu trabalho de evangelização.

– É o amor, é o amor, é o amor, é o amor, é o amor de Deus!

Canta, Padre Jonas!

Canta, Canção Nova!

Alegria e entusiasmo! As duas palavras podiam ser escritas inteiras com letras maiúsculas na homilia do cardeal Rylko para celebrar o acontecimento.

Essas palavras tecem uma conversa de alto nível com outros vocábulos, como humildade, vivacidade e genuinidade que – como lembrou o presidente do Conselho Pontifício para os Leigos – deixaram o seu selo indelével na vida da Comunidade, desde as suas origens.

"A memória das origens não pode ser deixada de lado na vida das novas realidades agregativas nascidas na Igreja", alertou ainda o cardeal.

Foi ótimo ouvir isso, mas talvez nem precisasse de tanta ênfase. Porque as histórias das origens sempre mereceram um lugar de honra no cotidiano da vida da Canção Nova, dá até gosto de ver – e este livro é um pequeno testemunho da importância disso que estamos dizendo.

É dessas histórias que se extrai a força para se entender cada vez melhor e confirmar a própria identidade, para se ir em frente, ainda de acordo com as palavras do cardeal Rylko. O grão de mostarda brotou e cresceu. Virou uma árvore. Quanta estrada! Foi de novo o cardeal quem lembrou isso.

Tomado de novo pelo sentimento de entusiasmo e alegria, o representante do pontífice romano naquela cerimônia se deixa tocar mais uma vez pelo calor e pelo apelo que vem do "belo nome Canção Nova".

– Parabéns, Canção Nova! Cantai ao Senhor um cântico novo! (Salmo 96,1).

"O homem novo sabe qual é o canto novo", lembra cardeal Rylko, trazendo um comentário de Santo Agostinho. E acrescenta: "O cantar é expressão de alegria e, se pensarmos com um pouco mais de atenção, é também expressão do amor. Portanto, aquele que sabe amar a nova vida conhece também um canto novo". Conhece "a arte de cantar ao Senhor um canto novo". E conclui:

– Cantem com a voz, cantem com a boca, cantem com o coração! Cantem com um comportamento reto, porque, sem dúvida, vocês cantam aquilo que vocês amam!

– Monsenhor Jonas, o senhor é muito mais fecundo do que tantos e tantos casais, por causa dessa fecundidade que lhe foi dada – como se expressou Dom Alberto Taveira, na missa de encerramento das comemorações, no dia 5 de novembro de 2008, na Basílica papal de Santa Maria Maior, no Vaticano.

"Carisma que se preza não é estéril", ele disse ainda. "A Igreja precisa de vocês, Monsenhor Jonas e todos os membros da Canção Nova! Não podem ficar parados em si mesmos!"

Sinais de reconhecimento

A presença do reitor-mor dos Salesianos na cerimônia de entrega do Decreto de Reconhecimento gerou um resultado positivo: em 21 de janeiro de 2009, dois meses e meio depois, um dos maiores sonhos de Padre Jonas seria realizado. O sonho de ver a Canção Nova, ainda que com o carisma próprio dela, no seio da Família Salesiana. Mais de uma tentativa tinha sido feita desde que a Comunidade tinha sido reconhecida pela diocese de Lorena, mas até então sem sucesso.

No nível da Inspetoria Salesiana de São Paulo – à qual o padre pertencera antes de ter de se decidir pela Canção Nova e ser, como se diz na linguagem eclesiástica, incardinado na diocese de Lorena –, as conversas, porém, estavam bem adiantadas, e já fazia tempo. Um dos sinais desse entendimento se deu no dia 31 de janeiro de 2001, quando a Canção Nova assumiu, em regime de comodato, o antigo Colégio São Manoel de Lavrinhas, fundado em 1914.

Tinham se passado mais de 50 anos desde aquele 3 de setembro de 1949, quando o menino Jonas ali entrou para iniciar o seu caminho de formação rumo ao sacerdócio. A data, solene e dignamente celebrada a cada ano, assumiria na vida de Padre Jonas um lugar de importância muito grande, depois da comemoração do seu aniversário (21 de dezembro) e da sua ordenação sacerdotal (8 de dezembro), esta última, a mais celebrada de todas.

Em Lavrinhas funciona desde então o pré-discipulado da Canção Nova, como é chamado o período inicial de formação dos jovens que ingressam na Comunidade. A pequena cidade – vamos lembrar – está localizada a 25 quilômetros de Cachoeira Paulista.

Um outro sinal de acolhida da Canção Nova na Igreja se deu em 31 de julho de 2007. A pedido do então bispo de Lorena, Dom Benedito Beni dos Santos, o Papa Bento XVI concedeu a Padre Jonas o título de monsenhor.

"Trata-se de um dos títulos mais populares que a Igreja confere, como reconhecimento por um trabalho importante realizado por um sacerdote", nas palavras de Dom Beni. "Monsenhor Jonas realizou para a Igreja um grande trabalho de evangelização, e isso está sendo reconhecido por meio desse título, que é simbólico, mas pleno de conteúdo."

Menos de cinco meses completos depois, em 21 de dezembro de 2007, Padre Jonas – agora, Monsenhor Jonas – receberia da Igreja Maronita o título de corepíscopo, o grau mais elevado de monsenhor nessa Igreja, abaixo de bispo.

À Igreja Maronita pertencia o avô libanês de Padre Jonas, Jorge Atala Merege – ou Jorge Abib, mais tarde –, que veio para o Brasil depois de ter se formado diácono no Líbano. Foram sempre muito próximas e fraternas as relações de Padre Jonas e da Canção Nova com a Igreja Maronita, que tem rito próprio mas é ligada a Roma. Em 2017, a convite da Igreja Maronita, Padre Jonas esteve em visita ao Líbano, como você leu na primeira parte deste livro, no capítulo "Retrato de família".

> No texto "Dom Bosco abraça Padre Jonas", você tem o relato sobre como Padre Jonas conseguiu realizar um dos maiores sonhos de sua vida, ao ver a Canção Nova sendo reconhecida como parte da Família Salesiana, logo depois do Decreto Pontifício. Dom Bosco abraça Padre Jonas que abraça Dom Bosco. No fundo, no fundo, eles nunca deixaram de se abraçar um ao outro, desde o dia em que o padre nasceu.

DOM BOSCO ABRAÇA PADRE JONAS

Luzia se comoveu bastante ao presenciar o abraço demorado que Padre Jonas ganhou do reitor-mor dos Salesianos, o padre Pascual Chávez, ao final da cerimônia no Vaticano. "Como foi gostoso ver aquilo!", ela diz.

Um dos grandes sonhos de Padre Jonas estava em vias de ser realizado: ver a Canção Nova ser acolhida como uma verdadeira obra de Dom Bosco. Ele começou a investir nisso desde o reconhecimento da Comunidade pela diocese de Lorena, em 1995. Três tentativas foram feitas, sem resultado positivo. A negativa veio de Roma, do Conselho Geral da congregação.

Família Salesiana – Alguns instantes apenas separam o momento do abraço que Padre Jonas recebeu do oitavo sucessor de Dom Bosco de outra cena, presenciada por Eto. Ele ouviu quando o cardeal Rylko dirigiu-se ao reitor-mor para dizer a ele: "Agora é a vez de os Salesianos reconhecerem a Canção Nova".

Dois meses e meio depois daquele dia muito solene e festivo, a notícia chegou a Cachoeira Paulista diretamente a Padre Jonas, pela voz do reitor-mor: a Canção Nova agora fazia oficialmente parte da Família Salesiana. A decisão tinha sido tomada pelo Conselho Geral, em Roma, durante reunião no dia anterior, 21 de janeiro de 2009.

Duas décadas se passaram – Era impossível não lembrar, na ocasião, daquele dia do final dos anos 1970, quando o inspetor salesiano da época chamou Padre Jonas para uma conversa muito séria, em Lorena: ele teria que optar entre os Salesianos e a Canção Nova.

Não adiantou tentar argumentar que o que ele estava fazendo podia ser entendido como parte do carisma de Dom Bosco. Podia, como até reconheceu o padre inspetor. Mas como acolher aquela nova experiência na estrutura salesiana? O inspetor não via como.

Padre Jonas chorou muito naquele dia. Depois pegou a mala e foi morar com os seus jovens... na casa da Rua Dom Bosco.

"Foi muito duro", confessou. "Padre Jonas estava sendo impulsionado pelo Espírito Santo e pelo Evangelho a começar uma comunidade", explica Luzia. "Quando fez o primeiro apelo aos jovens, ele nem pensava em fundar nada, como sempre nos dizia."

De onde não saiu – "Dom Bosco sempre esteve conosco", manifestou Padre Jonas, logo que recebeu a notícia. "Que grande graça, depois do Reconhecimento Pontifício! O que o Santo Padre chancelou, agora Dom Bosco chancela também."

"A Comunidade Canção Nova compartilha em diversos aspectos os ideais de Dom Bosco", ele afirmou no seu pronunciamento durante a sessão de reconhecimento, ao agradecer "de maneira muito especial" a presença do reitor-mor salesiano.

Agora, o filho retornava para casa, porque havia, sim, um lugar para ele na família! No fundo, Padre Jonas nunca saiu.

Talvez só estivesse mesmo faltando um abraço para sacramentar diante da Igreja e do mundo o gesto de Dona Josepha ao consagrar a Dom Bosco o seu filho Jonas, no dia em que ele nasceu.

Primavera

Sempre muito atento aos sinais divinos no cotidiano da sua vida e também na da Comunidade, Padre Jonas entende que foi a Providência Divina quem decidiu que o reconhecimento acontecesse na estação da primavera, como muitos outros acontecimentos importantes da Comunidade Canção Nova. Porque primavera é um bom sinônimo de vida, de um novo desabrochar, de alegria e de esperança. E tudo isso combina muito bem com a ideia de chamado e missão, que ecoou na sala Aula Magna naquele dia da grande festa para a Canção Nova, trinta anos depois do pequeno, humilde, mas tão significativo apelo: "Alguém está disposto?".

O grão de mostarda, lembra? É como um grão de mostarda, a menor de todas as sementes, na parábola contada por Jesus. Alguém a pega e planta na terra. E ela cresce, cresce, e se torna uma árvore gigante. Enorme. Frondosa. Os passarinhos chegam e fazem os ninhos em seus galhos. A história está no Evangelho de Lucas, capítulo 13, versículo 19 (Lc 13,19).

Jesus estava falando sobre o Reino de Deus. Na sua homilia, como apontamos, o cardeal Rylko usou a imagem do grão de mostarda numa referência à história da Canção Nova.

Ao mencionar na sua fala a primavera, Padre Jonas está com toda certeza imaginando as flores que enfeitam os jardins e os altares das celebrações da Canção Nova, em Cachoeira Paulista; as árvores que todo peregrino vê, quando ergue o olhar para as montanhas da Serra da Mantiqueira, lá no fundo. O padre está pensando nas plantas que todo dia vê ao abrir a janela do seu quarto, na casa onde mora com Luzia e Eto. Está ouvindo o cantar dos passarinhos...

E nem poderia ser diferente, porque, na Itália, nem primavera é nesse período – é outono.

Na história da humanidade, você ouve falar de primavera como um período de mudança, de esperança, de olhar para a frente e avançar em direção ao horizonte... Tivemos a Primavera de Praga, depois da Segunda Guerra Mundial, por exemplo. Mais recentemente, o mundo acompanhou a chamada Primavera Árabe...

Na Canção Nova também tem e precisa ter sempre mais primaveras, na visão de Padre Jonas. E isso não quer dizer – como nos dois exemplos citados no parágrafo anterior – que é porque há algo que demanda mudanças urgentes, como na vida de um povo ou de uma nação. A primavera, para a Comunidade, é um sentido de frescor e alegria que precisa ser cultivado, de flores e pássaros cantando, de fé e de esperança, com o olhar lá longe... Porque horizonte existe para isso: para você avançar na sua direção, olhando para a frente. E quanto mais se anda, mais o horizonte convida a andar.

Essa maneira sempre nova e renovada de ver a missão manifesta-se de forma clara e exuberante num texto que o Pai Fundador escreve logo depois do reconhecimento. Nele resplandece inclusive a alegria que a estação da primavera traz para a Comunidade, que em 2008 completava trinta aniversários. E a metáfora do horizonte aparece quando o Padre Jonas diz que Deus nunca mostrou à Canção Nova "a grandeza da obra que deseja realizar":

> *Jesus Cristo viveu trinta anos de uma vida simples, como qualquer outro homem, mas, quando chegou a essa idade, foi batizado no Espírito Santo, nas águas do rio Jordão, e começou a sua missão.*
>
> *Deus está enviando a Canção Nova, agora, para a sua missão pública. Pergunto a Maria: "O que Deus fará agora?". O Senhor já fez tanto por nós, já foram tantas as graças e vitórias alcançadas, mas como sempre Ele nunca mostrou a grandeza*

da obra que deseja fazer. Posso afirmar apenas que estou com o coração alegre, à disposição do Senhor.

Não é nenhuma coincidência que, nas linhas seguintes, aparece o tema da primavera, porque "na Canção Nova" – como escreve Padre Jonas – "a primavera é marcada como um tempo das surpresas de Deus, e é a própria história que comprova isso".

"Tudo se renova para nós nessa época, e é isso que esperamos do reconhecimento", ele acrescenta. "Deus é fiel e fará em nós uma grande renovação. Ele nos dará ainda mais ardor para a evangelização."

Pássaros e montanhas

"O senhor volta a insistir comigo sobre ser santo, porque Ele é santo", deixou registrado Padre Jonas em seu Diário Espiritual no dia 11 de janeiro de 1984. Usou a cor azul da sua caneta de quatro cores para escrever, sublinhar, marcar. E voltou a trazer a imagem dos passarinhos, como fez tantas vezes em conversas e pregações. Mais precisamente, falou dos canarinhos – os canarinhos da terra, como há tantos hoje no Brasil – que alegravam o seu dia quando ele estava em casa, rezando, trabalhando, se preparando para os seus compromissos de pregador.

A palavra "canarinho", em duas das cinco vezes que aparece no texto do padre, vem com um grifo – e Padre Jonas não sublinha uma palavra apenas porque dá vontade: há uma intenção explícita nesse seu ato. A frase vem na sequência da anterior, citada linhas acima, em que o padre diz que sente o apelo divino chamando-o para a santidade, porque Ele, Deus, é santo:

É como se o canarinho dissesse aos seus filhotes: sejam canarinhos, porque eu sou canarinho. Cantem como canarinhos, porque eu sou canarinho, e esta é a vossa natureza.

A primavera, os pássaros e as montanhas… Padre Jonas vê em tudo, como dissemos, imagens e sinais de sua missão no mundo. São lições que a natureza dá a todos aqueles que estão atentos.

Um dia, em uma de suas pregações, o padre contou para o numeroso público que o ouvia no Centro de Evangelização que gostava muito de escalar montanhas. Falou de dois picos que escalou mais de uma vez nos anos em que, pela idade, ainda estava em condições de fazê-lo.

Localizado no município de Pindamonhangaba – onde o padre fez o seu Noviciado, em 1954, aos 17 anos, e onde trabalhou como sacerdote no primeiro ano depois de sua ordenação, em 1965 –, o Pico do Itapeva tem uma altitude de 2.030 metros e é um dos encantos da Serra da Mantiqueira.

– Eu subi muitas vezes o Itapeva. Muitas vezes.

E subiu também, mais de uma vez, o Pico das Agulhas Negras, o quinto mais alto do Brasil, com 2.791 metros de altitude, localizado igualmente na Serra da Mantiqueira.

– O Itapeva é mais fácil, mas o Agulhas Negras, aqui, pertinho de nós, é difícil.

Concentração. Foco, além do esforço que escalar uma montanha pode exigir, umas mais e outras menos:

Quem sobe uma montanha tem que ficar o tempo todo concentrado. Não pode se desconcentrar. Se se desconcentra, corre todo o risco de cair.

E eu aprendi que, nas coisas de Deus, você tem que se concentrar. Mas é interessante: não é concentrar-se em si, mas é concentrar-se em Deus.

A noite escura da alma

O Reconhecimento Pontifício representou um ponto alto na história da Canção Nova, e, particularmente, na trajetória de vida de Padre Jonas. O decreto foi assinado no Vaticano no dia 12 de outubro de 2008 pelo sumo pontífice Bento XVI, na festa de Nossa Senhora Aparecida, a padroeira do Brasil. Os Estatutos da Associação Internacional Privada de Fiéis foram aprovados *ad experimentum* por um período de cinco anos na ocasião, tendo recebido a sua aprovação definitiva em 29 de junho de 2014 – e, então, o júbilo foi ainda maior.

O reconhecimento da Comunidade representa, no mais elevado sentido, um tempo oportuno para novos compromissos, na direção do mundo inteiro. Um ponto de chegada, portanto, que deve ao mesmo tempo ser interpretado – e, mais que isso, assumido – como um ponto de partida, com renovado ardor: um fim que é um começo. A imagem da primavera não poderia ser melhor.

O pulo de Padre Jonas se reveste de mil significados importantes, sob o ponto de vista da fé e da missão. E como foi lindo, para a Canção Nova inteira, ver o seu Pai Fundador saltar para o alto, na maior alegria. Foi um enlevo, também para os corações de Luzia e Eto, os cofundadores, presenciar aquela cena.

É como se o padre estivesse entregando para a Canção Nova, para a Igreja e para o mundo, um grande, um lindo e maravilhoso presente.

Missão cumprida!

Mas não! Quatorze anos de vida teria ainda Padre Jonas pela frente. Um tempo de luz e de graça estava começando exatamente ali, onde esse presente estava sendo entregue. Um tempo de luz que atravessa a mais densa escuridão. Um salto para dentro de si mesmo e da sua alma.

O canarinho queria ser canarinho e cantar como canarinho! Faltava ainda ao Padre Jonas realizar o grande, o maior e mais lindo sonho de toda a sua vida, o sonho dos sonhos: ser tudo para todos!

Encerramento

Fez-se tudo para todos

A notícia foi dada ao vivo pelo próprio Padre Jonas num dia de primavera, 7 de dezembro de 2013, durante a décima edição do Hosana Brasil. Como todo ano naquele mês, uma multidão se encontrava reunida no Centro de Evangelização para a missa do segundo dia da grande celebração de louvor e agradecimento.

– O Hosana Brasil é o último e mais importante evento de evangelização na Canção Nova, um verdadeiro grito de vitória – nas palavras de Luzia Santiago. – É a grande celebração de fé e confiança em Deus por cada dia vivido no ano que se finda, de gratidão e esperança nos seus desígnios para o novo tempo que se inicia.

As primeiras manifestações de júbilo vieram à luz no momento em que Padre Jonas, tendo se dirigido ao púlpito para a homilia, depois da leitura do Evangelho, segura firme o microfone para, com os olhos cerrados e num gesto da mais profunda introspecção, entoar o "Aleluia" – uma, duas, três, quatro vezes –, antes de acenar para os cantores continuarem junto com todo o povo. A voz ainda levemente trêmula parecia vir diretamente da alma. Era a voz dele, conhecida de todo mundo, quem poderia negar? A voz do padre!

Os aplausos se deixam acompanhar pelos olhares admirados de muita gente. As câmeras de TV captam imagens de pessoas colocando as mãos sobre o peito, sorrindo de alegria, derramando as primeiras lágrimas. Algo extraordinário está para se revelar, quando Padre Jonas proclama, com voz firme, o lema do evento: "Só no Senhor a força e a vitória!".

Ele começa por lembrar que o primeiro e maior sentido do Hosana Brasil é "apresentar ao Senhor a nossa ação de graças", e é isso que o padre irá fazer, abrindo, quase se poderia dizer rasgando o seu coração diante de todos. O aleluia que Padre Jonas canta – uma, duas, três, quatro vezes – é o aleluia de si mesmo. O próprio padre é o motivo maior da ação de graças naquele sábado das últimas semanas da estação das flores.

> *Trazemos pedidos? Sim, trazemos. Podemos trazer, e o Senhor os acolhe. Porque, com os nossos pedidos, mostramos que temos esperança, e essa esperança é coroada pela nossa fé de que o Senhor haverá de nos atender.*
>
> *Mas o Hosana Brasil é, principalmente, de ação de graças. Nós trazemos os motivos pelos quais damos graças a Deus.*

No dia seguinte, 8 de dezembro, domingo, seria o aniversário de 49 anos da sua ordenação sacerdotal, a data mais comemorada na vida desse homem de 76 anos, chegando aos 77. Não era exatamente essa, porém, a razão pela qual o padre tanto desejava louvar e agradecer a Deus naquele dia.

Padre Jonas para por instantes, abre os olhos, respira e se movimenta resoluto para a sua direita, sempre com o microfone nas mãos.

– Nesse Hosana... – ele começa.

Para de novo e dá mais alguns passos adiante, antes de continuar, calmamente, cuidando com carinho de cada sílaba:

– ...eu não estou apenas trazendo um bilhete, porque, se eu pudesse, mergulharia inteiro nessa barca!

Ele aponta na direção de uma barca bem grande de madeira, que está ali perto. Nela são recolhidos os papeizinhos com os pedidos e agradecimentos que foram sendo depositados em diferentes capelas e caixinhas de oração espalhados pela chácara da Canção Nova ao longo do ano – e, nos dias de hoje, depois da morte do padre, principalmente e em quantidade muito superior, no seu túmulo, no Santuário do Pai das Misericórdias.

Enquanto Padre Jonas fala, uma mulher ainda se aproxima da barca para colocar nela a sua mensagem, talvez um novo obrigada a Deus Nosso Senhor por alguma graça, quem sabe até pela alegria de ver o padre voltar?!

Dentro da barca, em bilhetes em geral escritos à mão e com a letra às vezes trôpega, os pedidos de socorro se juntam às manifestações de alegria por se ter alcançado de Deus algum tipo de resposta para uma prece, a cura de algum mal, o enxugamento de alguma lágrima, a vitória sobre algum vício ou mesmo o perdão divino para algum pecado. E é justamente este o foco principal do Hosana Brasil: a ação de graças.

Ao ouvir Padre Jonas e acompanhá-lo em seus primeiros movimentos no início da homilia, as pessoas que lotam o Centro de Evangelização percebem sobre o que ele está falando quando diz que, se pudesse, mergulharia naquela barca para agradecer ao Senhor! Elas intuem que notícia é essa que está para ser anunciada. Por isso recomeçam as palmas, no exato momento em que o pregador retoma a fala, depois de mais uns instantes de silêncio, durante os quais o que se ouviu foram as manifestações de alegria daqueles ali presentes.

Uma vez que não posso mergulhar nessa barca para agradecer ao Senhor..., eu quero mostrar... diante de todos vocês... o meu agradecimento..., o meu profundo agradecimento..., do fundo do meu coração..., ao Senhor..., por estar com-ple-ta-men-te restabelecido, e isso é graça do Senhor!

O público, agora, de fato explode em festa. Todo o Centro de Evangelização se põe de pé, aos gritos de alegria. Há pessoas, muitas, que choram de emoção. Padre Jonas está de volta!

– Amém! Muito obrigado! – ele se esforça para anunciar, mas quase ninguém escuta, porque o momento é de comemoração e o barulho, muito grande. – E eu agradeço também por todas as orações. Eu sei que você orou por mim, e Deus foi bom!

Ouve-se ao fundo o toque da guitarra, e os músicos a entoar "Felizes são aqueles que esperam no Senhor", o refrão do Salmo Responsorial (Sl 146).

"Estou em casa"

Foram anos de luta, mas pela graça de Deus, ele está restabelecido, continua Padre Jonas, colocando o acento da sua voz sobre as expressões "anos de luta" e "restabelecido" e dividindo, como da primeira vez, as palavras sílaba por sílaba. É pela graça de Deus que está de volta, o padre repete. E, pela insistência na ideia de jogar-se ele mesmo naquela barca, todo, inteiro, dá para intuir a profundidade e extensão da alegria que atravessava a sua alma naquele momento.

Padre Jonas parecia até desejar ser imolado no meio daqueles bilhetes – qual cordeiro –, em ação de graças ao Pai do Céu! Dali mais um pouco, os milhares de pedacinhos de papel com as preces de intercessão e louvor iriam ser queimados, e a fumaça subiria para o Alto como um incenso que se queima no altar, num imenso Hosana: obrigado, obrigada, Senhor!

Senhor, uma vez que não posso mergulhar na barca, mergulho no teu coração.

É o mergulho de agradecimento de alguém que recebeu muito da tua graça, da tua bênção, do teu amor!

Muito obrigado, Senhor! Amém!

Mais aplausos.

Muitas vezes na vida – é preciso observar –, Padre Jonas comentou que não conhecia de verdade para onde os caminhos de Deus o levariam. Ele se entregava, confiante, como uma criança que se atira nos braços do pai ou da mãe. Não sabia exatamente em que direção a barca divina da vocação e do carisma o conduziria. Naquele momento, em 2013, tomado por intensa emoção, o padre não estava em condições de entender que o "mergulho no coração de Deus" – como ele expressou – ainda estava por se realizar de forma mais completa e profunda na sua vida, até o seu último suspiro, na noite de 12 de dezembro de 2022, quando entregaria a alma para Deus. Só o tempo iria dizê-lo.

Por mais de uma hora, Padre Jonas prega ao seu povo, retomando as leituras daquele sábado e destacando, em todas elas, os pontos que mais podiam tocar a existência de cada um – exatamente como o Jonas da Bíblia sempre fizera nas quase cinco décadas de vida sacerdotal até aquele momento. Mas, nesse dia, a pessoa com quem as leituras mais parecem conversar é com o padre mesmo – e, por meio dele, com todo o povo de Deus.

Tem uma palavrinha aqui muito importante: "Ele, o Senhor, se comoverá à voz do teu clamor".

Que bonito isso! Ele se comove, porque é pai.

E a gente pode dizer que esse pai tem um coração de mãe, que se comove, que se condói, que vê a dor do filho, e que por isso o atende. Atende de coração aberto. Com alegria.

A leitura, extraída do livro do profeta Isaías, capítulo 30 (Is 30,19-21.23-26) traz a imagem eloquente do "pão da angústia" e da "água da aflição" – e, de novo, a mensagem parece escolhida a dedo, porque quem o viu e acompanhou nesse período sabe que Padre Jonas foi se transformando com o tempo, ano após ano, em uma experiência viva do que estava naquele momento proclamando. O pregador prega a si mesmo, a sua palavra se traduz em vida.

Mas, que bonito! Quando a angústia e a aflição chegam a nós, Ele, o Senhor, não se distancia, não nos abandona. Como um mestre, Ele nos ensina a como proceder, ele nos mostra que caminhos seguir, por onde andar, para não sucumbirmos, para não nos deixarmos destruir.

E quem não passa por isso? A minha própria enfermidade me ensinou isso de maneira muito clara. Quem não passa por isso?

Mas, que beleza! O Senhor é um mestre que nos pega pela mão e nos acompanha pelos meandros da angústia. E é difícil caminhar pelos meandros da angústia e da aflição, porque, realmente, elas nos desnorteiam. Mas o Senhor está conosco.

Que bonito! O Senhor nos faz essa promessa de estar ao nosso lado. E esta é a certeza que Ele quer que você tenha em seu coração, você que passou, você que está passando ou que passará por isso: o pão da angústia e a água da aflição.

O Evangelho de Mateus desse importante dia – sábado, 7 de dezembro de 2013 –, capítulo 9 (Mt 9,35-10,1.6-8), traz o tema da cura de todo tipo de doença e enfermidade. Mergulhado nessa barca, Padre Jonas avança com a sua pregação até alcançar – por caminhos que o padre tanto aprecia – a história do filho pródigo que volta para casa e é abraçado pelo pai.

O pai vai ao encontro do filho, com os braços abertos: ele voltou! Essa imagem tão linda, o peregrino a vê magnificamente representada ao fundo do altar do Santuário do Pai das Misericórdias, que fica situado num ponto elevado, a menos de duzentos metros de distância do Centro de Evangelização.

– Aceite a aproximação, o abraço de Jesus, o abraço ainda mais lindo que o do pai do filho pródigo! – encoraja Padre Jonas.

Ele se dirige tanto àqueles com os quais está conversando pessoalmente, ali, naquele espaço, quanto a quem o acompanha pela TV, rádio e internet. Na verdade, mais até: dirige-se a quem houver no mundo com um coração aberto para ouvir a mensagem do Evangelho, para se deixar abraçar por Jesus. "Que bonito é isso!", ele repete, para depois continuar:

> *Hoje estou de volta. Sou a ovelha perdida. Sou a moeda perdida. Sou o filho pródigo.*
>
> *Estou de volta, Senhor! Preciso de ti. E que bom que eu sei que o Senhor me recebe de volta! Eu sei que o Senhor já estava à minha procura. Já estava no meu encalço.*
>
> *Hoje eu quero lhe dar esta alegria: voltei, Senhor! Estou de volta! Estou em casa! E obrigado porque você me recebe.... em casa. Estou em casa.*

De novo, o Centro de Evangelização se ergue em júbilo, em mais uma explosão de alegria, fé e emoção.

Padre Jonas está em casa!

Cinco anos antes

De que luta o padre está falando, de que pão da angústia e água da aflição?

Que período foi esse – como ele mesmo disse –, de "desnorteamento" por causa da angústia e da aflição, um tempo difícil, sofrido, terrível, mas, ao mesmo tempo – como Padre Jonas também mostrou, de forma primorosa –, espiritualmente tão rico, uma verdadeira bênção, e justamente nesse lugar escuro e assustador em que muita gente costuma enxergar apenas o espinho lancinante da dor?

Que lugar tão sagrado e misterioso é esse, no qual você estremece ao ouvir se elevar a Deus o grito do seu próprio Filho na Cruz: "Meu Pai, por que me abandonaste?", para, em seguida, assistir ao gesto da mais plena confiança de quem se joga nos braços desse mesmo Pai: "Em tuas mãos entrego o meu espírito!"?

Para acompanhar o drama dos últimos quinze, dezesseis anos da vida de Padre Jonas, e para se deixar seduzir e iluminar por toda a grandeza, pela imensa riqueza e fertilidade espiritual do testemunho que ele deixou, precisamos recuar uns anos no tempo. Cinco anos antes do Hosana Brasil 2013, quando viajou para o Reconhecimento Pontifício da Canção Nova, em Roma, no início de novembro de 2008, se dependesse dos médicos – como lemos no capítulo "O pulo de Jonas" –, ele não teria ido, de jeito nenhum.

– Quando viajou para Roma, o padre passava por um momento de depressão muito forte – lembra Eto, o amigo, não sem se comover. – Ele estava em tratamento, tinha perdido o apetite e emagrecido muito, dava dó.

Fazia mais ou menos dois anos que a depressão tinha começado.

Era o início do caminho de Padre Jonas em direção ao Calvário, sua "Via Dolorosa", como expressou Luzia Santiago. Jesus, o Mestre – para ficarmos na imagem que o padre usou na pregação do Hosana Brasil 2013 –, o estava pegando pela mão para conduzi-lo pelas veredas da Purificação, da Graça e do Mistério.

– É por isso que este livro sobre a história de vida de Padre Jonas não poderia terminar com o seu pulo no Vaticano, logo depois do Reconhecimento Pontifício, por mais que todos os acontecimentos daqueles dias tenham sido lindos e nos enchessem de esperança – observa Luzia Santiago. – Ficaria uma defasagem muito grande em relação à sua vida real.

Aqueles pulos – já que foram mais de um! – representaram um momento de grande alegria, de um verdadeiro êxtase na vida de Padre Jonas, acrescenta Luzia, que viu e sentiu tudo muito de perto, porque ela e Eto estiveram em Roma, junto com ele, o tempo todo durante as celebrações do Decreto de Reconhecimento Pontifício da Comunidade. E também na Praça de São Pedro, no instante dos pulos, depois de se encontrarem por uns instantes com o Papa Bento XVI e de terem ouvido, com inenarrável satisfação, quando ele proclamou em praça pública que a Canção Nova tinha alcançado naquele dia o reconhecimento da Igreja.

– Mas fazia um tempo que Padre Jonas estava entrando no que nós chamamos de noite escura – conta Luzia.

Ela continua:

Tanto que, quando viajou para receber o Decreto de Reconhecimento Pontifício, foi uma luta bem grande de todos para levá-lo, até o último dia, até a última hora, porque ele estava muito doente.

As passagens estavam compradas, mas ele continuava se sentindo mal. "Nós vamos levá-lo!", decidiu Dom Alberto Taveira, hoje arcebispo de Belém, um amigo de muitos anos da Canção Nova, que esteve depois também em Roma. Foi uma ordem dele.

Só por um milagre Padre Jonas foi, e já aí a gente percebe algo extraordinário.

Padre Jonas retorna alegre e animado de Roma. É como se tivesse cumprido a grande missão da sua vida – mas, de fato, ainda não em plenitude: a depressão não deu trégua. Luzia gostaria de colocar entre aspas a palavra "depressão". Porque, como ela diz, quem conviveu com Padre Jonas nesses anos todos sabe e testemunha que não se tratava de uma depressão comum:

Foi uma noite escura que ele viveu, em que pôs tudo à prova. Pôs tudo em questionamento, a própria Canção Nova, o que ele tinha feito a vida inteira. Ele se esvaziou completamente, para se entregar a Deus.

É impossível não lembrar a Carta de São Paulo aos Filipenses, capítulo 2, versículos 7 e 8 (Fil 2,7-8), quando o apóstolo diz que Cristo "esvaziou-se a si mesmo, tomando a forma de servo". Ele "humilhou-se a si mesmo, sendo obediente até à morte, e morte de cruz".

Foi uma purificação muito grande de Padre Jonas, em todos os sentidos, no tempo de sua Via Dolorosa.

E esse tempo da Via Dolorosa, que começou, portanto, antes de 2008, não se encerraria em 2013, naquele momento de festa do Hosana Brasil, quando o padre anunciou que estava completamente restabelecido. Continuou pelos anos afora, com as frequentes pneumonias, depois o infarto e, por fim, o mieloma múltiplo, já em 2021.

– Quanta dor! Quanto desafio! E quanta purificação! – suspira Luzia.

O pão da angústia

No estágio inicial da enfermidade de Padre Jonas – ou da noite escura –, ali pelo ano de 2006, para os grandes eventos, para presidir a Santa Missa em alguns acampamentos e fazer as pregações, a Canção Nova pôde primeiro contar com o auxílio de um sacerdote que deixou escrita uma das páginas mais belas na história da Comunidade: padre Léo.

O sacerdote da Congregação do Sagrado Coração de Jesus e fundador da Comunidade Bethânia, mineiro – nascido na colônia agrícola de Biguá, município de Delfim Moreira-MG –, tinha 44 anos de idade quando foi chamado a estender a mão ao mestre e amigo Padre Jonas.

Com uma alegria exuberante e o seu jeito sempre muito divertido de falar sobre as coisas de Deus, desde que começou a atuar na TV Canção Nova, em 1998, padre Léo logo revelaria ao Brasil o grande dom de encantar as multidões com as suas pregações. A primeira vez na Canção Nova foi no dia 26 de junho de 1999, durante um Acampamento PHN – Por Hoje Não, com o tema "Os caixotes das drogas".

– Padre Jonas e padre Léo faziam uma dobradinha – segue contando Eto. – No começo, por exemplo, um fazia uma palestra e o outro, outra. Um presidia a Santa Missa no sábado, e o outro, no domingo. Padre Jonas conseguiu se aguentar nesse tempo.

Mas iria piorar nos meses seguintes, precisando desde então ser acompanhado o tempo todo por Luzia, Eto e os filhos e filhas da Canção Nova. Eles eram escalados em cada período para cuidar do Pai Fundador, enquanto a Comunidade, na medida em que tomou consciência da situação, rezava, sofria junto e clamava a Deus.

– Padre Jonas então ficava em casa, de onde acompanhava as palestras do padre Léo, quietinho, sentado na cadeira, e só de vez em quando participava de algum evento concelebrando a Santa Missa – lembra-se Eto. – Ele ajudava, mas quem presidia era o padre Léo.

No dia 4 de janeiro de 2007, porém, padre Léo morreu de um câncer diagnosticado no ano anterior. A sua última pregação tinha sido no dia 9 de dezembro de 2006: "Buscai as coisas do Alto". Vinte e nove anos depois de ter sido fundada – em fevereiro de 1978 –, a Canção Nova percebeu que estava sendo duramente provada. E Padre Jonas – que era muito mais do que um pai para padre Léo –, doente, sofrendo de depressão, estava sendo provado mais duramente do que todos!

Padre Jonas se abre um dia com Luzia e Eto. Sentia-se exausto, sem nenhuma energia. Ele não conseguia mais dar conta da sua agenda, e nem sabia o que fazer. Estava buscando ajuda e gritando por socorro. A Comunidade então se pergunta: como continuar atendendo tanta gente, do Brasil inteiro, que continuava a frequentar os eventos sempre muito movimentados da Chácara Santa Cruz?

Padre José Augusto, que esteve bem presente na vida de Padre Jonas durante a primeira fase da sua enfermidade, logo assumiu a missa das 7 horas da manhã. E em todo esse tempo do pão da angústia, a exemplo do seu fundador, a Comunidade inteira levou à frente os trabalhos próprios de evangelização, com os seus pregadores, animadores, sacerdotes e músicos.

– E a gente teve que começar a pôr ordem no padre – como exprime Eto, no seu jeito sempre muito simples mas certeiro de falar.

O amigo do padre explica que os missionários passaram a ter que ficar perto do Pai Fundador para auxiliá-lo em tudo o que ele precisasse, com Luzia o tempo todo à frente, ajudando, rezando, consolando. Algum dos rapazes – Padre Jonas, tendo buscado inspiração na Bíblia, os chamava de "sentinelas" –

tinha que dormir perto dele, numa cama ao lado. Sob o efeito de medicamentos, o padre teria sempre um filho espiritual por perto, caso precisasse de assistência.

– E, também, para orar com ele e por ele, às vezes tarde da noite ou de madrugada – complementa Luzia. – Ele passava mal, e era uma luta muito grande.

"Nu de mim mesmo"

A casa da família – Luzia, Eto e o padre – teve que passar por uma grande transformação, como explica a companheira de missão. Ela dá um exemplo:

– Padre Jonas sempre foi um homem da comunicação, ligado o tempo todo na programação da rádio e TV Canção Nova. Mas, naqueles anos, não se podia ter televisão, rádio ou qualquer outro som dentro de casa. Porque tudo isso fazia um mal muito grande para ele.

Nem o cântico dos passarinhos Padre Jonas gostava mais de ouvir. Os bem-te-vis e os sabiás, os canarinhos da terra e as maritacas, os tucanos e os papagaios que vez ou outra apareciam pela chácara da Canção Nova e se aproximavam da casa do padre, lindos em suas cores e em sua animação, não eram capazes de alegrar o seu coração – embora nunca tivessem deixado de cantar, como se fosse para ele!

Enquanto isso, a vida prosseguia, dia após dia, ano após ano, assumindo uma rotina completamente nova e por um tempo mais longo do que as pessoas conseguiam imaginar que pudesse durar. É que o tempo de Deus é diferente, e insondáveis são os seus caminhos. Compreenderiam depois, na prática, o que os documentos da Canção Nova, de diferentes modos, repetiam quase a cada página.

"Aguenta firme, meu filho!", era a mensagem que se ouvia. Aquilo que o padre sempre gostava de falar para os muitos filhos e filhas da Comunidade e para quem mais no mundo o encontrasse, estava sendo repetido agora para ele. "Você é guerreiro, Padre Jonas! E um guerreiro, como você sempre ensinou, pode até perder uma batalha, mas não desiste de lutar!"

"Os vossos arados, transformai-os em espadas, e as vossas foices, em lanças!", diz o livro do profeta Joel, capítulo 4, versículo 10 (Jl 4,10). "Mesmo o enfermo diga: 'Eu sou guerreiro!'."

"Sim, mesmo enfermo, eu sou guerreiro!", repetia sempre o padre, tanto nesse tempo de noite escura, quanto nos anos finais da sua vida, quando as inúmeras internações, as pneumonias, os exames, as medicações, tudo o que precisava fazer e também o que não podia fazer, não conseguiam fazê-lo sucumbir. O barco estava em alto mar, e não dava mais para voltar, como diz a canção preferida de Padre Jonas – "Não dá mais pra voltar", uma composição do diácono Nelsinho Corrêa.

E o guerreiro, de repente, canta, ele também, como um passarinho! Nos dias 9 e 10 de agosto de 2007, lotado até o último lugar da fila, o teatro da Academia Militar das Agulhas Negras, na cidade de Resende, sul do estado do Rio de Janeiro, viu Padre Jonas cantar de novo com entusiasmo, no show "Como é linda a nossa família: Monsenhor Jonas e seus filhos". O seu primeiro CD e DVD, gravado ao vivo, seria lançado no dia 2 de fevereiro de 2008, a data do Compromisso na Comunidade. Traz uma retrospectiva da história musical do Pai Fundador.

"Ser Canção Nova é bom demais", como ele costumava dizer, pensando na sua família espiritual, a linda família do padre!

"Tudo te entreguei, nada me restou / Livre eu fiquei para te amar, meu Deus", ele entoa, depois de ter sido efusivamen-

"Sim, mesmo enfermo, eu sou guerreiro!", repetia sempre o padre. E o guerreiro, de repente, canta, como um passarinho!

te aplaudido pela plateia ao aparecer no palco. Padre Jonas está contente, feliz como uma criança. E também muito bonito e elegante no seu terno preto, camisa branca, *clergyman*. Traz no pescoço o cordão com a cruz de São Francisco de Assis – o Tau –, que carregou por muitos anos da sua vida, até o túmulo.

"Tudo me pediste, nada te neguei / Hoje eu sou feliz assim, tenho a Ti, meu Deus!", canta.

"Juras de amor", é o título da canção.

Um ano e três meses depois do show, Padre Jonas estaria comemorando, em Roma, o Reconhecimento Pontifício da Canção Nova. Foi um dos dias mais felizes da sua vida. Era Deus apresentando a sua obra ao mundo! Foi nesse contexto que ele deu os famosos pulos na Praça de São Pedro.

Missão cumprida? Não, ainda não!

O caminho do Calvário, a noite escura da alma, apenas tinha começado. Padre Jonas teria que aguentar firme por quase uma década e meia ainda.

– A Igreja está nos legitimando, nos acolhendo e apresentando ao mundo – exulta de alegria, ainda no Vaticano, durante uma entrevista que deu para a imprensa católica.

A voz do padre, naquele momento, ao final de mais uma missa das várias que concelebrou naqueles dias, se mostrava cansada, e era notável o esforço que fazia para falar. A mensagem que ele quis transmitir, no entanto, era límpida e transparente, se conectando de forma brilhante à canção "Juras de amor" – principalmente a parte que diz "Tudo te entreguei".

– Eu me sinto como São Francisco – afirma. – Me despojo de tudo aquilo que é meu, e, quando me vejo nesta situação, nu de mim mesmo, a Igreja pega o seu manto e me envolve.

"Somos gente, Senhor!"

O sentimento de nudez de si mesmo a que Padre Jonas se refere iria atravessar o tempo da noite escura para se mostrar presente – com o mesmo vigor e a mesma promessa – nos anos que se seguiram, com o rosário de muitas dores e sacrifícios a que seu frágil corpo seria submetido.

Numa palestra que deu um tempo antes, em setembro de 2004, Padre Jonas se emociona até o pranto, ao fazer uma prece comovente ao seu Senhor. O título da palestra era justamente "Apóstolos cansados". Era como se estivesse apontando com o dedo para o horizonte próximo da sua vida, o seu Calvário.

> *Obrigado, meu Deus, porque tens misericórdia de nós. Porque nos compreendes. Não nos repreendes, não! Nos compreendes e vens em nosso auxílio! E até abres de novo a torneira, abres as comportas, para que a gente chore.*
> *Chore. Chore livremente. Chore como gente. Porque, acima de tudo, nós somos gente, Senhor! Somos apóstolos, sim, somos apóstolos. Mas, antes de sermos apóstolos, nós somos gente!*

Padre Jonas chora.

– Ele sofria um desgaste muito forte, físico e emocional – como interpreta Margleis Gomes, sua secretária pessoal, repetindo, um tempo depois, o que tinham ficado sabendo todos aqueles que o acompanhavam de perto. – Vamos dizer assim: o padre passava por sua noite escura.

Frei Patrício Schiadini, da Ordem dos Carmelitas Descalços, entende que Padre Jonas atravessava um momento particularmente difícil naquele período. A Canção Nova estava crescendo e se expandindo, mas havia críticas externas e também dificuldades internas – como sempre acontece, e é natural que surjam dúvidas, medo e insegurança. "O que fazer?", a pessoa se pergunta. "Parar ou continuar?"

Deus, para lembrarmos o profeta Isaías, estava convocando Padre Jonas a comer o pão da angústia e beber a água da aflição.

– Para mim, o mais difícil era ver aquele padre alegre, que sempre chegava e sentava para comer, que gostava de brincar, de rir e de elogiar a comida, tão triste, de repente – lamenta dona Helena, a cozinheira. Ela chegou a pensar que talvez fosse porque a comida que preparava não era mais tão boa quanto antes. Não sabia o que fazer. Arrancaria o próprio coração, se possível fosse, para alegrar Padre Jonas.

– Tal era a situação que nós vivíamos dentro de casa – relembra Luzia. – Foi um período de grande dor…

Mas foi, também e por isso mesmo, uma época de amadurecimento e de crescimento, na leitura que Luzia faz de todo o período, incluindo a morte do padre. Porque, como ela aponta, todos tiveram que se rever diante de Deus, participar, viver juntos e solidariamente essa experiência.

– Havia dias em que eu sentia como se a dor fosse comigo – afirma. – Todos da Comunidade viveram isso. Como eu disse e gostaria muito de repetir: nós passamos por um período de grande purificação. Mas eu tive medo de perder o padre, já naqueles primeiros anos de sua Via Dolorosa. Ficamos com muito medo de que ele se fosse.

Doía muito a Luzia e Eto, os cofundadores da Comunidade, às vezes ter que ouvir de gente de dentro e de fora – padres, bispos, autoridades civis e especialistas da área de saúde – a pergunta: será que Padre Jonas estava sendo cuidado direito? Será que ele estava tendo os recursos necessários e o acompanhamento médico adequado para sair daquela situação…, para não morrer?!

Luzia e o marido não mediam esforços para dar ao padre que com eles morava tudo o que podiam e sabiam fazer para ele se sentir bem, e muito bem cuidado, no meio de uma dor às vezes difícil de ser atenuada. Teriam também entregue o próprio coração, uma, duas, três vezes – quantas fosse preciso – para aliviar o sofrimento de Padre Jonas.

O sentimento tão gostoso de estar em casa, de ter um lar, em momento algum desse longo e pesado tempo de purificação deixou de ser experimentado pelo padre. Realizava-se assim, na prática – ou melhor, no cotidiano da vida, como gosta de expressar Luzia –, o sonho manifestado um dia por Padre Jonas de ser acolhido, como sacerdote, por uma família, o que acabou acontecendo. Você lembra a história do quadro da Sagrada Família, que contamos no capítulo sobre "A companheira da missão", na segunda parte deste livro?

– Eu creio que essa noite escura é um sacramento do amor de Deus – assevera frei Patrício. – O que Padre Jonas passou é um sacramento do amor de Deus!

Sacramento, é bom lembrar – como ensina o Catecismo da Igreja Católica –, é um sinal vivo, concreto e eficaz da presença de Deus.

É bom lembrar também que Padre Jonas foi um grande mestre na arte de ensinar todo mundo a manter os olhos, os ouvidos e o coração abertos para enxergar e acolher os sinais que Deus espalha na vida das pessoas. São sacramentos. São os milagres a que o padre tantas vezes se refere no livro *Eu acredito em milagres*, da Editora Canção Nova.

Ainda sobre a noite escura

Fácil não é, como sublinha o frei carmelita. Não, não é fácil, teria repetido Padre Jonas, tanto para falar do seu próprio caminho quanto o da Comunidade que ele fundou. Como sentir o amor de Deus quando Ele corrige, prova, exige tudo da pessoa? Como falar de amor no meio da mais profunda de todas as dores, a da alma? Como viver a alegria, tendo que comer o pão da angústia e beber a água da aflição?

Falando em carmelitas, conta-se que Santa Teresa de Ávila estava um dia indo de burro até um dos conventos da Ordem quando, de repente, o animal empacou e a derrubou na lama. A pobre mulher – depois declarada santa – ficou toda suja, e ainda saiu com a perna machucada. Indignada, ela reclamou, olhando para o céu:

– Por que o Senhor deixou isso acontecer?

É quando uma voz lhe responde:

– É assim que trato os meus amigos!

– Entendi – retruca a grande mística católica. – Não me admira que tenha tão poucos amigos!

"A noite escura da alma" é título de um poema muito famoso e conhecido do místico espanhol São João da Cruz (1542-1591). Contemporâneo de Santa Teresa de Ávila (1515-1582), ambos trabalharam na reforma da Ordem dos Carmelitas – tendo nascido desse movimento do Espírito Santo o ramo dos Carmelitas Descalços, ao qual pertence frei Patrício.

"Oh! Ditosa aventura!", é como São João da Cruz se refere a essa noite, reservada a poucos – os mais exigentes no caminho da busca pela santidade.

Em noite tão ditosa,
E num segredo em que ninguém me via,
Nem eu olhava coisa alguma,
Sem outra luz nem guia
Além da que no coração me ardia.
Essa luz me guiava,
Com mais clareza que a do meio-dia.

São João da Cruz narra desse modo, de forma poética, a jornada de uma alma rumo à união mais completa e profunda com Deus. Trata-se da experiência da Via Dolorosa que faz quem se lança na aventura da busca de crescimento espiritual, no caminho da santidade: "Quem quiser me seguir" – como disse Jesus –, "pegue a sua cruz e me siga..."

Terrível e lindo!

"Oh! Noite, amável mais do que a alvorada."

Em um dos momentos mais difíceis desse período, Padre Jonas se expõe em uma das suas entrevistas para a TV. Nada há para esconder. A voz é rouca, um pouco difícil de ouvir. Os passarinhos insistem em cantar, ao fundo, alegres e brincalhões: de novo, eles parecem saber que o padre – que tantas vezes os saudou alegremente pela janela do seu quarto – está triste. Muito triste.

Mas que ninguém se engane! Padre Jonas é forte. É forte porque é fraco – nas mãos do seu Deus. É forte no Senhor! Não foi isso que ensinou o apóstolo Paulo?

> *Eu vejo que o tempo que Deus me concedeu e para o qual ele me empurra é esse, justamente: não de grande ação, mas de estar mais recolhido, de estar mais em contato com o Senhor, e ser realmente um agente que trabalha muito e que reza muito.*
>
> *Esta é a minha situação neste momento. Deus quis uma pausa, e eu estou nas mãos da Providência, e é a Providência que sabe o que é o melhor para mim e o que é melhor para o nosso povo. Estou disposto, realmente, a obedecer a ordem de Deus.*

Num outro momento, o padre abre novamente o coração ferido para explicar, ao vivo para a TV Canção Nova, como foi o seu relacionamento com Deus no tempo da sua enfermidade:

Eu diria: terrível. O que mais me fez sofrer na minha enfermidade foi justamente isso: eu era como alguém que buscava no ar, tentando pegar Deus, e não conseguia! Eu estava num vazio enorme.

Mas nunca parei de rezar. Eu rezava o Ofício Divino, que todos os padres rezam. Eu rezava as orações de um bom cristão. Eu rezava bastante, inclusive, porque não podia fazer outras coisas. Mas tudo no vazio. Eu não sentia nada.

"Pode a tristeza durar até o anoitecer, mas a alegria logo vem no amanhecer", como tantas vezes cantou Padre Jonas, numa composição de Joair Júnior.

O padre vivia o que cantava. Não reclamava de nada, ninguém jamais o viu murmurando pelos cantos. Não deixou nunca de rezar e acreditar – mesmo quando não conseguia "tocar em Deus":

Embora não tocando em Deus, as coisas da fé, eu as continuei a usar. E, juntando fé e oração – eu pedia com fé e na oração eu buscava essa fé –, consegui coisas maravilhosas para as outras pessoas.

Para mim, eu não conseguia nada. Mas eu ficava contente: os outros se beneficiavam com isso, e Deus estava sendo servido.

Então, foi uma aventura de fé que eu vivi na minha enfermidade. Como eu digo, foi terrível! Foi duro, mesmo! Mas, ao mesmo tempo, foi muito lindo. O proveito espiritual que eu tirei dessa experiência não dá para contar.

E Padre Jonas canta, ao final da entrevista.

Está feliz.

"A vida é caminhar / Sou peregrino do amor / Vou semear a esperança / Deste mundo que há de vir / E eu não me canso de cantar".

E o padre brinca, dizendo que esperava passar dos 100 anos de vida!

– Mas não sei se passo.

A porta da dor

Na capelinha da casa de Eto e Luzia em que Padre Jonas toda manhã presidia a Santa Missa, celebrada junto com as pessoas que estavam sempre por ali e o acompanhavam mais de perto, uma enxadinha com um cabo de madeira de mais ou menos 1 metro e meio de comprimento se ergue no canto esquerdo. Parece que ela também se mostra muito animada a fazer parte dessa grande história – é mais um sinal de Deus.

– Essa era a enxada que o padre usava para trabalhar na horta naquele período – conta Luzia. – Ele também tinha o uniforme e o chapéu. Quando estava no meio dos outros trabalhadores, só quem o conhecia sabia que era ele.

Que lindo era ver Padre Jonas cultivando os seus legumes e verduras! Tinha razão o médico psiquiatra: mexer com a terra, plantar e colher faz bem! O que o padre mais gostava era preparar as mudas de alface nos saquinhos, porque elas crescem rápido – como contou Luzia. E lá vinha de repente o Pai Fundador, cheio de satisfação, com a cesta de verdura, oferecendo para um e para outro, como se fosse o maior e mais precioso presente do mundo! E inevitavelmente com um sorriso no rosto, um abraço, uma bênção e uma palavra de conforto para distribuir junto com as suas verduras.

Quatro anos depois do Hosana Brasil 2013, vamos recordar, mais exatamente no final de setembro de 2017 – na estação da primavera! –, Padre Jonas embarcaria em uma viagem para o Líbano, a terra dos seus ancestrais paternos. O relato dessa experiência tão sonhada pelo padre, você o encontra na primeira parte deste livro, em “Retrato de família”.

Padre Jonas foi porque queria muito ir. Mas não estava nada bem de saúde. Nem um pouco, como escrevemos lá. Nunca mais na sua vida ele saberia de verdade o que era saúde, pelo menos no sentido mais físico do termo: a Via Dolorosa iria mostrar que tinha ainda umas tantas estações para serem dignamente cumpridas pela frente.

E o padre iria cumpri-las. Pacientemente. Aguentando firme! Com muita fé.

Vera Lúcia Reis, da Canção Nova, lembra que certa vez ouviu Padre Jonas dizer: “Quando Deus abre uma porta, eu entro por ela”. Verinha, como é conhecida na Comunidade, nunca mais esqueceu a frase. Ela comenta, tentando reproduzir com as suas palavras a atitude espiritual do padre:

– Se a porta que Deus está abrindo é a do sofrimento, eu vou enfrentar. Se a porta que Deus está abrindo é a do anúncio, eu vou anunciar. Se Deus está abrindo a porta da humilhação, eu entro por ela. Se é a porta da consolação, eu também entro por ela.

No momento em que contemplamos a trajetória de Padre Jonas na perspectiva dos últimos anos de vida – a sua Via Dolorosa –, torna-se um pouco mais fácil observar que a porta da dor lhe foi aberta muito cedo e em momentos cruciais da sua existência terrena. É no final de uma viagem que se capta melhor o significado de ter um dia partido. O fim ajuda a entender o começo. E o começo foi assim: na hora do seu nascimento, ele quase morria no parto, e, na infância, por pouco não perdia a visão, aos 2 anos de idade. A cirurgia acabou custando caro, e a família, muito pobre, teve que fazer as malas e mudar para a cidade grande, em busca de trabalho.

Anos mais tarde, ao final do seu primeiro ano de Teologia, o padre precisou ser submetido a uma cirurgia do duodeno, por causa de uma úlcera que ganhou nos três anos anteriores, de intensa atividade, no período do chamado tirocínio, como professor e formador. Dois anos e pouco tinham se passado, quando, já no último ano de Teologia, um problema na visão, junto com fortes dores de cabeça, o afastou dos estudos por vários meses – e quase o impediu de ser ordenado sacerdote, quinze anos depois de ter se preparado para o grande dia, em dezembro daquele ano de 1964.

> *Quando chegou o mês de outubro, voltei corajosamente para o seminário e fui estudar sozinho. Mergulhei no estudo. A dor de cabeça não tinha desaparecido, nem a visão embaralhada. Mas eu estudava e estudava.*
>
> *Foi uma superação que me emociona até hoje. Meu Deus, como sofri naqueles dias!*

Cinco anos mais tarde, em novembro de 1969, Padre Jonas foi internado com tuberculose num sanatório em Campos do Jordão. E, já no início de 1977, é submetido a uma nova cirurgia para retirar da vesícula as pedras que ele depois pediria para colocarem no centro do piso em construção da capela da Casa de Maria, em Queluz – como um sacramento!

O relato desses episódios da vida do padre foram sendo trazidos em diferentes momentos da história narrada neste livro. As dores físicas foram se juntando às dores do espírito em tantos outros episódios em que Padre Jonas foi sendo testado, burilado, afiado – como as facas do açougueiro, a imagem que via na infância no bairro do Limão, em São Paulo-SP, quando tinha que fazer as compras e passar pelo açougue para ajudar a mãe Josepha, nos sete anos que ela sofreu de tuberculose.

"Padre Jonas, nós te amamos!"

Entre 2012 e 2020, Padre Jonas foi internado diversas vezes. Teve mais de uma crise de pneumonia. Estava magro, e fisicamente já não era há anos aquela pessoa forte, que tanto gostava de caminhar, nadar e se movimentar, sem nunca abdicar do cumprimento das suas muitas obrigações. Ele foi "se acabando com o tempo", foi "se consumindo", como lembra Luzia. Uma viagem, um ventinho que fosse, qualquer coisa não lhe fazia bem, porque a imunidade estava baixa.

– A tosse muitas vezes não parava, ao ponto de os médicos pensarem que a tuberculose pudesse ter voltado – ela recorda. – O esgotamento era grande.

Em abril de 2021, o padre seria diagnosticado com um mieloma múltiplo, um tipo de câncer na medula óssea. A descoberta foi feita em meio a exames de diversos tipos que tentavam diagnosticar as causas de uma anemia muito grande e de alterações nas funções renais. Durante trinta e oito dias, precisou ficar internado em São Paulo sob os cuidados do seu cardiologista, o doutor Elias Knobel, sendo submetido a um cateterismo e à instalação de dois *stents* – pequenos tubos que são colocados dentro da artéria para abri-la e evitar novos entupimentos.

Uma leve melhora no seu estado de saúde fez com que os médicos autorizassem Luzia e Eto a levarem-no para casa. A volta ao lar – tanto a casa onde ele morava quanto a Comunidade Canção Nova –, trouxe um certo alívio ao coração do Pai Fundador. E foi assim que, na noite de 28 de maio de 2021, ainda em período de pandemia da Covid-19, ele era recebido com rojões e muita festa na Chácara Santa Cruz. "Padre Jonas, nós te amamos!", gritavam os seus filhos e filhas espirituais da Canção Nova. Quem viu as imagens sabe do que estamos falando.

Padre Jonas estava de volta – aos 85 anos de idade, com um câncer incurável. Ao saltar do carro, com a máscara sobre o rosto, caminha com os braços abertos, feliz, em direção aos seus.

De abril de 2021 a dezembro de 2022 foram ao todo onze internações. As páginas da história desses dois anos finais da vida do padre – tanto as páginas tristes quanto aquelas que, por várias razões, enchem a alma de alegria e esperança – fazem parte daquilo que as palavras não conseguem dizer. Toda tentativa de explicação não passa de coisa vã. Melhor calar, respeitosamente, diante do Mistério.

O mergulho no coração de Deus – como falou Padre Jonas durante o Hosana Brasil 2013 –, tendo ele comido de verdade o pão da angústia e bebido a água da aflição por mais de quinze anos, alcançaria o ponto mais profundo no dia 12 de dezembro de 2022, à noite. Terminava ali a Via-Sacra do guerreiro, na sua busca incansável pela maior de todas as alegrias: a de se aproximar do Mistério! A alegria de ser abraçado pelo Pai das Misericórdias.

O hábito do sorriso

Mesmo frágil no seu corpo sacrificado sob o peso das muitas cruzes que carregou ao longo da vida – e, agora, mais ainda devido à enfermidade derradeira –, Padre Jonas não deixou em momento algum de exalar alegria e entusiasmo. Podia estar abatido – como estava de fato –, nem se aguentando mais de pé, como nos últimos dias antes da morte. Porém, um beijo no rosto, um olhar nos olhos e um aperto de mão – que quase não dava mais para perceber direito, porque a força já lhe faltava –, ele sempre teve para dar. Mesmo no leito de morte: a cama hospitalar montada no quarto mais amplo e espaçoso que até uns dias antes tinha sido o do casal Luzia e Eto.

O padre sorria, abraçava, abençoava, no longo período do pão da angústia e da água da aflição. Trabalhava muito. Evangelizava: em casa, no hospital, onde quer que estivesse, não perdia a oportunidade de anunciar com alegria a Boa Nova da Salvação. Até quando as forças lhe permitiram, celebrou em casa a Santa Missa transmitida pela internet. Pregou. Encorajou. Rezou por todos os filhos e filhas de Deus, os de perto e os de longe! Rezou pelo mundo inteiro. Rezou pela Igreja. Rezou muito também pelo seu país.

Quanta gente Padre Jonas consolou em todo esse tempo – ele que parecia muitas vezes a pessoa mais necessitada de consolo! Buscava no mais profundo da sua alma uma força misteriosa que o próprio corpo, magro e debilitado, não era mais capaz de expressar. Tal como uma vela, foi se extinguindo, se exaurindo, até quando já não parecia mais possível imaginar que algo pudesse ainda haver para ser doado pela salvação de todos. Havia, sim. O seu rosto foi com o tempo ganhando mais e mais luz – uma vela se apagava e outra com uma luminosidade mais intensa se erguia, como na parábola de Jesus: para iluminar a todos!

Nos mais de quinze anos que durou a sua Via Dolorosa, Padre Jonas exerceu sempre com o mesmo brio, coragem e dedicação as suas funções como presidente da Fundação João Paulo II e, depois do Reconhecimento Pontifício, da Associação Internacional Privada de Fiéis, a Comunidade Canção Nova. Presidiu as reuniões da Assembleia Geral e trabalhou ativamente na redação do Diretório da Comunidade.

Nos últimos meses de vida terrestre, o padre ainda se aplicou na revisão do Estatuto Canônico da Comunidade, para adequá-lo às exigências do decreto promulgado pelo Dicastério dos Leigos, da Família e da Vida – e aprovado pelo Papa Francisco – "Sobre o serviço da autoridade". A beleza desse

– Esta é a forma mais linda de acolher. A pessoa se sente amada, reconhecida, valorizada. Se você conserva o hábito do sorriso, continue a usá-lo em abundância: não há contraindicação. Sorria sempre!

último e grande empenho foi ressaltada por Luzia Santiago, ao lado do caixão, minutos antes do sepultamento, no dia 15 de dezembro de 2022, no Santuário do Pai das Misericórdias, como você pôde ver no capítulo de abertura deste livro.

Mesmo no leito do hospital, fazia questão de participar das reuniões onde a sua presença era esperada, com a ajuda de um computador, no modo *online*.

Um ponto mostra de forma primorosa o seu trabalho intenso nesse longo período de introspecção e de vida mais reservada – ou, em outras palavras, de maior proximidade com Deus –, visitado o tempo todo pela sua irmã a dor: nesse estágio final de sua trajetória terrena, ele cuidou com extremo carinho da redação de um conjunto de documentos muito importantes para a Comunidade.

Ao redigir de próprio punho uma mensagem para a obra *Nossos documentos: as fontes do carisma Canção Nova*, lançada no cinquentenário da fundação da Comunidade (2/2/1978 - 2/2/2018), escreveu:

> *Caríssimo(a),*
>
> *temos a graça de ter em mãos os nossos Documentos.*
>
> *Eu sou o primeiro a afirmar que é um tesouro para a Canção Nova. Nesses documentos há inspiração. Não porque eu os escrevi, mas porque foi Deus quem os inspirou: não há como negar.*
>
> *Neles há também unção. Eles são a voz do Espírito para conduzir-nos na vivência do Carisma. Vivamo-los! Ali está a trilha de Deus para a Canção Nova.*
>
> *Deus abençoe você.*
>
> *Pe. Jonas*
>
> *2/II/18*

Foram vários esses documentos, que revelam a riqueza espiritual emanada da Via Dolorosa do padre: sobre os talentos que cada um recebe a serviço da evangelização, sobre o sacerdócio vivido na Canção Nova, sobre o celibato, sobre Dom Bosco e a Canção Nova, sobre Pentecostes e a Canção Nova...

Um desses documentos é o mais curto que escreveu em toda a sua vida – não passa de uma página datilografada, se tanto. Traz a data de 9 de outubro de 2017 e o título de "Nosso hábito é o sorriso". Foi o último. Paradoxalmente, quando aos olhos de muita gente nem motivo algum haveria para se falar de alegria, o Pai Fundador proclamava com toda a energia da sua alma o valor e a importância muito grande do sorriso – que, como ele deixou registrado, constitui "uma característica própria da Canção Nova e que nunca poderá ser ignorada ou esquecida".

O sorriso é o hábito da Comunidade – e o hábito de que ele fala é no sentido da vestimenta própria usada por homens e mulheres de ordens e congregações religiosas. Sempre foi contra a adoção de um hábito pela Canção Nova, desde as origens da Comunidade, como queriam alguns. "Digo mais: havia quem quisesse um hábito especialmente para as mulheres da Comunidade."

Mas um hábito mais lindo existia, desde o início, e se mostrava no rosto daqueles jovens, homens e mulheres seduzidos pelo amor de Jesus. As pessoas viam isso acontecer, como relata o Salmo 122, versículo 2 (Sl 122,2), que Padre Jonas toma como referência bíblica para o texto do seu documento: "Nossa boca transbordava de sorrisos e nossa língua cantava de alegria. Então, se comentava entre os povos: 'O Senhor fez por eles maravilhas'".

Realmente esta é a forma mais linda de acolher, seja quem for a pessoa. E a pessoa se sente amada, reconhecida, valorizada.

Se você conserva esse hábito, continue a usá-lo em abundância: não há contraindicação. Mas se você, por algum motivo, deixou de usá-lo, retome-o o mais depressa possível. Aliás, esse é o nosso hábito. Sorria sempre!

Este é o documento mais curto que escrevi. Ele, porém, é muito precioso e precisa ser posto em ação.

Não se esqueça: nosso hábito é o sorriso!

Deus abençoe você.

Monsenhor Jonas Abib

Nos braços do Pai

– O anjo do Senhor anunciou a Maria.

– E ela concebeu do Espírito Santo.

"Ave Maria, cheia de graça..."

Às 18 horas de 12 de dezembro de 2022 – dia de Nossa Senhora de Guadalupe, a padroeira da América Latina –, os sinos da Canção Nova tocam, como fazem todos os dias, começando às 6 da manhã e uma segunda vez ao meio-dia. Era a hora do Angelus, que Padre Jonas rezava todo dia nos três horários ao ouvir o badalar dos sinos.

Nesse momento, um anjo se aproxima silenciosamente do leito hospitalar em que repousa o corpo cansado do padre e pega nas suas mãos.

– Vamos rezar a oração do Angelus, Padre Jonas?!

O padre esboça um leve sorriso.

Terminada a oração, ele descansa.

Mais tarde, naquela mesma noite, Padre Jonas entrega a Deus o seu espírito. Esvaziado de si mesmo – feito tudo para todos! –, ele se deixa abraçar de vez pelo Pai, o abraço mais lindo de todos! Um pai que tem coração de mãe, como o padre pregou a vida inteira.

Santa Maria, mãe de Deus
Rogai por nós, pecadores
Agora e na hora da nossa morte.
Amém.

O seu Diário Espiritual oferece a melhor e mais importante chave de leitura para esse momento de plenitude, a hora da sua passagem para a Casa do Pai:

O fundador é um mártir, porque ele realmente tem que dar a vida, como a mãe, não é mesmo?

A mãe que engravida, gera, dá à luz, amamenta, educa, cria...
A mãe é sempre mãe, até a morte e na eternidade ela será mãe.

O fundador é assim: ele dá a vida.

Não tem outro jeito. Isso está muito ligado à minha missão: "Feito tudo para todos".

Sendo ***todo*** *de Deus, serei* ***tudo*** *de todos.*

E..., sendo ***tudo*** *de todos, serei* ***todo*** *de Deus.*

LINHA DO TEMPO

PADRE JONAS ABIB

21/10/1888	**Família Capellari, dos bisavós paternos, chega ao Brasil**	• Ermínia Capellari, a futura avó, tem 5 anos de idade. • A origem da família é Comune di Fiesso Umbertiano, Província de Rovigo, Itália.
Anos 1890	**Jorge Atala Merege, depois Jorge Abib, chega ao Brasil**	• Vem de Beirute, capital do Líbano. • O avô paterno era diácono da Igreja Maronita.
09/10/1897	**Casamento de Jorge Abib e Ermínia Capellari, avós paternos**	• Na Paróquia de São Pedro, em São Pedro, interior do estado de São Paulo. • Ermínia, a avó, tinha 15 anos de idade.

Jorge Abib e Ermínia Capellari com os filhos homens do casal.

22/09/1912	**Nascimento de Sérgio Abib, o pai**	• Em São Pedro-SP. • Teve dez irmãos e começou a trabalhar com o pai aos 9 anos de idade.

14/04/1914	**Nascimento de Josepha Pacheco, a mãe**	• Em Monte Mor, interior do estado de São Paulo, filha de Antônio Roberto Pacheco e Benedicta Fogaça Pacheco. • Teve cinco irmãos, três dos quais seriam mais tarde acolhidos por ela quando morava com a família em São Paulo-SP.
31/12/1935	**Casamento dos pais**	• Em Elias Fausto, interior do estado de São Paulo, na época, distrito de Monte Mor. • Pais vão morar na roça.
21/12/1936	**Nascimento**	• Em Elias Fausto-SP, na casa dos avós maternos. • Parto difícil, a mãe o consagra a Dom Bosco minutos antes de nascer.
07/03/1937	**Batismo**	• Na Igreja matriz de São José, em Elias Fausto-SP. • Foram padrinhos os avós maternos Antônio Roberto Pacheco e Benedicta Fogaça Pacheco.
Ano de 1939	**Cirurgia nos olhos**	• Quase perde a visão por causa de um tracoma. • Cirurgia é paga pelo avô materno, que empresta o dinheiro.
Ano de 1940	**Família se muda para São Paulo-SP**	• Mora primeiro num porão alugado, na Rua Lopes Chaves, no bairro da Barra Funda. • Pai trabalha como pedreiro, mãe cuida dos trabalhos domésticos e costura para fora.

08/02/1941	**Nascimento de José Carlos Abib**	• Na casa da Rua Camaragibe, a segunda residência alugada pela família na capital. • Quando a mãe leva o bebê de colo ao pediatra segurando Jonas pela mão, conhece Dom Bosco no santuário do Liceu Coração de Jesus e consagra novamente o filho mais velho ao santo fundador dos Salesianos.
Ano de 1943	**Mudança para o bairro do Limão**	• A conselho médico, por causa da tuberculose da mãe: o novo bairro, "a periferia da periferia", nasceu num terreno mais elevado que a Barra Funda, do outro lado do rio Tietê. • Durante a Segunda Guerra Mundial, Jonas, desde os 6 anos de idade, busca todo dia pão e leite no quartel do Exército na Barra Funda, onde o pai trabalha como pedreiro de manutenção. A mãe costura para os soldados.
27/01/1944	**Matricula-se na Escola Padre Moye**	• Escola onde Jonas irá frequentar o antigo curso primário é dirigida pelas Irmãs da Providência de Gap. • Ele revela em algum momento do curso o desejo de ser padre, e a superiora provincial, Madre Rosa de Lima (*Mère* Rosa), em visita à escola, pede que as irmãs cuidem bem daquele menino, porque ele iria ser padre.
10/11/1947	**Nascimento de Jorgelina Maria Abib**	• Primeira das quatro filhas do casal Sérgio e Josepha. • Jonas estava com 10 anos de idade, iria completar 11 no mês seguinte.

04/03/1949	**Matricula-se no Liceu Coração de Jesus, dos Salesianos**	• Filho de família pobre, a entrada se dá pelas Escolas Profissionais, no curso de artes gráficas com especialidade em tipografia, tendo aulas regulares pela manhã e profissionalizantes à tarde. • É coroinha no santuário.
Ano de 1949	**Mudança para o bairro de Vila Nova Cachoeirinha**	• Primeira casa própria da família, construída pelo pai no novo bairro, que fica distante da cidade. • É dali que Jonas irá sair para o seminário salesiano no mês de setembro.
03/09/1949	**Entra para o seminário salesiano**	• Viaja de trem com o pai até o seminário menor em Lavrinhas-SP, no Vale do Paraíba, aos 12 anos, ali permanecendo até 1953. • A data de entrada no seminário se transformaria numa das mais importantes da vida do futuro sacerdote, sendo religiosamente celebrada todo ano – de preferência, em Lavrinhas –, até a sua morte.
22/11/1949	**Na festa de Santa Cecília, a padroeira dos músicos, faz um pedido especial a Jesus**	• "Jesus, se for útil para o meu sacerdócio, me ajude a aprender música!" • O pedido foi feito durante a Adoração ao Santíssimo, depois de um dia inteiro de festa no seminário.

Com Joana Marta (nascida em 13/01/1955) e a caçula Maria José (16/11/1957) na casa da Vila Nova Cachoeirinha.

10/12/1950	**Nascimento de Jocelina Márcia Abib**	• Segunda das quatro irmãs. • Jonas irá conhecer esta e as duas outras irmãs que ainda iriam nascer no seminário, em visitas esporádicas feitas pelos pais.
1954	**Noviciado em Pindamonhangaba**	• Foi logo depois do seminário menor em Lavrinhas. • Em 1965, seu primeiro ano de sacerdócio, voltaria a Pindamonhangaba, para trabalhar com os meninos do Aspirantado salesiano.
19/03/1954	**Recebe a batina**	• Durante missa celebrada no Liceu Coração de Jesus. • Não pôde ir à casa dos pais, o que só aconteceria pela primeira vez sete anos depois da sua ida para o seminário.

1955-1957	**Cursos de Filosofia e Pedagogia em Lorena-SP**	• Curso de Filosofia, com os livros todos em latim, ocupava os períodos da manhã e da tarde, e o de Pedagogia, o da noite. • Em 31 de janeiro de 1955, faz a sua primeira profissão religiosa.
13/01/1955	**Nascimento de Joana Marta Abib**	• Terceira das quatro irmãs. • Jonas tinha completado 18 anos em dezembro.
16/11/1957	**Nascimento de Maria José Abib**	• A irmã caçula nasceu um mês antes de Jonas completar 21 anos de idade. • Pela primeira vez depois que entrou para o seminário, visita a família em São Paulo no período de férias, por causa do estado de saúde crítico da mãe.
1957-1961	**Pai trabalha na construção de Brasília**	• Cumpre jornada dupla, para ganhar o sustento da família. • Ajudou na construção do Palácio da Alvorada e, depois de retornar a São Paulo, foi o responsável pela construção da primeira sala de cirurgia do coração do país, no Hospital Beneficência Portuguesa.
1958-1960	**Tirocínio em Lavrinhas**	• Exerce as funções de professor e formador como treinamento para a vida salesiana. • É também mestre de música, chefe da banda e encarregado do coral.

Durante os três anos de tirocínio em Lavrinhas, de 1958 a 1960.

31/01/1961	**Votos perpétuos**	• Em Lavrinhas, no terceiro ano do seu tirocínio. • Eram feitos antes do ingresso no curso de Teologia.
1961-1964	**Curso de Teologia**	• No Instituto Teológico Pio XI, no bairro da Lapa, em São Paulo-SP. • Ao final do curso, terá completado 15 anos de formação (1950-1964) no caminho para o seu sacerdócio.
Final de 1961	**Cirurgia no duodeno**	• É diagnosticado com úlcera e precisa ser submetido à cirurgia. • A causa provável é "o trabalho muito intenso desenvolvido em Lavrinhas durante os três anos de tirocínio".

Início de 1964	**Pede a Deus o dom da eficácia da palavra**	• Durante a sua ordenação diaconal, na Catedral da Sé, em São Paulo, a exemplo de Dom Bosco, que pediu a Deus o dom da palavra. • Inspirado no seu diaconato, compõe a canção "Deixa tuas redes, deixa teu lar", que depois gravou.
Maio de 1964	**Doente, vai para Lavrinhas**	• No último ano de Teologia, dores de cabeça intensas e embaralhamento da visão o impedem de ler e estudar. • Irá ver depois nessa "doença estranha" um sinal de Deus na sua vida, por ter proporcionado a ele a oportunidade de ter o seu encontro pessoal com Jesus.
Julho de 1964	**Encontro pessoal com Jesus**	• Em Lorena, durante um encontro Mariápolis, organizado pelo Movimento dos Focolares. • Ao ouvir o testemunho de um dos organizadores, faz a pergunta que faltava, sobre o "para quê" da sua enfermidade, e não sobre o "porquê".
Outubro de 1964	**Retorna a São Paulo para terminar a Teologia**	• Estuda intensamente para recuperar o tempo "perdido", ainda que a dor de cabeça e o embaralhamento da visão não tivessem desaparecido. • Faz exames orais em meados de novembro, um mês antes da ordenação sacerdotal, e consegue ser aprovado.
08/12/1964	**Ordenação sacerdotal**	• Aos 27 anos, na Igreja de Nossa Senhora Auxiliadora, no bairro do Bom Retiro, em São Paulo-SP, pelas mãos de Dom Antônio Barbosa, SDB, bispo diocesano de Campo Grande-MS. • Escolheu o lema: "Feito tudo para todos" (1Cor 9,22).

Ordenação sacerdotal, em 8 de dezembro de 1964, no dia da celebração de Nossa Senhora da Imaculada Conceição.

09/12/1964	**Primeira missa**	• Na paróquia do Limão, em São Paulo-SP, o bairro onde passou parte da infância, fez o curso primário e foi coroinha. • A sua segunda missa foi celebrada na Escola Padre Moye, onde um dia manifestou pela primeira vez o desejo de se tornar padre.
13/12/1964	**Missa na cidade natal**	• Em Elias Fausto-SP, na igreja matriz de São José, onde foi batizado. • Viaja em seguida a São Pedro-SP, onde celebra missa na cidade natal do seu pai, Sérgio Abib, e onde viveram os avós paternos, Jorge Abib e Ermínia Capellari.

1965	**Primeiro ano de sacerdócio, em Pindamonhangaba**	• Como padre assistente, cuida dos aspirantes a seminaristas salesianos. • Na mesma cidade, tinha feito o seu Noviciado, em 1954.
Início de 1966	**Transferido para o Liceu Coração de Jesus, em São Paulo-SP**	• Seria padre num grande colégio salesiano, tendo ali chegado um ano depois do encerramento do Concílio Vaticano II (outubro de 1962 a dezembro de 1965). • Tinha saído do Liceu, em setembro de 1949, para entrar no seminário salesiano de Lavrinhas.
1967-1969	**Trabalho com a juventude**	• Desenvolve com o tempo um esquema completo de encontro para jovens (rapazes e depois também moças), inspirado na experiência do Cursilho de Cristandade (que era para adultos). • O primeiro encontro de jovens seguindo esse modelo foi realizado durante a Semana Santa de 1968, de 11 a 14 de abril, na casa salesiana de retiros, em Campos do Jordão-SP.

Início do trabalho com a juventude, em São Paulo, na segunda metade dos anos 1960.

15/11/1969	**Internado em Campos do Jordão, com tuberculose**	• "Eu tinha trabalho demais, meu Deus do Céu!", comentou a respeito da sua atuação com a juventude nos dois anos anteriores. • Não participa do último encontro de jovens, iniciado três dias antes, por causa de "um abatimento muito grande" que o obriga a buscar atendimento médico.
25/12/1969	**Missa e ceia de Natal com os tuberculosos**	• No sanatório em Campos do Jordão, prepara e celebra a missa à meia-noite, canta com os enfermos, toca violão e harmônio, com a capela lotada – depois houve a ceia. • Realiza um encontro de jovens e dá aulas de alfabetização dentro do sanatório.
Fevereiro de 1970	**Vai para Lorena**	• Recebe alta, e os superiores o transferem para Lorena, temendo por sua saúde caso voltasse ao ritmo de trabalho com a juventude em São Paulo. • "Exílio", "deserto" e "a época mais terrível da vida" é como se refere aos primeiros dois anos de trabalho em Lorena, como professor, depois de perder com o passar do tempo toda a esperança de retornar a São Paulo.
02/11/1971	**Batismo no Espírito Santo**	• Primeiro contato com a Renovação Carismática Católica, ao participar de uma experiência de oração junto com alguns seminaristas salesianos, em Lorena, conduzida pelo padre jesuíta americano Haroldo Rahm –, que morava em Campinas-SP. • À noite, nos pátios do Colégio São Joaquim, reza por horas a fio e, daí em diante, sente uma mudança radical na sua vida: o que era tristeza transformou-se em alegria, o deserto volta a florir.

Dezembro de 1971	**Experiência de oração em Campinas**	• Leva dez jovens para o encontro. • "O que aconteceu comigo aconteceu com eles. Voltamos entusiasmados!"
1972-1975	**Experiências de oração na diocese de Lorena**	• Encontros de jovens tornam-se um espaço para a experiência de oração e o batismo no Espírito Santo, com grupos de oração surgindo em vários lugares da diocese. • "Que bom que não fui para São Paulo depois da saída do sanatório! Que bom que pude ficar em Lorena para viver e partilhar toda essa nova experiência de fé e de amor!"
29/10/1974	**Nasce a Associação Canção Nova**	• Por sugestão de Dom Antônio Affonso de Miranda, bispo da diocese de Lorena. • O estatuto é elaborado pelo próprio bispo diocesano, servindo-se das inspirações de Padre Jonas.
1975-1976	**Casa de Areias**	• Em busca de maior espaço, a Associação Canção Nova obtém dos proprietários a licença de usar por três anos a casa da Fazenda Morada do Sol, no interior do município de Areias-SP, para o trabalho com a juventude. • Amplia-se o trabalho, com os Maranathás, encontros de experiência de oração no Espírito Santo e outros, em condições às vezes precárias, sobretudo por causa das chuvas que quase impediam o acesso ao local, feito por estrada de terra.

Celebração da Santa Missa em capela improvisada na casa da Fazenda Morada do Sol, em Areias-SP.

08/12/1975	**Papa Paulo VI assina o documento *Evangelii Nuntiandi***	• Na data do aniversário de ordenação sacerdotal de Padre Jonas, ocorrida onze anos antes. • A Exortação Apostólica foi publicada no jornal *Osservatore Romano*, do Vaticano, em 21 de dezembro, aniversário do seu nascimento: "Mais uma vez: nada é coincidência. Tudo é Providência".
Início de 1976	**Conversa com Dom Antônio Affonso de Miranda sobre a *Evangelii Nuntiandi***	• "Comece com os jovens, porque com eles será mais fácil", recomendou o bispo, apontando para o número 44 do documento pontifício. • Organiza os encontros de Catecumenato nos anos de 1976 e 1977, inspirado no documento do papa sobre "A evangelização no mundo contemporâneo".

Com Dom Antônio Affonso de Miranda, o bispo da diocese de Lorena que, no início de 1976, o convocou para uma conversa muito séria sobre a *Evangelii Nuntiandi*: "Padre Jonas, comece com os jovens!".

Abril de 1976	**Começa o Catecumenato**	• No Colégio São Joaquim, em Lorena, durante a Semana Santa (13-16/04/1976). • Nos demais meses, quando não havia feriados, os encontros eram realizados à tarde e à noite de um mesmo dia, em Lorena e outras cidades, com a participação de até duzentos jovens.
13/06/1976	**Morte do pai, Sérgio Abib**	• Em São Paulo, de infarto, aos 63 anos, sendo sepultado no cemitério da Lapa, em São Paulo-SP. • "Um homem honrado", que lhe serviu sempre de modelo ao longo de toda a sua trajetória de vida.

1976	**Lança os discos "Canções latino-americanas para orar no Espírito" e "Canções para orar no Espírito - Vol. 2"**	• Gravados com o grupo Titulares do Ritmo, formado por cegos, os discos reúnem músicas para os grupos de oração da Renovação Carismática. • Tendo se transformado em uma das mais expressivas lideranças brasileiras da Renovação Carismática, Padre Jonas viaja o Brasil e participa de grandes eventos – os Cenáculos – em estádios, como no Morumbi, em São Paulo, com um público de até 150 mil pessoas.
Final de 1976	**Casa na Rua Dom Bosco, em Lorena**	• Cedida pelo bispo diocesano, Dom Antônio Affonso de Miranda, para uso da Associação. • A casa acolheria os primeiros membros da comunidade Canção Nova, a partir da sua fundação em fevereiro de 1978.
Dezembro de 1976	**Pedra fundamental e primeira missa no local da construção da Casa de Maria**	• O terreno, na cidade de Queluz-SP, foi doado à Associação Canção Nova para a instalação de um local próprio para os encontros da juventude. • Inicia-se a campanha de arrecadação de recursos para o início da construção da casa.

A Casa de Maria, em Queluz-SP, inaugurada em junho de 1976 com um encontro Maranathá para moças.

Início de 1977	**Cirurgia da vesícula**	• Ainda no hospital, recebe a Diretoria da Associação, que sugere parar com a construção da Casa de Maria, ainda nos alicerces, porque o dinheiro tinha acabado, mas Padre Jonas não permite, porque "as coisas de Deus não podem parar". • Pedras retiradas da vesícula são depositadas no piso da parte central da capela em construção.
Ano de 1977	**Lançamento do disco "O amor vencerá", o primeiro LP da sua autoria**	• Inspiração e também as gravações foram no ano anterior, razão pela qual teve de adiar a cirurgia da vesícula para o início de 1977. • Foram 27 produções musicais, entre 1976 e 2018, sozinho ou acompanhado, incluindo um CD e DVD, "Como é linda a nossa família", lançado em 2008 (gravado em 2007).
24/06/1977	**Inauguração da Casa de Maria**	• Na festa de São João Batista, apenas seis meses depois de a construção ter sido iniciada. • O ato de inauguração foi um encontro Maranathá para moças.
20/11/1977	**O chamado**	• Aconteceu num domingo, na festa de Cristo Rei, em Queluz, na Casa de Maria, durante um encontro de jovens, o Catecumenato, que nasceu inspirado na *Evangelii Nuntiandi*. • "Quem de vocês está disposto a dar um ano de sua vida para Jesus? Quem está disposto a deixar sua casa, a família, os estudos, o trabalho, o namoro e viver um ano inteiro de formação, em comunidade, para servir melhor a Deus?" – foram as palavras de Padre Jonas.

Última celebração do compromisso em que Padre Jonas esteve presente, no Santuário do Pai das Misericórdias, no dia 2 de fevereiro de 2021.

02/02/1978	**Nasce a Comunidade Canção Nova: primeiro compromisso**	• O dia 2 de fevereiro, festa da Apresentação do Menino Jesus no Templo, anos depois, em 1997, tornar-se-ia o Dia Mundial da Vida Consagrada, por iniciativa do Papa João Paulo II. • A Comunidade tem início com doze membros, incluindo Padre Jonas, rapazes e moças, dentre as quais três religiosas salesianas, passando a morar na casa da Rua Dom Bosco, 95, em Lorena, com a aprovação do novo bispo da diocese, Dom João Hipólito de Moraes.
Ano de 1979	**Primeiros programas de rádio**	• Na Rádio Cultura de Lorena-SP, na Rádio Bandeirantes de Cachoeira Paulista-SP (futura Rádio Canção Nova) e na Rádio Mineira do Sul, em Passa-Quatro-MG – depois de lamentar a perda do primeiro programa, na Rádio Mantiqueira de Cruzeiro: "Uma porta se fecha, três janelas se abrem".

Ano de 1979	**Primeiros programas de rádio**	• Ganha um duplicador de fitas cassetes e um gravador de rolo (usado para a gravação dos programas de rádio, às vezes trinta programas de uma vez, até altas horas da noite, que depois seriam enviados às emissoras).
01/04/1980	**Compra da emissora de rádio em Cachoeira Paulista**	• Adquire a Rádio Bandeirantes de Cachoeira Paulista, colocando nas mãos da Divina Providência o compromisso de pagá-la, por meio de doações. • Pede ao proprietário alguns dias para levantar o dinheiro do cheque-caução de 200 mil cruzeiros, a moeda da época, um décimo do valor.
25/05/1980	**Inauguração da Rádio Canção Nova**	• "Inaugurávamos a rádio, não por nossa vontade, mas porque era o desejo de Deus." • O carisma Canção Nova de evangelizar pelos meios de comunicação – que com o tempo se expande para TV, internet, editora, gravadora etc., formando o Sistema Canção Nova de Comunicação – encontra as suas raízes mais profundas no documento pontifício *Evangelii Nuntiandi* (número 45).

Padre Jonas e a Rádio Canção Nova, inaugurada em 25 de maio de 1980, com as suas raízes no apelo da *Evangelii Nuntiandi* a evangelizar pelos meios de comunicação.

29/06/1982	**Instituição da Fundação João Paulo II**	• Durante dois anos, especialmente junto com Luzia Santiago, trabalhou os estatutos da mantenedora da Canção Nova. • "Eleito em 1978, o Papa João Paulo II iniciava a sua viagem missionária por muitos países quando nos veio esse impulso missionário de a Canção Nova ser como ele para as nações."
31/05/1984	**Morte da mãe, Josepha Pacheco Abib**	• No hospital de Lorena, de câncer nos seios, depois de ter sido submetida a uma primeira cirurgia um ano e meio antes, em dezembro de 1982. • Depois da cirurgia, a mãe passa um ano inteiro junto com a Comunidade, que já residia em Queluz nessa época, na Casa de Maria.
08/12/1989	**Inauguração da TV Canção Nova**	• No vigésimo quinto aniversário da sua ordenação sacerdotal (8 de dezembro de 1964). • TV entra no ar às 10 horas da manhã, com a celebração da Santa Missa, tendo o sinal sido liberado dez minutos antes: "O impossível acabava de acontecer!".

Inauguração da TV Canção Nova em 8 de dezembro de 1989, no vigésimo quinto aniversário de ordenação sacerdotal de Padre Jonas.

Ano de 1993	**Escreve o "Estatuto Semente"**	• Primeiro estatuto da Canção Nova, por muitos anos a Comunidade regeu-se por ele. • "Dado o seu valor histórico e a atualidade da inspiração que ele contém, dei-lhe o nome de Estatuto Semente e fiz questão de conservá-lo na íntegra, como o documento fundamental da Comunidade Canção Nova."
10/03/1995	**Reconhecimento diocesano da Canção Nova como Associação Diocesana de Fiéis**	• Pela Diocese de Lorena, por meio do seu bispo, Dom João Hipólito de Moraes. • Treze anos tinham se passado desde a aprovação dos Estatutos da Canção Nova, ocorrida em 1982.
31/01/2001	**Canção Nova assume o antigo seminário de Lavrinhas**	• O documento é assinado entre a Canção Nova e a Inspetoria Salesiana de São Paulo. • Local se transforma em casa de formação da Comunidade, que mantém ali o seu pré-discipulado.

Capela do antigo seminário de Lavrinhas, no local onde a Canção Nova mantém hoje o seu pré-discipulado, o período inicial de formação para os ingressantes.

16/04/2002	**Documento "Entramos no tempo da divina misericórdia"**	• Comunidade de Amor e Adoração, a Canção Nova fez desde os seus inícios a experiência da Divina Misericórdia, sobre a base do perdão e da reconciliação. • O documento – escreve Padre Jonas – é a profecia do Senhor, que disse: "Sim, a Canção Nova será o grande santuário da minha misericórdia". Em 5 de dezembro de 2014 seria celebrada na sede da Canção Nova a cerimônia de Dedicação do Santuário do Pai das Misericórdias.
03/12/2004	**Inauguração do Centro de Evangelização**	• Um dos maiores espaços cobertos para a realização de eventos católicos da América Latina, para mais de 50 mil pessoas sentadas. • Com o nome de Centro de Evangelização Dom João Hipólito de Moraes, foi inaugurado na primeira edição do Hosana Brasil.
21/10/2006	**Documento "Casados no carisma e para a missão"**	• "Na Canção Nova, seja qual for o estado de vida que Deus definir a cada um dos membros, os fatos mostram que é possível ser exclusivo para o Senhor, também no casamento." • "Nisso estamos sendo um sinal para a Igreja. Independente do próprio estado de vida, é a Deus que nos dedicamos antes e acima de tudo."
Agosto de 2007	**Show "Como é linda a nossa família: Padre Jonas Abib e filhos"**	• Produzido pelo Departamento Audiovisual da Canção Nova, o DAVI, no Teatro da Academia Militar das Agulhas Negras, em Resende-RJ (09-10/08/2007). • São gravadas as canções do CD e DVD "Como é linda a nossa família", lançado em 2008.

17/10/2007	**Recebe o título de monsenhor**	• Concedido pelo Papa Bento XVI. • O pedido foi feito por Dom Benedito Beni dos Santos, então bispo da diocese de Lorena.
21/12/2007	**Recebe o título de corepíscopo da Igreja Maronita**	• Trata-se do mais elevado dos três graus de monsenhor na Igreja Maronita, logo abaixo de bispo. • Jorge Atala Merege, o avô paterno, que veio do Líbano no final do século 19, pertencia à Igreja Maronita, uma Igreja com rito próprio ligada a Roma.
02/02/2008	**Primeiro CD e DVD: "Como é linda a nossa família"**	• Gravado em 2007, é lançado no aniversário de trinta anos da Comunidade Canção Nova (1978-2008). • Traz músicas consagradas da sua carreira musical, iniciada com o lançamento do LP "O amor vencerá", em 1977.

12/10/2008	**Assinatura do Decreto de Reconhecimento Pontifício**	• No trigésimo aniversário da sua fundação, e durante o pontificado do Papa Bento XVI, a Canção Nova é reconhecida como Associação Internacional Privada de Fiéis, por meio do Pontifício Conselho para os Leigos. • A assinatura do Decreto se deu no dia de Nossa Senhora Aparecida, a padroeira do Brasil.
03/11/2008	**Recebe o Decreto de Reconhecimento Pontifício, em Roma**	• Das mãos do cardeal Stanislaw Rylko, presidente do Pontifício Conselho para os Leigos, em sessão solene no Vaticano. • Os Estatutos da Canção Nova como Associação Internacional Privada de Fiéis são aprovados *ad experimentum* por um período de cinco anos.

Em Roma, na cerimônia de entrega do Decreto de Reconhecimento Pontifício, no dia 3 de novembro de 2008.

21/01/2009	**Admissão da Comunidade Canção Nova na Família Salesiana**	• Durante reunião do Conselho Geral dos Salesianos, em Roma. • A notícia foi dada a Padre Jonas, primeiro, por telefone pelo reitor-mor dos Salesianos, padre Pascual Chávez Villanueva.
Dezembro de 2013	**É aplaudido vivamente quando agradece a Deus por estar "completamente recuperado"**	• Foi durante a décima edição do Hosana Brasil (06-08/12/2013), diante da multidão de peregrinos que participavam da Santa Missa no Centro de Evangelização. • Agradece e louva a Deus por ter atravessado um período "terrível" – a noite escura da alma –, mas de crescimento espiritual, do qual saía ainda mais forte e confiante na bondade divina.
06/09/2013	**Documento "Não enterres o teu talento"**	• O objetivo do documento é incentivar a Comunidade "a fazer frutificar os talentos a serviço da evangelização". • Os talentos e os dons maravilhosos com os quais Deus cumulou os membros da Comunidade precisam frutificar, "não podem ser enterrados".
29/06/2014	**Aprovação definitiva dos Estatutos da Associação Internacional Privada de Fiéis Canção Nova**	• No dia da solenidade de São Pedro e São Paulo, passados os cinco anos *ad experimentum* previstos no decreto original, de 2008. • "É a aprovação do nosso carisma. Louvado seja Deus! Vivamos agora o carisma, porque ele é querido pela Igreja!"

05/12/2014	**Cerimônia de Dedicação do Santuário do Pai das Misericórdias**	• Na sede da Canção Nova, em Cachoeira Paulista, no aniversário de 50 anos de sacerdócio de Padre Jonas. • A construção se deu a partir de uma profecia de 2002, em que Padre Jonas escreve sob a inspiração de Jesus que a Canção Nova será um santuário da Sua Misericórdia.

Cerimônia de Dedicação do Santuário do Pai das Misericórdias, em 5 de dezembro de 2014, na sede da Canção Nova, em Cachoeira Paulista.

06/07/2016	**Documento "O sacerdócio vivido na Canção Nova"**	• "Cada estado de vida é um dom para a Comunidade." • Reconhece "o grande valor do ministério sacerdotal para a Comunidade" e dá "indicações muito precisas" para a vivência desse ministério no contexto da Canção Nova.

24/07/2016	**Documento "Participamos do Pentecostes hoje"**	• O documento é redigido após o acampamento PHN – Por Hoje Não. • Lembra as origens da Renovação Carismática Católica e convoca a Comunidade a viver uma retomada do seu ser carismático.
06/09/2016	**Documento "As dez formas de suicídio na Comunidade"**	• A morte recente de dois membros da Comunidade, Tio Zezinho, de doença, e Tiago Antunes Souza, estudante de Filosofia candidato ao sacerdócio, em um acidente de carro em que outros ficaram feridos, o leva a convocar a Comunidade a viver "uma nova retomada de vida". • "Fruto da minha oração e escuta de tudo aquilo que o Senhor nos pede é essa exortação que faço a toda a Comunidade" – a primeira forma de suicídio, como exemplo, é "Deixe de fazer o seu estudo bíblico", e a segunda, "Relaxe na oração pessoal".
02/02/2017	**Documento "O celibato pelo Reino dos Céus na Comunidade"**	• Em diferentes períodos, escreveu sobre os diferentes estados de vida na Comunidade. • Era chegada a hora de "escrever um documento sobre os nossos celibatários e celibatárias pelo Reino dos Céus".
04/05/2017	**Documento "Solteiros para o Senhor"**	• Escrito em 2006 e atualizado nesta data, nele Padre Jonas ousa dizer: "Àqueles que já definiram que seu estado de vida é o matrimônio e não o concretizaram por situações diversas que, por serem consagrados, eu os denomino sem receio: 'vocês são solteiros para Deus'". • "Vocês não estão na indefinição. Pelo contrário, podem viver plenamente o serviço à Igreja e para a Canção Nova."

26/09/2017	**Viagem ao Líbano**	• Na primavera, embarca numa viagem de cinco dias ao Líbano, de onde veio o avô e também pai espiritual Jorge Atala Merege, depois Jorge Abib, membro da Igreja Maronita, que foi quem bancou a viagem. • Realiza dessa forma um sonho bem antigo, e encanta-se com as riquezas culturais e espirituais do país do seu avô, mas só com dificuldade consegue cumprir a extensa agenda, por problemas de saúde que já o vinham acometendo há pelo menos dez anos.
09/10/2017	**Documento "Somos Família Salesiana"**	• Deseja por meio desse documento testemunhar o quanto Dom Bosco faz parte da sua vida e também da Comunidade Canção Nova. • O reconhecimento da Canção Nova como parte da Família Salesiana – em 21 de janeiro de 2009 – "é uma importante confirmação dessa verdade".

Com padre Pascual Chávez, reitor-mor dos Salesianos de 2002 a 2014, em cujo mandato foi celebrada a admissão da Canção Nova na Família Salesiana (janeiro de 2009).

02/02/2018	**Lançamento da obra *Nossos documentos: as fontes do carisma Canção Nova***	• No quadragésimo aniversário da Comunidade Canção Nova. • Primeiro documento é o Estatuto-Semente, escrito em 1993. "Nesses documentos há inspiração. Não porque eu os escrevi, mas porque foi Deus quem os inspirou. [...] Aí está a trilha de Deus para a Canção Nova."

Nos documentos, há inspiração "não porque eu os escrevi, mas porque foi Deus quem os inspirou".

12/10/2020	**Publica *Nosso Diretório***	• "Foi confeccionado com grande esmero para direcionar a nossa vida dentro do carisma e da missão para a qual Deus nos chamou." • "Se você vive o que está no Diretório, sua vocação cresce e, até sem perceber, você influencia a muitos."

20/04/2021	**É diagnosticado com mieloma múltiplo**	• Internado em São Paulo para exames, sofre um infarto. • Feita uma angioplastia durante essa internação, os médicos descobrem o câncer.
28/05/2021	**Liberado para continuar o tratamento em casa**	• É recebido com festa na sede da Canção Nova em Cachoeira Paulista. • De abril de 2021 a dezembro de 2022 foram onze internações.
08/12/2022	**Retorna da sua última ida ao hospital**	• Uma nova pneumonia o tinha levado ao hospital, no dia 28 de outubro, para a sua última e mais exigente internação. • Em 8 de dezembro, festa da Imaculada Conceição e aniversário de 58 anos de sacerdócio, é levado para casa em Cachoeira Paulista, depois de 41 dias de internação.
12/12/2022	**Morte**	• À noite, em sua casa em Cachoeira Paulista, no dia de Nossa Senhora de Guadalupe, a padroeira da América Latina. • Aos 85 anos, iria completar 86 nove dias depois.
15/12/2022	**Sepultamento**	• Uma multidão de fiéis acompanha as celebrações fúnebres, em Cachoeira Paulista, e por televisão, rádio e internet. • O corpo é sepultado junto ao Santuário do Pai das Misericórdias, e sobre a lápide se lê:

MONSENHOR JONAS ABIB
"FEITO TUDO PARA TODOS"
★ 21.12.1936 ✝ 12.12.2022

Este livro foi impresso na gráfica Santa Marta em novembro de 2023.
Capa dura - Off Set, 150g, 4x0 - Miolo: papel pólen 70g 1x1